中国人民大学研究报告系列

中国区域文化休闲发展指数

2022

REGIONAL CULTURAL LEISURE DEVELOPMENT INDEX OF CHINA

主编　王琪延　曹　倩

中国人民大学出版社
· 北京 ·

总序

陈雨露

当前中国的各类研究报告层出不穷，种类繁多，写法各异，成百舸争流、各领风骚之势。中国人民大学经过精心组织、整合设计，隆重推出由人大学者协同编撰的“研究报告系列”。这一系列主要是应用对策型研究报告，集中推出的本意在于，直面重大社会现实问题，开展动态分析和评估预测，建言献策于咨政与学术。

“学术领先、内容原创、关注时事、咨政助企”是中国人民大学“研究报告系列”的基本定位与功能。研究报告是一种科研成果载体，它承载了人大学者立足创新，致力于建设学术高地和咨询智库的学术责任和社会关怀；研究报告是一种研究模式，它以相关领域指标和统计数据为基础，评估现状，预测未来，推动人文社会科学研究成果的转化应用；研究报告还是一种学术品牌，它持续聚焦经济社会发展中的热点、焦点和重大战略问题，以扎实有力的研究成果服务于党和政府以及企业的计划、决策，服务于专门领域的研究，并以其专题性、周期性和翔实性赢得读者的识别与关注。

中国人民大学推出“研究报告系列”，有自己的学术积淀和学术思考。我校素以人文社会科学见长，注重学术研究咨政育人、服务社会的作用，曾陆续推出若干有影响力的研究报告。譬如自2002年始，我们组织跨学科课题组研究编写的《中国经济发展研究报告》《中国社会发展研究报告》《中国人文社会科学发展研究报告》，紧密联系和真实反映我国经济、社会和人文社会科学发展领域的重大现实问题，十年不辍，近年又推出《中国法律发展报告》等，与前三种合称为“四大报告”。此外，一些散在的不同学科的专题研究报告也连续多年出版，在学界和社会上形成了一定的影响。这些研究报告都是观察分析、评估预测政治经济、社会文化等领域重大问题的专题研究，其中既有客观数据和事例，又有深度分析和战略预测，兼具实证性、前瞻性和学术性。我们把这些研究报告整合起来，与中国人民大学的出版资源相结合，再进行新的策划、征集、遴选，形成了这个“研究报告系列”，以期放大规模效应，扩展社会服务功能。这个系列是开放的，未来会依情势有所增减，使其动态成长。

中国人民大学推出“研究报告系列”，还具有关注学科建设、强化育人功能、推进协同创新等多重意义。作为连续性出版物，研究报告可以成为本学科学者展示、交流学术成果的平台。编写一部好的研究报告，通常需要集结力量，精诚携手，合作者随报告之连续而成为稳定团队，亦可增益学科实力。研究报告立足于丰富的素材，常常动员学生参与，可使他们在系统研究中得到学术训练，增长才干。此外，面向社会实践的研究报告必然要与政府、企业保持密切联系，关注社会的状况与需要，从而带动高校与行业企业、政府、学界以及国外科研机构之间的深度合作，收“协同创新”之效。

为适应信息化、数字化、网络化的发展趋势，中国人民大学的“研究报告系列”在出版纸质版本的同时将开发相应的文献数据库，形成丰富的数字资源，借助知识管理工具实现信息关联和知识挖掘，方便网络查询和跨专题检索，为广大读者提供方便适用的增值服务。

中国人民大学的“研究报告系列”是我们在整合科研力量、促进成果转化方面的新探索，我们将紧紧把握时代脉搏，敏锐捕捉经济社会发展的重点、热点、焦点问题，力争使每一种研究报告和整个系列都成为精品，都适应读者需要，从而打造高质量的学术品牌，形成核心学术价值，更好地承担学术服务社会的职责。

前言

随着人们收入水平的提高、休闲时间的增加以及休闲意识的提升，文化休闲消费逐渐成为大众普遍的消费需求，文化休闲也随之发展迅速，成为世界经济的重要组成部分和增长点。我国文化休闲相关产业发展整体趋势向好。根据国家统计局统计，2020 年全国规模以上文化及相关产业企业实现营业收入 98 514 亿元，增长 2.2%。根据国内旅游抽样调查结果，2021 年上半年，国内旅游总人次 18.71 亿，比上年同期增长 100.8%。

回首 2021 年，新冠肺炎疫情给文化休闲行业带来了诸多挑战，也激发了行业战胜困难、化危为机的斗志。以习近平同志为核心的党中央高度重视文化和旅游工作，习近平总书记多次发表重要讲话并作出重要指示批示，相关部委也发布了一系列相关政策。2021 年 5 月，文化和旅游部印发《“十四五”文化和旅游市场发展规划》；2021 年 6 月，文化和旅游部印发《“十四五”文化和旅游发展规划》；2021 年 9 月，文化和旅游部办公厅发布《关于进一步加强政策宣传落实支持文化和旅游企业发展的通知》。

我国文化休闲发展起步较晚，发展水平远低于欧美发达国家。经过改革开放的深入、市场经济体制的确立等一系列发展，文化休闲发展环境不断完善。然而，由于我国文化休闲相关理论研究滞后于文化休闲产业的发展，使得文化休闲产业发展缺乏足够的科学理论的指导，存在诸多问题。

鉴于此，本研究聚焦我国区域文化休闲发展问题，在对文化休闲及相关产业进行界定、分类及核算的基础上，划分了中国文化休闲发展阶段，统计分析了中国文化休闲发展现状。构建了较为全面的中国区域文化休闲发展评价体系，测算了中国区域文化休闲发展指数，进一步揭示了我国区域文化休闲发展现状及均衡情况。探索了文化、旅游和体育的融合路径和模式，测算了三者的融合发展度。此外，还重点阐述了休假制度供给对我国文化休闲发展的影响以及国外文化休闲发展现状和经验。基于此，提出促进我国文化休闲发展的针对性政策建议。

本研究分为七个部分。第一部分是理论研究。首先系统梳理了文化休闲相关理论，并进行总结与述评。其次，对新中国成立以来我国文化休闲相关政策进行梳理和总结。最后，在总结国内外学者对休闲产业内涵的理解的基础上，对休闲产业进行明确的界定。研究发现，休闲产业可分为第一休闲产业、第二休闲产业和第三休闲产业。第一休闲产业也是核心休闲产业，包括文化、旅游、体育、趣好、娱乐、大健康等。第二休闲产业是指从事休闲产品制造的产业。第三休闲产业是指为第一休闲产业服务的产业。

第二部分是文化休闲产业的核算研究。参考国内外学者的研究，界定了文化与休闲的关系；基于国民经济行业分类和投入产出表分别对休闲产业进行分类与比较；在此基础上，核算文化休闲产业增加值。经估算，我国文化休闲产业增加值呈不断增长趋势，从2015年的126 356.7亿元增长到2019年的212 564.3亿元，占GDP比重也从2015年的18.34%增加到2019年的21.55%。可以看出，我国文化休闲产业增加值规模较大，增速较快，在国民经济发展占据越来越重要的地位。

第三部分是文化休闲发展现状与评价研究。首先，总结我国文化休闲发展阶段情况；讨论旅游、文化、体育、娱乐、大健康等的发展历程。其次，分别从城乡两个角度对我国区域文化休闲发展情况进行分析。在城市文化休闲方面，从环境、基础设施、资源和发展四个要素层面上，构建中国城市文化休闲发展指标体系，运用熵权法测算我国城市文化休闲发展指数；运用变异系数对城市文化休闲发展指数进行空间均衡分析；运用Moran's I指数对城市文化休闲发展指数进行空间相关分析。在乡村文化休闲方面，以乡村旅游休闲为例，总结概括我国乡村旅游休闲整体发展情况，并对我国乡村文旅休闲进行系统评价，最后选取北京昌平康陵村、陕西袁家村、浙江杭州莫干山民宿业为例，对其乡村文旅休闲发展进行案例分析。研究发现，新中国成立以来我国城市文化休闲发展主要经历了四个阶段，其中1949年至1977年为孕育期；1978年至1991年为兴起期；1992年至2017年为蓬勃发展期；2018年之后进入转型升级与质的提升期。从发展现状来看，各文化休闲产业发展水平较高，增速较快，发展势头较好。分区域来看，东部地区、沿海地区、直辖市和省会城市的文化休闲发展分别强于中西部地区、内陆地区和一般城市。通过均衡性分析，发现多数城市文化休闲发展均衡状态较差，处于中度或重度失衡状态；通过自相关分析，发现城市文化休闲发展存在显著的空间相关性。在农村方面，我国的乡村文旅休闲产业突破了农家乐、民宿游等单一的文旅休闲模式，开发出森林观光等多元文旅休闲业态，加速了乡村文旅休闲全面发展。在乡村文旅休闲评价上，南方省市乡村文旅休闲总指数高于北方省市；各自治区的乡村文旅休闲总指数得分较低；直辖市的乡村文旅休闲总指数排名较低。

第四部分是文化、旅游和体育融合研究。首先分析了文化、旅游和体育的融合路径与模式，其次运用融合度分析模型测算了2019年我国294个城市文化、旅游和体育的融合发展度。研究发现，文化、旅游和体育的融合路径有六种，分别为资源融合、技术融合、组织融合、人才融合、功能融合和市场融合。融合模式有三种，分别为延伸融合模式、渗透融合模式和重组融合模式。我国城市文旅体整体融合水平较差，89.12%的城市处于低度融合水平。与其他一般城市相比，直辖市和省会城市融合度较好；东部地区城市融合发展水平高于中西部地区；沿海地区城市融合水平高于内陆地区。

第五部分是从休假制度供给角度，重点研究了休假制度供给对文化休闲发展的影响。首先，梳理了我国休假制度的变迁历史；其次，通过问卷调查分析了我国居民休假现状与满意度；最后，在此基础上，分别从周休制度、黄金周制度和带薪休假制度三个方面探讨了我国休假制度供给对文化休闲发展的影响。研究发现，在休假现状方面，近八成有业群体享受双休；法定节假日休假率，接近七成不同群体带薪休假落实率差异明显；三类休假制度能完全享受的群体仅占39.26%。在休假满意度方面，国民对“做四休三”制度呼声高；国民对增加传统文化节假日意愿强烈；带薪休假整体情况有所改善；国民的休假制度满意度较往年有所提升。在对文化休闲发展的影响方面，从短期来看，双休制度对我国文化休闲发展具有拉动作用；从长期来看，双休制度不利于满足居民长途休假的需求。“黄金周”制度对文旅休闲发展的弊大于利，容易引发景区人满为患、交通严重拥堵和环境不堪重负等诸多问题，使社会资源难以合理配置，不利于文旅休闲市场的健康发展。带薪休假制度能够促进文化休闲产业转型增效，在需求方面能够促进文旅休闲需求的优质增长，在供给方面，能推动文旅休闲供给的转型提质但目前落实效果不理想。

第六部分是国外文化休闲发展现状及经验借鉴。选取典型国家和地区，总结分析国外文化休闲发展现状，并进行经验总结。

第七部分是促进我国区域文化休闲发展的建议。总结全文，从政策体系、供给侧改革、发展布局、环境、资源、融合、休假制度完善、乡村文化旅游等角度提出促进我国区域文化休闲发展的建议。第一，建立完善的文化休闲发展政策体系；第二，深化文化休闲领域供给侧改革；第三，科学合理地规划文化休闲发展布局，促进城乡之间协同发展；第四，改善文化休闲发展环境，充分保护和利用休闲资源；第五，积极促进文化、旅游、体育等多产业融合发展；第六，完善我国现行休假制度；第七，大力发展乡村文化旅游。

本研究丰富了文化休闲发展相关的理论，拓宽了文化休闲发展相关的研究方法与模型，构建中国文化休闲发展经济数据库，为我国文化休闲产业转型升级提供了新思路，助力我国区域文化休闲健康发展。

感谢中国人民大学出版社编辑的大力支持和辛勤付出；感谢韦佳佳、何淼、高旺、杜治仙、张珊对本书做出的贡献与帮助。

王琪延

目录

第一章 研究概述

一、研究背景

伴随收入水平的提高以及休闲时间的大幅增加，国民对文化休闲的需求逐渐增长。休闲逐渐成为居民的基本需求之一，也是衡量居民生活水平和社会文明的重要标尺。随着旅游、娱乐、体育等休闲消费支出逐渐增加，文化休闲发展迅速，其在国民经济中的地位越来越重要。

国家对文化、旅游和休闲发展高度重视。2021 年 6 月，文化和旅游部发布《“十四五”文化和旅游发展规划》（以下简称《规划》)。《规划》提出，要加快建设新时代艺术创作体系、文化遗产保护传承利用体系、现代公共文化服务体系、现代文化产业体系、现代旅游业体系、现代文化和旅游市场体系、对外和对港澳台文化交流和旅游推广体系，提高文化和旅游发展的科技支撑水平，优化文化和旅游发展布局。力争到 2025 年，我国社会主义文化强国建设取得重大进展，文化事业、文化产业和旅游业高质量发展的体制机制更加完善，文化事业、文化产业和旅游业成为经济社会发展和综合国力竞争的强大动力和重要支撑。

然而，我国文化休闲发展起步较晚，发展水平与欧美国家还存在较大差距，还无法满足居民高涨的文化休闲需要。因此，研究我国区域文化休闲发展现状，探讨区域文化休闲发展与转型升级之路，对促进我国区域文化休闲发展与转型升级，满足我国居民文化休闲需要，缓解我国社会主要矛盾具有重要的意义。

（一）国民经济发展迅速，居民收入水平不断提高

改革开放后，我国国民经济发展迅速。如图 1－1 所示，我国国内生产总值和人均国内生产总值不断增长，分别从 1978 年的 3 678.7 亿元和 385 元增加到 2020 年的 1 015 986.2亿元和 71 999.6 元，年均增长率分别高达 14.32%和 13.26%，均在 10%以上。分产业结构来看，1978 年三产所占比重分别为 27.69%、47.71%和 24.60%，

第二产业所占比重最大，其次是第一产业，第三产业所占比重最小。在四十年的发展中，三产总值不断发展，年均增速分别达到 10.87%、13.69%和 16.51%，第三产业总值增速最快。到了 2020 年，第三产业总值已经在三大产业中高居第一，占比达到 54.53%，第一产业的比重则下降到 7.65%。国民经济的迅速发展尤其是第三产业的发展，居民收入水平的提高为我国区域文化休闲发展奠定了经济基础。

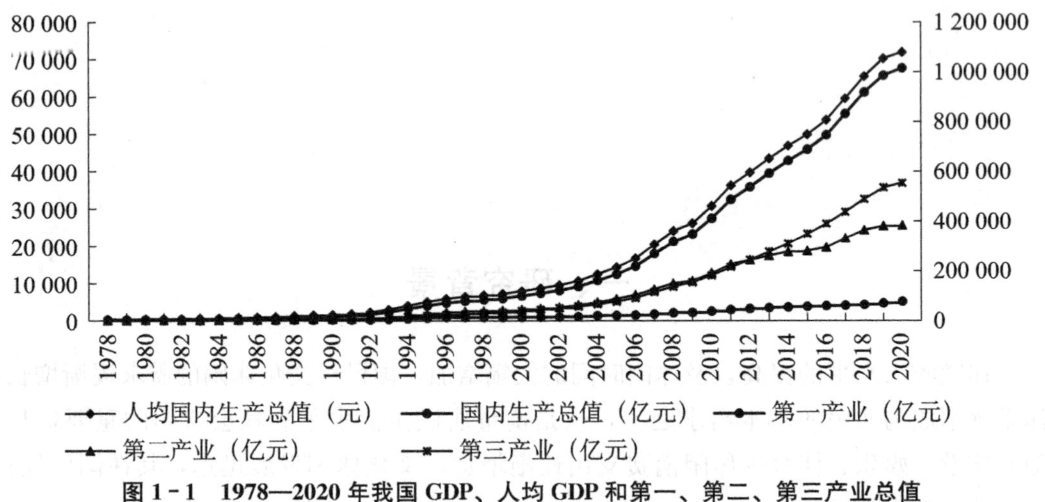

图 1－1　1978—2020 年我国 GDP、人均 GDP 和第一、第二、第三产业总值

数据来源：《中国统计年鉴》(2021).

(二) 国民休假制度逐渐完善，居民休闲时间增加

休假制度分为周休制度、法定节假日制度和带薪休假制度。自新中国成立以后，休假制度的变化情况如表 1－1 所示。在 21 世纪之前，我国居民的年休假天数较少，未享受带薪休假。进入 21 世纪，随着我国劳动生产率的提高，工作时间不断减少，周休制度从单休、大小周末轮休到双休；法定节假日从每年 4 个增加到 7 个；带薪休假从提出到实施。整体看来，我国的休假制度不断完善，居民的年休假天数和休闲时间不断增加。

表 1－1　我国休假制度变化情况

年份	周休制度
1949—1993 年	每日工作 8 小时，平均每周工作 6 天。
1994 年	《国务院关于职工工作时间的规定》：每天工作 8 小时，每周工作 44 小时
1995 年	《国务院关于修改〈国务院关于职工工作时间的规定〉的决定》：每周工作 40 小时，每天 8 小时。
年份	法定节假日制度
1949—1998 年	《全国年节及纪念日放假办法》：元旦 1 天、春节 3 天、劳动节 1 天，国庆节 2 天。

续表

年份	法定节假日制度
1999 年	同上：劳动节和国庆节增加到 3 天。
2008 年	同上：劳动节减少到 1 天，增加清明节 1 天，端午节 1 天，中秋节 1 天。
2014 年	同上：把春节 3 天从农历除夕、正月初一、初二修改成农历正月初一、初二、初三。
年份	带薪休假制度
1991 年	《关于职工休假问题的通知》：根据实际情况适当安排职工休假。
1999 年	《中华人民共和国劳动法》：国家实行带薪休假制度。
2007 年	《职工带薪年休假条例》明确了职工带薪年休假的资格条件、休假时间等内容。
2008 年	《企业职工带薪年休假实施办法》细化了企业职工带薪年休假的实施办法。
2013 年	《国民旅游休闲纲要》：2020 年职工带薪年休假制度基本得到落实。
2014 年	《国务院关于促进旅游业改革发展的若干意见》：切实落实职工带薪休假制度。
2015 年	《2015 年国务院政府工作报告》：落实带薪休假制度。

（三）城市规模不断扩大，城镇化率不断提高

随着经济的发展，农民开始连续涌入城市，城镇化率不断提高。如图 1-2 所示，我国城镇人口从 1949 年的 5 765 万人增加到 2020 年的 90 220 万人，相应的，城镇人口所占比重由 1949 年的 10.64%增加到 2020 年的 63.89%。与此同时，农村人口虽然有所增加，但所占比重从 1949 年的 89.36%下降到 2020 年的 36.11%。城镇化率的提高促进了城市规模的不断扩大，带动了城市的发展步伐，丰富了城市的功能，为文化休闲发展提供了人力物力支持。

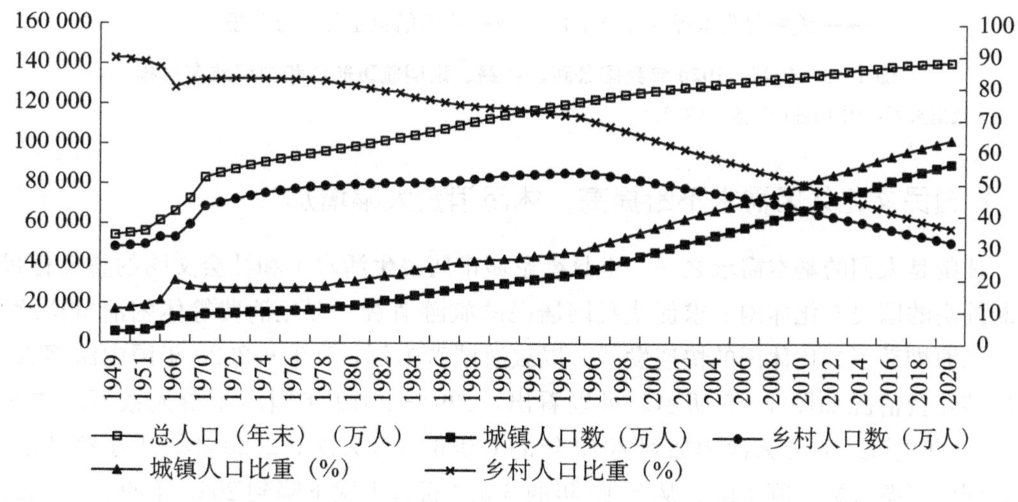

图 1-2 1949—2020 年我国总人口、城乡人口和比重

数据来源：《中国统计年鉴》（2021）.

(四) 交通基础设施不断完善

不断完善的交通基础设施也为我国区域文化休闲发展奠定了基础。如图 1-3 所示，我国公路里程、铁路营业里程、定期航班航线里程和内河航道里程分别从 1978 年 89.02 万公里、5.17 万公里、14.89 万公里和 13.6 万公里增加到 2020 年的 519.81 万公里、14.63 万公里、942.63 万公里和 12.77 万公里，年均增速分别达到 4.29%、2.51%、10.38%和-0.15%。其中，除了内河航道里程略有减少外，其他三个里程均呈增加趋势。公路、铁路等里程的增加使得我国交通基础设施不断完善，交通客运量不断增加，如图 1-4 所示，我国铁路、公路、水路和民用航空客运量不断增加，尤其是铁路客运量增速更为明显。便捷的交通为我国居民的文化旅游休闲提供了便利，进而促进了文化休闲相关产业的发展。

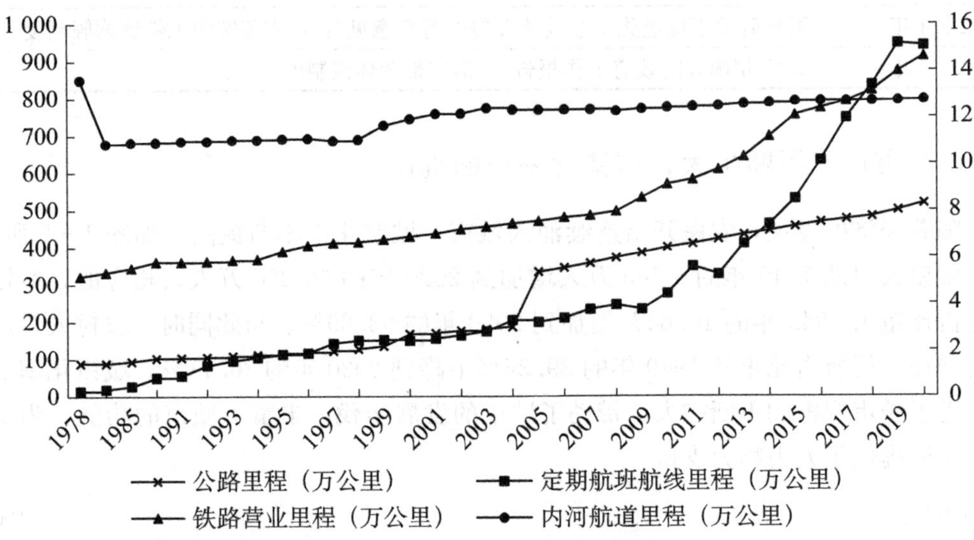

图 1-3　1978—2020 年我国公路、铁路、定期航班航线和内河航道里程

数据来源：《中国统计年鉴》(2021).

(五) 国民文化休闲需求不断提高，休闲消费大幅增加

休闲是人们的基本需求之一，也是衡量城市居民生活水平和社会文明的重要标尺。不断提高的国民文化休闲需求促使我国居民的旅游消费、文化消费等休闲消费持续增加，进而推动了文化休闲的快速发展。以旅游消费为例，1994—2020 年国内游客人数和旅游花费情况如图 1-5 所示。可以看出，1994—2019 年国内旅游人数不断提高，由 1994 年的 524 百万人次增加到 2019 年的 6 006 百万人次。2020 年，由于疫情的原因，国内旅游人数急剧下降，从 2019 年的 6 006 百万人次下降到 2020 年的 2 879 百万人次。在国内旅游人数中，城镇居民旅游人数一直高于农村居民，两者增长速度与国

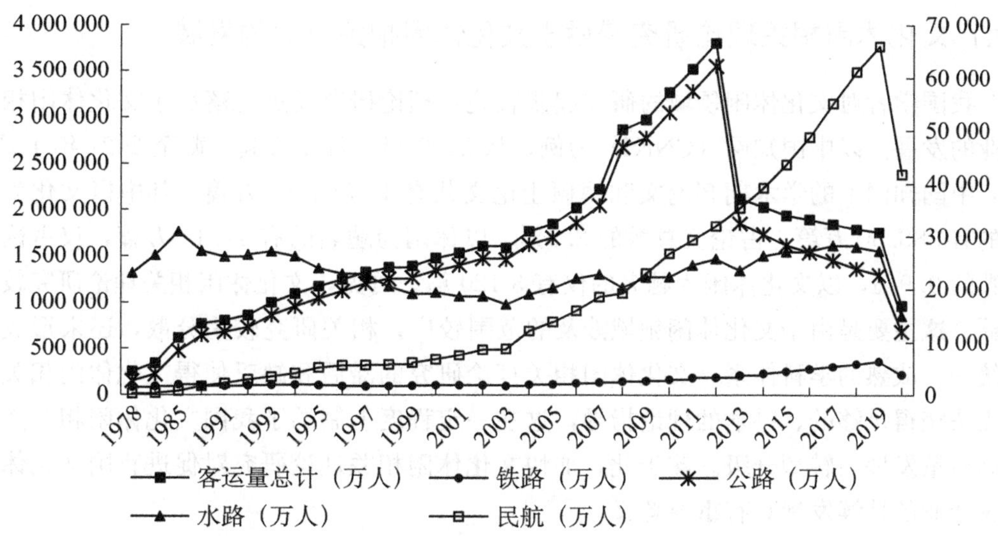

图 1-4　1949—2020 年我国铁路、公路、水运、民用航空客运量及总计

数据来源：《中国统计年鉴》(2021).

内旅游人数增速保持一致。从旅游花费来看，1994—2019 年我国旅游总花费和人均花费也不断提高，分别从 1 023.5 亿元和 195.3 元增加到57 250.92亿元和 953.25 元。2020 年，两者均下降明显，分别降至 22 286.3 亿元和 774.14 元。分城乡来看，城镇居民旅游总花费和人均花费一直高于农村居民，两者增长速度与我国旅游总花费和人均花费增速一致。

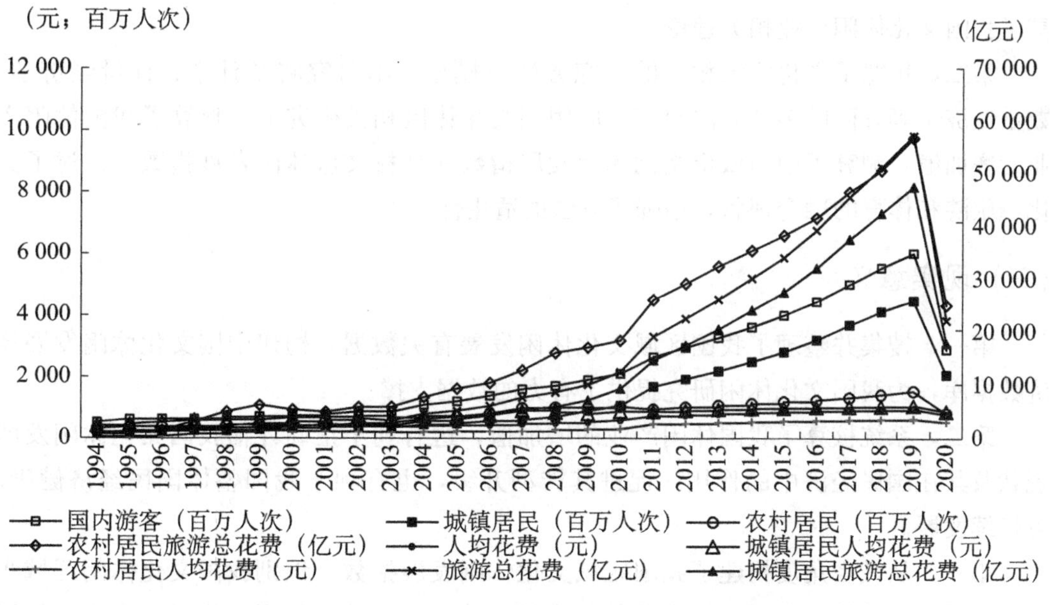

图 1-5　1994—2020 年国内游客人数和旅游花费情况

数据来源：《中国统计年鉴》(2021).

(六) 文化休闲相关理论研究滞后于文化休闲相关产业的发展

我国学者对文化休闲领域的研究起步较晚，理论研究还远远落后于文化休闲相关产业的发展。以中国知网（CNKI）为例，从2000年1月1日起，截至2021年1月7日，中国知网上的学术期刊论文和博硕士论文共有13 355.17万篇，其中以文化为题名的有388.60万篇，占论文总数的2.9%，以休闲为题名的有12.17万篇，仅占论文总数的0.9%，以文化休闲为题名的仅有3 120篇。可见，文化休闲相关理论研究较为薄弱。这主要是由于文化休闲领域涉及的范围较广，相关研究较为分散，还未形成一个统一、成熟的学科体系。文化休闲相关理论研究的滞后和缺乏使得文化休闲相关产业无法获得足够的、科学的理论指导，这在一定程度上制约了我国文化休闲相关产业的高质量发展与转型升级。鉴于此，加快文化休闲相关理论研究对促进我国文化休闲相关产业的持续发展具有重要意义。

二、研究意义

(一) 理论意义

第一，丰富了文化休闲相关的理论。本研究从统计学、产业经济学等交叉学科的角度，界定了文化休闲产业的内涵，划分了我国新中国成立以来文化休闲发展阶段，分析了我国文化休闲发展的现状，提出促进我国区域文化休闲发展的可行性建议，丰富了我国文化休闲产业相关理论。

第二，拓宽了文化休闲相关的研究方法与模型。本研究将统计学、计量经济学、数量经济学等方面的多种方法与模型应用到文化休闲相关研究上，核算了我国休闲产业的增加值，测算了中国城市文化休闲发展指数和乡村文旅休闲发展指数，探讨了文化、旅游和体育的融合现状，增强了方法的适用性。

(二) 现实意义

第一，搜集并整理了我国区域文化休闲发展有关数据，构建中国文化休闲发展经济数据库，为我国文化休闲研究提供了有力的数据支撑。

第二，系统核算了我国休闲产业的增加值，这有利于正确评估我国文化休闲发展现状及其在国民经济中的作用，促进其转型升级，也有利于我国整体国民经济健康、可持续发展。

第三，从城乡角度构建了我国区域文化休闲发展指数，识别我国文化休闲区域布局与差异，充分挖掘我国区域文化休闲发展的优势、劣势、机遇、挑战，为优化我国文化休闲发展布局、促进我国区域文化休闲均衡发展提供决策指导，为制定文化休闲发展政策提供新办法、新思路，提升文化休闲相关产业竞争力，实现文化休闲相关产业健康可持续发展。

第四，从融合的角度探究了我国区域文化休闲的发展路径，为我国文化休闲相关产业转型升级提供创新方式。本研究探讨了文化、旅游和体育融合的多种路径和模式，测算了我国文化、旅游和体育的融合程度，为我国区域文化休闲的发展提供了新思路。

第五，从休假制度供给角度，探讨休假制度供给对我国文化休闲发展的影响，为我国文化休闲发展提供新途径。本研究分别从周休制度、黄金周制度和带薪休假制度三个方面探讨了我国休假制度供给对文化休闲发展的影响，从休假制度供给方面提出促进我国区域文化休闲发展的政策建议。

三、研究内容

本书主要研究内容是从产业经济学的角度研究我国区域文化休闲发展情况，具体的研究框架如图 1-6 所示。

第一部分，研究概述。一是介绍研究背景、意义和内容。二是梳理与本研究相关的理论，并对文化休闲相关研究进行综述。三是对新中国成立以来我国文化休闲的政策进行梳理和总结。

第二部分，文化休闲产业的核算研究。参考国内外学者的研究，界定了文化与休闲的关系；基于国民经济行业分类和投入产出表分别对休闲产业进行分类与比较；在此基础上，核算休闲产业增加值。

第三部分，文化休闲发展现状与评价研究。首先，总结新中国成立以来我国文化休闲发展阶段情况；讨论旅游、文化、体育、娱乐、大健康等的发展历程。其次，分别从城乡两个角度对我国区域文化休闲发展情况进行分析。在城市文化休闲方面，从环境、基础设施、资源和发展四个要素层面上，构建中国城市文化休闲发展指标体系，运用熵权法测算我国城市文化休闲发展指数；运用变异系数对城市文化休闲发展指数进行空间均衡分析；运用 Moran's I 指数对城市文化休闲发展指数进行空间相关分析。在乡村文化休闲方面，以乡村旅游休闲为例，总结概括我国乡村旅游休闲整体发展情况，并对我国乡村文旅休闲进行系统评价，最后选取北京昌平康陵村、陕西袁家村、浙江杭州莫干山民宿业为例，对其乡村文旅休闲发展进行案例分析。

第四部分是文化、旅游和体育融合研究。首先分析了文化、旅游和体育的融合路径与模式，其次运用融合度分析模型测算了 2019 年我国 294 个城市文化、旅游和体育的融合发展度。

第五部分是从休假制度供给角度，重点研究了休假制度供给对文化休闲发展的影响。首先，梳理了我国休假制度的变迁历史；其次，通过问卷调查分析了我国居民休

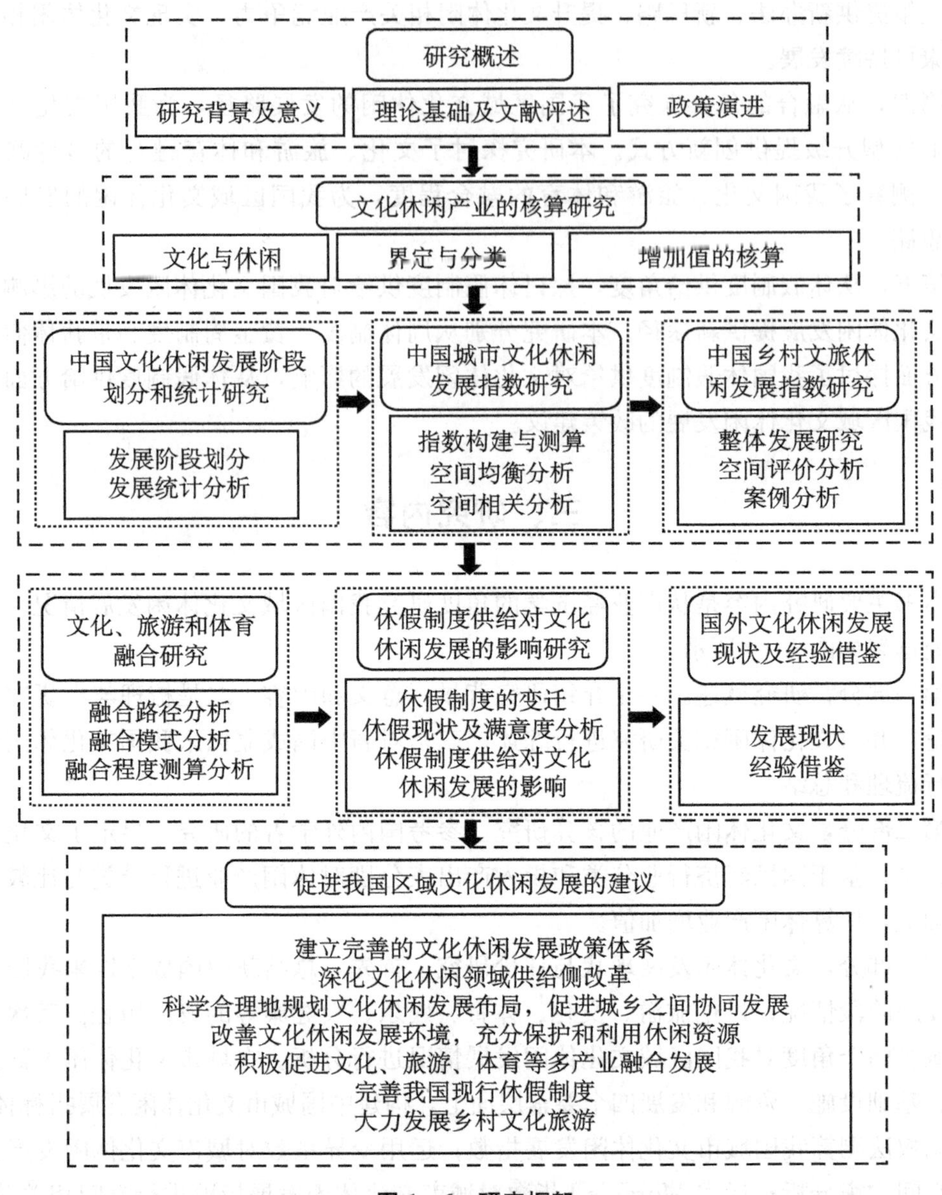

图 1-6　研究框架

假现状与满意度；最后，在此基础上，分别从周休制度、黄金周制度和带薪休假制度三个方面探讨了我国休假制度供给对文化休闲发展的影响。

第六部分，国外文化休闲发展现状及经验借鉴。选取典型国家和地区，总结分析国外文化休闲发展现状，并进行经验总结。

第七部分，促进我国区域文化休闲发展的建议。总结全文，从政策体系、供给侧改革、发展布局、环境、资源、融合、休假制度完善、乡村文化旅游等角度提出促进我国区域文化休闲发展的建议。

四、理论基础

(一) 产业生命周期理论

产业生命周期理论在产品生命周期理论基础上产生。弗农（Vernon）在 1966 年提出产品生命周期理论，之后经过艾伯纳西（Abernathy）和阿特伯克（Utterback）等学者的研究，产品发展被划分为三个阶段，分别是流动阶段、过度阶段和确定阶段。在产品生命周期的基础上，产业生命周期应运而生。1982 年，Gort 和 Klepper 在分析时间跨度 73 年的 46 个产品的基础上，建立了首个产业生命周期模型。产业生命周期分为四个阶段，具体阶段和周期形态如图 1－7 所示。

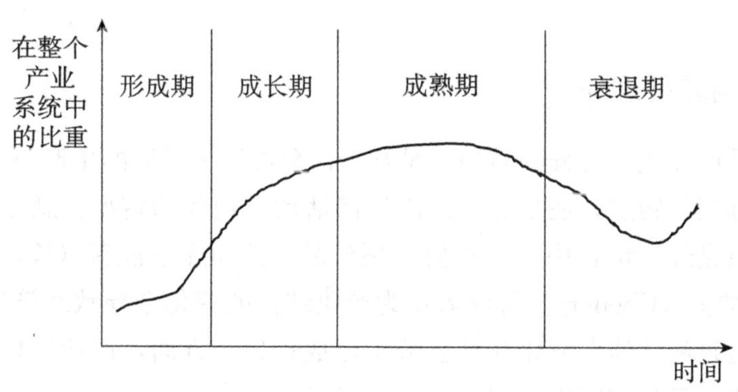

图 1－7　产业生命周期

第一阶段为形成期，主要表现为高风险低收益的特征。一种新产业是否形成主要看一种全新产品和其生产厂家是否同时出现。此阶段，新兴产业中的生产厂家较少，投资和研发成本较高，产品类型单一、产量较小且知名度较低。由于大众缺乏对该产品足够的了解，导致产品的市场需求较为狭小。因此，这些新生企业面临着巨大的投资和经营风险，通常是入不敷出，经营惨淡，很容易面临破产危机。但是，这一阶段，企业进入壁垒低，发展空间较大，产品的市场需求潜力巨大，增速较高。

第二阶段为成长期，主要表现为高风险高收益的特征。此阶段，产业规模进入高速扩张时期，大批企业开始涌入这个产业，产品种类和品质不断丰富和提升，产品知名度也通过广泛的宣传和影响打响，大众的接受度和认可度增高，市场需求旺盛，较为成熟的产业体系逐渐形成。这阶段，企业的进入壁垒逐渐提高，企业之间的竞争较为激烈，风险依旧较高，部分企业由于不具备资本或技术等的优势，遭到兼并或淘汰。在阶段后期，市场逐渐饱和，产品销售收入增速减缓，产业进入稳定发展期。

第三阶段为成熟期，主要标志为该产业中已经形成大型骨干企业。产业的成熟期通常相对较长，其自身规模庞大，在国民经济中占据着较为重要的地位。此时，在上一阶段企业互相竞争中存活下来的少数大型企业垄断了整个产业市场，彼此之间势均力敌，各自占据较大市场份额。企业之间的竞争手段不再是单一的价格竞争，转为各式各样的非价格手段，企业的风险也降到较低水平，而其他企业则很难再进入该产业。总体来说，这一阶段产业特点趋于稳定；时间持续较长；产业技术已经成熟，新产品开发较为困难；市场增速下降，盈利能力降低；产业的进入壁垒过高。

第四阶段为衰退期，主要标志为产能过剩、产品滞销以及部分企业退出该产业。此时，大量出现新产品或替代品使得产业的需求紧缩，产品销量下降，大量的产品长期积压，企业获利能力下降，部分企业开始转移资金，逐渐退出这一产业。按衰退原因，产业衰退可分为四种类型，分别是收入低弹性衰退、资源型衰退、聚集过度性衰退、效率型衰退。然而，通常来说，很难预见一产业何时消亡，而且在现实生活中很少会出现完全不需要一种产业的情况，所以尽管该产业进入衰退期，但仍能存在较长一段时间。

（二）产业结构转型理论

产业转型是产业代谢过程的转型，是基于社会可持续发展的生产与消费过程转型。它不仅是产业部门的转型，还是能够反映经济活动全过程的转型。新古典主义认为产业结构的变化只是经济增长中不太重要的副产品。然而库兹涅茨（Kuznets）、罗斯托（Rostow）、切纳里（Chenery）等学者认为产业结构的变化会导致经济增长。一方面，产业结构可以通过经济体专业化和社会分工形成；另一方面，产业结构在某种意义上对经济的增长方式又具有决定作用。

产业结构转型是产业转型的重要表现。产业结构由量变到质变的转化过程成为产业结构转型。产业结构的演进是由低级向高级，不断转型升级的过程。从生产要素密度看，产业结构转型是按照劳动密集型——资金密集型——资金技术密集型——知识技术密集型的顺序转移。从三次产业看，产业结构转型是由第一产业向第二产业、第二产业向第三产业转移。从采纳新技术成果看，产业结构转型是指由传统产业向新兴产业、新兴产业向混合发展产业转移。从产出结果看，产业结构转型是指由低附加值、原材料粗加工产业向高附加值、高技术含量、深加工产业转换。

从需求角度来看，产业结构转型与专业化需求、产品多样性和收入增长密切相关。一方面，随着经济的快速发展，人们收入水平的不断提高，消费需求层次随之提高，产业发展也逐渐表现出层次性。埃切瓦里亚（Echevarria）认为收入弹性的变化能够促进产业的变化，各个部门生产率的增长率不同，经济增长会受到部门之间的结构转型的影响。另一方面，罗德里格斯（Rodriguez）认为效率的提高是由劳动分工导致的。经济发达的国家专业化分工水平较高，劳动效率较高，产品多样化，从而有利于产业规模的扩大和结构的转型，进而进一步促进经济增长。

从供给角度来看，外生生产率是影响产业结构变化的重要因素。生产率的提高和技术进步会导致产业结构转型。一些学者认为结构转型与农业生产率的提高相关联，也有学者认为产业转型主要得益于工业部门生产率的提高。

产业结构转型还受到多个因素的影响。首先，制度和政策是一个非常重要的因素。琼斯（Jones）认为，制度尤其是产权制度的改进使专利持有者可以获得更为丰厚的报酬，刺激了人们更好地进行创新行为，从而导致了产业革命的发生。其次，产业结构转型也受到人力资本积累的影响。人力资本的积累通过影响社会生产率，进而影响产业结构的转型升级。

（三）休闲经济理论

在19世纪中叶，休闲经济在欧美国家初露端倪，在20世纪50年代之后稳定增长，进入20世纪80年代发展加速。休闲经济是经济社会成长到一定阶段的必然产物。它一方面表现为休闲的生产活动，形成休闲产业；另一方面表现为休闲的消费活动，创造休闲消费。

休闲经济的形成主要存在以下五个条件。第一个条件是高度的物质文明。人的需求是从低到高发展的。当高度的物质文明实现后，人们的最低层次的需求即生理层次（主要包括水、食物等）也能得到充分的满足，其需求层次将转向为更高层次的休闲需求，休闲消费才能发生。同时，高度的物质文明也为休闲产业的形成与发展提供了经济保障。第二个条件是休闲时间的增多。休闲时间是休闲经济形成的时间保障。休闲消费的发生需要休闲时间，当大众的休闲时间增多，其在休闲时间能够进行更多的休闲消费，休闲经济才能够形成。第三个条件是充分的制度供给。休闲经济的形成离不开制度的供给，休闲产业的发展和休闲消费的完成都需要良好的制度环境。比如，完善的消费信贷制度能够保障人们的休闲消费的顺利完成；完备的产业监管制度能够促进休闲产业的健康可持续发展。第四个条件是科学技术的进步。科技的进步一方面能够提高劳动生产率，为劳动时间的减少以及休闲时间的增加创造契机，另一方面也为休闲产业的形成与发展奠定了科技基础。第五个条件是大众休闲意识的觉醒。前四个条件为休闲经济的形成打下了坚定的硬性基础。然而，如果居民有时间有条件能够进行休闲消费，但是没有意愿进行消费，这样也无法形成休闲经济。因此，大众休闲意识的觉醒也是形成休闲经济的必不可少的软性条件。当大众意识到休闲是其生命中必不可少的东西时，他们开始想休闲、懂休闲、会休闲，休闲经济才能形成并持续长远发展。

可以说，休闲经济的崛起对人类社会具有重要的意义。它能够转变传统的经济形态，促进经济发展，还能够使人们的休闲需要得到满足，从而提高生活质量，增强幸福感。

（四）竞争力理论

在绝对优势理论和比较优势理论的基础上，竞争力理论逐渐发展起来。竞争力是竞争主体在与其他竞争对象竞争过程中所表现出来的比较差距、相对优势、收益力、吸引力所组成的综合力。在竞争力理论中，比较权威的有波特（Michael E. Porter）的竞争优势理论、IMD竞争力模型和WEF竞争力理论。

波特教授指出，一个国家或地区的竞争优势取决于四个方面，分别是：企业战略、组织结构和竞争对手；生产要素；需求条件；相关和辅助产业。以此为基础，机会和政府政策这两个因素也影响上述四个方面，从而构成了一个互相依赖的竞争系统，这就是著名的“钻石模型”。作为最为经典的竞争力模型，钻石模型具有普遍性和通用性，被国内外学者广泛应用到多个领域之中。然而，钻石模型具有高度概括性，若被应用到一些具有独特性的产业上，难免显得生搬硬套，缺乏创新性和针对性。

IMD竞争力模型是研究国家之间竞争力的一种重要的模型。它是由瑞士洛桑国际管理开发学院（简称IMD）提出的。该理论认为，区域竞争力是指国家或地区能够创造出比竞争对手更多财富的能力。其中，基础设施、科学技术、政府作用、金融环境、国际化度、国民素质、经济实力和企业管理八个方面构成了区域竞争力。该模型认为企业竞争力是国家竞争力的核心，从两者的相互关系来看，可以从国家对企业营运能力的影响来分析企业是否具有竞争力。2005年以来，IMD竞争力模型的评价体系简化为四方面的要素，包括经济表现、政府效率、商务效率和基础设施。经济表现要素主要包括经济实力、国际贸易、国际投资、就业和物价五个子要素，主要衡量国内经济的宏观绩效。政府效率要素主要包括公共政策、财政政策、机构框架、商务法规和社会框架五个子要素，主要衡量政府政策对竞争力的影响程度。商务效率要素主要包括生产力、劳务市场、金融、管理实践和态度与价值五个子要素，主要衡量公司的创新能力、盈利能力和社会责任。基础设施要素也主要包括五个子要素，分别是基础性基础设施、技术性基础设施、科学性基础设施、健康与环境、教育，主要衡量基础设施、科技设施和人力资源的情况。该模型共采用300多个指标，其中约2/3的指标是硬指标，1/3的指标是软指标，还有部分指标作为背景指标不参加评价排名。

WEF竞争力理论是1980年世界经济论坛（简称WEF）创立的用于评价国际经济增长竞争力的模型。自创立以来，该理论不断进行自我完善与发展。1985—1990年，该理论把指标分为十个方面，共381个，其中硬指标为249个，软指标为132个。1996年，该理论又从经济、国际和市场三个角度设计了三个指数。2000年，该理论将国家或地区竞争力用八大要素进行衡量，分别是政府、法规制度、基础设施、开放度、金融、管理、劳动、技术。2003年之后，该竞争力模型主要由增长竞争力指数体现，分为宏观经济环境指数、公共机构指数、技术指数三个指数。通过这三个指数，可以分别计算出核心和非核心创新国民经济增长竞争力指数。

综上所述，学者们对竞争力理论的研究成果丰富全面，具有重要的学术价值，也拓宽了研究的领域和视野，为本文研究我国城市休闲产业空间评价，建立评价指标体系奠定了坚实的基础。

（五）产业融合理论

产业融合是在以信息技术为核心的新技术革命的背景下产生的。1978 年，内格罗蓬特（Negroponte）使用三个重叠的圆来表示计算、广播和印刷三者的技术边界，指出三个圆的重叠部分将会是创新最多、成长最快的区域。20 世纪 80 年代后，学者们开始关注技术融合和数字融合现象，植草益认为由于技术创新使得不同产业或市场的产品具有相互替代关系，从而导致产业或市场中的企业转为互相竞争关系的一种现象即为产业融合。20 世纪 90 年代后期，学者们对产业融合的研究更加深入，格林斯坦（Greenstein）和康纳（Khanna）认为，为实现产业增长而使产业边界的缩小或消失的过程即为产业融合。进入 21 世纪，产业融合逐渐成为学术界关注的热点问题之一，国内外学者对其的研究主要集中在产业融合的概念界定、原因、模式等。

在产业融合的概念方面，林德（Lind）将产业融合的概念从信息通信业扩展到更为广泛的领域，认为产业融合是不同的市场之间的一种汇合，能够消除产业边界的进入壁垒。马健认为产业融合是指在放松管制和技术进步的基础上，产业边界处的技术融合不仅能够改变市场需求和产品特征，还能改变企业间的竞争关系，进而模糊甚至重划了产业界限。

在融合原因方面，回顾学者们的不同见解，产业融合产生的原因不是唯一的，是多种因素综合作用的结果。技术的创新与传播、管制的放松、产业间的合作与交流等因素都能够促进产业融合的产生，但是产业融合最根本的内在动力是获得最大利益。

在融合模式方面，从技术之间的关系角度，产业融合可分为互补性融合和替代型融合。从供需的角度，产业融合可分为需求互补性融合、供给互补型融合、需求替代性融合和供给替代型融合。从融合方向角度，产业融合可分为纵向融合、横向融合和混合融合。基于产业视角，产业融合可分为渗透融合、延伸融合和重组融合。

关于产业融合的内涵表述不一，综合上述研究，本文将产业融合界定为不同产业或同产业不同行业之间通过相互交叉和渗透，使得其产业边界逐渐模糊化的经济现象。

五、研究评述

古希腊时期，思想家亚里士多德认为，“闲暇”是一个政治修明的城邦中人们的必需品，如何安排才能使得人们获得闲暇是一个难题。休闲能够使人成为“完整的人”，大众参与文化休闲活动能够明显提高人的幸福感和生活满意度。文化休闲发展能够实现人们的休闲理想，满足人们日益增长的文化休闲需求。罗伯托（Roberto）等和里贝罗（Ribeiro）指出休闲产业能够缓解城市污染、拥挤和不平等问题。维尔科米尔斯卡（Olkusnik）认为城市化能够推动城市休闲的发展。迪亚斯（Dias）等以巴西为例，全面考虑两者之间的相互作用，发现城市空间的再组织能够促进旅游活动、体育活动等新的生活方式加速形成。

然而，目前我国文化休闲发展还存在着诸多问题。郑胜华认为，目前我国休闲产业发展迅速，但是还存在一些问题，如缺乏政府的统一规划与协调、产业体系不完备、休闲企业规模小且创新能力不足等。曹琤认为我国休闲产业发展还存在以下五点问题，分别是休闲观念陈旧；产品和消费结构不合理；发展不平衡；产业规模不足；支持系统不够完善。黄志峰认为我国休闲产业发展不平衡，一是休闲的供给和需求不平衡。二是城乡之间发展的不平衡。三是休闲产业结构的发展失衡。粟郁在构建城市休闲产业发展评价指标体系的基础上，采用主成分分析方法，对国内部分城市的城市休闲产业发展进行实证分析，他认为休闲产业未来规划目标不够明确、环境污染、配套设施不够完善、品牌战略效应不够显著是制约我国城市休闲产业发展的主要因素。方远平将休闲产业划分为旅游、餐饮、文化娱乐和体育健身四大模块，构建休闲产业整体竞争力指标体系，采用因子分析等方法探讨我国省域休闲产业，进行实证分析，他发现，东部沿海省市的休闲产业竞争力最高，中西部地区省域竞争力较低。

在评价测算方面，徐知渊等针对长三角区域建立了该区域的城市旅游竞争力评价指标体系，并运用层次分析法和 BP 人工神经网络模型进行城市旅游产业竞争力评价，发现长三角城市旅游产业竞争力综合得分存在较为显著的梯度差异。汪晓琳等运用主成分分析法、因子分析和综合评价等方法对我国 22 个省域 2010 年体育文化产业相关指标的实证分析，发现我国体育文化产业竞争力水平呈现明显的区域差异，东部地区明显高于中部地区和西部地区。杨头平等从基础竞争力、显性竞争力、潜在竞争力三个层面构建评价体系，运用因子分析法，评价中部六省区文化产业竞争力，结果发现湖南、湖北文化产业竞争力在中部具有优势，江西、河南、山西、安徽四地区文化产业综合竞争力处于中部地区平均水平以下。卢金逵等基于波特“钻石模型”，系统分析了我国区域体育产业竞争力，选取 2000—2005 年 8 个省域相关指标，运用因子分析法、主成分分析法对区域体育产业竞争力进行实证分析。研究发现，京、沪、粤的体育产业竞争力相对强劲，辽的体育产业竞争力中等，赣、蒙、徽、云的体育产业竞争力相对落后。程园园等基于波特菱形理论，发现浙江文成县发展健康产业具有康养资源富集、文化底蕴深厚、市场需求扩大及旅游业快速发展等优势，但也存在资源转化水平低、产业总体规模小、同质化竞争激烈与后劲支撑不足等劣势。

总的来看，文化休闲发展对经济社会具有重要的意义，然而目前我国文化休闲发展还存在一些问题，区域差异明显。而且大多数学者的结论和建议更多的是基于经验观察，而不是建立在严格统计实证检验的基础上。因此，深入、系统、全面地研究我国区域文化休闲发展现状和趋势，提出针对性的政策建议是非常值得关注的。

六、政策演进

任何产业的健康发展都离不开相应产业政策的指导、促进、调控和保障。我国文化休闲整体发展态势以及不同时期发展状态与相应的产业政策密不可分。新中国成立以来，我国文化休闲相关政策发展大概经历了以下四个阶段。

（一）第一阶段：政策零星期（1949—1977年）

新中国成立后，全国百废待兴，文化休闲发展相关政策几乎处于空白状态。这个阶段，我国的经济水平较低，人均可支配收入较少，还有相当一部分人们还未解决温饱问题，更何谈休闲。因此，这一时期，我国政府对文化休闲发展相关政策的制定缺乏足够的重视和丰富的经验，对文化休闲发展相关政策在摸索中缓慢发展，在曲折中前进，文化休闲发展相关政策处于孕育期。在“文化大革命”期间，文化休闲发展相关政策发展受到较大影响，几乎处于停滞状态。

在旅游方面，在这一阶段，我国的旅游活动被看作外事活动的一部分，是为政治服务的，并没有意识到它的经济功能。因此，这段时间的旅游产业政策多为针对外国人入境旅游的管理办法和通知，如1950年的《外国侨民旅行暂行办法（草案）》，1951年的《外国侨民出境暂行办法》和《外国侨民旅行暂行办法》，1954年的《外国侨民居留登记及居留证签发暂行办法》和《关于改变外侨旅行、迁移的批准权限问题的通知》，1956年的《关于外国私人旅行者的审批办法》，1957年的《关于放宽外侨旅行限制的通知》，1958年的《关于开展国外自费来华者接待工作和加强国际旅行社工作的通知》，1964年的《外国人入境出境过境居留旅行管理条例》，1973年的《关于接待外国自费旅行者拨款办法的通知》等。此外，为了更好地应对外国人的入境旅游，在机构设立、人员规定、工作意见等方面进行进一步政策规定。如1954年，政务院发布了《关于各地成立中国国际旅行社分社的通知》，决定成立国际旅行社；1959年中国国际旅行社发布了《中国国际旅行社翻译导游工作守则》《陪同全程译员注意事项》《翻译导游人员的八项条件》；1971年中国旅行游览事业管理局发布了《关于改进旅游接待工作的意见》；1977年中国旅行游览事业管理局发布了《涉外人员守则》等。

在文化方面，新中国成立后，对传统文化的批判继承成为新文化建设的重要内容。这在文化政策方面的表现为对原有文化的改进与改革，如1950年，新闻出版总署发布的《中央人民政府新闻总署关于改进报纸工作的决定》，1951年，政务院发布的《政务院关于戏曲改革工作的指示》。在体育方面，这一时期的体育政策也多是制度上的规定、关于体育方面的指示等，未涉及体育产业的发展。在娱乐方面也表现为这一特征。

(二)第二阶段:政策兴起期(1978—1991年)

改革开放后,文化休闲迎来了空前的发展,国家对文化休闲发展相关政策的关注不断提高,出台的相关政策明显增多,相关政策发展迎来兴起期。

在旅游方面,阶段早期,我国旅游还是一种"事业",未形成产业,旅行社、高级饭店、旅游价格等由国家宏观调控,市场还未发挥其对资源的配置作用。在阶段末期,随着我国旅游体制改革的深入,旅游业向着政企分开的管理体制迈进,一系列行业规范、标准、管理条例被初步制定,行业管理逐渐法制化。在旅行社方面,1985年,《旅行社管理暂行条例》对我国的旅行社进行分类和规定。在星级饭店方面,国家旅游局在1988年颁布了《中华人民共和国评定旅游涉外饭店星级的规定》和《中华人民共和国旅游涉外饭店星级标准》,对旅游涉外饭店进行星级评定。入境旅游是我国旅游事业优先发展对象,一系列鼓励发展入境旅游的政策《关于调整外国自费旅行者综合服务收费标准的通知》《关于接待旅游外宾的饭店车队实行企业化管理的意见》等被颁布执行。与此同时,国内旅游也得到一些关注,1984年,国家旅游局颁布了《关于加强对国内旅游管理的通知》,但旅游业还未成为重点发展对象。

在文化方面,文化发展开始由从属于政治向为人民服务转变。1979年,邓小平提出"两为"方针,强调文艺为人民和社会主义服务的功能。这一方针表明了文化建设的方向与政策的转变,成为我国文化建设的根本政策。1985年的《关于建立第三产业的统计报告》将文化艺术划分为第三产业,这是首次将文化纳入产业的体系中。1987年,财政部、文化部和国家工商总局联合发布《文化事业单位开展有偿服务和经营活动的暂行办法》,对文化事业单位进行有偿服务和经营的合法性予以承认。1988年,国家工商总局和文化部颁布《关于加强文化市场管理工作的通知》,首次出现"文化市场"这一概念,其地位得到正式认可,并对文化市场的原则、方针和任务进行规范,使得文化市场有章可循。1991年,"文化经济"的概念在《文化部关于文化事业若干经济政策意见的报告》中被正式提出。

在体育方面,1984—1985年,我国政府先后出台《关于进一步发展体育运动的通知》和《关于进一步发展体育事业的通知》,明确指出要加快发展我国体育运动和体育事业。1986年,原国家体委发布了《关于体育体制改革的决定》,我国体育事业开始社会化、产业化。这时,体育政策还主要集中在发展体育事业上,还未正式确立体育产业的主体地位。

在娱乐方面,这一时期,我国居民的娱乐需求开始萌芽,娱乐活动不够丰富,娱乐场所较少,这时对于娱乐的政策还在初步探索,政策主要集中在规范、管理方面,如1990年的《关于加强"卡拉OK"娱乐活动管理的通知》和《关于加强台球、电子游戏机娱乐活动管理的通知》等。

（三）第三阶段：政策密集期（1992—2017 年）

1992 年，中共十四大提出“我国经济体制改革的目标是建立社会主义市场经济体制”。在此指引下，随着我国加入 WTO 以及北京奥运会的圆满举办，我国经济飞速发展，居民收入不断增长，休闲需求逐渐多元化，文化休闲发展相关政策迎来了难得的发展机遇，相关政策也不断涌现，进入政策密集期。

这一阶段，国家对旅游产业的支持力度更大，发布的政策也更为全面。在产业支持方面，1992 年国务院发布的《国务院关于加快发展第三产业的决定》，国家旅游局发布了《关于加速发展我国旅游商品生产和销售若干问题的报告》和《关于扩大边境旅游，促进边疆繁荣的意见》。在产业发展方面，随着我国经济的快速发展和居民收入水平的提高，旅游产业从入境旅游“一枝独秀”到入境旅游与国内旅游共同发展。1993 年国家旅游局颁布的《关于积极发展国内旅游业的意见》，体现了国内旅游受到前所未有的关注。在产业管理方面，旅游政策涉及的范围更为广泛，有旅游安全政策，如国家旅游局在 1993 年发布的《重大旅游安全事故报告制度试行办法》和《重大旅游安全事故处理程序试行办法》，1994 年发布的《旅游安全管理暂行办法实施细则》；有饭店管理政策，如国家旅游局在 1993 年发布的《饭店管理公司管理暂行办法》和 1994 年的《关于下放三星级饭店审批权限的通知》等；有旅游团管理政策，如国家旅游局在 1994 年发布的《关于加强旅行团餐饮质量管理的意见》；有风景名胜区管理政策，如国务院办公厅在 1995 年发布的《关于加强风景名胜区保护管理工作的通知》；有旅行社管理政策，如 1996 年发布的《旅行社管理条例》及其实施细则；有旅游统计政策，如 1998 年国家旅游局发布的《旅游统计管理办法》。与此同时，旅游政策形式更为丰富，旅游规定也更为明细，有条例、办法、规定、意见、标准、实施细则、编制方案等。

虽然 1997 年国家旅游局颁布了《中国公民自费出国旅游管理暂行办法》，但进入 21 世纪后我国的出境旅游才开始兴起。2000 年以来，我国经济高速增长，人民的收入和消费水平步入新台阶，国内旅游已经不能满足日益增长的旅游需要，出境旅游成为我国居民的新选择。2003 年《中国公民出国旅游管理办法》对我国公民的出国旅游活动进行规范；2006 年的《中国公民出境旅游突发事件应急预案》进一步保障了我国公民的出境旅游。自此，我国旅游业沿着入境旅游—国内旅游—出境旅游的路径不断发展起来。在这一阶段，为了更加完善旅游政策，不断对原有政策进行修订，如《旅行社管理条例（修订）》《旅游饭店星级的划分及评定（修订稿）》《关于修订〈导游人员管理实施办法〉的决定》等，使之能够更好地适应旅游产业的发展。

这个阶段，旅游产业在国民经济中的战略地位逐渐被确定。2009 年出台的《关于加快旅游业发展的若干意见》明确要把旅游产业培育成国民经济的战略性支柱产业。之后，为了促进旅游产业成为国民经济支柱性产业，一系列旅游支持政策被颁布。

2012年，央行、国家旅游局等七部委联合发布了《关于金融支持旅游业加快发展的若干意见》；2013年，全国人大常委会发布了《中华人民共和国旅游法》，这有利于促进旅游产业健康有序发展。2015年，国务院出台《国务院关于促进旅游业改革发展的若干意见》，有利于促进旅游产业繁荣发展。

在文化方面，1992年，《关于加快发展第三产业的决定》的发布使得包括文化在内的第三产业的发展得到高度重视。1996年，国务院颁布《关于进一步完善文化经济政策的若干规定》，表明文化经济政策的作用得到认可以及国家对完善文化经济政策的决心，这对文化政策的发展是个重要利好。1998年，文化部文化产业司正式成立，这是专门管理文化产业的机构，表明文化产业在国民经济中的地位开始被重视。

2000年，“十五”计划明确提出要完善文化产业政策，说明政府已意识到政策对文化产业的推动作用。同年，国务院发布《关于支持文化事业发展若干经济政策的通知》，一系列金融、税收和财政政策被提出以促进文化产业的发展。2003年文化部出台《文化部关于支持和促进文化产业发展的若干意见》，文化产业得到了高度的重视和支持；同年，《中共中央关于完善社会主义市场经济体制若干问题的决定》确立了文化产业在国民经济中的战略地位。2006年中共中央办公厅、国务院办公厅印发了我国第一个文化发展规划《国家“十一五”时期文化发展规划纲要》，明确在文化产业布局、结构、增长方式等方面的未来规划。

2009年，国务院出台《文化产业振兴规划》，文化产业的发展被提升为国家战略。2011年，“十二五”规划提出推动文化产业成为国民经济支柱性产业，文化产业在国民经济中的重要地位也逐渐被承认。之后，各种文化支持政策逐渐被颁布。2010年，央行等九部委联合下发《关于金融支持文化产业振兴和发展繁荣的指导意见》，进一步拓宽文化产业的投融资渠道；2014年，文化部发布了关于贯彻落实《国务院关于推进文化创意和设计服务与相关产业融合发展的若干意见》。

在体育方面，1992年，中共中央决定加快发展第三产业，将体育列入第三产业，首次正式提出了发展体育产业的决定。之后，原国家体委颁布了一系列政策规范体育产业，加强对体育产业的管理，如在1993年颁布了《关于深化体育改革的意见》，1994年颁布了《关于加强体育市场管理的通知》，1996年颁布了《关于进一步加强体育经营活动管理的通知》等。1995年，全国人大常务委员会颁布了《中华人民共和国体育法》，填补了我国体育法的空白。相比前一个阶段，这一阶段体育产业政策发展迅速。

2000年，国家体育总局发布了《2001—2010年体育改革与发展纲要》规定了我国体育改革与发展的主要目标和基本方针。2002年，国务院发布了《关于进一步发展体育运动的通知》，国家对体育产业更加重视。2008年，我国举办奥运会之后，我国体育产业政策愈发完善，各种细则和规范更加具体、多元，如2016年的《水上运动产业发展规划》；2017年的《自行车运动产业发展规划》等。

在娱乐方面，娱乐政策的发展更为成熟，涉及范围也更为广泛，如 1993 年的《营业性歌舞娱乐场所管理办法》、1994 年的《音像制品管理条例》等，对于新兴的娱乐产业，政府也颁布了相应的政策进行规范管理，如 1996 年的《文化部关于加强对新兴文化娱乐经营项目管理的通知》。

进入 21 世纪后，随着国民的娱乐更加丰富和多元化，国家加大了对游乐园、网吧等娱乐场所的监督和管理，娱乐政策更为细致具体，先后颁布了《关于开展电子游戏经营场所专项治理意见的通知》《游乐园管理规定》等通知和规定，这些政策的出台有利于更好地规范娱乐市场，进而促进文化产业的进一步深入发展。

（四）第四阶段：高质量政策提升期（2018 年至今）

在 2018 年之后，我国文化休闲由高速发展逐渐转变为高质量发展。此时，休闲消费需求已经成为居民日益增长的美好生活需要，文化休闲相关产业得到了国家的高度重视，文化休闲发展相关政策的重点集中在促进产业融合发展、提高文化休闲发展质量上。

2018 年，中华人民共和国文化和旅游部的设立标志着我国文旅产业进入相互融合高质量发展新阶段。在此之后，一方面，旅游产业政策与文化产业政策有更多的交集，如《文化和旅游规划管理办法》《关于促进旅游演艺发展的指导意见》，文旅融合发展态势明显；另一方面，对文旅产业发展质量有了更高的要求，如 2018 年的《文化和旅游部关于提升假日及高峰期旅游供给品质的指导意见》和 2019 年的《文化和旅游部关于实施旅游服务质量提升计划的指导意见》等。

在体育方面，为了更好地促进体育产业的高质量发展，国家对体育产业加大监管力度，2018 年颁布了《体育市场黑名单管理办法》等。在娱乐方面，国家也颁布了一系列政策促进其繁荣和高质量发展。

第二章　文化休闲产业的核算研究

一、文化与休闲

文化这一词汇具有模糊性、复杂性、多义性。英国学者雷蒙德·威廉斯（Raymond Williams）将“文化”一词称之为英语语言中最为复杂的词汇之一。由于文化是一个非常宽泛的概念且具有模糊性、复杂性、多义性，国内外学者从各自学科的研究角度出发对文化进行多种界定和解释，克罗伯（Kroeber A. L.）和克拉克洪（Kluckhonn Clyde）两位学者收集整理的1871—1951年的文化研究中就有166条文化的定义，学术界关于文化的定义更是超过300种，但文化始终没有一个严格、统一、权威的定义。总的来说，文化研究分为广义和狭义，从广义角度研究的文化涵盖了人类所创造的精神财富和物质财富的总和，包括一个国家或民族的生产、生活方式、行为规范、文学艺术、思维方式、价值观念以及地理、历史、传统习俗、风土人情等各个方面，表2-1中是从广义角度研究并具有代表性的文化定义。但许多学者认为从广义研究文化所包括的内容过于宽泛，不具有实际分析的可操作性。许多学者从狭义的角度对文化进行分析研究，从狭义角度来看，文化是一个国家或民族创造的精神财富以及与之相适应的制度和机构，狭义角度的文化仅包含强调观念性、精神性形态的文化，尤其是20世纪以来借助市场化、产业化力量得以大量复制和传播的创意性文化，包括艺术、音乐、舞蹈、戏剧、图书、报刊、新闻、美术、广播、电影、电视、动漫、广告等，表2-2中是从狭义角度研究具有代表性的文化定义。

表2-1　具有代表性的广义角度文化定义

代表性学者	代表性定义
赫斯科维奇（Melville J. Herhovi）	文化是“环境中的人为部分”，指的是与自然的相对应部分都是人造的文化，文化是人类创造活动的总和。这是最为广义角度的文化定义。
《世界大百科全书》	文化是指所有社会遗产，其中包括：生产工具、武器、社会结构、音乐、宗教、艺术、文学、意识形态等。

续表

代表性学者	代表性定义
胡兆量	文化可以分为三个层面：器物技术为主的表层，制度、社会结构为主的中间层，意识形态为主的最深层。在这三个层次的文化中，意识形态为主的核心层具有最大的影响。
孙晶	文化与政治和经济相对，是一种包括了意识形态成果的文化，文化本身也同时涵盖了物质文化的一些内容。

表 2-2　具有代表性的狭义角度文化定义

代表性学者	代表性定义
爱德华·泰勒（Edward Tylor）	文化包括所有的艺术风俗、道德取向、宗教法律、价值观以及所有成员须遵从的制度和规范的总和。
哈里斯（Marvin Harris）	文化的概念是指群体成员通过传承获得的习俗、生活方式、制度规范等行为模式。
马林诺夫斯基（Bronislaw Malinowski）	文化包含技术、观念、习惯和价值观等，文化是部分自治制度和部分协调制度的综合。
克莱德·克拉克洪（Clyde Kluckhohn）	文化是个人从群体中继承的一个民族的综合性社会遗产，包括生活方式、思维方式，信仰方式、情感表达方式。
罗杰·基辛（Roger Martin Keesing）	文化是系统的社会交往行为模式，包括生活方式、生产技术、社会习俗、宗教信仰和经济、社会和政治组织社会的方式。
古迪·纳夫（Ward Hunt Goodenough）	文化是为文化共同体的成员所接受的行为方式以及信仰等，文化不是一个物质现象而是人、人的行为和情感以及实物的总和。文化是存在于人的心目中的实物的形式，是洞察、链接并解释这些实物的一种方式。
克洛德·列维·斯特劳斯（Claude Lévi-Strauss）	文化是共享的符号系统，这是人类历代心智积累所共同创造的。人类是在对于文化域（如社会组织、亲属关系、神话、宗教、原始艺术和语言等）的心智构建中来构建这种共享的符号系统的。
帕克；伯吉斯（Paker；Burges）	文化是指一个族群综合的社会生活遗传结构的总和，由于这族群的特定历史和特点，这些遗传结构有了社会意义。这个定义是从文化遗产内涵的角度对文化进行了定义。

国外学者对“休闲”的界定，在时间上比我国久远，在数量上比我国多。常常见到的有以下几种。

托马斯·古德尔（Thomas Goodell）、杰弗瑞·戈比（Jeffrey Gobby）认为：“休闲一般被定义为空闲时间，即除了工作和其他责任之外的时间。”

约翰·凯利（John Kelly）认为休闲普遍的是一种自由状态，是一种在摆脱义务责任的同时对具有自身意义和目的的活动的选择。“休闲最好被理解为一种‘成为状态’

(state of becoming)，也就是说，休闲并不仅是当前的显示，而是动态的，它包含许多面向未来的因素，而不仅仅是现状的形式、情境和意义。因此，应该通过行为等取向而不应以时空、形式或结果来对休闲加以界定”。

1970 年联合国出台的《消遣宪章》指出：“消遣时间是指个人完成工作和满足生活需要后，完全由他本人自由支配的一段时间，它为补偿当代生活方式中的许多要求创造了条件。它通过身体放松、竞技、欣赏艺术、欣赏科学和大自然，为丰富生活提供可能，还为人们提供了激发基本才能的条件，建立于闲暇时间基础之上的行为情趣，或者是休息、娱乐，或者是学习，交往等，他们都有一个共同的特点，即获得一种愉悦的心理体验与满足，产生一种美好感。”

美国《里特莱辞典》对“休闲”诠释为：离开正规的业务，在正规时间里进行娱乐和活动。

法国建筑师科尔比西埃（Corbusier）说：“闲暇这个词决不反映一种不应提倡的情况，而是一种付出劳动的巨大努力，一种发挥个人主动性、想象力和创造性的劳动；一种既不能出售也不能盈利的忘我的劳动，闲暇是走出机器这座大门，闲暇能为每个家庭带来幸福。”

法国社会学家杜马兹迪埃（Dumazedie）在《走向休闲的社会》一书中指出：“所谓休闲，就是个人从工作岗位、家庭、社会义务中解脱出来，为了休息、为了消遣或者为了培养与谋生无关的智能，以及为了自发地参加社会活动和自由发挥创造力，是随心所欲的总称。”

在我国，最早提出休闲概念的学者是于光远先生，早在 20 世纪 80 年代初，他就提出要研究“玩的方式”和“玩的艺术”。关于“休闲”概念，马惠娣认为：“休闲是指已完成社会必要劳动之外的时间，它以缩短劳动工时为前提，劳动工时的缩短会使劳动时间更紧凑，劳动条件更好，休闲活动更丰富，对劳动产生更有益的影响。因此，休闲是一个国家生产力水平高低的标志，是衡量社会文明的尺度……”

楼嘉军认为：“所谓休闲是个人闲暇时间的总称，也是人们对可自由支配时间的一种科学和合理的使用：休闲活动虽然与人们所从事的日常工作毫无关系，但与劳动并不冲突，休闲活动是人们自我发展和完善的载体。”

刘啸霆认为：“人类的休闲至少可分为这样几个层次：(1) 休息，如睡眠等，这是在劳动的间歇为缓解疲劳而进行的一种自发的休整，目的是为了更好地劳动；(2) 闲暇，即空闲，是有了相对自由的时间而未能有目的的安排休闲活动的闲散状态，如北方农村传统的“猫冬”习俗；(3) 有意休闲，即把休闲当作一种有意识有准备的活动，追求一定的休闲质量，其隐含的目的还是为更好地劳动；(4) 追求休闲意蕴，这是在有了相对充裕的自由时间，从而把休闲本身当作直接目标的一种社会行为……只有第四种才是真正意义的休闲。”

梁颖提出：“休闲是有计划地暂时停止日常工作，以刻意安排参加各种与本职工作完全不同或毫无关系的活动来摆脱日常工作、劳动所带来的各种精神压力，并利用这些活动与日常工作之间的极大差异性来恢复消耗的体力和精神，弥补智力磨损，获得新的知识和新的灵感，增强创造力。”

从这些定义来看，国外学者对“休闲”概念的理解与把握，与我国学者相比较，基本上是一致的：一是认为体现“休闲”的直接存在物是“时间”，而且这样的时间是人们求得必要生存需要之外的时间；二是具体的休闲呈现物是一种表现人类生活方式的动态的状态或过程；三是认为休闲的存在价值主要体现在人们“体悟人生与领略自我、自我发展与自我完善、实现自由”三个需要之中。

关于文化与休闲，文化与休闲既有联系又有区别，如图 2－1 所示。文化是一种休闲，但文化又不全是休闲。因此，本书中的文化休闲是指“文化＋休闲”，是两者的并集。

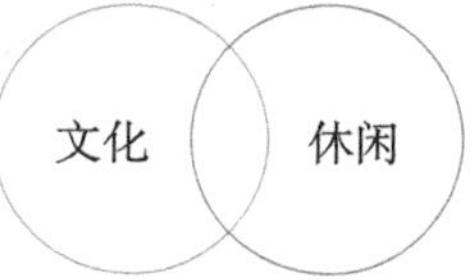

图 2－1　文化与休闲

二、文化休闲产业的界定与分类

（一）文化休闲产业的界定

国家统计局已分别在 2018 年和 2012 年颁布了《文化及相关产业分类（2018）》和《文化及相关产业分类（2012）》，因此，本文不对文化产业进行分类。考虑到国家统计局等官方尚未对休闲产业进行分类，学术界对休闲产业的界定与分类也未形成统一的认识，多数学者只是阐明了行业的范围，从统计角度，特别是从国民经济行业和投入产出表的角度系统细致地对休闲产业的划分较为缺乏。鉴于此，本文首先对休闲产业的范围进行界定，其次分别从国民经济行业和投入产出表的角度对休闲产业进行划分。

本文将休闲产业定义为具有休闲功能，能够满足居民休闲需求的相关产业的集合。休闲产业分为第一休闲产业（核心休闲产业）、第二休闲产业和第三休闲产业，具体的休闲产业的统计分类如图 2－2 所示。第一休闲产业也就是核心休闲产业，包括旅游、趣好等。第二休闲产业是指从事休闲产品制造的休闲制造业、休闲地产业和休闲农业等。第三休闲产业是指为第一休闲产业提供服务的休闲服务业，如住宿业、交通业、餐饮业等。

需要说明的是，首先，理论上第二和第三休闲产业都是为了支撑第一休闲产业的，但是在统计上，三者可能会存在产业交叉，在统计分类时需要厘清。其次，考虑到广义的体育、文化等产业并不完全从属于休闲产业，鉴于此，核心休闲产业中涉及的文化产业、体育产业等产业指的是狭义的产业范围，即这些产业完全归属于休闲产业。

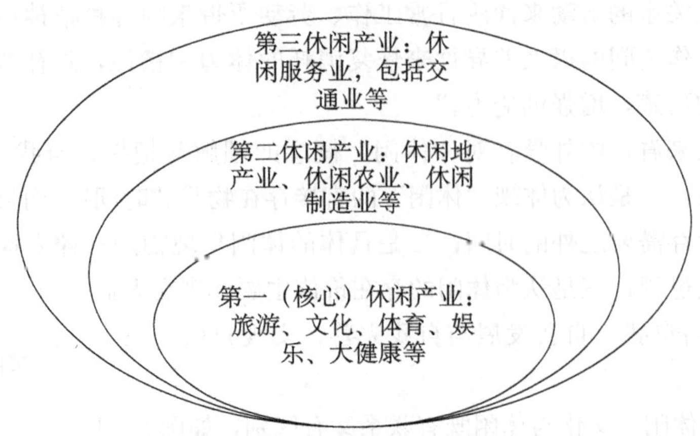

图 2-2 休闲产业统计分类

(二) 基于《国民经济行业分类》的休闲产业分类

《国民经济行业分类》中并没有对休闲产业进行明确的分类，休闲产业的各个子产业分散在不同的产业分类之中，因此将休闲产业从国民经济行业中挑选出来具有重要的意义。根据休闲产业的界定，将第一、第二、第三休闲产业与国民经济行业分类对应。

第一休闲产业中，文化产业包括新闻和出版业（85）、广播、电视、电影和影视录音制作业（86）和文化艺术业（87）；旅游产业包括旅游饭店（6110）、旅行社及相关服务（727）、公园和游览景区管理（785）；体育产业包括体育（88）；娱乐产业包括娱乐业（89）；大健康产业包括卫生（83）；趣好休闲产业包括宠物饲料加工（1321）、宠物食品用品批发（5192）、宠物食品用品零售（5297）和宠物服务（822）；休闲教育包括技能培训、教育辅助及其他教育（829）；其他休闲产业主要包括社会工作（84）和宗教组织（9440）等。

第二休闲产业中，休闲农业包括其他农业服务（0519）、其他林业服务（0529）、畜牧服务业（0530）、渔业服务业（0540）；休闲制造业包括保健食品制造（1492）、文教、工美、体育和娱乐用品（24）、文化、办公用机械制造（347）、娱乐船和运动船制造（3733）、非公路休闲车及零配件制造（3770）、家用美容、保健电器具制造（3856）、广播电视设备制造（393）、视听设备制造（395）；休闲地产业包括其他房地产业（7090）。

第三休闲产业中，批发和零售业包括文化、体育用品及器材批发（514）和文化、体育用品及器材专门零售（524）；信息传输、软件和信息包括广播电视传输服务（632）、租赁和商务服务业包括文化及日用品出租（712）、广告业（7240）、会议及展览服务（7292）；居民服务、修理和其他包括理发及美容服务（7940）、洗浴服务（7950）、保健服务（7960）；交通运输业包括航空运输业（56）、水上运输业（55）、道路运输业（54）和铁路运输业（53）。

（三）基于投入产出表的休闲产业分类

投入产出表是国民经济核算体系的一部分，为休闲产业研究和核算提供依据。因此，基于投入产出表进行休闲产业的分类是非常必要的。然而，由于投入产出表给出的部门表示的是大类或者中类产业，没有将部门进一步细分为具体小类，因此对于一些不完全属于休闲产业即只是包含部分休闲产业的部门并不能将其完全划分为休闲产业。根据 2017 年 149 部门的投入产出表，对休闲产业进行分类，如表 2－3 所示。可以发现，第一休闲产业和第二休闲产业中的部门下所有行业均属于休闲产业，而第三休闲产业中的部门下部分产业属于休闲产业。而且，投入产出表是从生产角度编制的，旅游业是从需求角度出发的，因此投入产出表中未明确将旅游列为一个产业部门，旅游业被分散在住宿、餐饮等多个部门中。

表 2－3　基于投入产出表的休闲产业分类

休闲产业	产业部门	代码
第一休闲产业	新闻和出版	86 143
	广播、电视、电影和影视录音制作	87 144
	文化艺术	88 145
	体育	89 146
	娱乐	90 147
	医药制品	27 050
	社会工作	85 142
第二休闲产业	工艺美术品	24 039
	文教、体育和娱乐用品	24 040
	文化、办公用机械	34 071
	广播电视设备和雷达及配套设备	39 090
	视听设备	39 091
第三休闲产业	铁路旅客运输	53 107
	铁路货物运输和运输辅助活动	53 108
	城市公共交通及公路客运	54 109
	道路货物运输和运输辅助活动	54 110
	水上旅客运输	55 111
	水上货物运输和运输辅助活动	55 112
	航空旅客运输	56 113
	航空货物运输和运输辅助活动	56 114
	住宿	61 119
	餐饮	62 120
	电信	63 121
	广播电视及卫星传输服务	63 122

(四) 两种统计分类的比较

综上所述，以上两种分类方法差别明显，可以说各具特点。按照《国民经济行业统计分类》进行休闲产业的分类，这种方法较为细致和具体，并对具体的行业进行仔细的说明，能够更好地分辨产业归属。而且，由《国民经济行业统计分类》派生出的多个产业的分类表，如《健康产业统计分类表》《文化及相关产业分类表》《体育产业统计分类》《国家旅游及相关产业统计分类表》等，不仅能够有助于更好地进行休闲产业的统计分类，而且为下一步休闲产业增加值核算奠定了基础。但是，使用《国民经济行业统计分类》及其派生统计分类表进行核算较为复杂，核算方法难以统一，数据来源不易搜集和获得。

与第一种统计分类方法相比，使用投入产出表进行休闲产业的统计分类更为简单，容易操作。更重要的是，投入产出表中已经计算出各个产业的增加值，因此进行休闲产业增加值的核算更为简便快捷。但是，相比于《国民经济行业统计分类》，投入产出表只分了 149 个产业部门（2017 年），产业分类较为粗糙，缺乏更细的分类，而且没有对产业进行仔细说明和解释，使用这种方法核算出的休闲产业增加值较为粗略，估算结果很有可能偏小。

三、文化休闲产业的增加值核算

增加值核算是对生产过程及其成果的核算，是 GDP 核算的基石。增加值核算不仅可以展现初次分配的利益关系，还可以表现产业对国民经济的贡献。增加值核算有三种方法：生产法、收入法和支出法。从生产的角度来核算增加值即为生产法。生产法的计算公式为：增加值＝总产出－中间投入；收入法是基于形成收入的角度进行增加值的核算，公式为：增加值＝固定资产折旧＋生产税净额＋劳动者报酬＋营业盈余；支出法则是基于最终使用去向的角度核算增加值，公式为：增加值＝资本形成总额＋最终消费支出＋货物和服务净出口。理论上讲，这三种方法的结果是一致的，但实际计算过程中，三种方法的结果会有些许出入。

文化休闲产业的增加值核算的主要思路是，基于之前的界定与分类，核算文化产业、旅游产业、体育产业等产业的增加值，然后对其汇总和整理，最后得到文化休闲产业的增加值。

(一) 文化产业

对于文化及相关产业增加值，国家统计局基于《文化及相关产业分类》进行了核算。该分类也分为两个版本，分别是 2012 版和 2018 版。2013—2016 年的增加值核算以 2012 版的产业分类为标准，2017—2018 年的增加值核算以 2018 版的产业分类为标准。两版相比，2012 版共分为 10 个大类 50 个中类 120 个小类，而 2018 版共分为 9 个大类 43 个中类 146 个小类。文化及相关产业按行业类别可以分为文化制造业、文化批发和零售业、文化服务业；按活动性质可以分为文化核心领域和文化相关领域。同样，文化及相关产业分类也参照《国民经济行业分类》进行制定，通过行业分类代码建立对应关系，并对那些仅部分属于文化及相关产业的行业采用“*”进行标记。

核算方法上，按照国家统计局制定的《文化及相关产业增加值核算方法》采用收入法进行增加值核算，数据来源于全国经济普查数据、国民经济核算数据、文化及相关产业统计数据等资料。

文化及相关产业增加值、增长率以及占 GDP 的比重如图 2-3 所示。2005—2019 年，文化及相关产业增加值稳步上升，由 2005 年的 4 253 亿元增加到 2019 年的 45 016 亿元，占 GDP 的比重也由 2.27%增加到 4.54%。从增速来看，2013 年之前，产业增加值保持高速增长，增速在 20%左右，2014 年产业增加值增速降缓，但仍超过同期 GDP 增速，产业发展势头较好。

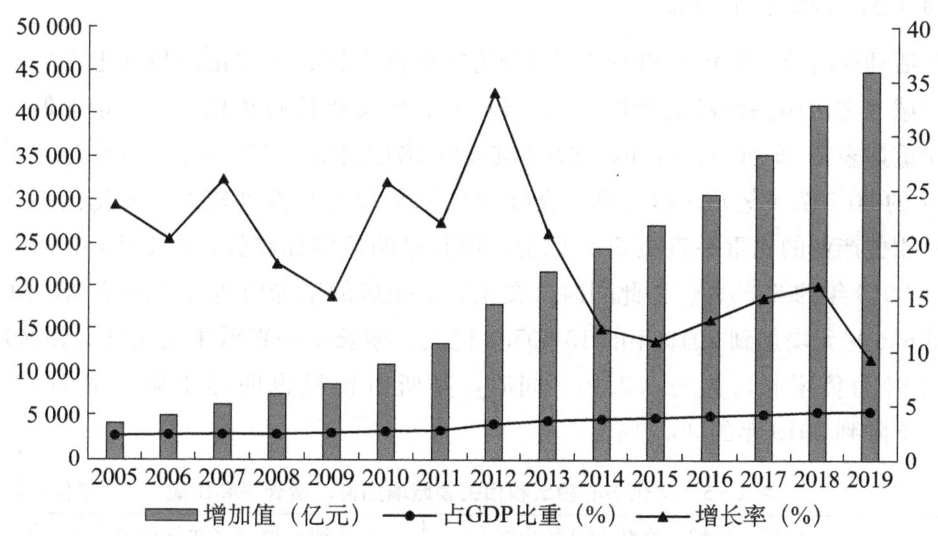

图 2-3　文化及相关产业增加值、增长率以及占 GDP 的比重

数据来源：国家统计局官方网站.

三类产业的增加值情况如表 2-4 所示。在总量上，文化服务业增加值最大，由 2013 年的 10 039 亿元增加到 2019 年的 28 121.3 亿元；其次是文化制造业，增加值由 2013 年的 9 166 亿元增长到 2019 年的 11 899 亿元；文化批发和零售业增加值最少，由 2013 年的 2 146 亿元增加到 2019 年的 4 342.4 亿元。在增速上，文化制造业增速放缓，在 2018 年、2019 年均呈负增长趋势，2019 年增长率为−0.83%；文化批发和零售业增速也下降明显，2019 年增速仅为 0.06%；文化服务业增速呈下降趋势，但仍在较高水平，增速超 10%。在占比上，文化服务业占比最大，且比重持续增加，到 2019

年已经达到63.4%；文化制造业的比重不断下降，占比由2013年的42.9%下降到2019年的26.8%。文化批发和零售业的比重趋于稳定，保持在10%左右。

表2-4　三大文化产业增加值、增长率和比重　　单位：亿元、%

年份	文化制造业			文化批发和零售业			文化服务业		
	增加值	增长率	比重	增加值	增长率	比重	增加值	增长率	比重
2013	9 166		42.9	2 146		10.1	10 039		47
2014	9 913	8.15	41.4	2 386	11.18	10	11 641	15.96	48.6
2015	11 053	11.50	40.6	2 542	6.54	9.3	13 640	17.17	50.1
2016	11 889	7.56	38.6	2 872	12.98	9.3	16 024	17.48	52.1
2017	12 094	1.72	34.8	3 328	15.88	9.6	19 300	20.44	55.6
2018	11 999	−0.79	29.1	4 340	30.41	10.6	24 832	28.66	60.3
2019	11 899	−0.83	26.8	4 342.4	0.06	9.8	28 121.3	13.25	63.4

数据来源：国家统计局官方网站.

按活动性质分，文化及相关产业可分为文化核心领域（文化产品的生产）和文化相关领域（文化相关产品的生产）。2013—2019年文化核心和相关领域增加值、增长率和比重如表2-5所示。可知，文化核心领域增加值由2013年的12 695亿元增加到2019年的30 757.4亿元，增长率一直维持在10%以上且波动较大。文化核心领域占文化及相关产业的比重一直在50%以上，而且呈明显增加趋势，由2013年的59.5%增长到2019年的69.3%。与此同时，文化相关领域的增加值也在不断增加，由2013年的8 656亿元增加到2019年的13 605.2亿元，增长率一直低于文化核心领域增速，2019年时为负增长，为−0.32%。同时，其所占比重也明显下降，由2013年的40.5%下降到2019年的30.7%。

表2-5　文化核心领域和相关领域增加值、增长率和比重　　单位：亿元、%

年份	文化核心领域（文化产品的生产）			文化相关领域（文化相关产品的生产）		
	增加值	增长率	比重	增加值	增长率	比重
2013	12 695		59.5	8 656		40.5
2014	14 671	15.57	61.3	9 269	7.08	38.7
2015	17 071	16.36	62.7	10 165	9.67	37.3
2016	19 655	15.14	63.8	11 130	9.49	36.2
2017	22 500	14.47	64.8	12 222	9.81	35.2
2018	27 522	22.32	66.8	13 649	11.68	33.2
2019	30 757.4	11.76	69.3	13 605.2	−0.32	30.7

数据来源：国家统计局官方网站.

（二）旅游产业

近年来，国家统计局开始对旅游及相关产业增加值进行核算。增加值的核算分类是以国家统计局发布的《国家旅游及相关产业统计分类》为基础制定的。《国家旅游及相关产业统计分类》主要分为2015版和2018版，2014—2017年的增加值核算分类以2015版为标准，2018年的核算分类则依据2018版。两版相比，2015版共有9个大类、27个中类、67个小类，2018版大类和中类不变，小类减少到65个。在统计分类中，旅游及相关产业分为旅游业和旅游相关产业。旅游业包括吃、住、行、游、购、娱和综合服务七类；旅游相关产业主要分辅助服务和政府管理服务两大类。需要说明的是，该分类主要参照《国民经济行业分类》制定，并建立了两者的对应关系，可依据行业分类代码进行一一对应。对于其中仅部分从属于此产业的行业，在其分类代码后用“＊”标记。

关于核算方法与数据来源，该增加值按照国家统计局制定的《旅游及相关产业增加值核算方法》进行核算，数据主要来源于旅游及相关产业消费结构调查数据、国民经济核算数据等数据资料。

经国家统计局核算，2014—2019年旅游及相关产业增加值情况如图2-4所示。从总量来看，我国旅游及相关产业增加值稳步增长，由2014年的27 524亿元增加到2019年的44 989亿元。从增速来看，旅游及相关产业增加值增速较高，波动较大，2019年时下降到10%以下，但仍高于同期GDP增速。从占GDP比重来看，旅游及相关产业增加值占GDP的比重由2014年的4.33%增加到2019年的4.56%，增速较为缓慢。

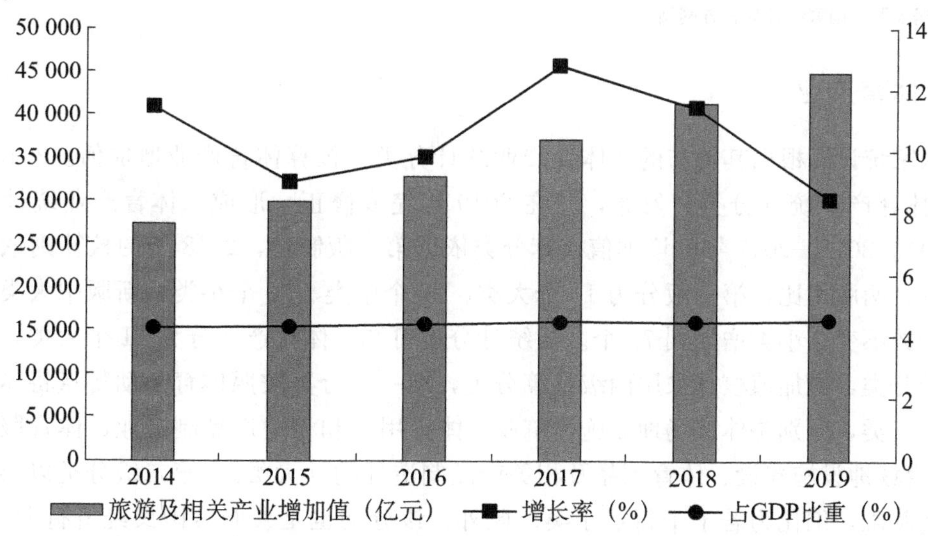

图2-4　旅游及相关产业增加值、增长率以及占GDP的比重

数据来源：《中国文化及相关产业统计年鉴》(2020).

进一步从旅游及相关产业的内部结构来看，如表 2-6 所示，2019 年旅游业增加值达到 40 757.7 亿元，同比增长 8.7%，占比高达 90.6%；旅游相关产业增加值达到 4 231.7 亿元，同比增长 6.4%，占比达到 9.4%。在旅游业中，旅游购物和旅游出行的增加值远高于其他行业，增加值分别为 14 077.3 亿元和 12 055 亿元，占比分别为 31.3%和 26.8%，两者之和占比超过总值的 50%。

表 2-6　2018—2019 年全国旅游及相关产业增加值内部结构　　单位：亿元，%

行业名称	2018				2019			
	增加值	构成	增速	占 GDP 比重	增加值	构成	增速	占 GDP 比重
旅游及相关产业	41 478	100.0	11.47	4.51	44 989.4	100.0	8.5	4.56
旅游业	37 501	90.4	9.36	4.08	40 757.7	90.6	8.7	4.13
旅游出行	11 173	26.9	8.55	1.22	12 055.0	26.8	7.9	1.22
旅游住宿	3 262	7.9	9.72	0.35	3 602.8	8.0	10.4	0.37
旅游餐饮	5 659	13.6	9.80	0.62	6 203.8	13.8	9.6	0.63
旅游游览	2011	4.8	3.50	0.22	2 141.4	4.8	6.5	0.22
旅游购物	13 005	31.4	9.12	1.41	14 077.3	31.3	8.2	1.43
旅游娱乐	1 667	4.0	10.40	0.18	1 881.9	4.2	12.9	0.19
旅游综合服务	723	1.7	45.18	0.08	795.5	1.8	10.0	0.08
旅游相关产业	3 976	9.6	36.16	0.43	4 231.7	9.4	6.4	0.43

数据来源：国家统计局官方网站．

（三）体育产业

国家统计局根据其发布的《体育产业统计分类》核算体育产业增加值。2015 年，《国家体育产业统计分类》发布，并在 2019 年完成修正，形成《体育产业统计分类（2019）》。2015—2017 年的增加值核算分类依据第一版制定，2018 年的核算则依据最新版本。两版相比，第一版分为 11 个大类、37 个中类、52 个小类，新版中大类、中类的个数不变，小类增加到 71 个。从统计分类可知，体育产业分为 11 个大类，基于此统计分类，增加值核算采用两级核算分类，第一级分类按照体育活动特点将体育产业分为三类，分别是体育场地设施建筑业、体育用品和相关产品制造业、体育服务业（除体育场地设施建设、体育用品及相关产品制造外的 9 大类）。第二级分类以第一级分类为基础，细化为若干个行业小类。此外，该分类也是参照《国民经济行业分类》制定，两者的行业分类代码具有对应关系。而且，用“*”标记那些仅部分属于体育产业的行业。

在核算方法上，《体育产业总产出和增加值核算方法》是该产业增加值核算的主要依据；其需要的数据来源于国民经济核算资料、国家体育总局的部门统计资料、全国体育产业专项调查资料、全国经济普查资料等。

经核算，体育产业增加值情况如图 2-5 所示。可知，体育产业增加值保持良好的发展势头，从 2015 年的 5 494 亿元增长到 2019 年的 11 248.1 亿元，占同期 GDP 的比重也从 0.8%增长到 1.14%，占比较小，但是呈稳步上升趋势。从增速来看，体育产业增加值增速呈先升后降趋势，从 2016 年的 17.84%增长到 2018 年的 29.02%，到 2019 年又下降到 11.61%，为中高速发展状态。

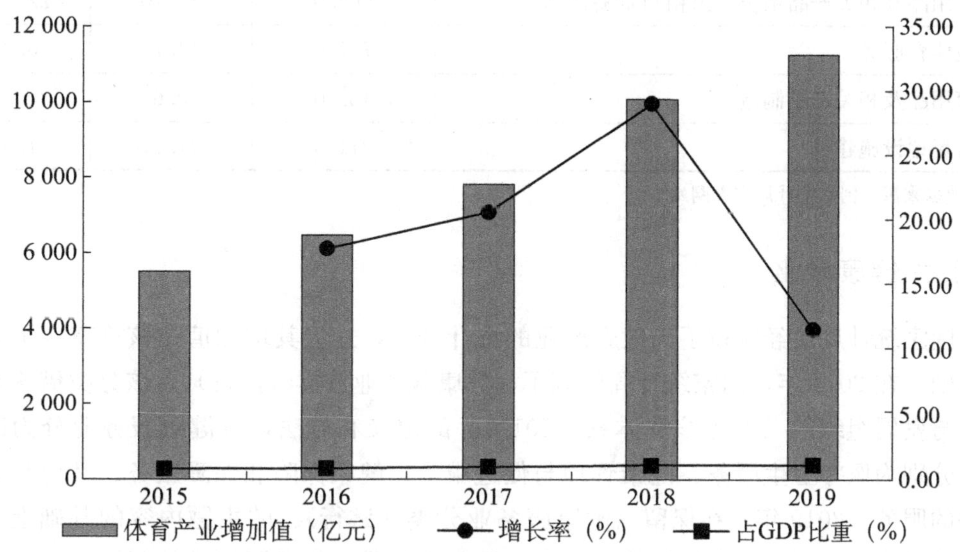

图 2-5 体育产业增加值情况

数据来源：国家统计局官方网站.

从内部结构来看，如表 2-7 所示，11 大类的体育产业的增加值均呈增长趋势。从总量来看，2019 年，体育用品及相关产品制造产业的增加值最大，增加值为 3 421亿元，但其所占比重为 30.4%。其次是体育用品及相关产品销售、出租与贸易代理产业，其增加值为 2 562 亿元，占比为 22.8%。体育经纪与代理、广告与会展、表演与设计服务、体育竞赛表演活动和体育场地设施建设三个产业增加值较小，所占比重在 1%～2%。从增速来看，多数体育产业增速保持较高水平，9 个产业年均增长率高于 10%。其中，体育用品及相关产品制造业增速最慢，增长率仅为 0.65%。

表 2-7 2019 年我国体育产业分大类增加值状况

产业名称	增加值（亿元）	增长率（%）	结构（%）
体育管理活动	451.9	15.87	4.0
体育竞赛表演活动	122.3	18.74	1.1

续表

产业名称	增加值(亿元)	增长率(%)	结构(%)
体育健身休闲活动	831.9	74.40	7.4
体育场地和设施管理(体育场馆服务)	1 012.2	18.39	9.0
体育经纪与代理、广告与会展、表演与设计服务(体育中介服务)	117.8	11.13	1.0
体育教育与培训	1 524.9	7.01	13.6
体育传媒与信息服务	285.1	23.96	2.5
体育用品及相关产品销售、出租与贸易代理	2 562.0	10.10	22.8
其他体育服务	707.0	14.77	6.3
体育用品及相关产品制造	3 421.0	0.65	30.4
体育场地设施建设	211.9	41.27	1.9

数据来源:国家统计局官方网站.

(四) 大健康产业

国家统计局已经颁布了大健康产业的统计分类,这为其增加值的核算奠定了坚实的基础。在2014年,国家统计局编制了《健康服务业分类(试行)》,该分类借鉴经济合作与发展组织的《卫生核算体系(2011)》的定义和方法,将健康服务业分为四大类,分别为医疗卫生服务、健康管理与促进服务、健康保险和保障服务、其他与健康相关的服务。2019年,在保留《健康服务业分类(试行)》的主题内容的基础上,国家统计局参考了泛美卫生组织的《卫生卫星账户手册》等国际标准编制了《健康产业统计分类(2019)》。该统计分类分为13个大类、58个中类和92个小类。健康产业的统计分类也通过行业分类代码与《国民经济行业分类》对应。同样也对部分属于健康产业的行业用“*”标记。

虽然国家统计局并未对健康产业增加值进行核算,但社会各界相关机构和学者在大健康产业增加值的核算上表现出较大的兴趣,取得了一些成果。2018年,中国社会科学院人口与劳动经济研究所、中国人民健康保险股份有限公司、社会科学文献出版社联合发布了《大健康产业蓝皮书:中国大健康产业发展报告(2018)》。该报告探讨了大健康产业的概念、核算分类、核算方法和结果。报告认为,大健康产业是一个产业集合,包括第一产业的中草药种植业、有机农业等,包括第二产业的医药制造业、健康食品业等,还包括第三产业的健康管理业、医疗卫生服务业等。进一步,报告依据《国民经济行业分类》(GB/T 4 754—2017),将与大健康产业相关的行业标注出来,共涉及16个行业门类,33个大类,83个中类,172个小类。在核算方法上,报告基于2012年的“投入产出表”和2015年的“投入产出表延长表”,计算居民医疗保健消费、老年人非医疗保健消费、社会卫生支出、政府医疗卫生支出的数值和占比,进而估算大健康产业增加值规模。经计算，大健康产业增加值从 2012 年的 41 742.1 亿元增加到 2016 年的 72 590.7 亿元，年均增长率达到 14.84%，占 GDP 的比重也从 7.72%增长到 9.76%。

(五) 趣好产业

趣好产业是休闲产业的重要组成部分，其涵盖范围众多，包括收藏业、宠物产业、花艺产业等。鉴于趣好产业涵盖内容较多且缺乏权威统计，目前学术界对趣好产业核算的研究较少，本文在总结前人的研究的基础上，尝试对趣好产业进行初步核算。

在收藏业方面，在国家统计局统计分类中，收藏业被分散在《文化及相关产业统计表》中，主要包括艺术品、收藏品拍卖（0461）、首饰、工艺品及收藏品批发（0471）、工艺美术品及收藏品零售（0473）。因此，文化产业增加值核算中已经包括了收藏业的核算，这里不重复计算。

在宠物产业方面，近年来，由于生活节奏的加快，养宠物逐渐成为城市居民放松身心、寄托情感的重要方式之一。在此背景下，宠物市场需求旺盛，产业规模逐渐扩大，据相关机构统计，2015—2020 年，我国宠物业市场规模如图 2-6 所示。从图 2-6 可知，我国宠物产业市场规模不断膨胀，从 2015 年的 725 亿元增加到 2020 年的 2 988 亿元。然而，其增长率却近乎直线下降，由 2016 年的 47.86%下降到 2020 年的 18.52%，但仍保持高速增长水平。

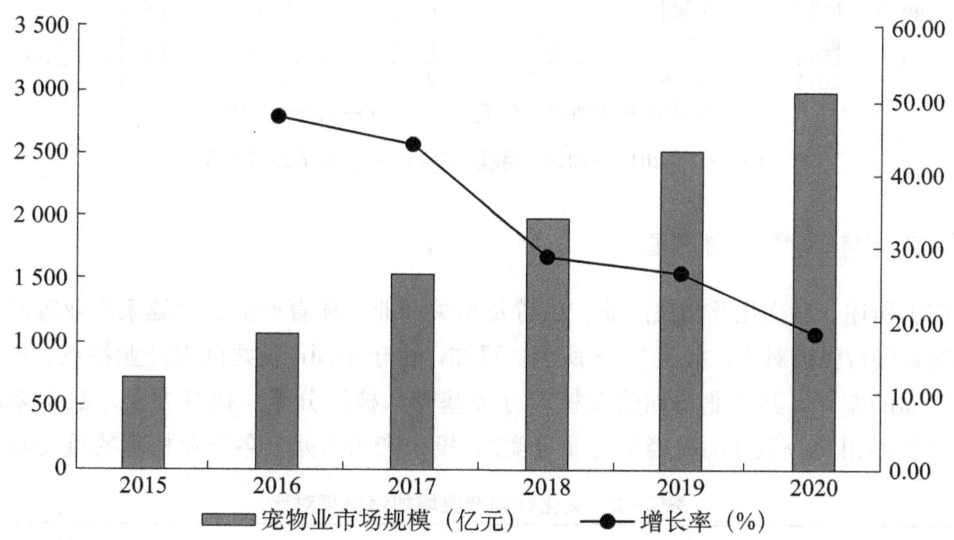

图 2-6　我国宠物市场规模与增长率

数据来源：https：//baijiahao. baidu. com/s? id=1714568258 107 561 316&wfr=spider&for=pc.

进一步，估算宠物产业的增加值。鉴于得到了宠物产业的总产出（市场规模），通过生产法计算其增加值，这需要得到宠物产业的中间投入或者增加值占总产出的比重。考虑到宠物产业是第三产业的一部分，而且增加值占总产出的比重较为稳定，因此用第三产业增加值占其总产出的比重来衡量宠物产业增加值占其总产出的比重。第三产业增加值与总产出的数据均来自国家统计局，其中总产出的数据来源于国家统计局的投入产出表（2012 年、2015 年和 2017 年），经计算得出这三年的第三产业增加值与总产出的比重分别为 54.64%、54.56%和 55.33%，三个比重相差较小，将其平均得到数值为 54.84%，作为 2015—2020 年宠物产业增加值占其总产出的比重。经计算，得到 2015—2020 年宠物产业的增加值。如图 2-7 所示，我国宠物产业增加值持续增加，从 2015 年的 398 亿元增加到 2020 年的 1 639 亿元。从增速来看，虽然增加值的增长率不断下降，但仍处于较高水平，年均增速达到 32.74%。

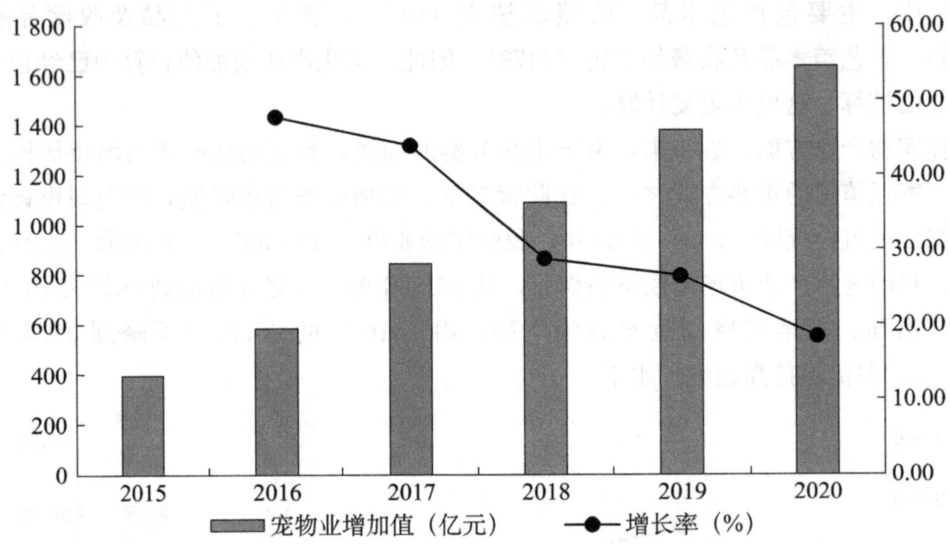

图 2-7 2015—2020 年我国宠物产业增加值及增长率

（六）文化休闲产业增加值

综上所述，对文化及相关产业、旅游及相关产业、体育产业、大健康产业等产业增加值核算进行厘清对比，如表 2-8 所示。可知，由于不同产业之间在产业特点、产业范围等方面的差异，其产业增加值在核算分类基础、核算分类、核算方法、数据来源等方面也各不相同，但《国民经济行业分类》、投入产出表是其各产业核算的重要基础。

表 2-8 文化休闲产业增加值核算对比

	文化及相关产业	旅游及相关产业	体育产业	大健康产业	趣好产业（宠物产业）
核算者	国家统计局	国家统计局	国家统计局	中国社会科学院人口与劳动经济研究所	华经产业研究院、笔者

续表

	文化及相关产业	旅游及相关产业	体育产业	大健康产业	趣好产业（宠物产业）
核算分类基础	《文化及相关产业分类》《国民经济行业分类》	《国家旅游及相关产业统计分类》《国民经济行业分类》	《体育产业统计分类》《国民经济行业分类》	《国民经济行业分类》	——
核算方法	《文化及相关产业增加值核算方法》	《旅游及相关产业增加值核算方法》	《体育产业总产出和增加值核算方法》	基于投入产出表	生产法：增加值=总产出－中间投入
数据来源	全国经济普查数据、国民经济核算数据、文化及相关产业统计数据等资料	国民经济核算数据、旅游及相关产业消费结构调查数据等	国民经济核算资料、国家体育总局的部门统计资料、全国体育产业专项调查资料、全国经济普查资料等	投入产出表	华经产业研究院

通过以上分析和总结，对文化休闲产业的增加值和占同期 GDP 的比重进行估算，如表 2-9 所示。需要说明的是，第一，由于大健康产业增加值只有 2012 年和 2016 年的数值，因此基于这两年的增加值数据，计算增加值的年均增长率，并根据年均增长率估算 2015 年、2017 年、2018 年和 2019 年的增加值。第二，根据文化及相关产业的统计分类，文化及相关产业中包含娱乐产业，因此娱乐产业的增加值已经计算在文化及相关产业增加值中。从表 2-9 可知，我国文化休闲产业增加值呈不断增长趋势，从 2015 年的 126 356.7 亿元增长到 2019 年的 212 564.3 亿元。从增速来看，文化休闲产业增加值增速较快，一直在 10%以上，远高于同期 GDP 的增速。从占 GDP 比重来看，文化休闲产业增加值占 GDP 比重较大且不断上升，从 2015 年的 18.34%增加到 2019 年的 21.55%，占比超过 GDP 的 1/5。整体看来，近年来，我国文化休闲产业增加值规模较大，增速较快，在国民经济发展中的地位不断上升。

表 2-9　文化休闲产业增加值　　单位：亿元、%

	2015	2016	2017	2018	2019
文化及相关产业增加值	27 235	30 785	35 427	41 171	45 016
旅游及相关产业增加值	30 017	32 979	37 210	41 478	44 989
体育产业增加值	5 494.4	6 474.8	7 811.4	10 078	11 248.1
大健康产业增加值	63 212.7	72 590.7	83 359.99	95 726.97	109 928.7
宠物业增加值	397.6	587.9	847.3	1 091.9	1 382.5

续表

	2015	2016	2017	2018	2019
文化休闲产业增加值	126 356.7	143 417.4	164 655.7	189 545.8	212 564.3
文化休闲产业增加值增速		13.50	14.81	15.12	12.14
文化休闲产业占GDP的比重	18.34	19.21	19.79	20.62	21.55

第三章　中国文化休闲发展阶段划分和统计分析

一、中国文化休闲发展阶段划分

政策的指引是文化休闲发展的重要推动力。相应的，新中国成立以来我国文化休闲发展也分为以下四个发展阶段，具体为孕育期（1949—1977 年）、兴起期（1978—1991 年）、蓬勃发展期（1992—2017 年）、转型升级与质的提升期（2018 年至今）。各阶段的具体表现如下。

（一）孕育期（1949—1977 年）

新中国成立后，我国的经济基础非常薄弱，国民经济处于恢复期。此时，文化休闲发展还缺乏足够营养的“土壤”。首先，落后的经济发展水平以及低水平的生活使得居民缺乏进行文化休闲的货币基础。1949 年，我国人均 GDP 仅为 23 美元，而此时，美国、英国、法国、德国和日本的人均 GDP 分别为 1 882 美元、642 美元、842 美元、486 美元和 182 美元，分别是我国人均 GDP 的 81.83 倍、27.91 倍、36.61 倍、21.13 倍和 7.91 倍，差距悬殊。此时，我国还有相当一部分人还处在温饱之下，1949 年我国总人口为 54 167 万人，占世界人口总量的 21.66%。我国不仅是世界上人口最多的国家，还是贫困人口最多的国家，按国际贫困线的标准，我国的贫困人口占世界总数的 40%以上。这一阶段，我国在经济探索道路上曲折前进，直到改革开放之前，社会生产力还未得到充分解放，国民经济发展水平较低，居民的生活水平还处于相对较低的状态，居民收入的绝大部分还用于衣食住行方面，没有富余的钱用于文化休闲。其次，这一阶段，我国文化休闲设施发展严重落后，公共图书馆、博物馆、艺术馆、体育馆、电影院等文化休闲设施严重不足。最后，我国政府和人民对建设新中国展现出极大的热情，积极参与到生产劳动当中，对文化休闲缺乏足够的重视。从政策演进可以看出，这一时期，关于文化休闲领域的政策较少。此时，国内旅游还未兴起，旅游只是作为我国创外汇的重要方式，对我国国民来说，旅游还未发挥其休闲的功能。而且，这个时期我国大力提倡热爱劳动的观念，在周休制度上安排“六天工作制”，国民的休闲时间较少。

（二）兴起期（1978—1991年）

1978年，我国开始实行改革开放的伟大政策。随着我国改革开放的不断深入，国民经济得到飞跃发展，国民收入水平大幅提高，部分城市居民逐渐具备休闲消费能力，而且文化休闲发展也得到国家的较多的关注和重视，实现了第一次快速发展。得益于改革开放，我国东部的几个大城市的文化休闲发展初露锋芒。作为我国的首都，北京在经济、文化、科技等方方面面都有着其他城市无法比拟的优势，北京居民的文化休闲意识和文化休闲能力较强。例如，1978年北京城镇居民平均每百户拥有照相机7.5架，到了1990年，这一数值增加到66.5架，增长了7.87倍；博物馆由1979年的2个增长到1991年的12个。国际化的大都市上海也是我国城市文化休闲发展的领头羊。上海的文化休闲基础设施不断提高，艺术表演团体、公共图书馆、博物馆分别由从1978年的17个、23个和6个增加到1991年的38个、31个和10个。而且，居民的文化休闲购买力也明显提高，每百人拥有电视机和收音机的数量分别从1978年的0.3台和7.8台增加到1991年的17.8台和20.2台。当然，此时北京、上海等城市文化休闲发展还处于初具规模阶段，产业的竞争力和发展水平还远低于发达国家的同等城市。

（三）蓬勃发展期（1992—2017年）

这一时期，我国城市文化休闲得到了前所未有的发展机会，发展势头更加强劲。这主要得益于以下三个原因。第一，1992年10月，中共十四大正式确立了社会主义市场经济体制，这大大解放了我国的社会生产力，加速了生产要素流动，为文化休闲发展提供了良好的环境支撑。而且，在1992年6月，中共中央、国务院发布《关于加快发展第三产业的决定》，文化休闲相关产业迎来了难得的发展机遇。第二，休假制度的改革增加了国民的休闲时间，为文化休闲发展提供了制度保障。1994年，国务院通过了《国务院关于职工工作时间的规定》，周休制度由原来的单休制度转变为大小礼拜周休制度；1995年，国务院对职工工作时间进行了修改，规定我国实行双休制度；1999年，国务院颁布《全国年节及纪念日放假办法》，决定春节、“五一”和“十一”各休假3天，再加上前挪后借，形成了3个长达7天的长假。此时，国民的法定节假日达到17天，每年的法定休息日为114天。自此，国民长假集中出游的热情持续高涨，“黄金周”制度形成，假日经济逐渐兴起。第三，经济的高速增长为文化休闲的发展提供了一定的物质基础。国民经济持续高速增长，1992—1999年我国GDP和人均GDP的年均增长率分别高达18.75%和17.53%，远高于其他国家。经济的高速发展使得国民生活条件不断改善，这一时期，我国城乡居民人均可支配收入（农村居民为纯收入）分别由 1992 年的 2 026.6 元和 783.99 元增加到 1999 年的 5 854 元和 2 210.34元，家庭恩格尔系数也分别从 53%和 57.6%降到 42.1%和 52.6%。根据联合国基于恩格尔系数对世界各国居民生活水平的划分，当恩格尔系数在 50%～60%时，处于温饱水平；当恩格尔系数在 40%～50%时，处于小康水平。此时，我国农村居民还处于温饱水平，缺乏足够的文化休闲消费能力；而我国城市居民的生活水平已达到小康水平，有一定的钱来进行旅游和娱乐或者购买彩色电视机、收音机等文化休闲产品。此时，不仅北京、上海、杭州等东部地区城市，成都、武汉等经济较为发达的中西部内陆城市的文化休闲也逐渐发展起来，文化休闲的发展“天空”中亮起了越来越多的有大有小的“星星”，城市产业的规模逐渐壮大。被称为“天府之国”的成都，1992 年的人均 GDP 达到 3 225 元，远高于当时的全国人均 GDP2 311 元。再加上成都特有的悠闲的氛围，成都居民的文化休闲活动较为丰富，文化休闲发展也较为迅速。

进入 21 世纪，我国经济持续高速增长，居民家庭恩格尔系数持续下降，2000 年我国城乡居民家庭恩格尔系数已经分别降至 39.4%和 49.1%。根据恩格尔系数的划分标准，当恩格尔系数在 30%～40%时，处于相对富裕水平。可以看出，此时，我国城市居民生活已经达到了相对富裕的生活状态，文化休闲产品与服务更加多样化，相关产业更加繁荣发展。在此背景下，出境游在城市居民尤其是北京、上海等大城市居民中盛行开来。上海的出境旅游人数由 2000 年的 11.21 万人次增长到 2009 年的 86.04 万人次，年均增长率达到 25.41%。为了更好地应对我国城市居民的高层次的文化休闲需求，多数城市通过建立高水平的文化休闲基础设施等措施促进城市文化休闲更好更快发展。如北京于 2000 年建成中华世纪坛世界艺术馆，它是国内首家收藏和展示世界艺术的公益性国家文化机构；2006 年，耗时四年精心打造的欢乐谷正式开园，它是集现代化、国际化为一体的大型主题公园。与此同时，成都于 2003 年将自身定位为“休闲之都”，积极进行城市市场定位与分析，打造城市休闲空间，全方位发展休闲产业，实现产业规模化发展。无独有偶，背靠长三角经济区的杭州于 2006 年成功举办世界休闲博览会，也将城市定位为“东方休闲之都”，并依托自身休闲资源优势，积极推出一系列的休闲项目，举办大规模的休闲节庆活动，大力推进城市文化休闲发展。2015 年，原国家旅游局实施《旅游休闲示范城市》行业标准，开始创建首批旅游休闲城市，杭州等 10 个城市成为首批“中国旅游休闲示范城市”。

（四）转型升级与质的提升期（2018 年至今）

随着我国经济社会的不断发展，低层次的文化休闲产品与服务已经不能满足城市居民的更高层次的文化休闲需求，他们需要更为创新、更具体验感的高端休闲旅游，文化休闲发展已从高速发展阶段转变为高质量发展阶段。自旅游产业被定位为我国国民经济的战略性支柱产业后，国家对旅游产业为代表的休闲产业的支持力度不断加大。

2018 年，国家旅游局和文化部合并为文化和旅游部（简称文旅部）；2019 年，文旅部出台《关于实施旅游服务质量提升计划的指导意见》，提出推进景区等行业主体的供给侧结构性改革，实现旅游休闲产业的高质量发展。在国家政策的指引下，各个城市也非常重视文化休闲相关产业的发展。例如武汉市突出“汉味休闲、触手可及”的城市旅游休闲特色，通过融合创新、结构优化、资源整合等手段，不断推进相关产业的建设与发展。在微观方面，文化休闲企业也认识到以前粗糙的发展路径已经不能适应当今的发展，无论在项目投资开发、设施建设方面，还是在服务管理方面，越来越精细化，努力打造精品，突出特色，提升文化休闲供给品质。在多主体的共同努力下，文化休闲的发展由小到大，由粗到精，由模仿到创新，逐渐迈向高质量发展之路。

二、中国文化休闲发展统计分析

为了进一步探讨文化休闲的发展历程，选择文化、旅游、体育、娱乐、大健康等核心领域，分别对其发展历程进行系统分析。

（一）文化发展情况

近年来，文化产业发展势头较好，文化及相关产业增加值由 2008 年的 7 630 亿元增加到 2019 年的 45 016 亿元，年均增长率达到 17.51%，远高于同期 GDP 增长速度。从占 GDP 中的比重来看，其产业增加值占 GDP 的比重从 2008 年的 2.39%上升至 2019 年 4.54%，呈缓慢上升之势。

分行业来看，根据国家统计局的分类标准，文化及相关产业分为三类，分别是文化制造业、文化批发和零售业及文化服务业，具体发展情况如表 3-1 所示。从企业数量来看，数量最多的是文化服务业，超过其他两个产业企业量之和，占比从 2004 年的 62.26%增长到 2018 年的 74.83%。从从业人数来看，文化服务业从业人数逐渐超过文化制造业，从业人数占比从 2004 年的 34.52%增长到到 2018 年的 59.04%，与此同时，文化制造业占比则从 2004 年的 57.29%下降到 2018 年的 32.2%；文化批发零售业人数最少，占比较为稳定，一直低于 10%。从资产规模来看，2004 年文化制造业资产规模略高于文化服务业，2008 年之后，文化服务业逐渐超过文化制造业，占比从 2004 年的 41.91%增长到 2018 年的 72.57%，而文化制造业的占比则从 2004 年的 42.93%下降到 2018 年的 18.59%。文化批发和零售业的占比一直较少，并呈下降趋势，从 2004 年的 15.17%下降到 2018 年的 8.84%。从营业收入来看，文化制造业则一枝独秀，营业收入远高于其他两个产业，占比保持在 50%左右，较为稳定。在增加值上，文化服务业增加值的占比不断上升，从 2004 年的 40.70%上升到 2015 年的 50.08%，而其余两个产业的增加值占比不断下降，分别从 2004 年的 48.56%和 10.75%下降到 2015 年的 40.58%和 9.33%。整体看来，文化服务业的发展最为迅速，在企业数、从业人员数、资产规模和增加值方面均占有绝对优势；文化制造业的产业基础较好，创收能力强于其他产业；文化批发和零售业在三个产业中规模最小，发展最为落后。

表 3-1　2004 年、2008 年、2013 年、2015 年和 2018 年三大文化行业基本情况

单位：万个、万人、亿元

		法人单位	从业人员	资产总计	营业收入	增加值
2004	文化制造业	6.9	500.3	7 862.6	8 911.2	1 480.7
	文化批发和零售业	5.1	71.5	2 778.2	4 227	327.8
	文化服务业	19.8	301.5	7 675.9	3 423.3	1 241
2008	文化制造业	8.9	508.1	10 438.2	14 477.6	2 944.8
	文化批发和零售业	5.5	63.6	3 177.4	4 504.1	526.7
	文化服务业	31.7	436.5	13 870.9	8 262.6	3 639
2013	文化制造业	16.25	805.5	32 478.1	43 501.9	9 418
	文化批发和零售业	13.99	146.1	12 290	18 479.6	2 146
	文化服务业	61.61	808.4	50 654	21 762	10 307
2015	文化制造业	19.16	895.4	44 512.8	61 876.3	11 053
	文化批发和零售业	17.73	171.2	17 102.5	25 648.5	2 542
	文化服务业	77.14	1 006.5	77 040.9	32 824.6	13 640
2018	文化制造业	21.99	662	41 981.7	46 300	—
	文化批发和零售业	30.94	180.1	19 961.6	27 789.5	—
	文化服务业	157.38	1 213.7	163 842.5	56 096.2	—

数据来源：《中国文化及相关产业统计年鉴》(2016—2020).

从电影产业来看，2020 年我国电影票房累计达到 204.17 亿元，首次超北美成全球第一大票仓。2021 年，我国电影票房高达 472.58 亿元，高居全球第一。值得一提的是，近年来，国产电影顶住了进口大片的压力，不断上演“本土传奇”。如表 3-2 所示，2007—2021 年，我国电影票房冠军中，国产电影占席情况。2015 年后，国产电影连续蝉联六年票房冠军。面对进口大片，国产电影毫不逊色，2015 年，《捉妖记》以 24.38 亿元票房打败欧美大片《速度与激情 7》《复仇者联盟 2》《侏罗纪世界》等；2016 年，《美人鱼》以 33.91 亿元票房打败《疯狂动物城》《美国队长 3》《X 战警：天启》等。2017 年，《战狼 2》以 56.39 亿元傲视群雄，位列全球影史票房第 56 名。2018 年，又一红色题材电影《红海行动》以 36.22 亿元力压《复仇者联盟 3：无限战争》等大片，登顶 2018 年票房榜首。2019 年国产奇幻电影《哪吒之魔童降世》以 49.34 亿元稳压《复仇者联盟 4：终局之战》《速度与激情：特别行动》等欧美大片，荣登 2019 年我国票房榜首。2020 年，主旋律影片《八佰》扛起市场大旗，以 31.1 亿元成为当年票房冠军。2021 年，又一部红色电影《长津湖》刷新我国电影票房纪录，以57.73亿元超过《战狼2》，登顶我国影史票房冠军。

表3-2 2007—2021年我国电影票房冠军

年份	电影	票房（亿元）
2007	变形金刚	2.82
2008	非诚勿扰	3.25
2009	2012	4.66
2010	阿凡达	13.82
2011	变形金刚3	10.81
2012	人再囧途之泰囧	12.67
2013	西游降魔篇	12.46
2014	变形金刚4	19.79
2015	捉妖记	24.38
2016	美人鱼	33.91
2017	战狼2	56.39
2018	红海行动	36.22
2019	哪吒之魔童降世	49.34
2020	八佰	31.1
2021	长津湖	57.73

从出版市场来看，虽然图书和期刊的出版种数逐渐增加，但增速缓慢。图书种数从2010年的328 387种增加到2020年的489 051种，年均增长率达4.06%；期刊种数从2010年的9 884种增加到2020年的10 192种，年均增长率仅为0.31%。报纸的出版种数则呈减少趋势，从2010年的1 939种减少到2020年的1 810种，年均减少率达0.69%。在总印数上，只有图书的总印数略有增加，年均增长率为3.76%，而期刊和报纸的总印数均在持续下降，两者的年均减少率分别为4.48%和4.37%。在新兴媒体的冲击下，报纸等传统纸媒种数和印刷量不断减少，发展前景很不乐观。

从广播电视产业来看，2007—2018年我国广播电视总收入和增长率如图3-1所示。从总量来看，我国广播电视总收入呈不断增长趋势，从2007年的1 316.4亿元增长到2018年的6 952.14亿元，增长了5.28倍。从增速来看，总收入的增长率波动较大，在2012年以后不断下降，2016年时降至12年来最低点，为8.74%，2017年增速明显反弹，达到20.45%，2018年又下降至14.53%。整体看来，我国广播电视产业发展水平较好。

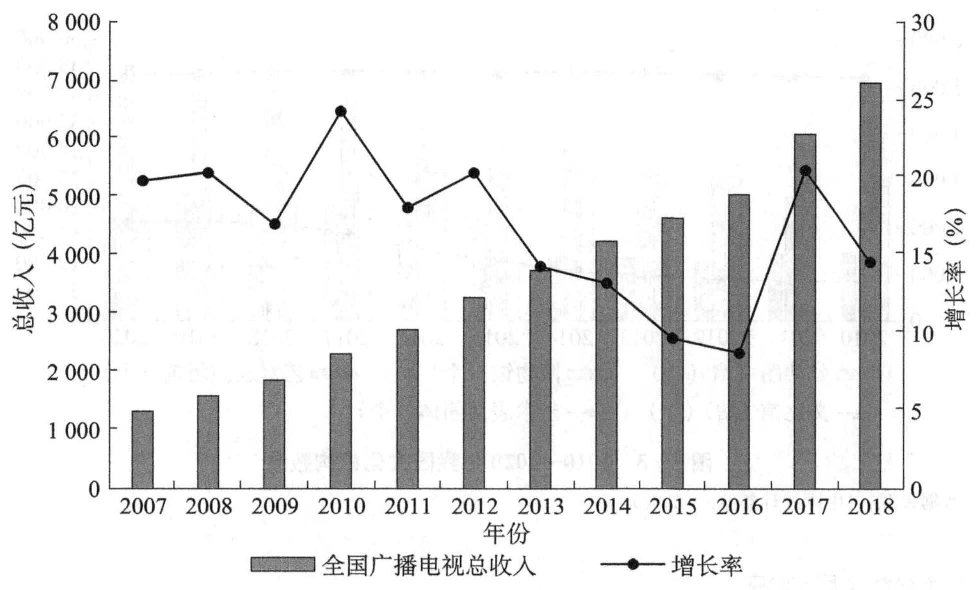

图 3-1　2007—2018 年我国广播电视总收入和增长率

数据来源：《中国统计年鉴》（2008—2019）.

从文化事业的发展现状来看，相关数据整理如图 3-2、图 3-3 所示。可以看到，2008—2018 年，我国人均文化事业费从 18.68 元增加到 66.53 元，年均增长 12.24%，增速较快。近十年，我国公共图书馆、文化馆（站）等文化机构数量变化不大，年均增长率仅为 1%左右；博物馆数量呈明显增加的态势，从 2010 年 2 435 家增长到 2020 年的 5 452 家，年均增长幅度达到 8.39%；艺术表演团体个数增长幅度最大，从 2010 年的 6 864 家艺术表演团体增加到 2020 年的 17 581 家，十年共增加 10 717 家，年均增长率达到 9.86%；艺术表演场馆数量从 2010 年的 1 461 家增加到 2020 年的 2 770 家，年增长率为 6.61%。

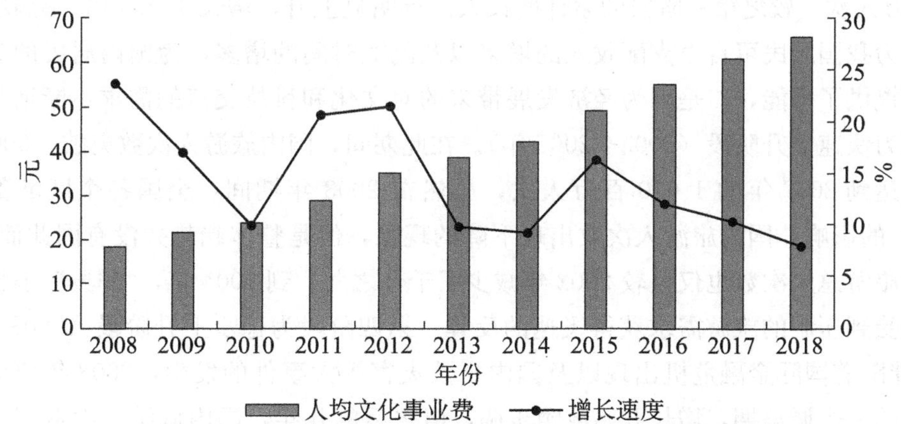

图 3-2　2008—2018 年我国人均文化事业费和增长速度

数据来源：《中国文化文物统计年鉴》（2009—2018）、《中华人民共和国文化和旅游部 2018 年文化和旅游发展统计公报》.

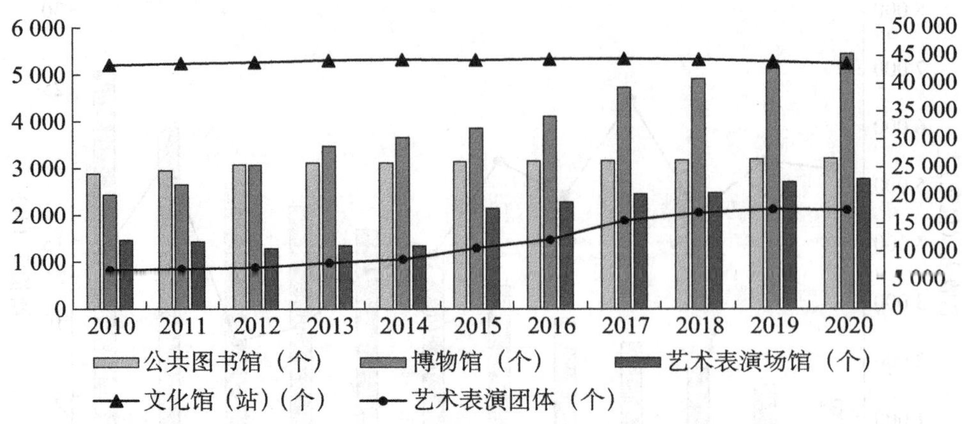

图 3-3 2010—2020 年我国文化机构数量

数据来源：《中国统计年鉴》(2020).

(二) 旅游发展情况

我国的旅游从“九五”计划提出“发展国际旅游业”到“十一五”计划提出“积极发展入境旅游”，再到“十二五”计划提出“战略性支柱产业”，旅游发展呈现持续上升的良好势头。

从国内旅游市场来看，1995—2020 年，我国国内旅游人次数趋势如图 3-4 所示，具体可以分成以下几个阶段。第一阶段为波动上升阶段（1995—1998 年）。在此期间，国内旅游人次数平均 652 百万人次，平均环比增长速度达到 7.12%。“九五”计划纲要中提出了积极发展第三产业，明确提到要积极发展旅游业。1995 年，我国开始实行双休日制度，也很大程度上推动了国内旅游业的快速起步。第二阶段为稳步上升阶段（1999—2002 年），在此期间，国内旅游人次数累计增长量达到 878 万人，累计增长 179 百万人次。较之第一阶段的累计增长人次有明显上升，增长了 2.5 倍。究其原因，一是因为我国居民可自由支配收入的增多以及闲暇时间的增多，为国内居民的旅游意愿实现提供了可能，二是因为经济发展带来的对文化和科技交流的需求不断增加。第三阶段为快速上升阶段（2003—2007 年）。在此期间，国内旅游人次数突破 1 000 百万人次，达到 2007 年的 1 610 百万人次，虽然在 2003 年期间，全国各个区域都受到“非典”的影响，国内旅游人次数出现下降的现象，但是整体趋势并没有因此而改变，全年的旅游总人次数也仅仅较 2002 年减少了千分之九。到 2004 年，“非典”疫情结束之后，受到压制的旅游需求获得飞速的反弹。第四阶段为稳步上升阶段（2008—2019 年）。伴随着国际金融危机出现以及国内自然灾害等大事件的发生，2008 年成为国内旅游业的一个调整期，增长开始放慢步调，但之后的几年，国内旅游人次数年均增长基本都保持在 11%以上，在 2011 年更是超预期地增长 26%，成为年超过 26 亿人次、人均出游 2 次的世界最大国内旅游市场。这主要是由于奥运会效应以及国家加快旅游业发展的政策调整，旅游基础设施和服务能力不断改善和提升，各类节假日刺激国民旅游消费激情，旅游新业态不断涌现，在线旅游增长迅速，国内旅游迎来发展机遇期。第五阶段疫情影响阶段（2020 年至今）。新冠肺炎疫情对旅游市场带来了巨大的影响，国内旅游人数呈断崖式下滑，从 2019 年的 6 006 百万人次下降到 2020 年的 2 879 百万人次，年下降率达到 52.06%。

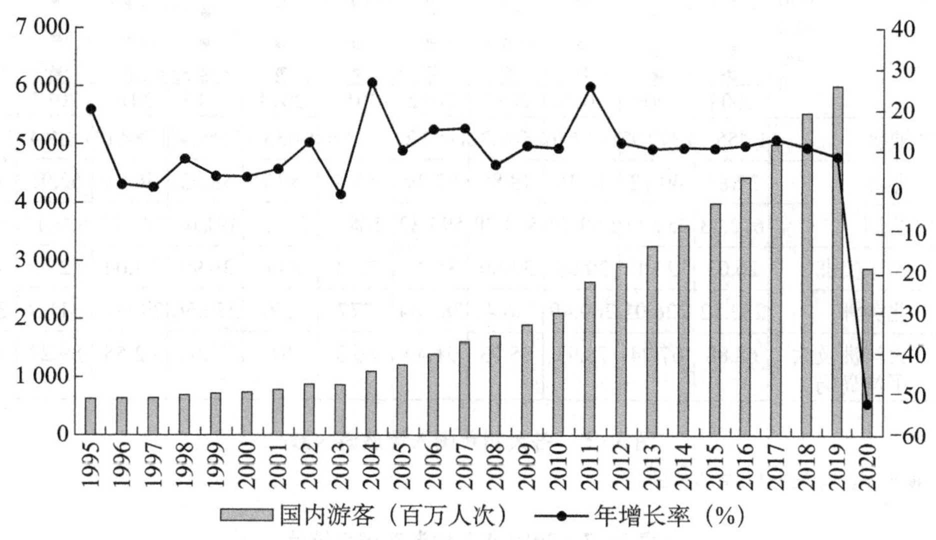

图 3-4 国内旅游人次数趋势

数据来源：《中国统计年鉴》(2021).

从入境旅游市场来看，2018 年我国入境旅游人数和收入分别为 1.412 亿人次和 1 271亿美元，各同比增长 1.2%和 3.0%。分各大洲来看，如图 3-5 所示，我国近十年入境旅游的客源市场相对集中，亚洲客源市场占比最高且呈增长趋势，2018 年占比达到 62.60%；紧居其后的是欧洲，2018 年占比为 19.79%，是入境游客的第二大市场；北美洲是我国入境旅游的第三大市场，占比为 10.92%；非洲、拉丁美洲和大洋洲及太平洋岛屿占比较小，均低于 3%。

从入境游客国籍来看，如表 3-3 所示，2019 年，我国入境旅游客源国的前三名分别是缅甸、越南和韩国，三者占入境游客的 50.4%，远超其他国家。在入境游客客源国前 10 名中，除了美国之外，其他的均是我国的邻近国家。整体看来，我国入境旅游客源国主要由来自亚洲的邻近国家以及欧洲、北美洲、大洋洲的发达国家构成。

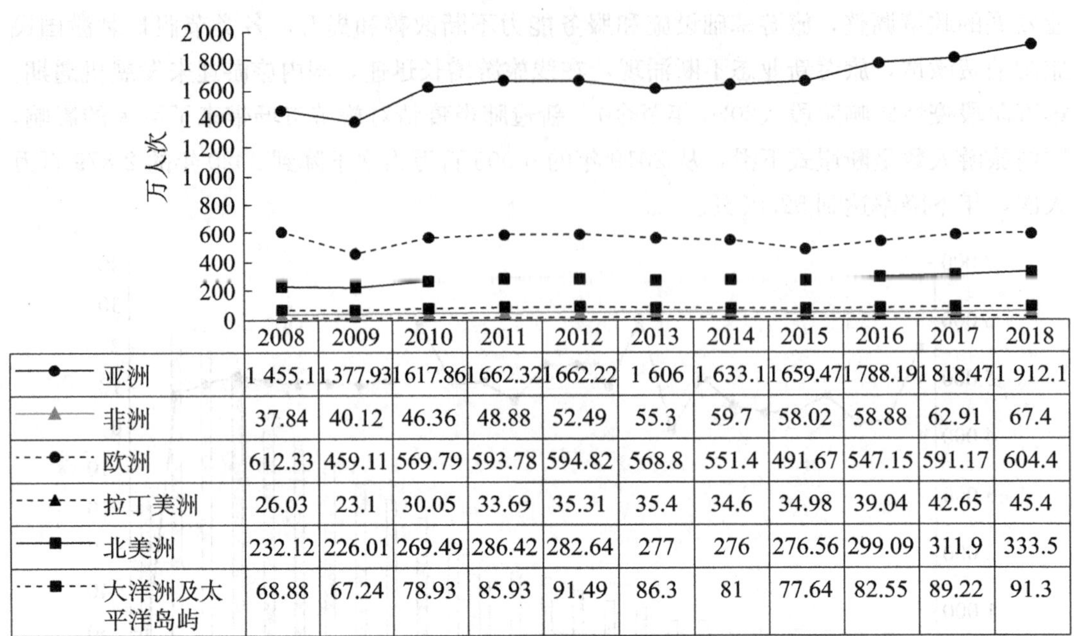

	2008	2009	2010	2011	2012	2013	2014	2015	2016	2017	2018
亚洲	1 455.1	1 377.93	1 617.86	1 662.32	1 662.22	1 606	1 633.1	1 659.47	1 788.19	1 818.47	1 912.1
非洲	37.84	40.12	46.36	48.88	52.49	55.3	59.7	58.02	58.88	62.91	67.4
欧洲	612.33	459.11	569.79	593.78	594.82	568.8	551.4	491.67	547.15	591.17	604.4
拉丁美洲	26.03	23.1	30.05	33.69	35.31	35.4	34.6	34.98	39.04	42.65	45.4
北美洲	232.12	226.01	269.49	286.42	282.64	277	276	276.56	299.09	311.9	333.5
大洋洲及太平洋岛屿	68.88	67.24	78.93	85.93	91.49	86.3	81	77.64	82.55	89.22	91.3

图 3-5　各大洲我国入境旅游人数

数据来源：国家统计局官方网站.

表 3-3　2019 年入境游客国籍统计

国籍	人数（万人次）	占总数比重（%）	国籍	人数（万人次）	占总数比重（%）
缅甸	1 242.18	25.3	西班牙	16.6	0.3
越南	794.87	16.2	新西兰	14.96	0.3
韩国	434.66	8.9	巴基斯坦	13.11	0.3
俄罗斯	272.26	5.5	巴西	12.76	0.3
日本	267.63	5.4	孟加拉国	11.38	0.2
美国	240.67	4.9	柬埔寨	10.93	0.2
蒙古	186.23	3.8	伊朗	10.48	0.2
马来西亚	138.35	2.8	瑞典	10.36	0.2
菲律宾	117.77	2.4	波兰	9.9	0.2
新加坡	100.85	2.1	墨西哥	9.43	0.2
泰国	87.05	1.8	以色列	9.43	0.2
印度	86.96	1.8	南非	8.56	0.2
加拿大	77.63	1.6	埃及	8.16	0.2
澳大利亚	73.45	1.5	土耳其	7.77	0.2
印度尼西亚	72.48	1.5	瑞士	7.05	0.1
德国	62.22	1.3	比利时	6.89	0.1

续表

国籍	人数（万人次）	占总数比重（%）	国籍	人数（万人次）	占总数比重（%）
英国	61.22	1.2	奥地利	6.87	0.1
朝鲜	55.5	1.1	丹麦	6.72	0.1
法国	49.1	1	斯里兰卡	6.2	0.1
意大利	27.95	0.6	葡萄牙	5.72	0.1
老挝	27.85	0.6	芬兰	5.72	0.1
哈萨克斯坦	21.16	0.4	埃塞俄比亚	5.61	0.1
荷兰	19.23	0.4	罗马尼亚	4.62	0.1
乌克兰	18.24	0.4	乌兹别克斯坦	4.52	0.1
尼泊尔	17.78	0.4	希腊	4.48	0.1

数据来源：《中国文化文物和旅游统计年鉴》(2020).

从国际旅游外汇收入来看，如图 3－6 所示，我国国际旅游外汇收入呈逐渐增加趋势，从 2000 年的 162.24 亿美元增加到 2019 年的 1 312.54 亿美元，年均增长率达到 11.63%。然而，可以明显地发现，虽然旅游外汇收入增速较快，但其波动较大，较不稳定，说明其受外部影响较为明显。

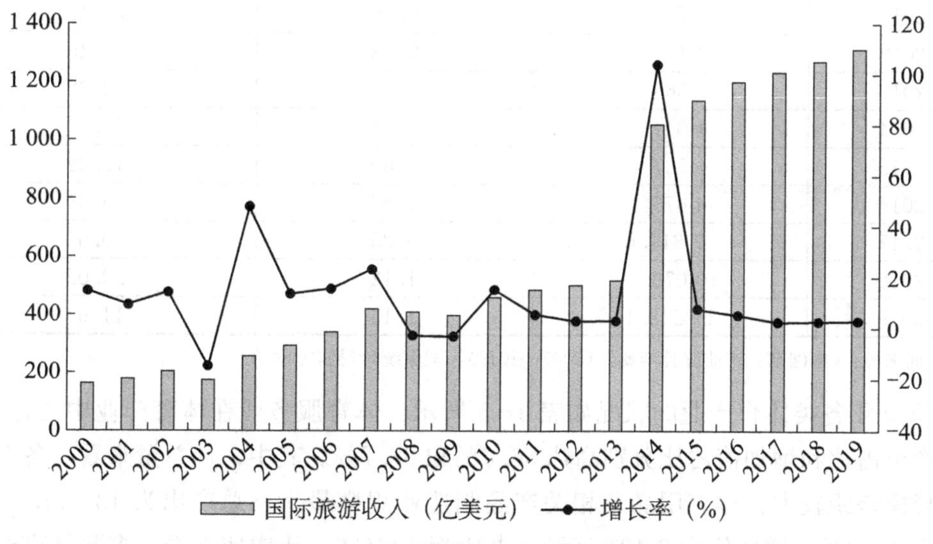

图 3－6 国际旅游外汇收入与增长率

数据来源：《中国文化文物和旅游统计年鉴》(2020).

从出境旅游市场来看，2019 年，我国出境游旅客达到 1.55 亿人次，同比增长 3.3%；出境游消费超 1 338 亿美元，增速超 2%，增长速度放缓。据《2018 年中国游客出境游大数据报告》显示，我国单次人均出境游消费达到 5 500 元，出境游的主要客源地主要集中在直辖市和省会城市，有上海、北京、广州、成都、重庆、南京、昆明等。在出境游目的地中，周边国家是我国游客的主要出境目的地，其中泰国位列第一，日本紧跟其后，越南第三。

(三) 体育发展情况

随着《体育产业发展“十三五”规划》等政策意见的陆续出台，体育产业即将迎来黄金时代。如表 3-4 所示，2006—2019 年，我国体育产业增加值和占 GDP 的比重逐年增加，从 2006 年的 983 亿元增加到 2019 年的 11 248.1 亿元，增长了 11.44 倍。从增长率来看，十三年来，我国体育产业增加值增长率一直较高，年平均增长率为 20.62%，远高于 GDP 增速。从体育产业占 GDP 的比重来看，我国体育产业占 GDP 比重逐年增加，从 2006 年的 0.45%增加到 2019 年 1.14%。可以看出，我国体育产业发展势头强劲，发展潜力巨大。

表 3-4　2006—2019 年我国体育产业发展情况

年份	增加值（亿元）	占 GDP 比重（%）	增长率（%）
2006	983	0.45	—
2007	1 265	0.47	28.69
2008	1 555	0.49	22.92
2009	2 100	0.60	35.05
2010	2 220	0.54	5.71
2011	2 740	0.56	23.42
2012	3 136	0.58	14.45
2013	3 563	0.60	13.62
2014	4 041	0.63	13.42
2015	4 737	0.69	17.22
2016	6 475	0.87	36.69
2017	7 811.4	0.95	20.6
2018	10 078	1.12	29.02
2019	11 248.1	1.14	11.61

数据来源：《中国第三产业统计年鉴》(2007—2019)、国家统计局官方网站．

2019 年各类体育产业的状况如表 3-5 所示。体育服务业在体育产业中占比最大，其总产出占比和增加值占比分别高达 50.6%和 67.7%。其中，从总量来看，各个体育产业规模差距较大，体育用品及相关产品制造业规模最大，总产出为 13 614.1 亿元，占比为 46.2%，增加值为 3 421 亿元，占比为 30.4%。从增速来看，多数体育产业增速较高，8 个产业的总产出增速在 10%以上，10 个产业的增加值增速在 10%以上。

表 3-5　2019 年全国体育产业状况

分类名称	总产出			增加值		
	总量（亿元）	结构（%）	同比增长（%）	总量（亿元）	结构（%）	同比增长（%）
体育产业	29 483.4	100	10.93	11 248.1	100	11.61
体育服务业	14 929.5	50.6	17.26	7 615.1	67.7	16.62

续表

分类名称	总产出			增加值		
	总量（亿元）	结构（%）	同比增长（%）	总量（亿元）	结构（%）	同比增长（%）
体育管理活动	866.1	2.9	15.94	451.9	4	15.87
体育竞赛表演活动	308.5	1	5.65	122.3	1.1	18.74
体育健身休闲活动	1 796.6	6.1	74.77	831.9	7.4	74.40
体育场地和设施管理	2 748.9	9.3	4.44	1 012.2	9	18.39
体育经纪与代理、广告与会展、表演与设计服务	392.9	1.3	23.94	117.8	1	11.13
体育教育与培训	1 909.4	6.5	10.88	1 524.9	13.6	7.01
体育传媒与信息服务	705.6	2.4	41.12	285.1	2.5	23.96
体育用品及相关产品销售、出租与贸易代理	4 501.2	15.3	9.36	2 562	22.8	10.10
其他体育服务	1 700.2	5.8	23.47	707	6.3	14.77
体育用品及相关产品制造	13 614.1	46.2	3.13	3 421	30.4	0.65
体育场地设施建设	939.8	3.2	45.48	211.9	1.9	41.27

数据来源：《中国第三产业统计年鉴》（2018—2019）、国家统计局官方网站．

（四）娱乐发展情况

近年来，娱乐产业政策利好不断。《2015 年扶持成长型小微文化企业工作方案》明确提出重点扶持娱乐业、演艺业、动漫业、游戏业等成长型小微文化企业；《关于推动文化娱乐行业转型升级工作的意见》指出要致力于推动文化娱乐行业转型升级。随着政策的支持、经济水平的增长、国民收入的增加，我国娱乐产业繁荣发展。据《2018 年中国泛娱乐产业白皮书》显示，我国泛娱乐核心产业产值在 2017 年已达到 5 484亿元，同比增长 32%，成为我国新经济发展的重要引擎，有利于推动我国经济高质量发展。

细分来看，游戏产业高速发展。从游戏市场实际销售收入来看，如图 3－7 所示，我国游戏市场实际销售收入从 2008 年的 185.6 亿元增长到 2019 年的 2 308.8 亿元，增长了 12.44 倍，年均增长率高达 25.76%。在 2015 年之前，游戏市场呈现高速发展趋势，除了 2010 年，2008—2014 年游戏市场实际销售收入的增长率一直保持在 30%以上，2008 年则高达 72.5%。2015 年之后其增速逐渐放缓，2015—2017 年维持在 20%

左右，仍在较高水平。到了 2018 年之后，游戏市场快速降温，实际销售收入增速降至 10%以下。从我国游戏用户规模看，如图 3－8 所示，我国游戏用户规模已从 2008 年的 0.67 亿人增长到 2019 年的 6.4 亿人，增长了 9.55 倍，年均增长率高达 22.77%。与游戏市场实际销售收入类似，游戏用户规模的增速逐渐变缓，在 2009—2011 年维持高速增长，2012—2013 年保持中高速增长，2014—2019 年增长率保持在 5%左右，低速增长。整体来看，我国游戏产业已经具有较大的规模，进入平稳发展期。

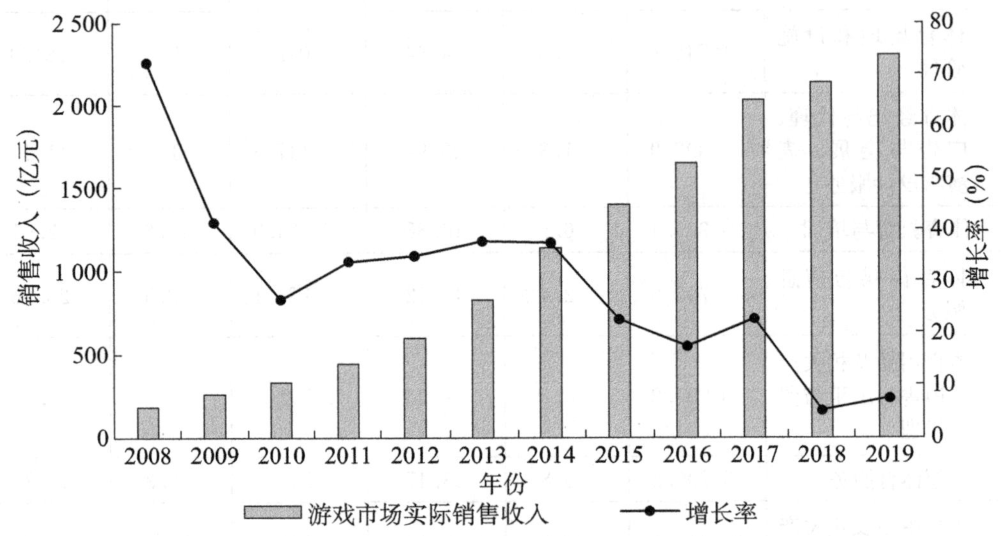

图 3－7　2008—2019 年我国游戏市场实际销售收入与增长率

数据来源：《2017 年中国游戏产业报告》《2018 年中国游戏产业报告》《2019 年中国游戏产业报告》.

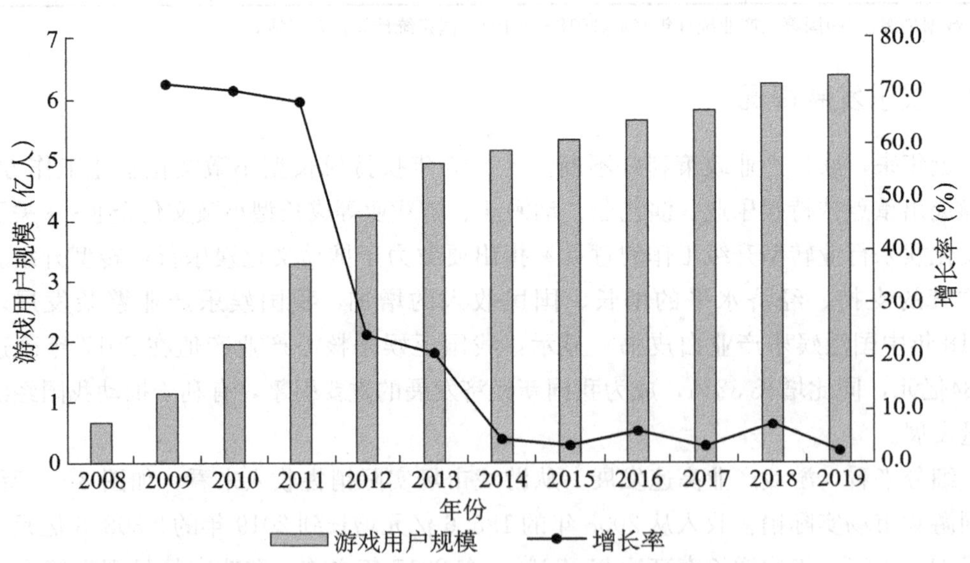

图 3－8　2008—2019 年我国游戏用户规模与增长率

数据来源：《2017 年中国游戏产业报告》《2018 年中国游戏产业报告》《2019 年中国游戏产业报告》.

网络游戏在游戏产业中发展最为迅速。它主要包括网页游戏、客户端游戏和移动端游戏。网络游戏由于门槛低、易操作、上手快、大众化、移动化等特点而具有很高的参与度，增长潜力巨大。如图 3-9 所示，我国网络游戏市场规模持续增长，从 2011 年的 538.6 亿元增加到 2018 年的 2 310 亿元，增长了 3.29 倍。从增速来看，网络游戏市场规模增长率呈下降趋势，从 2011 年的 32.3%下降到 2018 年的 7.84%，年均增长率达到 23.12%。

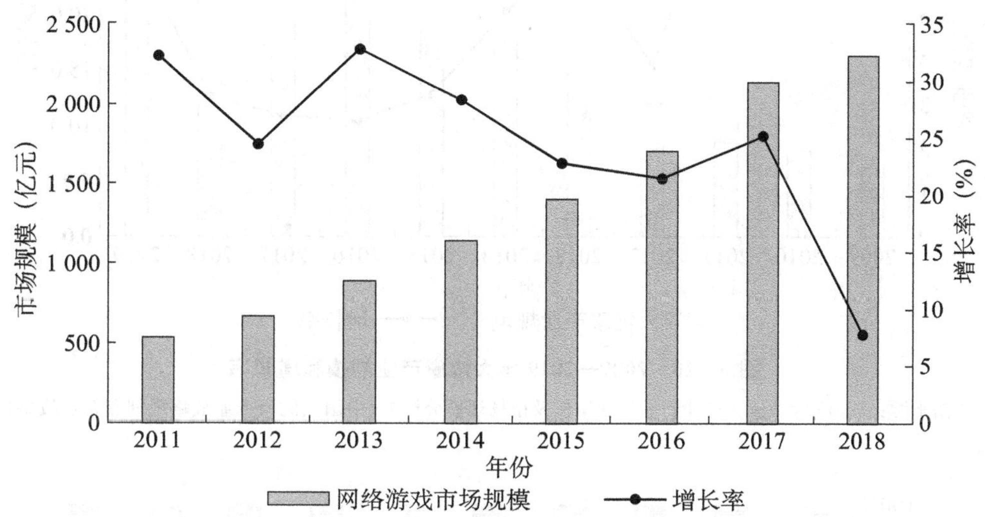

图 3-9　2011—2018 年我国网络游戏市场规模和增长率

数据来源：中投顾问产业研究中心、中商产业研究院、易观智库.

（五）大健康发展情况

大健康产业发展蒸蒸日上。2016 年 10 月，国务院发布《“健康中国 2030”规划纲要》，预计 2030 年我国健康服务业总规模达到 16 万亿元。2017 年 10 月，健康中国战略作为国家战略在十九大报告中被提出。政策的有力支持推动了大健康产业的腾飞。从图 3-10 可以看出，我国大健康产业规模由 2009 年的 1.55 万亿元增加到 2019 年的 8.78 万亿元，增长了 4.66 倍，年均增长率达到 18.94%。大健康产业规模的增速波动较大，呈波动下降趋势，但仍在 10%以上，高于我国 GDP 增速。

大健康产业可以细分为医疗产业、医药产业、保健品产业、健康管理服务产业和健康养老产业。从各产业占比来看，如图 3-11 所示，医药产业规模的占比最大，但其比重逐渐下降，从 2009 年的 61.4%下降到 2018 年的 49%。健康养老产业是大健康产业的第二大的产业，且呈逐渐上升趋势，从 2009 年的 21.88%增加到 2018 年的 33.62%，约占大健康产业规模的 1/3。医疗产业规模占比较为平稳，维持在 10%左右；保健品产业和健康管理服务产业占比较小，均在 5%以内，保健品产业规模占比增长较快，从 2009 年的 2.9%增加到 2018 年的 4.87%；健康管理服务产业规模占比略有下降，从2009年的2.78%下降到2018年的2.56%。

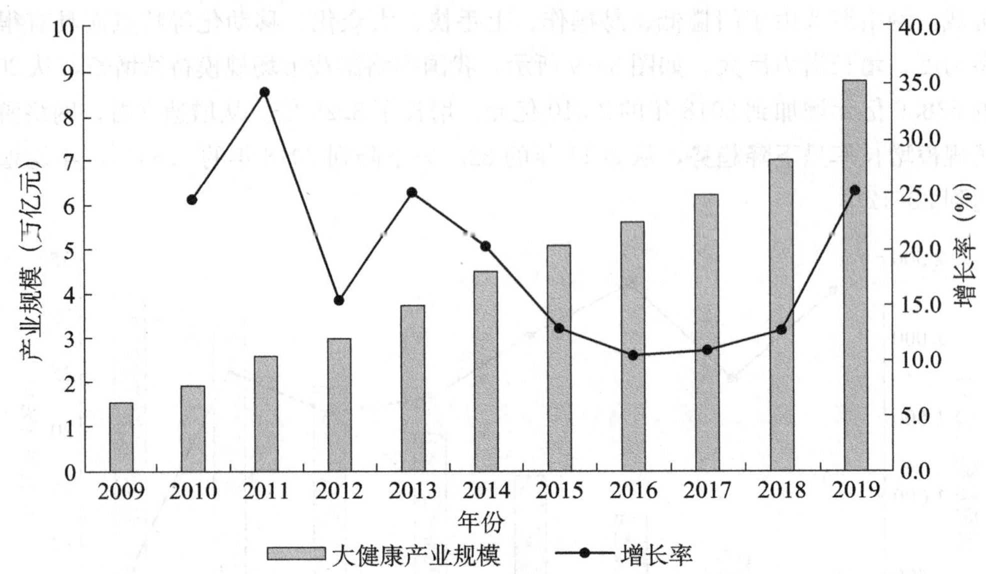

图3-10　2009—2019年大健康产业规模和增长率

数据来源：《2017年我国大健康行业产业结构及市场规模分析》《中国大健康产业战略规划和企业战略咨询报告》。

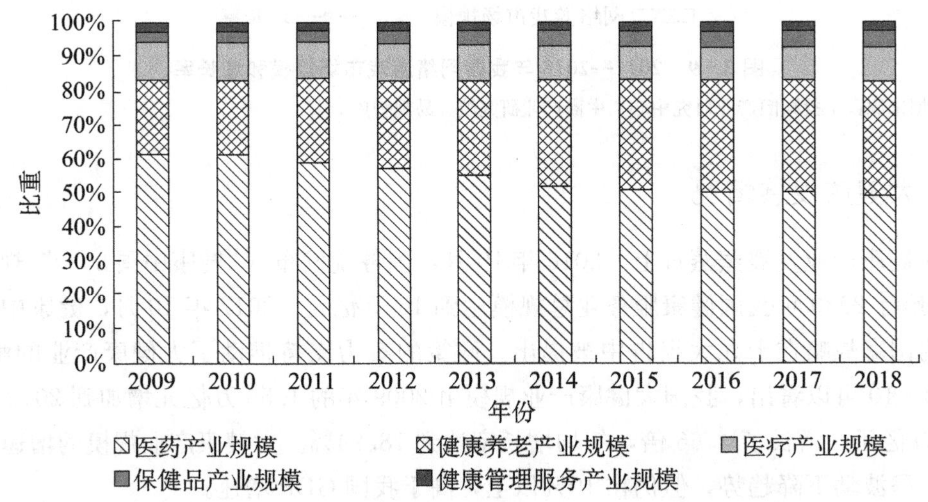

图3-11　2009—2018年五大产业在大健康产业中的占比变化

数据来源：《2017年我国大健康行业产业结构及市场规模分析》《中国大健康产业战略规划和企业战略咨询报告》。

从医药产业来看，如图3-12所示，我国医疗产业规模不断增长，2018年时已经达到33 775亿元，是2009年的3.54倍，年均增速为15.08%，增速水平较高。从增速来看，医疗产业规模增速波动下降，在2010—2011年时，增长率在20%以上，随后增长率波动下降，2015年之后，增长率维持在10%左右，保持中低速增长。

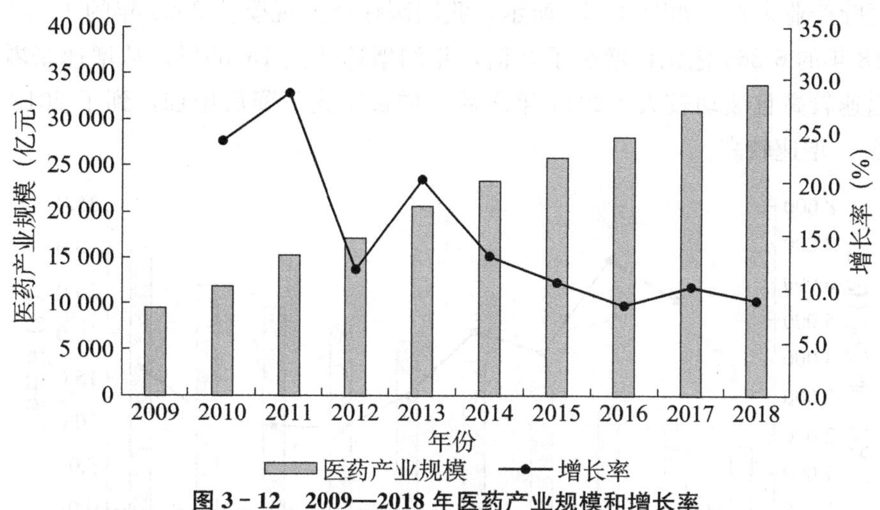

图 3-12　2009—2018 年医药产业规模和增长率

数据来源：《2017 年我国大健康行业产业结构及市场规模分析》《中国大健康产业战略规划和企业战略咨询报告》.

从健康养老产业来看，如图 3-13 所示，我国健康养老产业发展较好，2018 年时达到 23 175 亿元，是 2009 年的 6.82 倍，年均增速高达 23.77%。从增速来看，健康养老产业规模增长率也呈波动下降趋势，2014 年之前，增速维持在很高水平，2015 年之后，增速下降到 10%—20%之间，仍在较高水平。健康养老产业规模的高增速主要得益于我国的高水平的老龄化。我国已经步入老龄化社会，据国家统计局统计，2018 年末，我国有 2.49 亿老年人（60 周岁及以上），占总人口的 17.9%。可以说，我国近五分之一的人口是老年人。庞大的老年群体对健康养老产业产生持续需求，这为大健康产业的发展奠定了广泛的群众基础。

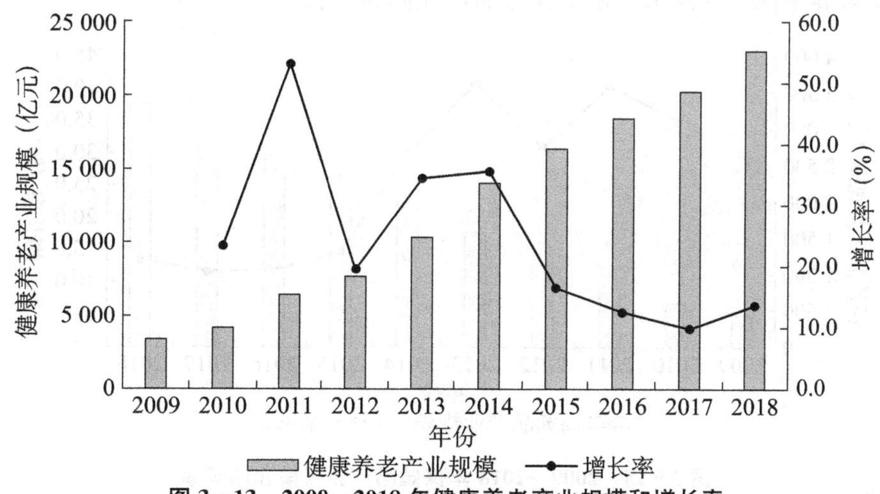

图 3-13　2009—2018 年健康养老产业规模和增长率

数据来源：《2017 年我国大健康行业产业结构及市场规模分析》《中国大健康产业战略规划和企业战略咨询报告》.

从医疗产业来看，如图 3－14 所示，我国医疗产业规模从 2009 年的 1 717 亿元增加到 2018 年的 6 865 亿元，增长了 3 倍，年均增速达到 16.65%。从增速来看，2013 年之前增速较高且波动较大；2014 年之后，增长率先下降后增加，到了 2018 年增速为 16.3%，增速较高。

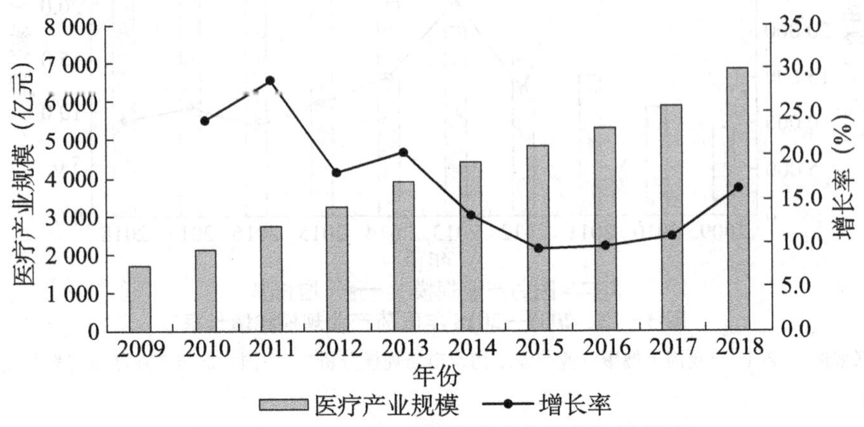

图 3－14　2009—2018 年医疗产业规模和增长率

数据来源：《2017 年我国大健康行业产业结构及市场规模分析》《中国大健康产业战略规划和企业战略咨询报告》.

从保健品产业来看，如图 3－15 所示，保健品产业规模从 2009 年的 450 亿元增加到 2018 年的 3 356 亿元，增长了 6.46 倍，年均增速达到 25.01%，远高于其他四个产业规模增速。从增速来看，增速呈下降趋势，2015 年之后一直维持在 10%以上。据世界卫生组织的调查，75%的人处于亚健康状态。按照这种说法，2018 年，我国的总人口数为 13.95 亿人，其中处于亚健康状态的就高达 10.46 亿人。庞大的亚健康人群增加了居民对养生保健的需求，使得保健品产业高速增长。

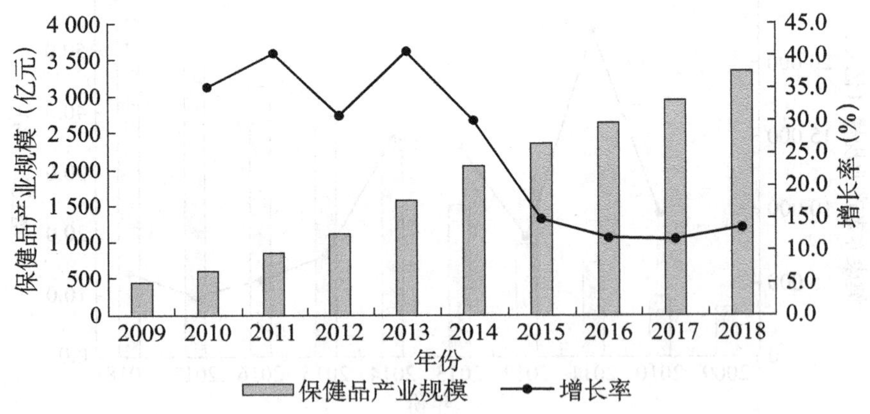

图 3－15　2009—2018 年保健品产业规模和增长率

数据来源：《2017 年我国大健康行业产业结构及市场规模分析》《中国大健康产业战略规划和企业战略咨询报告》.

从健康管理服务产业来看，如图 3-16 所示，2018 年，健康管理服务产业规模达到 1 764 亿元，是 2009 年的 4.08 倍，年均增速为 16.92%。从增速来看，2010—2015 年，健康管理服务产业规模增速加快，保持在 20%左右，之后，该产业增速明显下降，到 2018 年增速为 12%。

整体来看，2009 年以来，大健康产业和五个细分产业年均增长率均在 15%以上，增速较快，产业规模不断增大，产业发展前景较好。

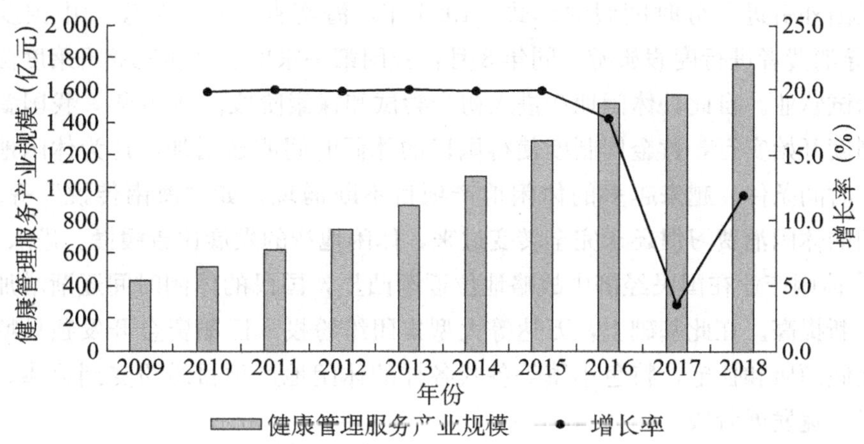

图 3-16　2009—2018 年健康管理服务产业规模和增长率

数据来源：《2017 年我国大健康行业产业结构及市场规模分析》《中国大健康产业战略规划和企业战略咨询报告》.

（六）其他文化休闲领域发展情况

在休闲农业方面，自 20 世纪 80 年代开始，我国的休闲农业主要经历了萌芽阶段（1980—1990 年）、早期发展阶段（1991—2000 年）和快速发展阶段（2001 年至今）。在萌芽阶段，随着改革开放的稳步发展，农业生产方式逐渐改变，在改革开放春风较早吹到的深圳等城市周边各种农业节庆活动如桃花节、荔枝节等开始兴起，休闲农业出现了萌芽。在早期发展阶段，休闲农业获得了较多的政策支持，如 1998 年国家旅游局推出“华夏城乡游”等。在此背景下，休闲农业得以快速发展。一些农业观光园、采摘园、农家乐等休闲农业经营活动在大中城市周边兴起，如河北省秦皇岛市北戴河集发生态农业示范观光园、北京市锦绣大地农业观光园和上海市孙桥现代农业园区等。进入 21 世纪，我国经济进入快车道，城市居民生活水平显著提高的同时，生活节奏也明显加快。为了能够放松身心，缓解紧张的生活节奏，城市居民希望从乡村旅游等休闲农业活动中寻找放松，休闲农业需求不断增长。在此情况下，2001 年，国家旅游局出台了《农业旅游发展指导规范》，提出大力发展农业旅游；2002 年，国家旅游局发布《全国农业旅游示范点、工业旅游示范点检查标准（试行）》，颁布了农业旅游示范点的评选标准；2004 年，国家旅游局评选出了 203 个农业旅游示范点。自此之后，越来越多的政策开始关注休闲农业的发展。自此，休闲农业进入快速发展阶段，休闲农业活动方式逐渐多样化、规模化、产业化。

在休闲地产方面，我国的休闲地产始于 20 世纪 90 年代，主要经历了初步探索阶段（1990—1998 年）、缓慢发展阶段（1999—2009 年）和高速发展阶段（2010 年至今）。我国休闲地产的萌芽是从海南开始的，当时海南的房地产业为了缓解供给过剩的窘境，从国外引进了分时度假的模式。1996 年，海南省三亚市启动“中国度假休闲游”，引导消费者进行度假旅游；同年 8 月，我国第一家度假酒店三亚凯莱度假酒店建成并开始试营业。自此，休闲地产进入初步尝试和探索阶段。1999 年，我国新的法定节假日制度开始实行，黄金周制度使得国民的休假时间明显增加，这为休闲地产的发展提供了时间条件。越来越多的休闲地产项目不断涌现，如“海南传说”等。然而，此时人们的休闲消费习惯还未完全转变过来，休闲地产的发展比较缓慢。进入 21 世纪 10 年代，休闲产业在国民经济中战略地位逐渐凸显，国民的休闲时间逐渐增加，收入水平也不断提高。在此基础上，万达等大型集团纷纷投入巨额资金开发独具特色的主题休闲度假酒店和住宅，特色小镇等各式各样的休闲地产项目纷纷受到追捧。休闲地产迎来了高速发展阶段。

第四章　中国城市文化休闲发展指数

中国城市文化休闲发展指数研究主要包括三个部分，分别为城市文化休闲发展指数构建与测算、城市文化休闲发展空间均衡分析和城市文化休闲发展空间相关分析。主要思路是，在构建中国城市文化休闲发展指标体系的基础上，测算了我国城市文化休闲发展指数。基于此指数，对其进行均衡性分析和自相关分析，以求深入分析城市文化休闲发展指数的分布情况和城市文化休闲发展现状。

一、城市文化休闲发展指数构建与测算

由于城市文化休闲发展是一个复杂的系统，本书采用综合评价方法对城市文化休闲发展指数进行构建与测算。综合评价方法是用定量方法对一个复杂系统的多个指标数据进行加工、处理和提炼，最终得以区分不同评价对象的优劣的评价方法。综合评价的具体方法较多，具体步骤为理解评价目标、建立评价指标体系、设定指标权重、建立评价模型、分析评价结果等。前文已经对文化休闲进行系统的分析与探讨，接下来的任务是建立城市文化休闲发展指标体系。

（一）指标体系设定原则

在我国城市文化休闲发展指标体系的构建中，本文秉承着科学性、可比性、层次性、客观性的构建原则。

1. 科学性原则

科学性原则是分析工作顺利进行的基础。科学性原则是指建立指标体系应以科学依据为基础，防止出现指标体系逻辑混乱、指标含有歧义等错误，确保指标的数据来源可靠，能够科学反映不同城市的文化休闲发展的空间分布情况。

2. 可比性原则

构建城市文化休闲发展评价指标体系的目的是通过指标体系来衡量不同城市文化

休闲发展情况，比较不同城市的文化休闲发展。因此，评价指标体系的可比性是构建指标体系的必要条件。

3. 层次性原则

层次性原则是指构建我国城市文化休闲发展指标体系应具有层次性。文化休闲评价指标体系应可以反映文化休闲不同层次的发展状况，因此它是一个多层次、多要素的复杂系统，层次性是其构建过程中需要遵循的重要的原则。

4. 客观性原则

客观性原则是指在构建我国城市文化休闲发展指标体系中，应站在客观的角度，秉着客观、公平、公正的原则，力图尽可能真实反映不同城市文化休闲发展的现状。

(二) 指标体系构建与数据来源

以下主要从环境、基础设施、资源和发展四个维度构建我国城市文化休闲发展指标体系。

1. 环境要素

环境的好坏对产业发展有重要的影响。环境分为经济环境、社会环境、科技环境和生态环境。

经济环境是指产业面临的宏观经济情况。它的衡量指标有人均 GDP、GDP 增长率、第三产业增加值占 GDP 比重、社会消费品零售总额、居民家庭恩格尔系数、人均可支配收入、人均消费支出。前四个指标数据来源于《中国城市统计年鉴》(2020)，其他指标数据来源于各市统计年鉴、统计公报。

社会环境的衡量指标主要有城镇化率等。具体如下：城镇化率由城镇人口占常住人口比例衡量，数据来源于各市统计年鉴、统计公报。年平均人口、普通高等学校数、普通本专科在校学生数来源于《中国城市统计年鉴》(2020)。

科技环境主要是指科学技术对产业发展产生的影响。衡量指标有 R&D 人员、R&D 内部经费支出、专利申请数和专利授权数，均来源于《中国城市统计年鉴》(2020)。

生态环境的衡量指标有空气质量二级及以上（优良）比例、公园绿地面积、污水处理厂集中处理率和生活垃圾无害化处理率。第一个指标来源于各市统计年鉴、统计公报，其余指标均来源于《中国城市统计年鉴》(2020)。

2. 基础设施要素

基础设施是产业发展的基础与保障。主要包括交通设施、住宿餐饮设施、通信设施、金融设施和环卫设施。

交通设施：城市公路路网密度由公路里程与行政区域土地面积之比表示，公路里程来源于各市统计年鉴、统计公报，行政区域土地面积来源于《中国城市统计年鉴》

(2020)。年末实有公共汽（电）车营运车辆数、全年公共汽（电）车客运总量、年末实有出租汽车数和公路客运量来源于《中国城市统计年鉴》(2020)。

住宿餐饮设施：住宿和餐饮业年末城镇单位从业人员来源于《中国城市统计年鉴》(2020)。五星级酒店按中国旅游饭店业协会公布名单查找。

通信设施：移动电话年末用户数和互联网宽带接入用户数来源于《中国城市统计年鉴》(2020)。

金融设施：年末金融机构人民币各项存款余额、年末金融机构人民币各项贷款余额来源于《中国城市统计年鉴》(2020)。

环卫设施：公共厕所数量来源于各市统计年鉴和百度地图；城市市政公用设施建设固定资产投资来源于《中国城市统计年鉴》(2020)。

3. 资源要素

资源是休闲产业可持续发展的根本。资源要素包括自然资源和人文资源。

自然资源的度量指标有世界地质公园、世界级自然、文化遗产、国家级自然保护区、国家级风景名胜区、国家级水利风景区、国家森林、湿地公园，数据均来源于名单公示。

人文资源的衡量指标主要有全国重点文物保护单位等，具体如下：全国重点文物保护单位、国家级非物质文化遗产、国家历史文化名城和中国民间文化艺术之乡均按名单公示查找。公共图书馆机构数和群众艺术馆、文化馆机构数来源于各市统计年鉴、统计公报。公共图书馆图书藏量和博物馆数来源于《中国城市统计年鉴》(2020)。

4. 发展要素

发展要素主要是指文化休闲产业分产业的发展情况，主要包括文化发展、旅游发展、体育发展、娱乐发展、大健康发展、休闲农业发展和休闲工业发展。

文化发展要素：国家文化出口重点企业数、国家文化出口重点项目数、国家文化产业示范基地数按名单公示查找。艺术表演团体数量、电视节目综合人口覆盖率、广播节目综合人口覆盖率来源于各市统计年鉴、统计公报。书店数和电影院数来源于百度地图。文化、体育和娱乐业年末城镇单位从业人员来源于《中国城市统计年鉴》(2020)。

旅游发展要素：入境旅游人数、国际旅游（外汇）收入、国内旅游人数、国内旅游收入来源于各市统计年鉴、统计公报等。5A级景区数按名单公示查找。

体育发展要素：体育场馆数来源于《中国城市统计年鉴》(2020)。体育俱乐部数量和体育彩票销售点来源于百度地图。

娱乐发展要素：酒吧数、游乐场数、宠物店数、KTV数均来源于百度地图。

大健康发展要素：医院数、医院床位数和执业（助理）医师数来源于《中国城市统计年鉴》(2020)。美容院数和疗养院数来源于百度地图。

休闲农业发展要素：全国休闲农业与乡村旅游示范点数、全国农业旅游示范点数按名单公示查找；农家乐数量来源于百度地图。

休闲工业发展要素：全国工业旅游示范点数按名单公示查找。

对于一些缺失的数据，本文使用分层均值插补法进行插补，即使用各省均值来做插补，具体指标体系如表 4-1 所示。

表 4-1 城市文化休闲发展指标体系

核心要素	分要素	评价指标
环境	经济环境	人均 GDP（元）
		GDP 增长率（%）
		第三产业增加值占 GDP 比重（%）
		居民家庭恩格尔系数（%）
		居民人均可支配收入（元）
		居民人均消费支出（元）
		社会消费品零售总额（万元）
	社会环境	城镇化率（%）
		年平均人口（万人）
		普通高等学校数（个）
		普通本专科在校学生数（人）
	科技环境	R&D 人员（人）
		R&D 内部经费支出（万元）
		专利申请数（件）
		专利授权数（件）
	生态环境	空气质量二级及以上（优良）比例（%）
		公园绿地面积（公顷）
		污水处理厂集中处理率（%）
		生活垃圾无害化处理率（%）
基础设施	交通设施	城市公路路网密度（公里/百平方公里）
		年末实有公共汽（电）车营运车辆数（辆）
		全年公共汽（电）车客运总量（万人次）
		年末实有出租汽车数（辆）
		公路客运量（万人）
	住宿餐饮设施	住宿和餐饮业年末城镇单位从业人员（人）
		五星级酒店（个）

续表

核心要素	分要素	评价指标
基础设施	通信设施	移动电话年末用户数（万户）
		互联网宽带接入用户数（万户）
	金融设施	年末金融机构人民币各项存款余额（万元）
		年末金融机构人民币各项贷款余额（万元）
	环卫设施	公共厕所数（个）
		城市市政公用设施建设固定资产投资（万元）
资源	自然资源	世界地质公园（个）
		世界级自然、文化遗产（个）
		国家级自然保护区（个）
		国家级风景名胜区（个）
		国家级水利风景区（个）
		国家森林公园、国家湿地公园（个）
	人文资源	全国重点文物保护单位（个）
		国家级非物质文化遗产（个）
		国家历史文化名城（1：是；0：否）
		中国民间文化艺术之乡（个）
		公共图书馆机构数（个）
		公共图书馆图书藏量（万册）
		博物馆数（个）
		群众艺术馆、文化馆机构数（个）
发展	文化	国家文化出口重点企业数（个）
		国家文化出口重点项目数（个）
		国家文化产业示范基地数（个）
		艺术表演团体数（个）
		电影院数（个）
		书店数（个）
		电视节目综合人口覆盖率（%）
		广播节目综合人口覆盖率（%）
		文化、体育和娱乐业年末城镇单位从业人员（人）
		入境旅游人数（万人次）
	旅游	国际旅游（外汇）收入（万美元）
		国内旅游人数（万人次）
		国内旅游收入（亿元）
		5A 级景区数（个）

续表

核心要素	分要素	评价指标
发展	体育	体育场馆数（个）
		体育俱乐部数（个）
		体育彩票销售点（个）
	娱乐	酒吧数（个）
		游乐场数（个）
		宠物店数（个）
		KTV数（个）
	大健康	医院数（个）
		医院床位数（张）
		执业（助理）医师数（人）
		美容院数（个）
		疗养院数（个）
	休闲农业	全国休闲农业与乡村旅游示范点数（个）
		全国农业旅游示范点数（个）
		农家乐数（个）
	休闲工业	全国工业旅游示范点数（个）

(三) 指标权重设定方法与计算过程

在上述分析中，基于休闲产业内涵的界定，从环境、基础设施、资源和发展四个维度，构建城市文化休闲产业发展指标体系，这为测算城市文化休闲产业发展奠定了理论基础。进一步，设定指标的权重，根据上述文献分析可知，目前确定指标权重的方法主要有因子分析法、熵权法、BP神经网络模型法、层次分析法等。指标权重的设定方法众多，每种方法都各有千秋。本文使用熵权法进行我国城市文化休闲产业发展指数测算。具体计算过程如下：

1. 原始数据无量纲化

考虑到不同的评价指标的单位不同，为了消除量纲的影响，对指标进行无量纲化处理。具体如下：

对于正向指标，令：

$$Y_{ij} = ((x_{ij} - min(x_{ij}))/(max(x_{ij}) - min(x_{ij}))) * 100 \tag{4-1}$$

对于逆向指标，令：

$$Y_{ij} = ((max(x_{ij}) - x_{ij})/(max(x_{ij}) - min(x_{ij}))) * 100 \tag{4-2}$$

经上述变换得到的 Y_{ij} 是 x_{ij} 的无量纲化，Y_{ij} 的取值范围在［0，100］区间内。此时，指标还实现了同向化，即无论 x_{ij} 是正向指标还是逆向指标，Y_{ij} 总是越大越好。

2. 熵权法确定权重

首先，计算无量纲化数据比重，具体公式如下：

$$P_{ij} = Y_{ij} / \sum_{i=1}^{m} Y_{ij} \tag{4-3}$$

其次，计算第 j 个评价指标的熵值 e_j ，$e_j \in [0,1]$，公式如下：

$$e_j = -\frac{1}{ln(m)} \sum_{i=1}^{m} P_{ij}\, lnP_{ij} \tag{4-4}$$

最后，计算第 j 个指标的熵权 W_j 。

$$W_j = 1 - e_j / \sum\nolimits_{i=1}^{m} (1 - e_j) \tag{4-5}$$

式（4－5）中，$W_j \in [0,1]$，且 $\sum_{j=1}^{n} W_j = 1$ 。

3. 指数计算

将无量纲化处理后的样本数据与指标体系中各指标的权重进行加权求和，得到文化休闲产业发展指数 P_i 。计算公式如下：

$$P_i = \sum Y_{ij} \times W_j \tag{4-6}$$

式中，P_i 为文化休闲产业发展指数；Y_{ij} 为单项指标的标准化后数据；W_j 为单项指标权重。

4. 评价标准

考虑到评价是一个相对的概念，使用一个固定的值来评价稍有欠妥，因此，采用相对的评价标准来判断文化休闲发展水平的强弱。具体办法为，根据各城市指数得分，将城市文化休闲发展水平分为 7 个等级，依次分别是很强、强、较强、一般、较弱、弱和很弱，将 294 个城市的得分按降序排列，得分在前 1～10 名为很强，在前 11～50 名为强，在前 51～100 名为较强，在前 101～200 名为一般，在前 201～250 名为较弱，在前 251～284 名为弱，在前 285～294 名为很弱。

（四）城市文化休闲发展指数结果分析

1. 城市文化休闲发展总指数

经测算，中国城市文化休闲发展总指数与排名如表 4－2 所示。从表 4－2 可发现我国城市文化休闲发展呈现以下五个特点。

表4-2 中国城市文化休闲发展总指数与排名

城市	指数	排名	城市	指数	排名	城市	指数	排名
北京市	80.21	1	莆田市	7.11	99	佳木斯市	3.66	197
上海市	59.8	2	赣州市	7.11	100	荆州市	3.57	198
重庆市	44.96	3	张家界市	7.01	101	黑河市	3.51	199
成都市	38.35	4	宝鸡市	6.69	102	朝阳市	3.46	200
广州市	36.76	5	开封市	6.67	103	本溪市	3.44	201
西安市	30.51	6	邢台市	6.57	104	通化市	3.41	202
杭州市	30.03	7	景德镇市	6.57	105	达州市	3.41	203
天津市	29.45	8	中山市	6.57	106	牡丹江市	3.37	204
苏州市	28.27	9	肇庆市	6.52	107	葫芦岛市	3.35	205
深圳市	27.99	10	沧州市	6.48	108	安顺市	3.35	206
南京市	26.79	11	梅州市	6.48	109	新余市	3.34	207
武汉市	26.39	12	池州市	6.44	110	崇左市	3.27	208
郑州市	25.09	13	邵阳市	6.36	111	孝感市	3.23	209
昆明市	24.75	14	绵阳市	6.32	112	清远市	3.23	210
长沙市	22.15	15	渭南市	6.3	113	安康市	3.22	211
宁波市	20.24	16	黄冈市	6.26	114	固原市	3.18	212
哈尔滨市	20.01	17	湖州市	6.18	115	忻州市	3.15	213
青岛市	19.55	18	宜宾市	6.08	116	延安市	3.13	214
沈阳市	18.68	19	运城市	5.96	117	鸡西市	3.08	215
温州市	18.58	20	鄂尔多斯市	5.93	118	保山市	3.08	216
福州市	17.73	21	连云港市	5.92	119	淮南市	3.03	217
无锡市	17.09	22	龙岩市	5.89	120	营口市	3	218
济南市	16.25	23	芜湖市	5.85	121	揭阳市	2.99	219
长春市	15.15	24	晋中市	5.84	122	黄石市	2.98	220
金华市	15.1	25	郴州市	5.7	123	宿州市	2.97	221
合肥市	15.1	26	珠海市	5.69	124	绥化市	2.96	222
厦门市	15.09	27	呼伦贝尔市	5.67	125	玉林市	2.96	223
大连市	14.94	28	潮州市	5.66	126	河池市	2.89	224
洛阳市	14.43	29	百色市	5.66	127	盘锦市	2.87	225
保定市	13.55	30	泰州市	5.65	128	通辽市	2.86	226
南昌市	13.39	31	南平市	5.65	129	眉山市	2.86	227
常州市	12.83	32	新乡市	5.59	130	汕尾市	2.84	228

续表

城市	指数	排名	城市	指数	排名	城市	指数	排名
石家庄市	12.56	33	鹰潭市	5.54	131	遂宁市	2.83	229
佛山市	12.52	34	西宁市	5.48	132	晋城市	2.82	230
南阳市	12.42	35	宿迁市	5.45	133	巴彦淖尔市	2.81	231
南通市	11.86	36	威海市	5.45	134	内江市	2.81	232
东莞市	11.8	37	株洲市	5.45	135	益阳市	2.8	233
泰安市	11.75	38	廊坊市	5.42	136	贵港市	2.8	234
徐州市	11.67	39	天水市	5.33	137	广安市	2.8	235
绍兴市	11.55	40	菏泽市	5.29	138	海东市	2.8	236
遵义市	11.55	41	六安市	5.23	139	四平市	2.77	237
贵阳市	11.49	42	亳州市	5.17	140	中卫市	2.72	238
桂林市	11.31	43	汕头市	5.15	141	阜新市	2.7	239
太原市	11.16	44	许昌市	5.1	142	荆门市	2.7	240
临沂市	10.97	45	信阳市	5.09	143	辽阳市	2.67	241
扬州市	10.95	46	包头市	5.05	144	淮北市	2.67	242
安庆市	10.87	47	临汾市	5.04	145	漯河市	2.65	243
南宁市	10.74	48	宣城市	5.03	146	娄底市	2.63	244
上饶市	10.65	49	濮阳市	5.03	147	石嘴山市	2.62	245
泉州市	10.62	50	德州市	5.02	148	三门峡市	2.59	246
黄山市	10.57	51	泸州市	5.02	149	阳江市	2.57	247
邯郸市	10.48	52	吉安市	5.01	150	吴忠市	2.57	248
焦作市	10.44	53	长治市	4.97	151	酒泉市	2.56	249
宜昌市	10.15	54	三亚市	4.96	152	雅安市	2.5	250
淮安市	10.09	55	北海市	4.89	153	白城市	2.47	251
潍坊市	10.04	56	怀化市	4.88	154	河源市	2.46	252
烟台市	9.98	57	宜春市	4.83	155	铁岭市	2.41	253
台州市	9.97	58	滨州市	4.78	156	白山市	2.41	254
海口市	9.93	59	常德市	4.76	157	防城港市	2.39	255
呼和浩特市	9.8	60	平顶山市	4.68	158	铜陵市	2.37	256
镇江市	9.6	61	驻马店市	4.65	159	鹤壁市	2.37	257
赤峰市	9.59	62	咸阳市	4.64	160	松原市	2.34	258
九江市	9.28	63	周口市	4.55	161	攀枝花市	2.33	259
漳州市	9.25	64	德阳市	4.54	162	昭通市	2.32	260
淄博市	9.25	65	南充市	4.48	163	普洱市	2.3	261

续表

城市	指数	排名	城市	指数	排名	城市	指数	排名
银川市	9.22	66	阜阳市	4.46	164	阳泉市	2.23	262
衡阳市	9.04	67	江门市	4.45	165	双鸭山市	2.23	263
吉林市	8.88	68	鞍山市	4.39	166	乌兰察布市	2.22	264
惠州市	8.88	69	舟山市	4.38	167	庆阳市	2.18	265
唐山市	8.76	70	抚顺市	4.29	168	平凉市	2.13	266
拉萨市	8.68	71	巴中市	4.28	169	铜川市	2.07	267
自贡市	8.65	72	滁州市	4.26	170	乌海市	2.02	268
安阳市	8.59	73	茂名市	4.25	171	定西市	2.02	269
乌鲁木齐市	8.5	74	武威市	4.25	172	白银市	2	270
嘉兴市	8.39	75	伊春市	4.24	173	临沧市	1.97	271
秦皇岛市	8.38	76	六盘水市	4.22	174	梧州市	1.94	272
济宁市	8.32	77	吕梁市	4.17	175	钦州市	1.94	273
承德市	8.28	78	湘潭市	4.16	176	张掖市	1.89	274
三明市	8.22	79	枣庄市	4.15	177	辽源市	1.84	275
汉中市	8.18	80	衡水市	4.1	178	资阳市	1.78	276
张家口市	8.12	81	齐齐哈尔市	4.08	179	朔州市	1.77	277
宁德市	7.99	82	抚州市	3.97	180	云浮市	1.76	278
商丘市	7.98	83	玉溪市	3.95	181	鹤岗市	1.75	279
榆林市	7.97	84	马鞍山市	3.94	182	克拉玛依市	1.74	280
襄阳市	7.92	85	丹东市	3.93	183	贺州市	1.71	281
丽水市	7.61	86	广元市	3.92	184	来宾市	1.7	282
岳阳市	7.54	87	锦州市	3.9	185	嘉峪关市	1.66	283
盐城市	7.5	88	曲靖市	3.89	186	随州市	1.6	284
衢州市	7.49	89	咸宁市	3.84	187	日喀则市	1.51	285
柳州市	7.41	90	萍乡市	3.8	188	鄂州市	1.5	286
韶关市	7.39	91	大庆市	3.79	189	哈密市	1.46	287
兰州市	7.39	92	乐山市	3.78	190	陇南市	1.45	288
湛江市	7.37	93	商洛市	3.77	191	林芝市	1.29	289
十堰市	7.34	94	日照市	3.74	192	吐鲁番市	1.22	290
丽江市	7.28	95	铜仁市	3.74	193	昌都市	1.21	291

续表

城市	指数	排名	城市	指数	排名	城市	指数	排名
聊城市	7.26	96	毕节市	3.72	194	七台河市	1.19	292
大同市	7.15	97	蚌埠市	3.71	195	金昌市	1.11	293
永州市	7.13	98	东营市	3.69	196	山南市	0.85	294

第一，直辖市和省会城市文化休闲发展水平强于一般城市。我国城市文化休闲发展指数前十名依次为北京、上海、重庆、成都、广州、西安、杭州、天津、苏州和深圳。在发展很强的城市中，我国4个直辖市均榜上有名，其中北京、上海和重庆3个直辖市分别名列前三名。除了直辖市外，很强的城市中还有成都、广州、西安和杭州4个省会城市，直辖市和省会城市占比高达80%。此外，其他省会城市休闲产业发展也名列前茅，南京、武汉、郑州、昆明、长沙还分别位于排名的前11～15名。在发展强的城市中，有16个省会城市，占比高达40%。

第二，北京的文化休闲发展水平在全国首屈一指。从表4-2可知，北京文化休闲发展指数远高于其他城市，得分为80.21，而第二名上海的评价得分为59.8，前者得分是后者的1.34倍。可以看出，北京的文化休闲发展水平在全国独占鳌头，这与北京作为我国的四大中心（政治中心、文化中心、国际交往中心、科技创新中心）的战略定位及其在经济、文化、科技方面的领先优势是分不开的。

第三，从三大城市群①来看，城市群文化休闲整体发展较好。城市群具有集聚效应和带动效应，城市之间能够更好地协同发展。因此，如图4-1所示，三大城市群城市文化休闲发展水平较高，10个很强城市中7个位于三大城市群，且只有一个发展弱

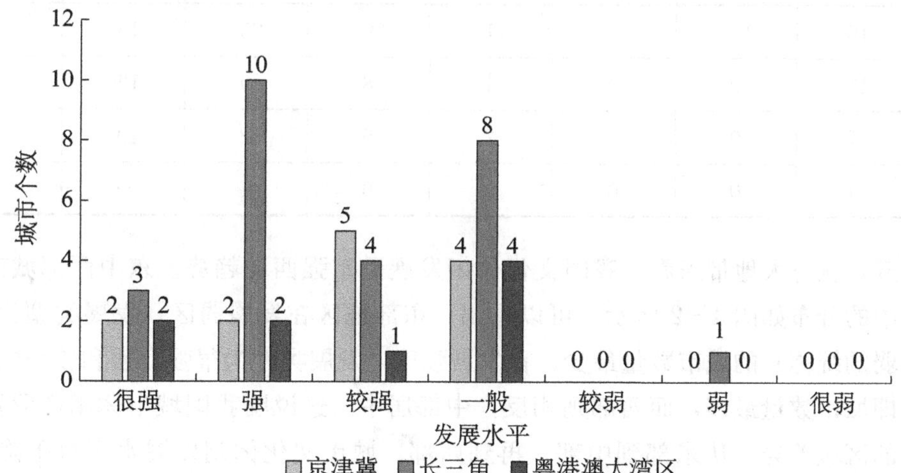

图4-1　三大城市群城市文化休闲发展类型分布

① 三大城市群分别是京津冀城市群、长三角城市群和粤港澳大湾区。

的城市。对比来看，长三角城市群城市文化休闲发展最强，有3个很强的城市，占这一等级城市总数的30%，有10个发展强的城市，占这一等级城市总数的25%。京津冀和粤港澳大湾区城市群城市文化休闲发展较为均衡，其城市文化休闲发展类型均不在弱区。

第四，从八大经济区域来看，沿海地区城市文化休闲发展强于内陆地区，东部沿海地区城市文化休闲发展强于其他沿海地区，大西北地区城市文化休闲发展弱于其他内陆地区。我国八大经济区域城市文化休闲发展类型分布如表4-3所示。可以看出，沿海地区（包括北部沿海、东部沿海和南部沿海）城市在发展弱区分布较少，在强区分布较多，内陆地区则相反。在发展很弱的10个城市中，8个位于大西北地区，1个位于东北地区，1个位于长江中游，均位于内陆地区。而在发展很强的10个城市中，有7个沿海地区城市，只有3个来自内陆地区。在沿海地区中，北部沿海和东部沿海地区城市文化休闲发展类型均在一般及以上，无发展类型为很弱、弱和较弱的城市。在内陆地区中，大西北地区缺乏文化休闲发展龙头城市，无发展很强和强的城市。通过对八大经济区域城市文化休闲发展的分析，同样表明我国城市文化休闲发展分布不均衡。

表4-3　八大经济区域城市文化休闲发展类型分布　　单位：个

	东北地区	北部沿海	东部沿海	南部沿海	黄河中游	长江中游	西南地区	大西北地区
很强	0	2	3	2	1	0	2	0
强	4	6	10	5	4	6	5	0
较强	1	10	7	8	8	9	3	4
一般	10	11	5	11	20	25	15	3
较弱	11	0	0	4	8	9	12	6
弱	7	0	0	2	6	2	10	7
很弱	1	0	0	0	0	1	0	8

第五，从三大地带来看，我国文化休闲发展呈东强西弱趋势。东中西部城市在各个类型中的分布如图4-2所示。可以看出，东部地区在发展弱区（发展类型为很弱、弱和较弱的统称）的城市数量最少，在发展强区（发展类型为很强、强和较强的统称）最高，即城市数量最多，而西部则相反，中部居中。这说明我国城市休闲产业发展具有明显的区域差异，从东部到中部，再到西部，城市文化休闲发展水平呈下降趋势。在发展很强的10个城市中，有7个位于东部，0个位于中部，3个位于西部。在发展很弱的10个城市中，有0个位于东部，2个位于中部，8个位于西部。可见，我国城市文化休闲区域发展很不平衡。

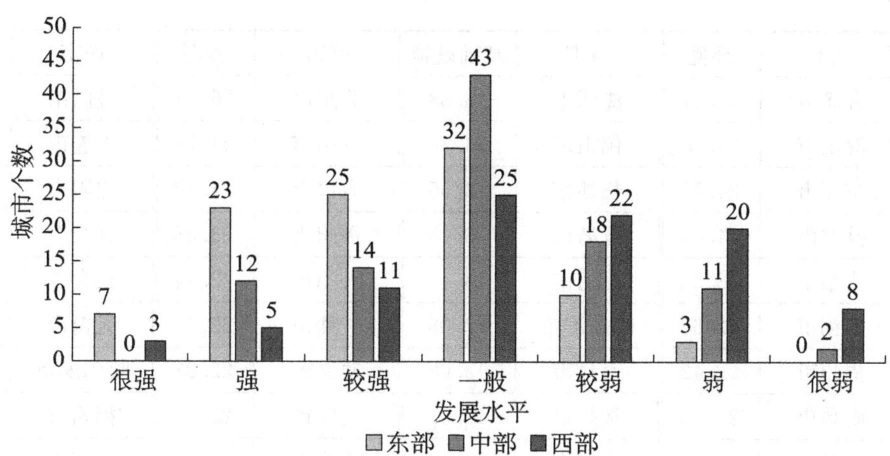

图 4-2　三大地带城市文化休闲发展类型分布图

2. 城市文化休闲发展分指数

主要从环境、基础设施、资源和发展四个角度对我国城市文化休闲发展进行评价，具体分指数与排名如表 4-4 所示。

表 4-4　中国城市文化休闲发展分指数与排名

排名	城市	环境	城市	基础设施	城市	资源	城市	发展
1	北京市	86.83	北京市	71.97	北京市	78.05	北京市	82.90
2	上海市	66.97	上海市	64.95	重庆市	50.50	上海市	68.75
3	广州市	59.76	成都市	43.38	西安市	42.39	重庆市	43.12
4	深圳市	48.73	重庆市	40.95	成都市	34.32	广州市	37.39
5	重庆市	47.00	深圳市	36.16	哈尔滨市	34.20	成都市	36.66
6	南京市	42.64	广州市	35.71	杭州市	34.19	天津市	32.30
7	成都市	42.15	武汉市	30.99	上海市	33.82	苏州市	29.28
8	杭州市	39.58	杭州市	26.89	郑州市	33.46	深圳市	26.79
9	武汉市	39.31	天津市	24.56	温州市	32.32	西安市	26.21
10	苏州市	38.14	南京市	22.76	昆明市	32.23	杭州市	25.69
11	天津市	37.58	西安市	22.19	南阳市	31.76	昆明市	25.65
12	郑州市	36.39	苏州市	21.05	焦作市	29.54	南京市	25.29
13	西安市	35.48	郑州市	16.07	泰安市	29.41	武汉市	24.07
14	长沙市	30.85	贵阳市	15.76	安庆市	29.27	长沙市	22.65
15	合肥市	29.40	昆明市	14.75	上饶市	27.77	青岛市	21.31
16	济南市	27.59	济南市	14.38	黄山市	26.89	宁波市	20.66
17	宁波市	25.72	宁波市	14.13	金华市	26.64	郑州市	20.65

续表

排名	城市	环境	城市	基础设施	城市	资源	城市	发展
18	青岛市	25.57	沈阳市	13.83	苏州市	26.04	厦门市	19.95
19	佛山市	24.88	佛山市	13.58	三明市	24.71	大连市	18.00
20	东莞市	24.79	长沙市	13.55	海口市	24.12	沈阳市	17.88
21	昆明市	24.44	青岛市	13.43	福州市	23.98	合肥市	17.59
22	沈阳市	23.36	厦门市	13.16	天津市	22.94	长春市	16.97
23	无锡市	22.66	哈尔滨市	13.08	长沙市	22.89	无锡市	16.16
24	福州市	22.42	南昌市	12.08	遵义市	22.83	哈尔滨市	15.67
25	南昌市	21.73	福州市	12.05	九江市	22.69	福州市	15.32
26	石家庄市	20.46	大连市	11.45	赤峰市	22.67	温州市	14.41
27	哈尔滨市	19.94	合肥市	11.39	淮安市	22.59	保定市	13.73
28	温州市	19.44	洛阳市	11.18	宁德市	22.37	南宁市	13.67
29	厦门市	19.39	温州市	11.06	宜昌市	22.20	洛阳市	13.29
30	泉州市	19.07	东莞市	10.92	南京市	22.15	泉州市	13.19
31	大连市	18.05	石家庄市	10.64	洛阳市	22.14	金华市	13.03
32	贵阳市	17.95	乌鲁木齐市	10.12	无锡市	21.54	韶关市	12.90
33	太原市	17.91	无锡市	9.72	自贡市	21.37	石家庄市	12.40
34	常州市	17.23	长春市	9.57	汉中市	21.27	佛山市	12.38
35	绍兴市	16.67	惠州市	8.80	沈阳市	21.22	桂林市	11.83
36	珠海市	16.47	遵义市	8.67	宁波市	21.10	东莞市	11.71
37	南宁市	16.32	呼和浩特市	8.39	漳州市	21.01	潍坊市	11.69
38	长春市	16.16	太原市	8.34	保定市	20.90	南通市	11.62
39	南通市	15.82	常州市	8.14	绍兴市	20.87	济南市	11.07
40	嘉兴市	15.24	兰州市	7.80	安阳市	20.82	唐山市	10.89
41	金华市	15.19	南宁市	7.61	承德市	20.65	常州市	10.79
42	中山市	14.81	徐州市	7.52	广州市	20.61	烟台市	10.70
43	烟台市	14.50	保定市	7.09	邯郸市	20.47	临沂市	10.40
44	兰州市	14.41	绍兴市	6.69	永州市	20.33	贵阳市	10.35
45	台州市	14.18	南通市	6.39	衢州市	20.19	乌鲁木齐市	10.30
46	徐州市	14.02	金华市	6.36	丽江市	19.74	嘉兴市	10.21
47	潍坊市	13.60	烟台市	6.01	济南市	19.57	台州市	9.99
48	扬州市	13.57	临沂市	6.01	扬州市	19.56	南昌市	9.98
49	镇江市	12.72	台州市	5.99	拉萨市	19.31	徐州市	9.79
50	呼和浩特市	12.61	唐山市	5.98	榆林市	19.31	惠州市	9.48

续表

排名	城市	环境	城市	基础设施	城市	资源	城市	发展
51	泰州市	12.17	泉州市	5.95	桂林市	19.01	晋中市	8.86
52	乌鲁木齐市	12.16	珠海市	5.68	镇江市	18.34	邯郸市	8.69
53	盐城市	12.09	潍坊市	5.64	吉林市	18.26	银川市	8.56
54	芜湖市	11.74	六盘水市	5.61	衡阳市	17.95	太原市	8.36
55	惠州市	11.57	中山市	5.59	常州市	17.72	济宁市	8.33
56	唐山市	11.42	邯郸市	5.48	青岛市	17.60	遵义市	8.31
57	湖州市	11.12	新余市	5.48	临沂市	17.57	扬州市	8.15
58	保定市	10.79	赣州市	5.36	武汉市	17.55	黄山市	8.13
59	绵阳市	10.60	盐城市	5.27	张家口市	17.29	沧州市	7.80
60	洛阳市	10.54	六安市	5.27	商丘市	17.27	拉萨市	7.67
61	淮安市	10.38	济宁市	5.23	徐州市	17.17	赤峰市	7.65
62	威海市	10.26	毕节市	5.13	张家界市	16.96	湖州市	7.56
63	淄博市	10.24	扬州市	5.04	淄博市	16.70	南阳市	7.40
64	赣州市	9.80	淄博市	5.04	大同市	16.68	泸州市	7.38
65	漳州市	9.75	廊坊市	4.82	聊城市	16.66	丽水市	7.23
66	汕头市	9.72	宜昌市	4.79	池州市	16.34	盐城市	7.19
67	廊坊市	9.64	淮安市	4.71	呼和浩特市	16.23	泰安市	7.12
68	江门市	9.57	嘉兴市	4.70	柳州市	16.20	赣州市	7.11
69	株洲市	9.50	吉林市	4.68	长春市	16.12	秦皇岛市	7.01
70	临沂市	9.32	南阳市	4.53	湛江市	16.12	衡阳市	6.95
71	海口市	9.25	内江市	4.53	秦皇岛市	16.10	邢台市	6.94
72	济宁市	9.20	沧州市	4.51	百色市	15.97	威海市	6.94
73	银川市	8.98	商丘市	4.51	襄阳市	15.84	渭南市	6.93
74	包头市	8.97	西宁市	4.50	银川市	15.78	绍兴市	6.89
75	宜昌市	8.94	郴州市	4.48	岳阳市	15.68	淄博市	6.86
76	衡阳市	8.83	海口市	4.46	莆田市	15.53	连云港市	6.83
77	连云港市	8.69	襄阳市	4.45	鹰潭市	15.17	中山市	6.74
78	泰安市	8.58	邢台市	4.33	南昌市	15.04	安庆市	6.64
79	新乡市	8.57	包头市	4.33	肇庆市	15.02	宜昌市	6.64
80	桂林市	8.46	镇江市	4.29	景德镇市	14.89	十堰市	6.63
81	东营市	8.34	泰州市	4.27	南通市	14.45	兰州市	6.62
82	湛江市	8.33	三亚市	4.23	梅州市	14.17	吉林市	6.46

续表

排名	城市	环境	城市	基础设施	城市	资源	城市	发展
83	舟山市	8.32	江门市	4.22	太原市	14.15	上饶市	6.46
84	鄂尔多斯市	8.29	菏泽市	4.19	天水市	13.90	张家口市	6.42
85	马鞍山市	8.27	汕头市	4.07	黄冈市	13.81	鄂尔多斯市	6.36
86	湘潭市	8.27	韶关市	3.97	潮州市	13.64	常德市	6.36
87	柳州市	8.22	泰安市	3.96	开封市	13.02	镇江市	6.25
88	襄阳市	8.2	湖州市	3.91	宜宾市	13.5	咸阳市	6.23
89	德阳市	8.16	桂林市	3.83	龙岩市	13.27	新乡市	6.22
90	宿迁市	8.15	九江市	3.81	丽水市	13.18	三亚市	6.05
91	南阳市	7.95	芜湖市	3.80	邵阳市	13	宣城市	5.92
92	九江市	7.91	宝鸡市	3.79	北海市	13	呼和浩特市	5.91
93	肇庆市	7.70	鞍山市	3.77	十堰市	12.92	宝鸡市	5.89
94	岳阳市	7.61	株洲市	3.77	南平市	12.91	运城市	5.83
95	茂名市	7.56	威海市	3.72	濮阳市	12.86	德州市	5.83
96	遵义市	7.55	绵阳市	3.71	武威市	12.73	自贡市	5.81
97	许昌市	7.45	阜阳市	3.69	亳州市	11.91	德阳市	5.80
98	沧州市	7.40	秦皇岛市	3.62	呼伦贝尔市	11.82	淮安市	5.79
99	丽水市	7.38	开封市	3.62	宝鸡市	11.81	漳州市	5.77
100	荆州市	7.35	湛江市	3.61	巴中市	11.70	芜湖市	5.73
101	晋中市	7.33	宿迁市	3.57	台州市	10.58	西宁市	5.70
102	邯郸市	7.28	许昌市	3.57	济宁市	10.47	周口市	5.65
103	焦作市	7.15	咸阳市	3.57	伊春市	10.43	汉中市	5.64
104	吉林市	7.12	泸州市	3.55	大连市	10.31	安阳市	5.63
105	龙岩市	7.12	连云港市	3.54	运城市	10.12	廊坊市	5.52
106	秦皇岛市	7.02	聊城市	3.52	渭南市	9.64	榆林市	5.43
107	莆田市	6.98	衡阳市	3.50	怀化市	9.35	泰州市	5.40
108	滁州市	6.91	南充市	3.47	临汾市	9.21	承德市	5.38
109	三亚市	6.88	柳州市	3.46	石家庄市	9.10	许昌市	5.29
110	大庆市	6.87	宜宾市	3.43	烟台市	9.08	乐山市	5.28
111	上饶市	6.87	银川市	3.43	吉安市	9.04	株洲市	5.22
112	西宁市	6.82	德州市	3.41	滨州市	8.75	驻马店市	5.19
113	克拉玛依市	6.82	驻马店市	3.33	深圳市	8.52	商丘市	5.18
114	德州市	6.77	岳阳市	3.32	潍坊市	8.46	襄阳市	5.18
115	宜春市	6.75	十堰市	3.31	邢台市	8.44	九江市	5.15

续表

排名	城市	环境	城市	基础设施	城市	资源	城市	发展
116	新余市	6.62	常德市	3.31	黑河市	8.38	绵阳市	5.15
117	衢州市	6.59	张家口市	3.30	吕梁市	8.24	岳阳市	5.14
118	蚌埠市	6.59	安阳市	3.27	郴州市	7.89	海口市	5.12
119	揭阳市	6.55	黄冈市	3.26	六安市	7.82	六盘水市	5.10
120	滨州市	6.44	平顶山市	3.21	绵阳市	7.81	宜春市	5.09
121	驻马店市	6.44	周口市	3.19	长治市	7.76	张家界市	5.07
122	常德市	6.44	曲靖市	3.18	菏泽市	7.74	宿迁市	5.03
123	商丘市	6.43	孝感市	3.17	信阳市	7.37	汕头市	5.02
124	阜阳市	6.39	荆州市	3.17	广元市	7.16	郴州市	5.00
125	黄石市	6.39	莆田市	3.15	安康市	7.10	大同市	4.98
126	十堰市	6.39	枣庄市	3.15	鄂尔多斯市	6.91	大庆市	4.86
127	萍乡市	6.34	自贡市	3.14	崇左市	6.89	焦作市	4.86
128	邵阳市	6.32	信阳市	3.13	盐城市	6.87	南充市	4.86
129	韶关市	6.31	咸宁市	3.13	赣州市	6.82	齐齐哈尔市	4.85
130	三明市	6.27	渭南市	3.12	固原市	6.64	鞍山市	4.77
131	开封市	6.27	焦作市	3.05	朝阳市	6.47	梅州市	4.77
132	咸阳市	6.24	大同市	3.04	滁州市	6.44	阜阳市	4.74
133	景德镇市	6.21	上饶市	3.03	丹东市	6.40	茂名市	4.73
134	菏泽市	6.16	揭阳市	3.00	抚州市	6.38	呼伦贝尔市	4.69
135	荆门市	6.07	蚌埠市	2.98	咸宁市	6.25	聊城市	4.63
136	南充市	6.07	新乡市	2.98	抚顺市	6.11	珠海市	4.56
137	安庆市	6.06	邵阳市	2.90	宣城市	6.11	包头市	4.54
138	信阳市	6.06	长治市	2.89	宿迁市	6.05	开封市	4.51
139	嘉峪关市	6.06	锦州市	2.87	舟山市	6.02	莆田市	4.50
140	本溪市	6.02	营口市	2.86	萍乡市	5.98	平顶山市	4.50
141	盘锦市	6.02	漳州市	2.85	惠州市	5.98	景德镇市	4.49
142	平顶山市	6.01	茂名市	2.84	衡水市	5.83	安顺市	4.49
143	锦州市	5.98	榆林市	2.82	佳木斯市	5.78	邵阳市	4.45
144	抚州市	5.98	攀枝花市	2.79	鸡西市	5.74	临汾市	4.43
145	阳江市	5.98	梅州市	2.76	商洛市	5.69	信阳市	4.43
146	淮南市	5.96	淮南市	2.74	唐山市	5.51	日照市	4.39
147	郴州市	5.96	日照市	2.74	玉溪市	5.49	池州市	4.37
148	宁德市	5.94	滁州市	2.72	平顶山市	5.39	丽江市	4.36

续表

排名	城市	环境	城市	基础设施	城市	资源	城市	发展
149	清远市	5.94	衡水市	2.71	贵阳市	5.30	长治市	4.33
150	乌海市	5.93	安庆市	2.70	沧州市	5.19	忻州市	4.28
151	孝感市	5.93	抚州市	2.69	西宁市	5.01	江门市	4.24
152	吉安市	5.87	肇庆市	2.69	宜春市	4.98	柳州市	4.22
153	南平市	5.83	广安市	2.69	厦门市	4.93	枣庄市	4.20
154	曲靖市	5.80	承德市	2.68	铜仁市	4.89	菏泽市	4.17
155	日照市	5.79	娄底市	2.68	葫芦岛市	4.85	牡丹江市	4.08
156	邢台市	5.77	东营市	2.67	锦州市	4.84	湛江市	4.06
157	宜宾市	5.73	四平市	2.65	新乡市	4.71	汕尾市	3.97
158	鞍山市	5.71	宿州市	2.65	株洲市	4.57	曲靖市	3.96
159	营口市	5.65	运城市	2.63	巴彦淖尔市	4.54	毕节市	3.94
160	牡丹江市	5.64	亳州市	2.63	许昌市	4.51	黄冈市	3.92
161	安阳市	5.62	宜春市	2.63	白城市	4.44	商洛市	3.91
162	泸州市	5.60	湘潭市	2.62	连云港市	4.44	抚顺市	3.86
163	永州市	5.59	滨州市	2.59	本溪市	4.42	宁德市	3.83
164	张家口市	5.57	晋中市	2.58	南宁市	4.28	吉安市	3.79
165	眉山市	5.56	河源市	2.57	河池市	4.24	清远市	3.76
166	玉溪市	5.56	永州市	2.53	泉州市	4.22	玉林市	3.75
167	乐山市	5.52	安顺市	2.53	枣庄市	4.20	衡水市	3.74
168	聊城市	5.48	赤峰市	2.51	通化市	4.19	六安市	3.74
169	六安市	5.41	马鞍山市	2.51	阜新市	4.15	荆州市	3.68
170	黄冈市	5.41	葫芦岛市	2.50	鹤壁市	4.12	绥化市	3.64
171	北海市	5.40	黄石市	2.50	东营市	4.04	南平市	3.63
172	承德市	5.36	怀化市	2.50	合肥市	3.95	蚌埠市	3.61
173	益阳市	5.34	铜仁市	2.50	包头市	3.90	湘潭市	3.61
174	长治市	5.32	眉山市	2.47	芜湖市	3.81	中卫市	3.60
175	宣城市	5.28	临汾市	2.43	德州市	3.76	晋城市	3.59
176	抚顺市	5.26	遂宁市	2.43	东莞市	3.76	马鞍山市	3.59
177	枣庄市	5.26	辽阳市	2.42	湘潭市	3.69	通化市	3.57
178	齐齐哈尔市	5.24	德阳市	2.41	达州市	3.65	玉溪市	3.54
179	鹰潭市	5.21	抚顺市	2.37	淮北市	3.64	怀化市	3.52
180	咸宁市	5.16	大庆市	2.37	通辽市	3.61	潮州市	3.48
181	铜仁市	5.16	天水市	2.35	驻马店市	3.61	宜宾市	3.46

续表

排名	城市	环境	城市	基础设施	城市	资源	城市	发展
182	宝鸡市	5.15	丽水市	2.34	嘉兴市	3.58	衢州市	3.41
183	毕节市	5.13	达州市	2.34	兰州市	3.58	龙岩市	3.41
184	贵港市	5.11	衢州市	2.33	南充市	3.57	肇庆市	3.30
185	攀枝花市	5.11	吉安市	2.33	保山市	3.56	达州市	3.27
186	周口市	5.10	清远市	2.33	双鸭山市	3.55	酒泉市	3.20
187	怀化市	5.09	荆门市	2.32	齐齐哈尔市	3.50	吕梁市	3.18
188	酒泉市	5.06	乐山市	2.32	贵港市	3.50	铜仁市	3.18
189	拉萨市	5.05	吕梁市	2.31	周口市	3.38	延安市	3.17
190	赤峰市	4.99	益阳市	2.31	鞍山市	3.33	营口市	3.13
191	铜陵市	4.99	萍乡市	2.26	延安市	3.32	普洱市	3.13
192	潮州市	4.99	朝阳市	2.25	阜阳市	3.29	锦州市	3.11
193	榆林市	4.99	齐齐哈尔市	2.23	四平市	3.27	舟山市	3.11
194	娄底市	4.97	阳泉市	2.18	佛山市	3.25	广元市	3.11
195	内江市	4.94	丹东市	2.17	三门峡市	3.23	益阳市	3.10
196	鄂州市	4.93	濮阳市	2.14	汕头市	3.19	眉山市	3.10
197	自贡市	4.93	张家界市	2.14	曲靖市	3.06	吴忠市	3.10
198	黄山市	4.91	鄂尔多斯市	2.12	昭通市	3.02	丹东市	3.09
199	丹东市	4.88	舟山市	2.10	防城港市	3.01	三明市	3.09
200	呼伦贝尔市	4.87	丽江市	2.10	松原市	2.98	亳州市	3.07
201	淮北市	4.86	晋城市	2.08	马鞍山市	2.85	保山市	3.07
202	雅安市	4.85	漯河市	2.07	廊坊市	2.84	滨州市	3.04
203	达州市	4.82	宁德市	2.02	泰州市	2.83	孝感市	3.03
204	玉林市	4.75	本溪市	2.01	吴忠市	2.73	海东市	3.02
205	崇左市	4.73	佳木斯市	2.01	宿州市	2.72	石嘴山市	3.02
206	佳木斯市	4.70	庆阳市	2.01	蚌埠市	2.57	佳木斯市	2.93
207	金昌市	4.70	三门峡市	1.95	盘锦市	2.43	荆门市	2.87
208	哈密市	4.70	鸡西市	1.88	铜陵市	2.40	遂宁市	2.87
209	漯河市	4.67	玉林市	1.88	辽阳市	2.35	广安市	2.83
210	梅州市	4.67	陇南市	1.87	新余市	2.31	滁州市	2.82
211	运城市	4.57	忻州市	1.84	茂名市	2.31	阳江市	2.79
212	海东市	4.55	淮北市	1.84	雅安市	2.31	葫芦岛市	2.78
213	池州市	4.54	玉溪市	1.84	绥化市	2.30	永州市	2.76
214	铁岭市	4.52	宣城市	1.83	三亚市	2.30	铜川市	2.76

续表

排名	城市	环境	城市	基础设施	城市	资源	城市	发展
215	遂宁市	4.52	保山市	1.83	中卫市	2.29	河池市	2.75
216	延安市	4.51	广元市	1.82	辽源市	2.28	宿州市	2.72
217	大同市	4.47	资阳市	1.82	来宾市	2.26	漯河市	2.72
218	白山市	4.47	三明市	1.81	湖州市	2.25	百色市	2.67
219	安顺市	4.46	巴中市	1.81	忻州市	2.21	白山市	2.66
220	广安市	4.43	盘锦市	1.80	淮南市	2.19	河源市	2.65
221	宿州市	4.42	景德镇市	1.79	晋中市	2.17	本溪市	2.64
222	汉中市	4.41	铁岭市	1.78	定西市	2.14	伊春市	2.62
223	三门峡市	4.40	龙岩市	1.77	海东市	2.14	鹰潭市	2.58
224	通化市	4.39	延安市	1.77	日喀则市	2.13	黄石市	2.56
225	双鸭山市	4.37	铜陵市	1.75	牡丹江市	2.03	天水市	2.56
226	辽阳市	4.36	海东市	1.73	日照市	2.03	乌兰察布市	2.55
227	衡水市	4.34	鄂州市	1.72	平凉市	2.01	通辽市	2.54
228	阳泉市	4.34	潮州市	1.71	揭阳市	1.98	淮南市	2.52
229	乌兰察布市	4.34	黄山市	1.70	石嘴山市	1.98	抚州市	2.52
230	石嘴山市	4.34	鹤壁市	1.70	常德市	1.95	濮阳市	2.52
231	梧州市	4.33	拉萨市	1.69	遂宁市	1.93	铁岭市	2.48
232	百色市	4.29	平凉市	1.68	鹤岗市	1.91	雅安市	2.48
233	通辽市	4.25	牡丹江市	1.67	黄石市	1.82	娄底市	2.45
234	阜新市	4.24	汉中市	1.66	孝感市	1.79	固原市	2.45
235	黑河市	4.24	贵港市	1.65	贺州市	1.78	盘锦市	2.44
236	亳州市	4.24	阳江市	1.64	广安市	1.72	萍乡市	2.41
237	四平市	4.23	通辽市	1.61	白银市	1.72	咸宁市	2.36
238	白城市	4.19	临沧市	1.56	庆阳市	1.67	朝阳市	2.35
239	六盘水市	4.19	绥化市	1.55	漯河市	1.63	辽阳市	2.33
240	防城港市	4.18	安康市	1.55	泸州市	1.62	内江市	2.32
241	天水市	4.11	昭通市	1.54	德阳市	1.61	钦州市	2.26
242	朔州市	4.09	阜新市	1.53	白山市	1.59	临沧市	2.25
243	张家界市	4.09	南平市	1.53	咸阳市	1.56	巴彦淖尔市	2.24
244	濮阳市	4.08	北海市	1.53	江门市	1.48	东营市	2.24
245	广元市	4.08	酒泉市	1.48	晋城市	1.47	揭阳市	2.20
246	汕尾市	4.03	随州市	1.47	阳泉市	1.44	防城港市	2.20
247	商洛市	4.03	通化市	1.46	乌海市	1.40	白银市	2.20

续表

排名	城市	环境	城市	基础设施	城市	资源	城市	发展
248	松原市	4.02	呼伦贝尔市	1.44	中山市	1.40	庆阳市	2.13
249	河源市	4.02	松原市	1.42	铁岭市	1.39	贵港市	2.11
250	临汾市	4.01	汕尾市	1.40	昌都市	1.38	平凉市	2.02
251	保山市	4.01	云浮市	1.33	六盘水市	1.36	四平市	2.01
252	张掖市	3.97	百色市	1.32	娄底市	1.30	黑河市	2.01
253	辽源市	3.95	朔州市	1.30	汕尾市	1.23	崇左市	1.97
254	资阳市	3.95	武威市	1.30	乌鲁木齐市	1.23	张掖市	1.93
255	钦州市	3.94	梧州市	1.26	安顺市	1.22	北海市	1.92
256	巴彦淖尔市	3.93	钦州市	1.24	清远市	1.21	阜新市	1.90
257	绥化市	3.90	鹤岗市	1.21	玉林市	1.20	鸡西市	1.90
258	渭南市	3.90	白山市	1.20	乌兰察布市	1.15	攀枝花市	1.89
259	云浮市	3.89	巴彦淖尔市	1.18	乐山市	1.12	阳泉市	1.88
260	鹤岗市	3.88	普洱市	1.18	荆州市	1.11	三门峡市	1.86
261	林芝市	3.88	日喀则市	1.18	韶关市	1.08	梧州市	1.86
262	鸡西市	3.87	石嘴山市	1.18	毕节市	1.08	昭通市	1.86
263	随州市	3.86	河池市	1.17	张掖市	1.06	松原市	1.79
264	鹤壁市	3.83	嘉峪关市	1.13	营口市	1.05	定西市	1.78
265	定西市	3.82	张掖市	1.13	梧州市	1.05	巴中市	1.74
266	伊春市	3.80	乌兰察布市	1.12	山南市	1.02	淮北市	1.73
267	葫芦岛市	3.79	商洛市	1.12	大庆市	0.99	安康市	1.73
268	丽江市	3.73	鹰潭市	1.09	普洱市	0.96	铜陵市	1.67
269	晋城市	3.70	辽源市	1.08	朔州市	0.94	云浮市	1.66
270	安康市	3.70	池州市	1.08	威海市	0.94	新余市	1.63
271	朝阳市	3.64	铜川市	1.08	河源市	0.94	资阳市	1.63
272	中卫市	3.63	白城市	1.03	益阳市	0.92	朔州市	1.58
273	河池市	3.53	乌海市	1.02	眉山市	0.92	贺州市	1.52
274	昭通市	3.52	白银市	1.02	陇南市	0.91	白城市	1.45
275	巴中市	3.49	固原市	1.02	云浮市	0.86	乌海市	1.38
276	普洱市	3.47	双鸭山市	1.01	哈密市	0.82	随州市	1.38
277	临沧市	3.45	定西市	0.99	临沧市	0.81	武威市	1.37
278	武威市	3.45	伊春市	0.97	攀枝花市	0.79	林芝市	1.32
279	铜川市	3.44	雅安市	0.94	铜川市	0.72	双鸭山市	1.30
280	贺州市	3.38	克拉玛依市	0.93	内江市	0.69	吐鲁番市	1.22

续表

排名	城市	环境	城市	基础设施	城市	资源	城市	发展
281	七台河市	3.37	吴忠市	0.89	阳江市	0.62	鹤壁市	1.18
282	来宾市	3.37	来宾市	0.84	酒泉市	0.61	辽源市	1.17
283	吕梁市	3.33	哈密市	0.79	钦州市	0.57	来宾市	1.17
284	庆阳市	3.30	七台河市	0.77	吐鲁番市	0.57	昌都市	1.17
285	平凉市	3.18	吐鲁番市	0.77	金昌市	0.54	鹤岗市	1.13
286	忻州市	3.17	崇左市	0.73	随州市	0.53	陇南市	1.08
287	白银市	3.16	贺州市	0.72	资阳市	0.52	七台河市	1.03
288	吴忠市	3.14	防城港市	0.70	林芝市	0.46	嘉峪关市	0.97
289	山南市	3.09	中卫市	0.70	克拉玛依市	0.42	克拉玛依市	0.93
290	固原市	2.93	黑河市	0.57	荆门市	0.39	哈密市	0.91
291	日喀则市	2.89	金昌市	0.41	嘉峪关市	0.36	鄂州市	0.80
292	吐鲁番市	2.76	昌都市	0.22	七台河市	0.33	日喀则市	0.80
293	陇南市	2.65	林芝市	0.16	珠海市	0.31	金昌市	0.41
294	昌都市	2.32	山南市	0.11	鄂州市	0.18	山南市	0.28

根据评价标准，从表 4-4 可知，与文化休闲发展总指数对比来看，四个分指数与总指数分布具有较多相同的特点。第一，直辖市、省会城市的分指数发展高于一般城市。环境分指数很强的城市中，有 3 个是直辖市，5 个是省会城市，两者占比高达 80%。基础设施分指数很强的城市中，有 4 个是直辖市，5 个是省会城市，两者占比高达 90%。资源分指数很强的城市中，有 3 个是直辖市，6 个是省会城市，两者占比也达到 90%。发展分指数很强的城市中，有 4 个是直辖市，4 个是省会城市，两者占比达到 80%。第二，北京的分要素依然名列榜首，北京四类分指数分别为 86.83、71.97、78.05 和 82.90。第三，我国城市文化休闲发展分指数也存在东强西弱，沿海强内陆弱的趋势。分指数强区多分布在东部和沿海地区，分要素弱区多分布在中西部和内陆地区。

3. 结果解释

整体来看，我国城市文化休闲发展水平具有显著的空间差异。究其原因，作者总结了以下五点。

第一，区域经济水平的差异。我国存在明显的区域经济水平差异。如图 4-3 所示，三大地带中，东部区域生产总值明显高于中西部地区；八大经济区中，如图 4-4 所示，东部沿海和北部沿海的生产总值也远远领先于其他区域，大西北地区则落后于其他区域。一方面，区域经济发展的不平衡逐渐导致产业和要素在相对发达的东部沿海地区过度聚集，文化休闲产业发展所需的环境、基础设施等要素呈现明显区域分布不均衡状态。另一方面，区域经济水平的差异，使得居民收入水平存在显著的区域差异，东部地区城市居民收入水平和可支配收入明显高于中西部地区城市居民，这使得区域居民的文化休闲消费能力空间差异明显，进而影响文化休闲的发展。

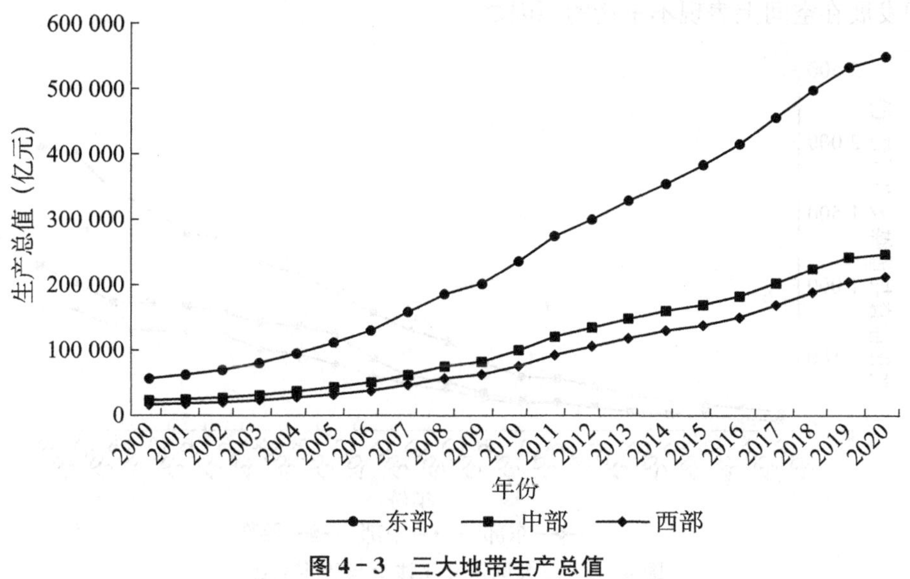

图 4-3　三大地带生产总值

数据来源：国家统计局官方网站.

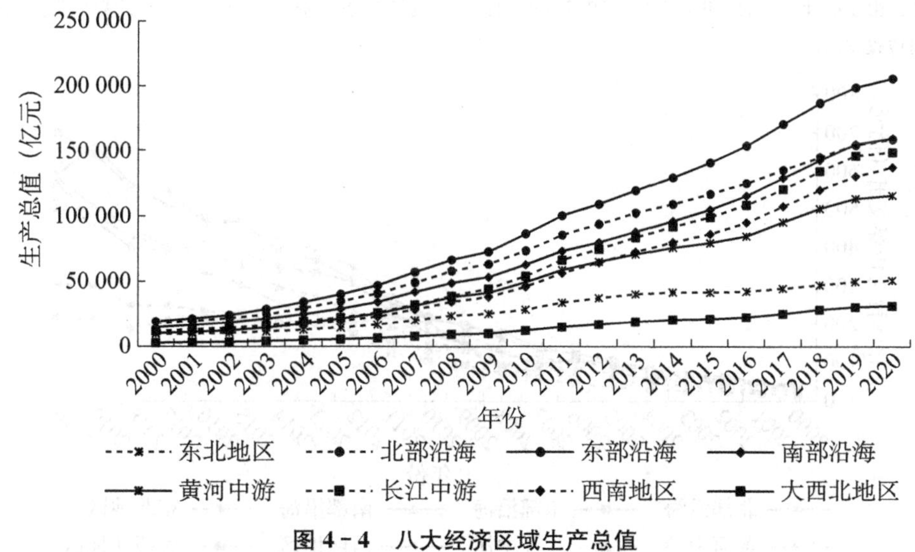

图 4-4　八大经济区域生产总值

数据来源：国家统计局官方网站.

第二，政府支持力度的差异。文化休闲产业的发展离不开政府的支持。从政策上来看，近年来，北京与上海、浙江、江苏等沿海地区省市陆续颁布了各种促进文旅发展的政策措施，刺激文旅消费，鼓励产业发展，而在中西部地区，关于文旅等休闲产业的政策较少。从财政支持力度来看，如图 4-5 和图 4-6 所示，三大地带中，东部地区的文化体育与传媒支出一直高于中西部，而且与两者的差距逐渐增大；八大经济区中，沿海经济区的文化体育与传媒支出也持续领先。无论在政策上还是财政支持力度上，东部沿海地区对文化休闲产业的支持力度都远高于中西部内陆地区，这也是文化休闲发展在空间上表现不平衡的原因之一。

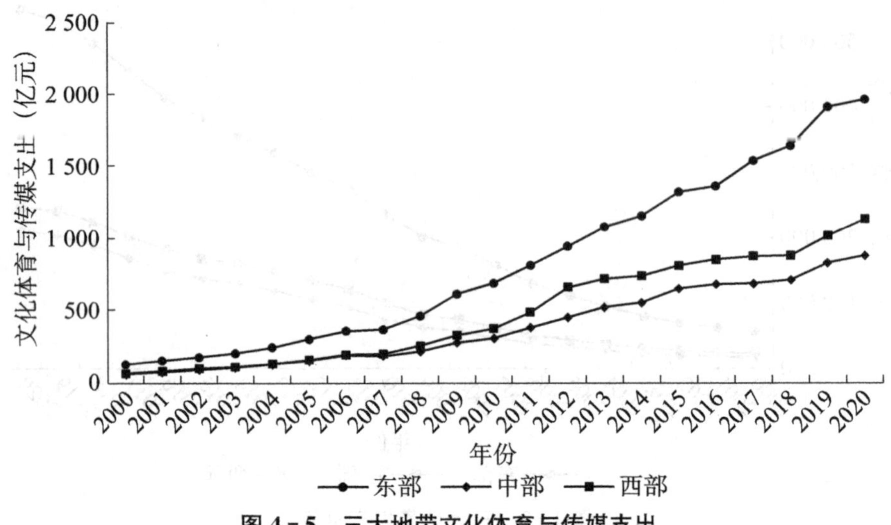

图 4-5　三大地带文化体育与传媒支出

数据来源：《中国统计年鉴》(2001—2021).

注：由于统计口径的变化，2000—2006 年的数据为文化广播事业费，2019—2020 年的数据为文化旅游体育与传媒支出。

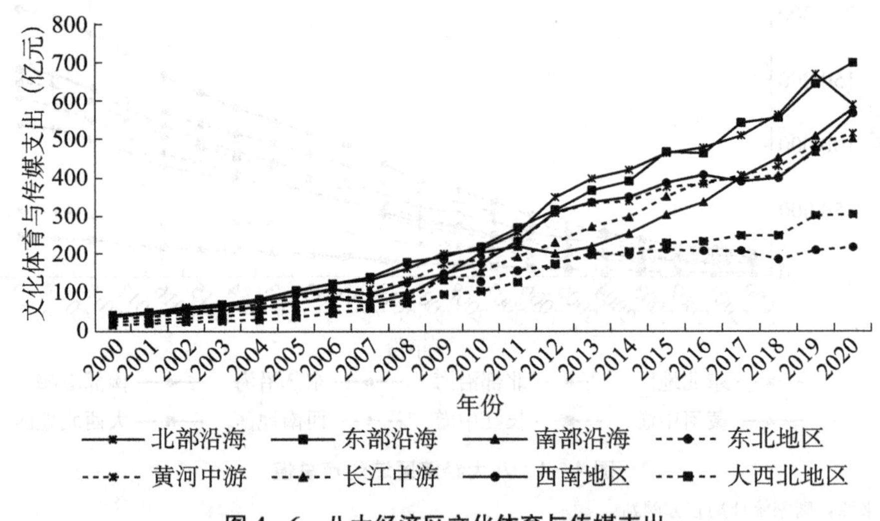

图 4-6　八大经济区文化体育与传媒支出

数据来源：《中国统计年鉴》(2001—2021).

注：由于统计口径的变化，2000—2006 年的数据为文化广播事业费，2019—2020 年的数据为文化旅游体育与传媒支出。

第三，区域文化的差异。东部沿海地区最早受到改革开放浪潮影响，对外开放程度高，居民对生活品质的追求较高，休闲意识的觉醒较早，形成了较好的休闲文化。

而内陆地区城市居民受改革开放的影响较晚，休闲消费意识觉醒较晚。由于不同文化的影响，东部地区居民的文化休闲热情和消费能力远高于中西部地区居民。消费对生产具有反作用，高涨的文化休闲消费促进了文化休闲的发展。

第四，投资水平的差异。文化休闲产业的投资水平直接影响产业的发展速度和质量。由于人口密度、经济水平等方面的差异，中西部内陆地区的投资吸引力远不及东部沿海地区，这导致游乐园、电影院、KTV等商业休闲场所在东部沿海城市分布较为密集，在中西部内陆城市则分布较为稀少。从固定资产投资来看，如图4-7和图4-8所示，三大地带中，东部的文化、体育和娱乐业固定资产投资一直高于中西部；八大经济区中，各个区域的文体娱固定资产投资也差异明显。

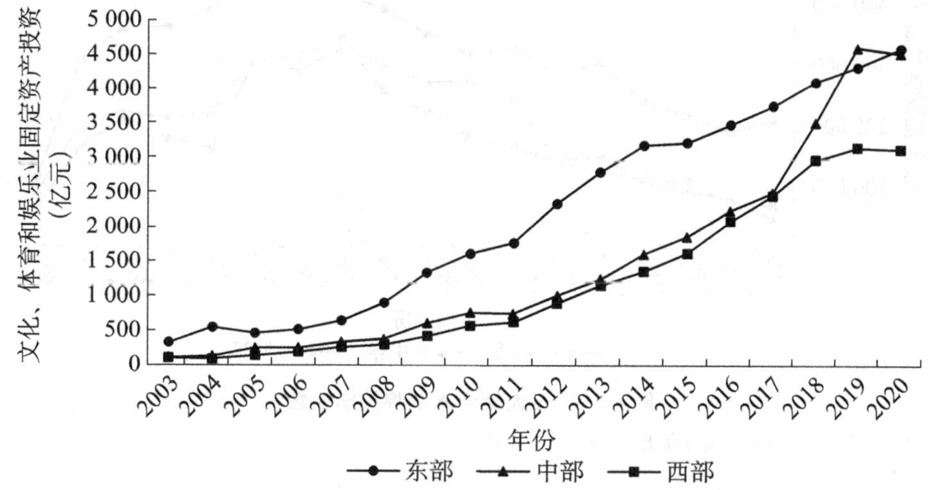

图4-7　三大地带文化、体育和娱乐业固定资产投资

数据来源：国家统计局官方网站、《中国统计年鉴》(2021).

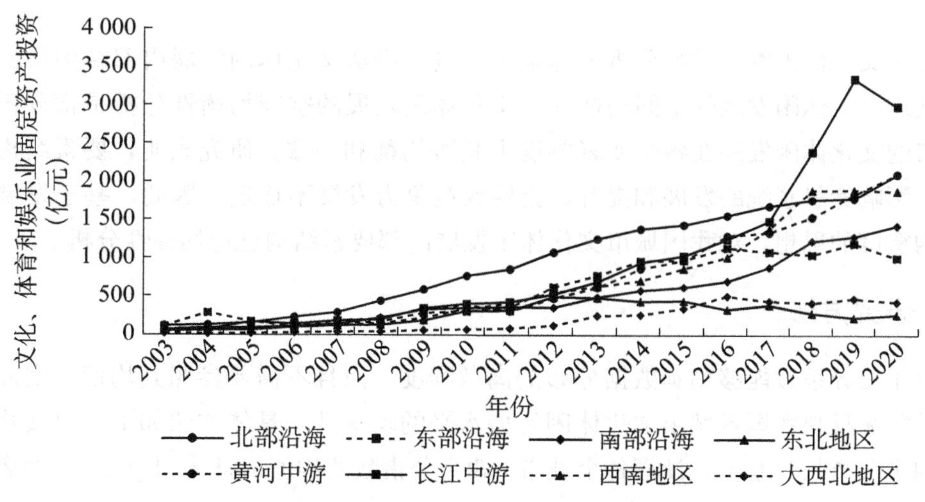

图4-8　八大经济区文化、体育和娱乐业固定资产投资

数据来源：国家统计局官方网站、《中国统计年鉴》(2021).

第五，人才的差异。人才是实现产业高质量发展的重要支撑。一方面，中西部内陆地区文化休闲方面人才数量远不及东部沿海地区。如图 4－9 所示，东部沿海地区的旅游院校学生数[①]一直高于中西部内陆地区。另一方面，留不住人才也是中西部内陆地区城市文化休闲发展的瓶颈之一。与东部沿海地区相比，中西部地区在经济、基础设施等方面存在明显劣势，为了寻求更好的发展，人才会从中西部流向东部，导致了“孔雀东南飞”的现象。

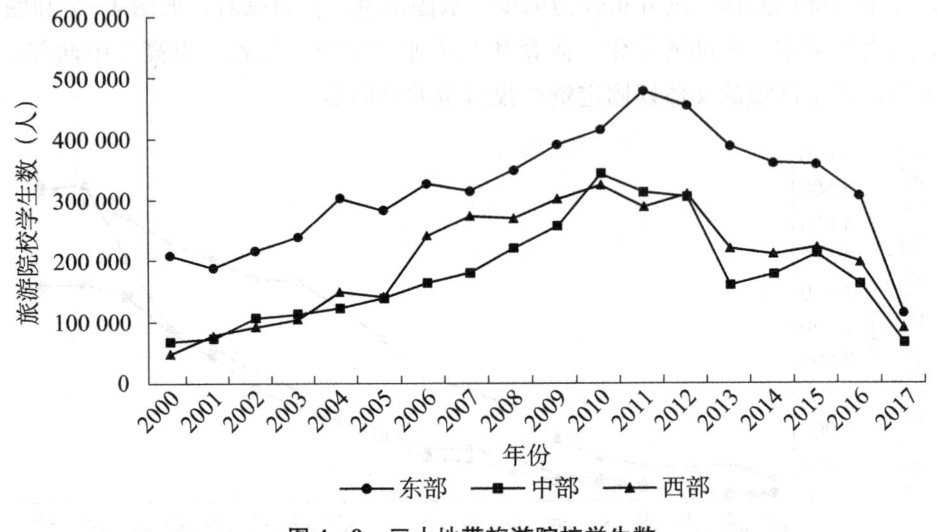

图 4－9　三大地带旅游院校学生数

数据来源：《中国旅游统计年鉴》(2001—2018).

二、城市文化休闲发展空间均衡分析

在对文化休闲发展指数分析的基础上，进一步从文化休闲发展内部结构层面探讨我国城市文化休闲发展的空间均衡性。文化休闲发展的空间均衡性分析是指分析我国各城市的文化休闲发展在各个要素维度上是否均衡和一致。研究表明，要素结构的不均衡会影响竞争系统的发展和提升，会导致竞争力发展不稳定。因此，基于发展要素结构均衡度的思想，对我国城市文化休闲发展内部要素结构进行均衡性分析。

(一) 研究方法

由于变异系数能够刻画数据分布的离散程度，而且不需要参照其均值，因此选择变异系数来反映我国各城市文化休闲发展水平的均衡性。具体方法如下：以文化休闲发展四个分指数为基础，计算各个城市 i 四个分指数的均值 x_i 和标准差 σ_i ，两者的比

① 旅游院校学生数包括高等院校学生数和中高等职业学校学生数。

值即为各城市文化休闲发展水平的变异系数 CV_i ，公式如下：

$$CV_i = \sigma_i / x_i , i = (1,2,\cdots 294) \qquad (4-7)$$

根据计算出的变异系数值判定各个城市文化休闲发展水平的均衡情况，参考前人的研究，评价标准如下：当 $0 \leqslant CV_i < 0.2$ ，城市文化休闲发展内部要素结构基本均衡，不存在明显的劣势；当 $0.2 \leqslant CV_i < 0.4$ ，城市文化休闲发展内部要素结构存在轻度失衡，存在稍有明显的劣势；当 $0.4 \leqslant CV_i < 1$ ，城市文化休闲发展内部要素结构存在中度失衡，存在较为明显的劣势；当 $CV_i \geqslant 1$ ，城市文化休闲发展内部要素结构存在严重失衡，存在相对严重的劣势。

（二）结果分析

经测算，我国城市文化休闲发展水平的变异系数与均衡状态如表 4－5 所示。通过上述文化休闲指数结果与表 4－5 计算得出不同均衡状态下各发展类型的城市个数，如表 4－6 所示。

表 4－5　我国城市文化休闲发展水平的变异系数与均衡状态

城市	变异系数	均衡状态	城市	变异系数	均衡状态	城市	变异系数	均衡状态
北京市	0.080	基本均衡	日照市	0.452	中度失衡	泉州市	0.646	中度失衡
重庆市	0.093	基本均衡	哈尔滨市	0.455	中度失衡	邯郸市	0.648	中度失衡
成都市	0.111	基本均衡	丹东市	0.455	中度失衡	双鸭山市	0.648	中度失衡
西宁市	0.182	基本均衡	贵阳市	0.460	中度失衡	开封市	0.649	中度失衡
枣庄市	0.205	轻度失衡	蚌埠市	0.462	中度失衡	铜川市	0.654	中度失衡
杭州市	0.206	轻度失衡	松原市	0.464	中度失衡	佛山市	0.656	中度失衡
沈阳市	0.218	轻度失衡	六盘水市	0.467	中度失衡	衡阳市	0.663	中度失衡
天津市	0.233	轻度失衡	抚州市	0.472	中度失衡	乌兰察布市	0.664	中度失衡
宁波市	0.234	轻度失衡	滁州市	0.479	中度失衡	邵阳市	0.667	中度失衡
长春市	0.234	轻度失衡	本溪市	0.481	中度失衡	泰州市	0.671	中度失衡
鞍山市	0.242	轻度失衡	温州市	0.483	中度失衡	张掖市	0.671	中度失衡
苏州市	0.251	轻度失衡	漯河市	0.484	中度失衡	吉林市	0.676	中度失衡
平顶山市	0.254	轻度失衡	阜新市	0.487	中度失衡	昌都市	0.677	中度失衡
赣州市	0.255	轻度失衡	厦门市	0.487	中度失衡	德阳市	0.677	中度失衡
郴州市	0.258	轻度失衡	陇南市	0.491	中度失衡	荆州市	0.679	中度失衡
惠州市	0.258	轻度失衡	河源市	0.495	中度失衡	东莞市	0.685	中度失衡
沧州市	0.260	轻度失衡	常德市	0.498	中度失衡	岳阳市	0.687	中度失衡
青岛市	0.266	轻度失衡	淮北市	0.500	中度失衡	合肥市	0.691	中度失衡
济宁市	0.269	轻度失衡	毕节市	0.500	中度失衡	大庆市	0.693	中度失衡

续表

城市	变异系数	均衡状态	城市	变异系数	均衡状态	城市	变异系数	均衡状态
南充市	0.273	轻度失衡	廊坊市	0.501	中度失衡	攀枝花市	0.694	中度失衡
邢台市	0.274	轻度失衡	安顺市	0.502	中度失衡	江门市	0.694	中度失衡
宿州市	0.276	轻度失衡	孝感市	0.502	中度失衡	云浮市	0.695	中度失衡
上海市	0.283	轻度失衡	贵港市	0.504	中度失衡	梧州市	0.710	中度失衡
周口市	0.284	轻度失衡	渭南市	0.507	中度失衡	商丘市	0.719	中度失衡
大连市	0.287	轻度失衡	商洛市	0.514	中度失衡	湛江市	0.722	中度失衡
西安市	0.289	轻度失衡	咸阳市	0.516	中度失衡	资阳市	0.724	中度失衡
达州市	0.292	轻度失衡	巴彦淖尔市	0.518	中度失衡	朔州市	0.724	中度失衡
平凉市	0.296	轻度失衡	石嘴山市	0.520	中度失衡	柳州市	0.727	中度失衡
昆明市	0.297	轻度失衡	萍乡市	0.521	中度失衡	宜宾市	0.730	中度失衡
保山市	0.302	轻度失衡	淮南市	0.523	中度失衡	安康市	0.732	中度失衡
六安市	0.303	轻度失衡	阳泉市	0.524	中度失衡	钦州市	0.732	中度失衡
阜阳市	0.306	轻度失衡	南宁市	0.526	中度失衡	固原市	0.735	中度失衡
葫芦岛市	0.307	轻度失衡	淄博市	0.529	中度失衡	莆田市	0.737	中度失衡
福州市	0.308	轻度失衡	汕头市	0.529	中度失衡	威海市	0.737	中度失衡
菏泽市	0.310	轻度失衡	宝鸡市	0.532	中度失衡	黄冈市	0.741	中度失衡
四平市	0.311	轻度失衡	朝阳市	0.535	中度失衡	宜昌市	0.741	中度失衡
庆阳市	0.311	轻度失衡	日喀则市	0.539	中度失衡	吐鲁番市	0.745	中度失衡
驻马店市	0.313	轻度失衡	娄底市	0.539	中度失衡	淮安市	0.754	中度失衡
衡水市	0.314	轻度失衡	中卫市	0.542	中度失衡	酒泉市	0.761	中度失衡
长沙市	0.314	轻度失衡	茂名市	0.544	中度失衡	张家口市	0.766	中度失衡
曲靖市	0.316	轻度失衡	定西市	0.546	中度失衡	呼伦贝尔市	0.766	中度失衡
许昌市	0.318	轻度失衡	鹤壁市	0.548	中度失衡	崇左市	0.773	中度失衡
德州市	0.328	轻度失衡	铁岭市	0.548	中度失衡	梅州市	0.779	中度失衡
台州市	0.329	轻度失衡	运城市	0.548	中度失衡	中山市	0.786	中度失衡
铜仁市	0.330	轻度失衡	泸州市	0.550	中度失衡	随州市	0.790	中度失衡
武汉市	0.334	轻度失衡	扬州市	0.551	中度失衡	肇庆市	0.792	中度失衡
宿迁市	0.338	轻度失衡	金华市	0.551	中度失衡	亳州市	0.797	中度失衡
无锡市	0.338	轻度失衡	十堰市	0.551	中度失衡	龙岩市	0.798	中度失衡
南京市	0.344	轻度失衡	银川市	0.552	中度失衡	聊城市	0.807	中度失衡
南通市	0.346	轻度失衡	鸡西市	0.552	中度失衡	漳州市	0.809	中度失衡
齐齐哈尔市	0.347	轻度失衡	牡丹江市	0.553	中度失衡	荆门市	0.810	中度失衡
辽阳市	0.348	轻度失衡	吉安市	0.554	中度失衡	景德镇市	0.827	中度失衡

续表

城市	变异系数	均衡状态	城市	变异系数	均衡状态	城市	变异系数	均衡状态
南昌市	0.348	轻度失衡	临沧市	0.556	中度失衡	南平市	0.828	中度失衡
宜春市	0.348	轻度失衡	湘潭市	0.556	中度失衡	韶关市	0.830	中度失衡
烟台市	0.351	轻度失衡	绍兴市	0.558	中度失衡	阳江市	0.843	中度失衡
锦州市	0.351	轻度失衡	滨州市	0.561	中度失衡	海口市	0.854	中度失衡
延安市	0.351	轻度失衡	广元市	0.563	中度失衡	大同市	0.866	中度失衡
常州市	0.353	轻度失衡	兰州市	0.563	中度失衡	九江市	0.880	中度失衡
信阳市	0.353	轻度失衡	深圳市	0.564	中度失衡	潮州市	0.889	中度失衡
徐州市	0.355	轻度失衡	玉林市	0.567	中度失衡	黑河市	0.896	中度失衡
潍坊市	0.357	轻度失衡	铜陵市	0.577	中度失衡	拉萨市	0.908	中度失衡
郑州市	0.369	轻度失衡	舟山市	0.579	中度失衡	安阳市	0.913	中度失衡
唐山市	0.371	轻度失衡	防城港市	0.580	中度失衡	榆林市	0.926	中度失衡
抚顺市	0.373	轻度失衡	乌鲁木齐市	0.580	中度失衡	伊春市	0.931	中度失衡
盐城市	0.375	轻度失衡	临汾市	0.582	中度失衡	濮阳市	0.934	中度失衡
洛阳市	0.376	轻度失衡	汕尾市	0.584	中度失衡	泰安市	0.945	中度失衡
昭通市	0.378	轻度失衡	丽水市	0.589	中度失衡	张家界市	0.949	中度失衡
忻州市	0.380	轻度失衡	怀化市	0.590	中度失衡	赤峰市	0.958	中度失衡
遂宁市	0.382	轻度失衡	白山市	0.590	中度失衡	自贡市	0.958	中度失衡
石家庄市	0.385	轻度失衡	桂林市	0.593	中度失衡	天水市	0.960	中度失衡
广安市	0.385	轻度失衡	普洱市	0.594	中度失衡	承德市	0.961	中度失衡
太原市	0.385	轻度失衡	营口市	0.596	中度失衡	乌海市	0.961	中度失衡
通辽市	0.388	轻度失衡	芜湖市	0.599	中度失衡	北海市	0.973	中度失衡
绥化市	0.391	轻度失衡	来宾市	0.601	中度失衡	南阳市	0.980	中度失衡
通化市	0.394	轻度失衡	新余市	0.603	中度失衡	七台河市	0.990	中度失衡
济南市	0.397	轻度失衡	贺州市	0.603	中度失衡	巴中市	1.013	严重失衡
连云港市	0.397	轻度失衡	盘锦市	0.606	中度失衡	衢州市	1.014	严重失衡
长治市	0.404	中度失衡	乐山市	0.613	中度失衡	池州市	1.017	严重失衡
晋城市	0.409	中度失衡	雅安市	0.614	中度失衡	珠海市	1.018	严重失衡
宣城市	0.418	中度失衡	镇江市	0.616	中度失衡	上饶市	1.023	严重失衡
三亚市	0.419	中度失衡	清远市	0.616	中度失衡	鹰潭市	1.054	严重失衡
三门峡市	0.420	中度失衡	襄阳市	0.619	中度失衡	哈密市	1.070	严重失衡
广州市	0.421	中度失衡	揭阳市	0.619	中度失衡	汉中市	1.072	严重失衡
新乡市	0.422	中度失衡	遵义市	0.620	中度失衡	永州市	1.085	严重失衡
呼和浩特市	0.423	中度失衡	马鞍山市	0.623	中度失衡	黄山市	1.086	严重失衡

续表

城市	变异系数	均衡状态	城市	变异系数	均衡状态	城市	变异系数	均衡状态
咸宁市	0.425	中度失衡	黄石市	0.626	中度失衡	安庆市	1.092	严重失衡
吴忠市	0.432	中度失衡	鹤岗市	0.630	中度失衡	宁德市	1.096	严重失衡
玉溪市	0.433	中度失衡	吕梁市	0.630	中度失衡	丽江市	1.099	严重失衡
包头市	0.436	中度失衡	辽源市	0.630	中度失衡	鄂州市	1.107	严重失衡
海东市	0.437	中度失衡	益阳市	0.634	中度失衡	百色市	1.108	严重失衡
佳木斯市	0.441	中度失衡	秦皇岛市	0.634	中度失衡	焦作市	1.110	严重失衡
白银市	0.444	中度失衡	湖州市	0.637	中度失衡	武威市	1.154	严重失衡
株洲市	0.444	中度失衡	内江市	0.637	中度失衡	林芝市	1.161	严重失衡
保定市	0.446	中度失衡	嘉兴市	0.639	中度失衡	三明市	1.188	严重失衡
绵阳市	0.446	中度失衡	眉山市	0.641	中度失衡	山南市	1.216	严重失衡
鄂尔多斯市	0.449	中度失衡	晋中市	0.643	中度失衡	嘉峪关市	1.240	严重失衡
临沂市	0.450	中度失衡	白城市	0.643	中度失衡	克拉玛依市	1.336	严重失衡
河池市	0.451	中度失衡	东营市	0.645	中度失衡	金昌市	1.402	严重失衡

结合表 4-5 和表 4-6 两表来看，处于基本均衡的城市较少，仅有 4 个，占比为 1.36%。在基本均衡城市中，发展很强的城市有 3 个，分别是北京、重庆和成都；发展一般的城市有 1 个，是西宁。这些城市文化休闲发展各分指数发展水平较为均衡，主要表现为以下两种类型。发展强区城市表现为各分指数发展均比较好，发展一般区城市表现为各分指数发展均一般。

处于轻度失衡的城市共有 73 个，占比达到 24.83%。在轻度失衡城市中，发展很强的城市有 5 个，发展强的城市有 20 个，发展较强的城市有 8 个，发展一般的城市有 24 个，发展较弱的城市有 13 个，发展弱的城市有 3 个。这些城市中，位于发展强区的个数多于位于发展弱区的个数。说明发展强区的均衡状态较好，存在稍有明显的短板，有待进一步加强。

处于中度失衡的城市共有 194 个，占比高达 65.99%，可以看出多数城市处于中度失衡状态。在中度失衡的城市中，发展很强的城市有 2 个，发展强的城市有 18 个，发展较强的城市有 34 个，发展一般的城市有 69 个，发展较弱的城市有 37 个，发展弱的城市有 29 个，发展很弱的城市有 5 个。这些城市内部要素存在明显的异质性，位于发展弱区的城市个数多于位于发展强区的城市个数，这说明城市文化休闲发展内部状态的失衡会对其整体水平的提升有显著的负面影响。

处于严重失衡的城市有 23 个，占比达到 7.82%。在严重失衡的城市中，发展强的城市有 2 个，分别为安庆和上饶；发展较强的城市有 8 个，分别为衢州、黄山、三明、宁德、焦作、永州、丽江和汉中；发展一般的城市有 6 个，分别为池州、鹰潭、珠海、百色、巴中和武威；发展弱的城市有2个，分别是嘉峪关和克拉玛依；发展很弱的城市有5个，分别为鄂州、林芝、山南、金昌和哈密。这些城市存在严重的短板，其中山南、金昌和林芝的各个分指数发展水平都很不理想，其中相对最弱的是基础设施分指数。

表4-6　不同均衡状态下各发展类型的城市个数　　单位：个

	基本均衡	轻度失衡	中度失衡	严重失衡
发展很强	3	5	2	0
发展强	0	20	18	2
发展较强	0	8	34	8
发展一般	1	24	69	6
发展较弱	0	13	37	0
发展弱	0	3	29	2
发展很弱	0	0	5	5

三、城市文化休闲发展空间相关分析

（一）研究方法

运用空间自相关法探讨文化休闲发展在城市空间上的相关性。空间自相关主要分为全局空间自相关和局部空间自相关两种，前者可以描述研究区域所有要素的空间关联显著性；后者可以识别局部空间的空间关联模式，以反映其空间集聚及分异特征。全局空间自相关可以用Moran's I指数描述，具体计算公式为：

$$I=\frac{n\sum_{i=1}^{n}\sum_{j\neq i}^{n}W_{ij}\cdot(z_i-\overline{z})\cdot(z_j-\overline{z})}{\sum_{i=1}^{n}(z_i-\overline{z})\cdot\sum_{i=1}^{n}\sum_{j\neq i}^{n}W_{ij}} \tag{4-8}$$

局部空间自相关可以用Local Moran's I指数描述，具体计算公式为：

$$I_i=\frac{n(z_i-\overline{z})}{\sum_{i=1}^{n}(z_i-\overline{z})}\cdot\sum_{i=1,j\neq i}^{n}W_{ij}\cdot(z_i-\overline{z}) \tag{4-9}$$

式中，n是空间单元数量，$\overline{z}=\frac{1}{n}\sum_{i=1}^{n}z_i$，$z_i$表示单元$a$的属性值，$z_j$表示单元$b$的属性值，$W_{ij}$是邻接单元$i$和$j$的权重矩阵，形式如下：

$$W_{ij}=\begin{bmatrix} w_{11} & w_{12}\cdots & w_{1n} \\ w_{21} & w_{22}\cdots & w_{2n} \\ \vdots & \vdots\ \vdots & \vdots \\ w_{n1} & w_{n2}\cdots & w_{nn} \end{bmatrix} \tag{4-10}$$

(二) 结果分析

1. 文化休闲发展指数空间相关分析

采用 ArcGIS 软件测算我国文化休闲发展指数空间自相关关系。经测算，文化休闲发展指数全局空间自相关的 Moran's I 指数为 0.063 072，在 95%的置信度下显著。Moran's I 指数的数学期望 E [I] 为－0.003 344。可以看出，文化休闲发展指数存在显著的全局空间正相关性。在 z 检验的基础上（p=0.05），绘制文化休闲发展指数的 LISA 聚集图。结果显示：多数城市文化休闲发展指数在空间上不显著，部分城市文化休闲发展指数在空间存在自相关关系，主要有高-高、高-低、低-高和低-低相关四种表现形式。高-高相关的区域主要集中在京津冀部分地区、长三角地区和粤港澳地区，其中长三角地区的辐射和带动作用更为明显。高-低相关和低-高相关的区域主要集中在东北部分地区和西南部分地区，说明这些地区休闲产业异质性明显。低-低相关区域主要集中在大西北部分地区和西南部分地区，这些地区为文化休闲发展指数低值聚集区，属于发展洼地。

2. 文化休闲发展环境分指数的空间相关分析

经测算，文化休闲发展环境分指数全局空间自相关的 Moran's I 指数为 0.099 803，在 95%的置信度下显著。Moran's I 指数的数学期望 E [I] 为－0.003 344。可见，文化休闲发展环境分指数具有全局空间正相关性。在 z 检验的基础上（p=0.05），绘制文化休闲发展环境分指数的 LISA 聚集图。结果显示：多数城市表现为空间不显著，部分城市存在显著空间相关关系。高-高相关的区域分布较为集中，主要分布在长三角地区、京津冀部分地区和粤港澳部分地区；低-高负相关和高-低负相关的区域主要分布较为零散，在东北部分地区、河南部分地区和西北部分地区；低-低相关的区域主要分布在西部部分地区和黄河中游部分地区。

3. 文化休闲发展基础设施分指数的空间相关分析

经测算，文化休闲发展基础设施分指数全局空间自相关的 Moran's I 指数为 0.037 611，在 95% 的置信度下显著。Moran's I 指数的数学期望 E [I] 为－0.003 344。可知，文化休闲发展基础设施分指数具有显著全局空间正相关性。在 z 检验的基础上（p=0.05），绘制文化休闲发展基础设施分指数的 LISA 聚集图。结果显示：空间自相关性只在部分城市中存在。三大城市群仍是高-高相关的主要分布区域；中部地区和东北地区是高-低和低-高负相关的主要分布区域，且其分布零星分散；黄河中游部分地区和西部部分地区是低-低相关的主要分布区域，分布较为集中。

4. 文化休闲发展资源分指数的空间相关分析

经测算，文化休闲发展资源分指数全局空间自相关的 Moran's I 指数为 0.086 725，在 95%的置信度下显著。Moran's I 指数的数学期望 E [I] 为－0.003 344。可以发现，文化休闲发展资源分指数表现为全局空间正相关性。在 z 检验的基础上（p=0.05），绘制文化休闲发展资源分指数的 LISA 聚集图。结果显示：部分区域城市文化休闲发展资源分指数在空间存在显著的自相关关系，主要分为四种表现形式。京津冀部分地区、江浙等东部沿海地区主要表现为高-高相关；东北部分地区、南部沿海部分地区、黄河中游部分地区主要表现为低-高负相关和高-低负相关；西部地区仍然是低-低相关的主要分布区域。

5. 文化休闲发展发展分指数的空间相关分析

经测算，文化休闲发展发展分指数全局空间自相关的 Moran's I 指数为 0.061 527，在 95%的置信度下显著。Moran's I 指数的数学期望 E［I］为－0.003 344。研究发现，文化休闲发展分指数存在全局空间正相关性。在 z 检验的基础上（p=0.05），绘制文化休闲发展分指数的 LISA 聚集图。结果显示：部分城市文化休闲发展分指数在空间上表现为四种空间相关关系，分别为高-高相关、高-低负相关、低-高负相关和低-低相关。高-高相关的主要分布区域依然是三大城市群，两类负相关的主要分布区域在京津冀部分地区和东北部分地区，低-低相关的区域则主要分布在东北部分地区、大西北部分地区和西南部分地区。

第五章　中国乡村文旅休闲发展指数

一、我国乡村文旅休闲发展阶段分析

自 2007 年国家旅游局确定全国旅游宣传主题为“2007 中国和谐城乡游”，宣传口号为“魅力乡村、活力城市、和谐中国”以来，乡村文化旅游逐渐在中国发展起来。

（一）发展历程

1. 农家乐形成：萌芽阶段（1988—1999 年）

与发达国家相比，我国乡村文旅起步较晚。20 世纪 50 年代，位于汶河沿岸的山东省安丘市凌河镇石家庄村，因常用作外事接待而被誉为“中国民俗旅游第一村”。而乡村旅游自发的萌芽则可追溯到 1988 年深圳举办首届荔枝节，这标志着我国现代乡村文化旅游的正式开始。由于临近高速发展的深圳，该地区乡村居民自发经营，出现了一批吃农家饭、赏田园景的乡村旅游业态，取得了较好的商业回报。随后，全国其他地区乡村旅游也纷纷发展起来，乡村旅游业态呈现出自发组织、欣欣向荣的发展态势，主要依托乡村特色景观和农业资源，吸引附近发达城市地区的客源，由乡村农户利用自有土地和农产品进行开发。例如，河北涞水的野三坡，以乡村景观、餐饮和住宿为主要产品，吸引京津冀游客前往游玩，带动了当地居民增收致富。在乡村旅游业态发展良好、旅游资源丰富、客源条件良好的地区，也出现了一批成规模的乡村旅游聚集地，初步形成了聚集效应和示范效应，如四川成都龙泉驿书房村的桃花节、贵州的民族村寨游等。

随后，自发开展的乡村旅游逐渐形成了规模，进入各级政府视野，乡村旅游发展中政府引导的影响力逐渐增加。1998 年国家旅游局举办“华夏城乡游”主题活动，大力推出农家旅游主题项目，将农家特色旅游和城市居民的乡土情怀有机结合起来。紧接着，1999 年国家旅游局举办“生态旅游年”主题活动，其中口号包括“返璞归真，回归自然”“青山秀水探净土，清风明月近自然”等，乡村旅游的可持续发展开始受到更多关注。

2. 民宿游兴起：起步阶段（2000—2010年）

2000年到2010年的十年间，我国城镇化率从36.22%增长到49.9%，城市规模扩大，吸引了人口持续向更加发达的城市流动，城市化进程带来更快的生活节奏和更加嘈杂的生活环境，使城镇居民亲近自然、回归田园的愿望变得更为强烈。与此同时，全国城镇居民人均收入从6 280元增长到19 109元，城市居民的收入乃至消费能力显著提高，乡村旅游客源市场的增长潜力显著增强。旺盛的需求持续为乡村的旅游开发增添动能。正因如此，乡村旅游业态从单纯满足短期游玩和餐饮服务，增加了“住”的功能，“民宿游”业态应运而生，有效提高了游客的停留时间和人均消费，为更具消费能力的游客提供了深度体验乡村的慢节奏旅游，成为乡村旅游发展的新增长点。此外，乡村旅游开发过程中对旅游资源的利用逐渐深化，乡村自然景观、特色农产品、文化遗产、民俗节庆等均成为乡村旅游发展的亮点。

3. 多元业态并存：转型升级阶段（2010年至今）

2010年以后，伴随着我国居民收入和消费水平进一步提升，乡村旅游进入蓬勃发展的时期，市场潜力进一步扩大。据智研咨询集团《2017—2023年中国乡村旅游行业分析及投资前景分析报告》数据显示，“2012年中国城镇居民人均可支配收入约为2.5万元，他们利用休闲时间进行乡村旅游的平均比例为63%，到2017年城镇居民人均可支配收入升至约2.6万元，而其利用休闲时间进行乡村旅游的平均比例也提高到了73%”。

在政策工具和经济社会发展的共同驱动下，乡村旅游市场规模呈现高速扩张的态势。国家旅游局数据显示，2016年乡村旅游接待游客达21亿余人次，全年收入约5 700亿元人民币，相关从业人员约845万人，共计672万农户受益，全国休闲农业和乡村旅游规模以上经营主体达到30.57万家，投资额达3 000亿元。据农业农村部统计，截至2018年年底，全国休闲农业和乡村旅游接待人次达30亿人次，营业收入达8 000亿元见图5－1。

从业态发展质量看，原有的农家乐和民宿持续发展，逐渐展现出各自的特色，培育出一些具有一定影响力的农家乐和民宿品牌。从业态构成看，我国乡村旅游已不再局限于提供单一旅游服务，而是将生态文明、体育、教育、康养等多种元素与乡村旅游资源深度融合，更加注重游客的深度体验，如乡村自行车越野、乡村研学等，业态进一步丰富。从投资经营的模式来看，乡村旅游从自有资金投资向规模化、标准化、品牌化的企业经营方式逐渐转变，企业、农户、政府、金融机构等多方主体在乡村旅游经营中逐渐探索出更多投资合作和利益协调方式，乡村旅游发展在探索中逐渐迈向成熟。

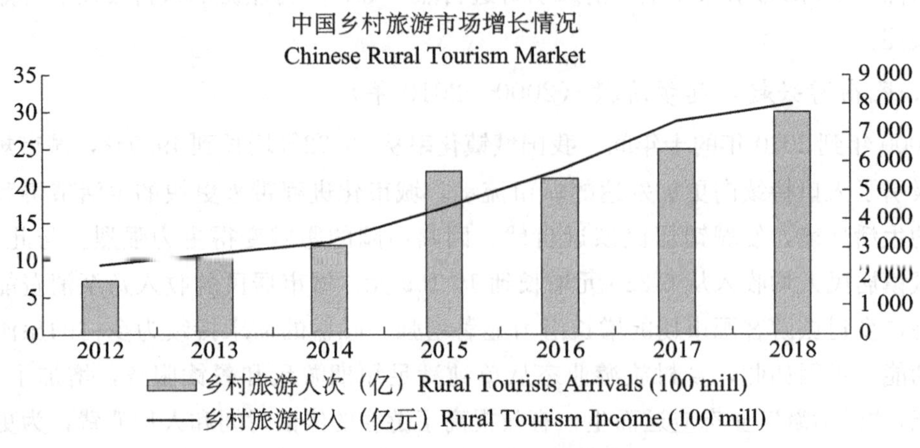

图 5－1　中国乡村旅游市场增长情况

（二）发展模式

乡村旅游是一个复杂的动态系统，涉及多类主体，具有多样化的特征和丰富的表现形式。从不同角度概括乡村旅游的发展模式，能够更加全面地展现乡村旅游发展的内在规律。从已有研究中整理可见，区位、业态、参与主体和驱动力均可作为区分乡村旅游发展模式的关键特征，如表 5－1 所示。

表 5－1　乡村旅游的发展模式分类

划分依据	发展模式分类	代表性研究
区位	自然型 依托城市型	舒伯阳（1997）
	都市郊区型 景区周缘型 特色村寨型	林刚，石培基（2006）
业态	旅游资源主体型-旅游先导模式 旅游资源共建型-旅游伴生模式 旅游资源附属型-旅游后继模式	许春晓（1995）
	主题农园 主题博物馆 主题文化村落 企业庄园和产业庄园	王云才 等（2005）
	村落式乡村旅游集群模式 园林式特色农业依托模式 古街式民俗观光旅游小城镇模式	马勇 等（2007）

续表

划分依据	发展模式分类	代表性研究
参与主体	参与式乡村旅游（社区＋农民＋当地政府） 传统旅游（旅游企业） 传统农业（农民）	郑群明，钟林生（2004）
	自主经营 合作经营 股份合作经营 市场混合经营	李涛（2018）
驱动力	客源地依托模式 目的地依托模式 非典型模式 复合模式	刘德谦（2006）
	资源特色导向 农业产业带动 政府政策驱动 市场需求导向	马勇 等（2007）
	需求拉动型 供给推动型 中介影响型 混合型	张树民 等（2012）
	社区核心力量导向 企业核心力量导向 政府核心力量导向	吴亚平，陈志永（2012）

资料来源：笔者整理自金川（2019），有改动．

从乡村旅游的实际发展过程来看，地理区位可视为发展乡村旅游的前置条件，旅游业态可视为乡村旅游发展后形成的现象和结果。相较之下，对参与主体的组织方式和乡村旅游发展的驱动力的研究则更能反映发展乡村旅游的发展路径，有利于找到乡村旅游良性发展的关键因素。张树民等（2012）区分了需求拉动型、供给推动型、中介影响型、支持作用型和混合型五类乡村旅游成长模式，分析五类模式的主要特点及政府在不同模式中的不同作用。这一分类能够较准确地反映乡村旅游发展的核心动因，故本文采取类似的分类方式，将乡村旅游发展模式按照核心驱动力分为需求拉动型、供给拉动型、资本推动型、政府支持型和混合驱动型五种类型，其特征如表 5－2 所示。

表 5－2　五种发展模式类型

发展模式	区位特征	资源经济特征	驱动机制	强势利益主体	案例
需求拉动型	大城市周边	具备较好的自然生态条件和农产品产出条件	客源充足，具有强大的需求动力； 旅游者对产品有细致多样的要求，驱动产品创新	旅游者	北京昌平康陵村 上海奉贤区休闲农业

续表

发展模式	区位特征	资源经济特征	驱动机制	强势利益主体	案例
供给拉动型	景点或景点附近	具备特色旅游资源	自身旅游资源条件佳，具有较好的自然景观或历史文化条件； 强化基础设施建设和景观开发；	村集体或村民合作社	桂林阳朔
资本推动型	具备较好的区位条件	具有较好的自然和人文资源条件	外来或本地投资打开市场，本地居民及资本跟进； 市场导向，定位明确	投资者	浙江莫干山
政府支持型	处于原基础设施条件不佳的地区	具有一定的自然和人文资源	政府强力推动乡村旅游发展，动员、引导村民参与； 大力投资修建基础设施等	政府	四川成都锦江区五朵金花
混合驱动型	具备较好的区位条件	具有一定的自然和人文资源	发展初始阶段由某一类驱动力提供支持，随后在发展和规范阶段获得各类驱动力的共同支持	各利益主体较为平衡	陕西袁家村

资料来源：笔者整理自张树民（2012），有改动.

需求拉动型乡村旅游发展模式，是指客源市场在乡村旅游发展的动态结构中起主导作用，主要以需求拉动乡村旅游发展。对需求拉动型的乡村旅游模式来说，需至少满足以下四个前提：一是具有充足的客源，周边存在大量城市人口，具有强烈的乡村旅游需求；二是客源市场具有良好的可达性，与乡村旅游目的地毗邻，且交通便利、成本低廉；三是客源具有足够的消费能力来实现乡村旅游需求，乡村旅游经营户能够获得良好的回报，进而实现持续投入；四是适当的政府支持，出台政策引导和指导乡村旅游发展，并为乡村旅游提供管理和公共服务。需求拉动型乡村旅游由于主要由需求带动发展，需求的发展往往先于业态发展一步，往往容易在丰富而个性化的需求中催化出业态创新。

供给拉动型乡村旅游发展模式，是指乡村旅游资源在乡村旅游发展中起主导作用，乡村旅游目的地凭借具有竞争力的乡村旅游产品实现发展。乡村旅游目的地凭借其综合的旅游资源，打造特色的旅游产品，作为吸引旅游者的主要吸引物。供给拉动型乡村旅游需满足的前提有三个：一是具有优质的旅游资源，本身对游客具有较强的吸引力；二是乡村旅游的产业化发展，能够实现旅游资源的深度开发，使得当地乡村旅游不简单依赖于旅游资源的变现；三是当地政府和基层政府的配合协调，在优化乡村旅游发展路径、调整产业结构、招商引资等方面对乡村旅游发展均起到重要作用。

从以上两种驱动力的角度来看，乡村旅游实质上是供需之间相互作用和相互促进的产物。乡村旅游由市场驱动形成，其内源动力始于城乡旅游资源的差异、文化和旅游需求差异，城乡居民收入水平提高导致的城乡旅游需求增加，乡村地方政府及经营主体获取经济效益的热情等；外源驱动力有政府宏观政策、外部旅游竞争加剧及交通通信进步等（张付芝，2008)。在旅游需求丰富的大都市周边，或旅游供给丰富的景区周边，这类差异尤为明显，使得乡村旅游均可以在旅游供给和（或）客源需求的合力下获得较强的发展动力。

资本推动型乡村旅游发展模式，是指投资方在乡村旅游发展中起主导作用。在资本推动型发展模式中，外来或本土资本在乡村旅游目的地进行投资，使当地基础设施和旅游服务获得全面提升。同时投资者以获取回报为主要目的，将充分面向市场规划经营，积极开发新产品、开展旅游品牌营销等。在这个模式下，外来资本是调动各类资源的关键，往往以企业的形式参与乡村旅游开发和经营，主动协调游客、农户、政府等多方关系，在盈利目标的驱动下推动乡村旅游的发展和提升。

政府支持型乡村旅游发展模式，是指政府在乡村旅游系统发展中起主导作用，强力推动了乡村旅游的发展。在该类模式中，政府在乡村旅游的起步阶段为乡村旅游发展赋予了初始的动能，各级单位统筹协调，为乡村破除基础设施、资金、人力资本等发展障碍；在发展阶段，政府制定行业发展制度，建立行业监管机制，规范乡村旅游发展，并协助进行乡村旅游品牌化营销。尽管政府支持通常是乡村旅游发展的必要条件，但政府支持型乡村旅游与其他类型仍有不同，主要区别在于，政府是否作为乡村旅游发展的主导力量，对乡村旅游发展方向起到了决定性作用，并在基础设施建设、土地供给、人才培训、资金引流等环节深度参与。

混合驱动型乡村旅游发展模式，是指在乡村旅游发展的过程中，客源需求、旅游供给、资本投入、政府支持都发挥了重要的作用，发展缺一不可，且没有某一种驱动力占有明显的优势地位。这类发展模式的乡村旅游地一般地理区位和生态历史人文资源条件较好，且政府重视乡村旅游发展，形成了较好的经营模式和利益分配模式，各乡村旅游参与主体力量较为均衡。

二、我国乡村文旅休闲发展指数

鉴于能够较好反映乡村文旅休闲发展状况的评价指标，兼顾数据可获得性，建立我国省级行政区乡村文旅休闲发展评价指标体系，具体指标如表 5－3 所示。

表 5-3　乡村文旅休闲发展评价指标体系

一级指标	二级指标
乡村文旅休闲发展规模效益	乡村旅游接待人次（万）
	乡村旅游收入（亿）
	乡村旅游经营户
乡村文旅休闲发展社会效益	带动就业人数（万）
	带动脱贫人数（万）
乡村文旅休闲发展示范效益	乡村旅游重点村个数
	全国休闲农业与乡村旅游示范点个数
	全国休闲农业与乡村旅游示范县个数
	中国美丽休闲乡村个数

按照以上指标，收集我国 31 个省市 2018 年的数据。其中，部分省份的乡村旅游接待数据更新较为缓慢，如天津、内蒙古、辽宁等，暂时以 2017 年数据代替。黑龙江省关于乡村旅游发展规模及社会效益的数据缺失较多，无法分析，暂时不列入计算。乡村旅游接待人次、乡村旅游收入和乡村旅游经营户数据来自各省市旅游部门发布的报告。乡村旅游带动就业人数和带动脱贫人数部分来自政府报告，部分来自新闻报道。乡村旅游重点村、全国休闲农业与乡村旅游示范点个数等数据来自对农业部、文旅部等部门公示情况的统计。

在数据收集的基础上，按照层次分析法及专家法，对各一级指标赋权，再计算得到标准化后的总指标及一级指标，得到 2018 年中国乡村文旅休闲发展指数综合排名结果，如表 5-4 所示。

表 5-4　2018 年中国乡村文旅休闲发展指数

总排名	省（自治区、直辖市）	总指数	规模效益	社会效益	示范效益
1	山东	88.54	83.37	57.34	69.67
2	四川	87.88	71.30	92.06	68.58
3	广东	83.95	90.50	35.32	56.11
4	云南	76.26	61.25	79.40	63.65
5	广西	75.20	67.22	47.74	70.02
6	贵州	72.67	64.07	62.56	59.96
7	湖北	68.00	62.59	44.63	63.63
8	浙江	67.34	61.90	33.35	70.98
9	重庆	65.09	55.23	65.63	57.76
10	江苏	62.94	56.77	33.50	71.45

续表

总排名	省（自治区、直辖市）	总指数	规模效益	社会效益	示范效益
11	安徽	60.50	56.00	38.52	64.58
12	河北	60.18	55.35	47.72	59.10
13	江西	58.15	52.66	43.43	63.36
14	河南	57.33	51.40	51.45	58.98
15	陕西	56.60	51.91	38.07	65.50
16	湖南	56.53	51.33	53.51	56.24
17	福建	54.38	54.43	31.78	60.60
18	辽宁	53.21	58.89	32.67	49.06
19	甘肃	53.17	51.60	42.62	56.91
20	新疆	52.85	45.94	34.46	73.13
21	吉林	46.53	47.42	38.97	57.13
22	山西	44.21	47.76	33.82	56.62
23	内蒙古	43.92	46.43	39.20	55.29
24	北京	42.94	48.13	30.81	56.17
25	西藏	38.35	45.53	33.68	53.83
26	青海	35.38	45.96	31.86	50.99
27	宁夏	33.98	45.64	32.11	50.09
28	海南	29.00	45.69	34.40	44.17
29	上海	27.22	45.88	30.40	45.17
30	天津	26.48	46.19	31.23	43.49

从总排名结果可以看出，第一，南方省市乡村文旅休闲总指数高于北方省市。山东省的乡村文旅发展总指数在30个省市中居于首位，总得分为88.54，其中各分项得分并不是最高，但各项得分比较均衡，均处于较高水平。四川省和广东省排在第二、第三位，与山东省得分差距不大，云南、广西和贵州三个多民族的南部省份紧随其后。在乡村旅游评价前五名中，有四个省市分布在南方。第二，各自治区的乡村文旅休闲总指数得分较低。新疆总得分52.85，排在第20位，其中乡村文旅示范效应得分较高。内蒙古、西藏和宁夏分别排在第23、第25和第27位。第三，直辖市的乡村文旅休闲总指数排名较低。直辖市中，北京排在第24位，上海和天津排在末尾。主要由于三个城市受土地规模限制，乡村文旅发展规模较小，且乡村地区人口和贫困人口较少，本地发展乡村文化旅游的社会效益较不显著。

在总指数分析之外，从乡村文旅发展的三个维度分别反映我国各省市的乡村文旅休闲发展状况。

(一) 规模效益指数

规模效益是用来衡量乡村文化旅游的供给规模，主要由乡村旅游接待人次、乡村旅游收入和乡村旅游经营主体数量三个指标衡量。按照乡村旅游发展规模效益指数对各地区进行排序，结果如表5-5所示。广东省是乡村旅游发展规模得分最大的地区，得分高达90.50。根据广东省旅游局2019年发布的《广东乡村旅游大数据分析报告》，仅2018年上半年广东省接待乡村游游客超3亿人次，占全省接待游客总人数的56.25%，按照2017年6月至2018年6月的报告期估算2018全年旅游人次，预计将超过6亿人次，乡村旅游规模效益明显。山东和四川于2018年分别实现了5.03亿和4.41亿人次的乡村旅游规模，排在第2位和第3位。

表5-5 按规模效益排各地区乡村旅游休闲排名

地区	总指数	排名	规模效益	排名	社会效益	排名	示范效益	排名
广东	83.95	3	90.50	1	35.32	17	56.11	22
山东	88.54	1	83.37	2	57.34	5	69.67	5
四川	87.88	2	71.30	3	92.06	1	68.58	6
广西	75.20	5	67.22	4	47.74	8	70.02	4
贵州	72.67	6	64.07	5	62.56	4	59.96	13
云南	76.26	4	61.25	6	79.40	2	63.65	9
湖北	68.00	7	51.34	7	44.63	10	63.63	10
浙江	67.34	8	50.50	8	33.35	23	70.98	3
辽宁	53.21	18	46.59	9	32.67	24	49.06	27
江苏	62.94	10	43.57	10	33.50	22	71.45	2
安徽	60.50	11	42.41	11	38.52	15	64.58	8
河北	60.18	12	41.39	12	47.72	9	59.10	14
重庆	65.09	9	41.19	13	65.63	3	57.76	16
福建	54.38	17	39.89	14	31.78	27	60.60	12
江西	58.15	13	36.76	15	43.43	11	63.36	11
陕西	56.60	15	35.32	16	38.07	16	65.50	7
甘肃	53.17	19	34.71	17	42.62	12	56.91	18
河南	57.33	14	34.28	18	51.45	7	58.98	15
湖南	56.53	16	34.14	19	53.51	6	56.24	20
北京	42.94	24	26.21	20	30.81	29	56.17	21
山西	44.21	22	25.02	21	33.82	20	56.62	19
吉林	46.53	21	23.85	22	38.97	14	57.13	17

续表

地区	总指数	排名	规模效益	排名	社会效益	排名	示范效益	排名
内蒙古	43.92	23	19.64	23	39.20	13	55.29	23
天津	26.48	30	18.31	24	31.23	28	43.49	30
青海	35.38	26	16.79	25	31.86	26	50.99	25
新疆	52.85	20	16.66	26	34.46	18	73.13	1
上海	27.22	29	16.16	27	30.40	30	45.17	28
海南	29.00	28	14.37	28	34.40	19	44.17	29
宁夏	33.98	27	13.72	29	32.11	25	50.09	26
西藏	38.35	25	11.69	30	33.68	21	53.83	24

辽宁省在乡村文化旅游规模指标上排名第 9，2017 年全省乡村旅游总收入 1 422.3 亿元，接待乡村旅游游客 1.5 亿人次，规模维度的得分较高。相比之下，辽宁省在乡村旅游拉动就业和旅游扶贫的效益相对不明显。相比之下，重庆的乡村旅游规模指标排在第 13 位，而总排名则排在第 9 位，可以看出乡村旅游社会效益维度得分大大提升了重庆市的乡村旅游发展总指数排名。

（二）社会效益指数

乡村文化旅游社会效益指数主要反映乡村旅游对当地就业和扶贫的拉动作用，用乡村旅游带动就业人数和带动扶贫人数衡量乡村旅游的社会效益。根据该维度得分排序，结果如表 5－6。

表 5－6　按社会效益排各地区乡村旅游休闲排名

地区	总指数	排名	规模效益	排名	社会效益	排名	示范效益	排名
四川	87.88	2	71.30	3	92.06	1	68.58	6
云南	76.26	4	61.25	6	79.40	2	63.65	9
重庆	65.09	9	41.19	13	65.63	3	57.76	16
贵州	72.67	6	64.07	5	62.56	4	59.96	13
山东	88.54	1	83.37	2	57.34	5	69.67	5
湖南	56.53	16	34.14	19	53.51	6	56.24	20
河南	57.33	14	34.28	18	51.45	7	58.98	15
广西	75.20	5	67.22	4	47.74	8	70.02	4
河北	60.18	12	41.39	12	47.72	9	59.10	14
湖北	68.00	7	51.34	7	44.63	10	63.63	10
江西	58.15	13	36.76	15	43.43	11	63.36	11

续表

地区	总指数	排名	规模效益	排名	社会效益	排名	示范效益	排名
甘肃	53.17	19	34.71	17	42.62	12	56.91	18
内蒙古	43.92	23	19.64	23	39.20	13	55.29	23
吉林	46.53	21	23.85	22	38.97	14	57.13	17
安徽	60.50	11	42.41	11	38.52	15	64.58	8
陕西	56.60	15	35.32	16	38.07	16	65.50	7
广东	83.95	3	90.50	1	35.32	17	56.11	22
新疆	52.85	20	16.66	26	34.46	18	73.13	1
海南	29.00	28	14.37	28	34.40	19	44.17	29
山西	44.21	22	25.02	21	33.82	20	56.62	19
西藏	38.35	25	11.69	30	33.68	21	53.83	24
江苏	62.94	10	43.57	10	33.50	22	71.45	2
浙江	67.34	8	50.50	8	33.35	23	70.98	3
辽宁	53.21	18	46.59	9	32.67	24	49.06	27
宁夏	33.98	27	13.72	29	32.11	25	50.09	26
青海	35.38	26	16.79	25	31.86	26	50.99	25
福建	54.38	17	39.89	14	31.78	27	60.60	12
天津	26.48	30	18.31	24	31.23	28	43.49	30
北京	42.94	24	26.21	20	30.81	29	56.17	21
上海	27.22	29	16.16	27	30.40	30	45.17	28

可以看出，四川、云南、重庆、贵州等地农村人口占比大，局部区域贫困问题严重，当地政府有意将发展乡村旅游与扶贫工作结合起来，对当地乡村发展产生了极大的社会效益。如四川省发展改革委印发了《四川省乡村旅游富民工程实施规划(2016—2020年)》，积极发展乡村旅游，带动贫困地区贫困人口脱贫致富。湖南和河南虽然乡村旅游规模得分不高，但乡村旅游的就业拉动能力和扶贫效果较好，社会效益二级指标分别排在第6和第7位。

与之相反，北京、上海和天津则在乡村文化旅游社会效益上排名最末。由于这三个直辖市农村人口本身就较少，且整体经济发展较为均衡，本地乡村出现贫困的情况相对较少，故乡村旅游社会效益指标得分很低。需注意，此处衡量的是各地对本地乡村旅游就业拉动和扶贫的效果，事实上北京和上海乡村旅游的社会效益并不局限于当地，而是通过各类扶贫支援协助其他地区做好扶贫工作，如北京推出了“北京对口地区乡村旅游扶贫协作服务计划”、上海在香格里拉市小中甸镇联合村实施乡村旅游建设项目等。

（三）示范效益指数

示范效益指数主要反映乡村文化旅游发展的示范标杆作用，用各类国家级乡村旅游评选作为评价依据。根据该维度得分排序，结果如表5－7。

表5－7　按示范效益排各地区乡村旅游休闲排名

地区	总指数	排名	规模效益	排名	社会效益	排名	示范效益	排名
新疆	52.85	20	16.66	26	34.46	18	73.13	1
江苏	62.94	10	43.57	10	33.50	22	71.45	2
浙江	67.34	8	50.50	8	33.35	23	70.98	3
广西	75.20	5	67.22	4	47.74	8	70.02	4
山东	88.54	1	83.37	2	57.34	5	69.67	5
四川	87.88	2	71.30	3	92.06	1	68.58	6
陕西	56.60	15	35.32	16	38.07	16	65.50	7
安徽	60.50	11	42.41	11	38.52	15	64.58	8
云南	76.26	4	61.25	6	79.40	2	63.65	9
湖北	68.00	7	51.34	7	44.63	10	63.63	10
江西	58.15	13	36.76	15	43.43	11	63.36	11
福建	54.38	17	39.89	14	31.78	27	60.60	12
贵州	72.67	6	64.07	5	62.56	4	59.96	13
河北	60.18	12	41.39	12	47.72	9	59.10	14
河南	57.33	14	34.28	18	51.45	7	58.98	15
重庆	65.09	9	41.19	13	65.63	3	57.76	16
吉林	46.53	21	23.85	22	38.97	14	57.13	17
甘肃	53.17	19	34.71	17	42.62	12	56.91	18
山西	44.21	22	25.02	21	33.82	20	56.62	19
湖南	56.53	16	34.14	19	53.51	6	56.24	20
北京	42.94	24	26.21	20	30.81	29	56.17	21
广东	83.95	3	90.50	1	35.32	17	56.11	22
内蒙古	43.92	23	19.64	23	39.20	13	55.29	23
西藏	38.35	25	11.69	30	33.68	21	53.83	24
青海	35.38	26	16.79	25	31.86	26	50.99	25
宁夏	33.98	27	13.72	29	32.11	25	50.09	26
辽宁	53.21	18	46.59	9	32.67	24	49.06	27
上海	27.22	29	16.16	27	30.40	30	45.17	28

续表

地区	总指数	排名	规模效益	排名	社会效益	排名	示范效益	排名
海南	29.00	28	14.37	28	34.40	19	44.17	29
天津	26.48	30	18.31	24	31.23	28	43.49	30

在各省、自治区、直辖市中，新疆维吾尔自治区在乡村文化旅游示范效益指数上得分最高，为73.13，尽管其他两个二级指标的得分并不高。究其原因，一方面是因为新疆土地辽阔，自然景观众多，同时也是多民族聚居地，乡村旅游具有鲜明的特色，具有较强的示范作用；另一方面是因为在乡村旅游的国家级示范地评选中，新疆维吾尔自治区与新疆生产建设兵团的示范地往往在名单中单列，而指标计算时则同时计入了新疆生产建设兵团的指标数，可能存在指标偏高的情况。

江苏和浙江在乡村旅游发展的总得分不高，但乡村旅游示范效应得分很高，这与江苏和浙江的发展实际也是相符的，例如江苏省切实推行《乡村旅游区等级划分与评定标准》，可以对乡村旅游区进行三星、四星和五星的评价。

总的来说，乡村旅游发展状况较好的省份地区，由于面积较大、人口较多、旅游资源较为丰富，如山东、广东、四川等，乡村旅游发展情况较为均衡，各维度均得分较高。一些省份旅游资源丰富，本身就是知名的旅游目的地，但经济发展不均衡，如云南和贵州，乡村旅游发展社会效益较强，乡村旅游对这些地区的民生拉动作用较为明显。浙江、江苏、湖北等东中部较为发达的地区，乡村旅游已进入规模化、产业化发展阶段，示范效应较为突出。

三、我国乡村文旅休闲案例分析

为了深入研究我国乡村文旅休闲的发展，选取北京昌平康陵村、陕西袁家村、浙江杭州莫干山民宿业等典型地区为例，深入探究其乡村文旅休闲发展的实践经验。

(一) 北京昌平康陵村

1. 发展概况

康陵村位于京郊昌平区长陵镇中部，距昌平城区20公里，全村共有70户，176人。该村位于京郊一小时旅游圈范围内，北京城区游客能方便迅速抵达，有开发特色餐饮项目的便利条件。康陵村位于十三陵风景区内，是未开放的康陵的守陵村，是已开放长陵、定陵和昭陵的过境村，能承接十三陵风景区每年逾千万的过路游客。通过向旅行社营销，深挖“过境团队游客一餐游”，成为十三陵旅游黄金线上的“美食竹点”。康陵村在2008年成功申报了市级民俗村，形成了以特色餐饮为核心，观光采摘和山地休闲为辅助的发展雏形。经过多年的发展，康陵村已经拥有1家主题山庄和26

个民俗接待厂，日餐饮接待量近 3 000 人次，住宿接待量近 150 人次，村民一半以上从事旅游业，旅游收入在总收入中占比过半。2016 年，康陵村入选中国美丽休闲乡村之列，2018 年获得“全国生态文化村”称号，2019 年被评为国家森林乡村。

康陵村以林果业为主导产业，柿子、桃、苹果、酸梨等果树 10 000 余棵，年产果品 60 多万公斤；另有约 6 公顷村集体所有的果园和菜地；村北侧已建起精品果园一处，果品采摘粗具规模。当前，以品牌餐饮为发展模式的康陵村，凭借“正德春饼宴”和良好的生态环境，形成了一定的市场影响力。从乡村旅游产品的分析中可以看出，特色餐饮是主打产品，山地休闲、果品采摘、文化体验是辅助产品。

2. 发展模式：客源拉动模式

北京市乡村旅游从萌芽到现在，发展时间并不长，但随着需求的增长，从乡村旅游接待人数、经营收入等指标上可以看出乡村旅游的发展势头。乡村旅游市场需求保持持续快速的增长。康陵村位于北京周边，其发展天然具有客源优势。根据问卷调查，游客中北京本地人占比约 70%，游玩目的主要是周末休闲，组织形式多为自驾游。同时，外地游客占比约 30%，游玩目的主要是游览十三陵之余过境游览康陵村，组织形式多为组团旅游。由于旅游者基本上是周末进行乡村旅游，因此在乡村旅游点停留的时间在 2 天以内。在调研的访谈中也发现，市民在时间允许的条件下愿意在乡村增加停留时间。然而，调研也发现，康陵村旅游市场整体仍处于培育期，接待量不大且不均衡，与十三陵大市场和北京特色餐饮市场缺乏对接，且营销措施欠佳。

可以看出，康陵村背靠极具消费能力和市场容量的北京客源市场，这一地理区位优势对康陵村的乡村旅游发展来说既是机遇也是挑战。客源结构和游客消费特征反映出，北京市民构成了康陵村客源的主体部分，北京市民对周末休闲的需求正是康陵村走上发展道路的根源和主要动力。然而，随着市民收入水平的不断提升，对休闲生活质量的要求也不断提升；同时，随着北京周边其他竞争者的不断涌现，简单的蔬果采摘、民俗餐饮所表现出的竞争力仍有不足。如康陵村这样的都市周边旅游村仍面临转型提质的挑战。

3. 发展困境与具体措施

在发展过程中，康陵村也面临了一系列的困境。随着北京客源市场的发展，京郊的乡村旅游经营逐渐发展起来，为顺应旅游者旅游需求的不断提升，康陵村在乡村旅游发展上不断创新，寻求突破，以适应旅游市场需求的变化。

第一，找准自身定位，打造核心产品。2003 年 7 月，联合国教科文组织将明十三陵列入《世界遗产名录》，康陵村作为各陵寝周边保护最完好的村落，在景区和北京市客流的共同作用下发展起来。初期，康陵村以康陵为依托，形成“康陵八景”，以吸引游客。然而，这一策略虽然充分利用了当地的历史文化资源，但与十三陵相比，康陵的旅游吸引力不足，客源定位较为模糊。随后，康陵村从不同类型旅游者的需求出发，瞄准北京当日往返的周末短途休闲游客，推出了核心产品——正德春饼。目前康陵村的农家乐以经营“康陵春饼宴”为主，各经营者的加工工艺均经过昌平区政府相关部门统一培训，全村统一价格约 40 元/人，在和面、烙饼、配菜、服务等方面做到食品安全和餐饮服务的标准化。物美价廉的春饼吸引了许多短途游客，帮助康陵村打响了旅游品牌。

第二，加强对村民的培训指导。在推出这一核心产品之前，康陵村为此进行了充足的筹备和策划。村政府主动组织村民参与乡村旅游职业培训，首批参与培训的农户有 20 多名，培训期为 28 天，在职校课堂中学习春饼烙制、豆芽菜发制、春饼配菜制作、野菜制作、厨具使用等实用技术，增强了农户的餐饮服务水平，为康陵村的进一步发展打下了基础。

第三，丰富乡村旅游产品体系，解决“有吃无玩”。在春饼宴的基础上，康陵村依托正德春饼核心产品，推出了外围产品——养生坡、春饼文化苑、古韵胡同等相关产品，养生坡依托村南两个松树坡，做养生主题，突出幽静、原生态。松树坡成为满足旅游者养生、购物需求的休闲区。不仅为旅游者打造一处休闲空间，延长了游客停留时间，而且为村民开设了一处特色的商品销售场地。春饼文化苑依托村北大门停车场、科普长廊等区域，以春饼文化为主题，打造入口体验空间，营造浓郁的美食文化氛围，集中展示康陵春饼宴，形成游客进村享受春饼宴前的初体验，发挥游客接待中心功能。古韵胡同依托村内小胡同，以明代宫廷饮食文化为主题，包装成具有浓烈氛围，精致、古朴的文化体验和展示空间。古韵胡同村落，为游客增添文化享受，赋予康陵村历史氛围和韵味。

此外，康陵村借助旅游者参与体验需求的增加，推出了一系列旅游休闲新产品。随着旅游者不仅仅满足于吃农家饭、观赏农村风光，对乡村旅游中参与、体验的需求不断增加，康陵村相关的旅游产品也不断丰富，如山地自行车、精品采摘园、农事活动体验园等。山地自行车场在村西侧乡村公路旁择地建设，为散客提供山地自行车运动的车辆租借服务和体验线路，增加山野趣味活动，邀请业余团体，举办山地自行车比赛。精品采摘园依托现有采摘园，增加精品果园的水果种类，借助林木构架，每种果林内建一条精品采摘长廊，实现果园休闲、观光采摘，也可举办主题节庆活动。农事活动体验园是在无字碑对面的公共菜园内开发农事体验园项目，吸引更多的乡村游游客。

第四，为提升游客满意度，积极改善基础设施条件。随着乡村旅游的发展，北京乡村旅游形成了风尚，周末游客数量大量增加，尤其是自驾游数量增长较快，对停车场、村庄道路、卫生环境等基础设施的要求不断提高。为更好地满足游客需求，康陵村对停车设施进行了统一规划，新建了一个停车场，对重要道路进行了改造，同时增加公共厕所和垃圾收集点，对公共厕所的标准也进行了提升。

总而言之，康陵村在乡村旅游发展中，旅游者主要注重乡村的生态环境和历史文化景观，以及体验特色餐饮产品和文化；而政府和村集体注重当地乡村旅游的发展带动村庄经济发展，增加村民就业和提高村民收入，促进当地社会的和谐发展；村民主要考虑提高自身收入，改善基础设施建设，丰富乡村文化生活，加强和外界的联系。康陵村以乡村特色餐饮为满足旅游需求的主要手段，逐步发展和引导游客的深层次体验，提出从味蕾开始的发展方式，从“口”入手，不断扩展旅游项目，满足旅游者的需求，达到捕获其“心”的目的。积极鼓励村民参与，加强培训指导，从而实现乡村旅游发展，经济增长，就业增加，农民增收和文化环境保护的多重目标，实现了多方利益的协调。

4. *启示*

北京市昌平区康陵村乡村旅游是典型的需求拉动模式。此模式主要体现在康陵村乡村旅游的客源主体以周边的大城市——北京为依托，接待主体为康陵村，凭借其乡村特质和历史文化资源，抓住旅游者的需求和偏好，大力发展村民参与旅游经营并从中获得相应的回报。

（二）陕西袁家村

1. *发展概况*

陕西省袁家村位于陕西省咸阳市礼泉县烟霞镇北，村庄历史悠久，毗邻九嵕山上唐太宗李世民与文德皇后长孙氏的合葬陵墓的昭陵，最早可追溯到北宋时期，明清之际已发展成为出入北山的要冲。见图 5-2。

改革开放后，袁家村大力发展“五小工业”，建成水泥厂，村民收入进一步提高。21 世纪以来，随着环境保护政策逐渐得到贯彻，高污染的水泥厂遇到了发展瓶颈，袁家村开始了发展乡村民宿文化旅游的发展道路。2007 年，袁家村率先提出打造关中民俗文化旅游第一品牌的目标，此后大力开发乡村旅游业，2007—2017 年十年间农民人均收入从 8 600 元增长到 75 000 元，于 2014 年被评为“中国十大美丽乡村”之一，成为乡村民俗文化旅游的一个典型案例。

2. *发展模式：混合驱动模式*

袁家村初期获得村委会的大力支持，带动村民加入，获得了初步的经营动力；随后，以稳定的高品质产品培育壮大客源；再吸引外来资本做大品牌、扩展业务，最终走出由三产带二产促一产、基于品牌溢价的多维度产业共融道路。

发展初期，袁家村在村干部的带领下，大力鼓励村民参与乡村旅游经营，派骨干和村民外出考察，同时鼓励村民积极开发乡村旅游，例如给予村前五户经营农家乐的村民 50%的补助。随后，村委会组采取一系列措施打造产品体系，保障乡村旅游的产品质量，以多样化的小吃街吸引咸阳及周边地区的自驾游客尤其是家庭游客；同时，

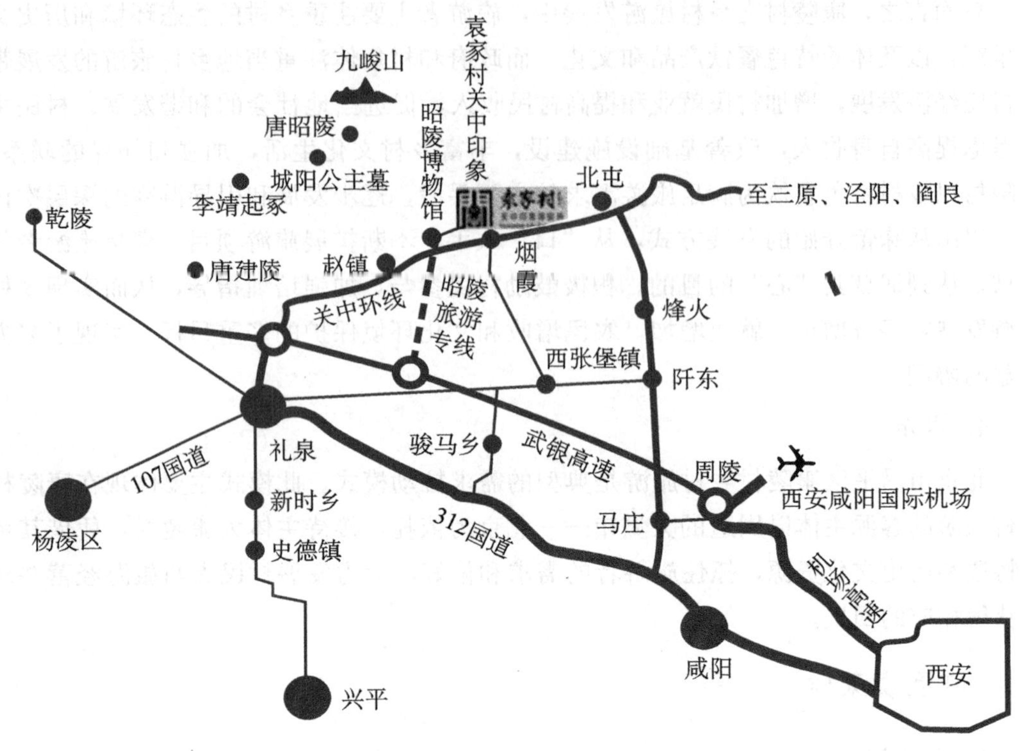

图 5-2　袁家村地理位置概况

在食品安全方面严格把关，打消消费者顾虑，如经营者签订承诺书、规定不得使用防腐剂等，做到“运营十年未发生一起食品安全事件”。在发展过程中，礼泉县委县政府在政策、资金、人才、管理等多方面支持袁家村的发展。

在发展起步后，袁家村根据实际情况引进外来资本，适度扩大经营范围。如天元假日酒店、左右客酒店、南门客栈等酒店相继营业，投资额均在 2 000 万元以上；在袁家村的商业街，有民俗绝技的商家可免租金、管理费和水费入驻，如此招商引进共 300 余各类业态商家，成为吸引游客的基本盘。此外，自 2007 年起，袁家村斥资1 500 万元打造袁家村关中印象体验地，突出关中民间生活形态和传统特色作坊；2015 年，袁家村在西安曲江开始经营第一家餐饮体验店，投资 600 万，9 个月收回成本，目前类似的体验店已有 8 家，店面面积超过 700 平方米，但投资回报率极高，投资回收年限不到 1 年。袁家村 2007—2017 年游客接待量见图 5-3。

可以看出，袁家村在发展的不同阶段，主要的驱动要素不同。发展早期，基层政府和村民是主要的行动者，部分乡村旅游的先锋农户率先在政策刺激下开始经营，早期开发的得益通过村集体股份制经营使农户获益，从而鼓励农户参与并合作经营；逐步规范发展后，则在客源的需求下逐步扩展经营范围，吸引外来商户提供新业态，更好地满足客源需求；同时积极运用和引进资本，扩展经营的利润空间，实现旅游产品的高级演化。

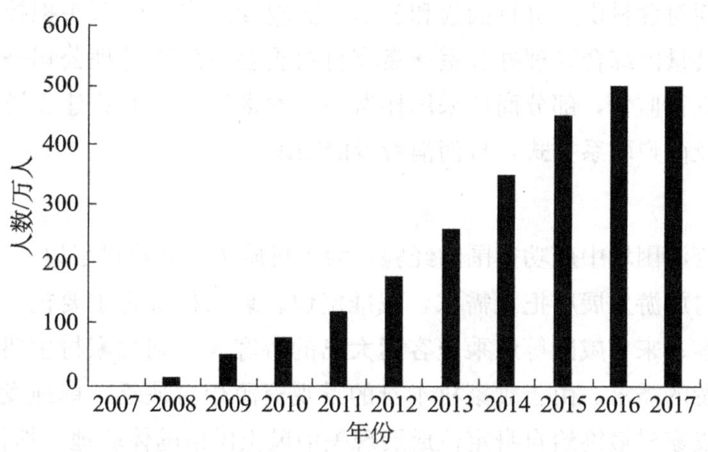

图 5-3　袁家村 2007—2017 年游客接待量

3. 发展困境与具体措施

袁家村在发展乡村旅游的过程中，不同阶段面临着不同的困难。对旅游资源匮乏、村民缺乏经营动力等诸多问题，袁家村建立了一整套制度机制加以解决，为乡村旅游的发展提供了一个良好的范例。

第一，针对早期旅游资源匮乏、农户缺乏信心的问题，袁家村采取了村干部带头、村集体支持、以奖代补等方式，为乡村旅游发展赋予了初始动能。通过建立共享机制，实现村民的共同致富，从而使乡村旅游成为全体村民共同的事业，充分激发了村民的积极性。如 2007 年的鼓励政策，给予村上前五户经营农家乐的村民 50%的补助。此外，袁家村村委会在发展乡村旅游初期就规定：村民必须留在本村，同时村民均可享受旅游公司的分红，使村民个人利益与乡村旅游发展之间实现了深度的利益捆绑。为了更好地鼓励村民参与，调动村民积极性，袁家村组织起村民合作社，以股份制管理的形式保障村民利益的分配，安排经营项目，避免了村民扎堆经营高利润产品。

第二，针对村庄景观资源匮乏、缺乏旅游吸引力的问题，袁家村抓住客源需求，以小吃为突破口，实现了一产、二产和三产的结合。为提高小吃的口味，袁家村广泛邀请关中手艺能人前往袁家村开店；为避免同质化竞争，村干部对引进小吃严格审核把关，仅允许品质最好的数家商户在袁家村开业，确保每家店铺在袁家村都是优质独特的。值得一提的是，袁家村从 2007 年以来，招商引进近 300 家各类业态商家，未向任何商户收取房屋租赁或扣点提成。与此同时，严格筛选商户资质，允许技术高超的商户免费入驻商业街，免收租金、管理费和水费，使袁家村吸引了一大批优秀的商家入驻，以优中选优的策略提升了产品竞争力。

第三，对游客关于食品安全的顾虑，袁家村采取了一系列措施保障食品安全，做到十年没有食品安全事件发生。为保障食品安全，袁家村自建食材加工厂，与养殖场、农场和蔬菜基地等建立合作关系，确保每家经营户所用食材均由商会采购，并与质检部门合作，定期对食材供给进行抽检和公示，实现食品安全的源头把控。在管理机制上，形成礼泉县景区综合管理办公室→袁家村村委会→旅游管理公司→小吃商户的多层次管理模式进行监督，部分商户采用朴素的“发毒誓”的方式建立游客的信赖，公布原材料出处及商户联系方式，打消消费者的顾虑。

4. 启示

袁家村从资源困境中成功突围的经验，为乡村旅游发展提供了以下三点启示。

第一，乡村旅游发展应把握需求，找准定位。袁家村游客主要包括昭陵游客、周边城市自驾游客、来自咸阳等地乘坐客运大巴的游客等，到袁家村主要为满足周末休闲或短途过境游的需求。由于袁家村本身的景观资源相对缺乏，单纯发展观光旅游的条件不充分，袁家村最终给自身定位成展现关中风土民俗的体验地，抓住客源在“食”方面的核心需要，大力发展关中特色小吃，成功获得游客的青睐。袁家村从发展关中小吃着手，开发乡村民俗旅游，正是因为把握了客源需求的关键点，找到了自身资源的有效利用途径。

第二，乡村旅游发展应建立长期合作机制，保障多方主体受益。袁家村以村民合作社的形式组织村民加入，以袁家村旅游公司为头部节点，对美食小吃街、粉条、醋、辣椒等数十个合作社进行统一管理，协调各合作社的经营，确保产品结构合理配置，产品质量严格把关，展现出良好的商业生态和经营面貌。与此同时，合作社由村民入股创办，每年按股分红，同时规定高收入者少入股、低收入者多入股，减少了村民的贫富差距，调动起全体村民的主人翁意识，主动为乡村旅游发展出力。由此可见，合理的利益分配机制能够更好地调配资金、土地、人力等资源，使得乡村旅游发展进入“增长→增收→增长”的良性循环。

第三，乡村旅游发展应具备品牌意识，注重建立信誉和口碑。对村民来说，袁家村村干部及旅游公司通过对村民履行入股分红的承诺树立了信誉，使村民充分发挥技能和创造力参与乡村旅游经营，积极配合乡村旅游发展各阶段的各类工作。对入驻商家来说，袁家村履行了免租免提成的承诺，使商家能够减少负担专注产品，众多商户个体的成功形成集聚效应，共同构成了欣欣向荣的商业生态。对游客来说，袁家村履行了“保障食品安全”的承诺，确保小吃真材实料、质检达标，打造了安全、负责任的旅游目的地形象，在乡村旅游市场上赢得了口碑。可以看出，乡村旅游发展是基层政府与农户、地方政府与外来商户、经营者与游客等多方主体反复博弈的过程，建立信誉和口碑对乡村旅游的长远发展是尤为重要的。

（三）浙江杭州莫干山民宿业

1. 发展概况

德清县位于沪、宁、杭金三角的中心，总面积 937.92 平方公里，在最新的县域经济百强县（市）中排名第 37 位，拥有“全国休闲农业与乡村旅游示范县”“全省首批美丽乡村示范县”“中国低碳旅游示范县”“省旅游经济强县”等荣誉称号，对发展乡村旅游来说具有极佳的区位优势和经济基础。莫干山镇则是德清县西部的一个山乡镇，下辖 18 个行政村，3 个居民区，常住人口 3.1 万人。其境内的莫干山是国家 AAAA 级旅游景区，同时也是国家级风景名胜区和国家森林公园，风景优美，气候宜人。莫干山镇曾荣获“首批中国特色小镇”“全国环境优美乡镇”“中国国际乡村度假旅游目的地”“全国美丽宜居小镇”“浙江省首批风情小镇”“省级休闲农业与乡村旅游示范镇”等称号。

莫干山区域的民宿主要由“洋家乐”和本土民宿品牌体系组成，其中“洋家乐”的出现可追溯到 2007 年。一名在上海工作的南非人高天成（中文名）与妻子叶凯欣在骑车游览莫干山时被当地的自然风光和文化风情所吸引，于是租用了一些当地废弃民房进行改造升级，结合非洲文化元素和当地竹林山水的风韵，打造成一个放松心灵、亲近自然的乡村高端民宿，命名为“裸心乡”，后被《纽约时报》评为“世界上最值得一去的 45 个地方”之一。此后，高天成又陆续推出了裸心谷、裸心堡、裸心帆等项目，获得了很好的市场反响。在他的带动下，一批瞄准沪杭高收入白领的“洋家乐”民宿相继创办，如法国山居、大乐之野等一系列洋家乐品牌在此扎根，使莫干山民宿与其他地方民宿相比，有一些气质上的特色。

2014—2017 年莫干山民宿发展情况见图 5－4。目前，莫干山民宿投资规模仍在扩张。据不完全统计，莫干山当前在建、拟建高端洋家乐项目，计划投入资金超过 100 亿元，连同近年来公共基础设施投资、农户投资和已建成项目，预计总投资将超过 200 亿元。此外还有众筹资金，众筹网站中涉及民宿筹建超过 20 个，民间众筹资金超过 4 000 万元。

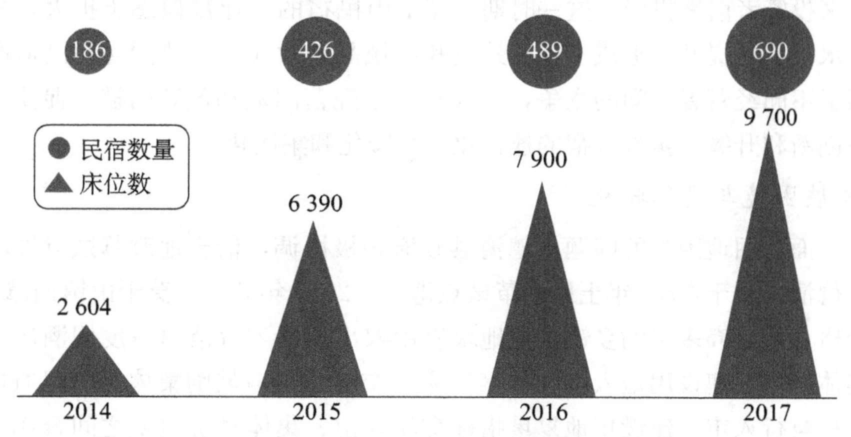

图 5－4　2014—2017 年莫干山民宿发展情况

数据来源：莫干山镇旅游办公室．

2．发展模式：产业驱动模式

莫干山乡村旅游的发展壮大与商业资本的介入密切相关。莫干山乡村旅游启动的契机正是“洋家乐”，2006 年高天成以每年 8 000～10 000 元一栋的租金，改造泥坯房，成立裸心谷民宿。早期民宿超高的投资回报率，吸引大量的资本进入，高天成创办裸心谷，仅用 1 个月就收回成本。在这样高的投资回报吸引之下，外国友人、外地客商和返乡人员纷纷开始投资进入民宿行业。乘着自媒体高速发展的东风，莫干山的线上营销如火如荼，业态集聚使得“莫干山民宿”的品牌在全国范围内得以打响。

不过，业态集聚也带来了激烈的竞争。2013 年前后，民宿投资收回成本的周期是 1～2 年，到 2018 年这个周期已延长到了 5～6 年。目前定位中高端的莫干山民宿的入门门槛已经达到了 250 万元，不含地租等费用，多数新开民宿需要 300 万的前期投入。在市场增长放缓、竞争加剧的趋势下，当地民宿业也面临转型升级的迫切需要。大多数外来资本已开始追求规模化经营，部分经营者开始拓展产业的上下游，向度假酒店的方向发展。

除了资本的力量之外，当地政府的积极配合和优越的地理位置也是莫干山发展的重要因素。在民宿业发展初期，政府尽可能地为民宿产业的发展扫除障碍，积极规范行业发展，共同推动莫干山民宿业的繁荣。莫干山镇党委书记陈金侃接受《财经天下》周刊采访时表示，像“裸心谷”这样的民宿，在消防上达不到酒店的标准，按照相关规定是开不了的。但政府觉得民宿可以改变莫干山，所以出台了一些民宿的管理方法，让他们有发展空间。在地理位置方面，2012 年上海居民人均可支配收入超过 4 万元，正处于消费升级的时间节点，莫干山民宿与上海相近，又赶上自媒体高速发展的风口，成功打响了莫干山的民宿品牌。

综上可知，莫干山乡村旅游的出现及发展壮大，主要是由民宿产业本身的扩张所驱动的。“裸心谷”的成功创办，成为一种低成本、高收益的乡村民宿业态范本，吸引了大量外来投资者前来投资。这一时期，莫干山民宿的产业规模逐步扩大，公共基础设施建设水平不断提升，形成了规模效应和区域品牌效应。与此同时，民宿产业的规模化加剧了不同经营者之间的竞争，大大提升了经营门槛和盈利门槛，促使经营者们寻求业态创新和升级，实现民宿的连锁化、品牌化和集团化。

3. 发展困境与具体措施

第一，面对用地困难的问题，德清县政府积极协调，借土地改革试点推动集体土地入市。德清县属于 2015 年土地改革试点地区，2015 年 8 月，莫干山镇仙潭村以 307 万元的价格，将废弃多年的乡镇企业地块使用权出让给“醉清风”度假酒店，成为全国农村集体经营性建设用地入市的“第一宗”交易。当地鼓励集体组织间通过“调换土地所有权自行入市、建设用地复垦指标交易入市、集体经济组织之间合作入市、镇级统筹整体规划统一入市”等多个实现路径，实现了农村集体土地入市的常态化。

第二，针对民宿行业存在的乱象，德清县政府规范市场秩序，为乡村民宿发展营造良好的制度环境。由于民宿行业准入门槛低，服务质量没有明确保障，2014 年年初，德清县政府颁布了《德清县民宿管理办法（试行）》，对当地民宿的经营行为制定了明文规范，重点关注民宿的建筑标准、消防配套、卫生环保等方面的标准。这一规定出台于莫干山民宿市场化的关键时期，对规范民宿经营、维护市场秩序有重要作用。

第三，针对民宿产业业态单一化导致的竞争问题，德清县政府有效协助旅游营销，引导产业布局。在民宿产业之外，莫干山政府积极打造历时全年的旅游产业链，在春夏秋冬各季设计特色旅游活动。此外，积极促进文旅融合，引进影视基地，将文化产业和旅游业发展结合起来，增强游客体验。

第四，针对后期同质化竞争严重、经营成本居高不下、客源分流等经营难题，莫干山经营者积极调整经营策略，以个性化、连锁化、品牌化、集群化等多种方式寻求突破。在莫干山民宿业发展初期，强大的赚钱效应吸引了源源不断的投资者进入这个市场，导致莫干山民宿同质化严重，很多民宿主都想实现快速变现，在细节和服务方面不尽人意。此外，桐庐、舟山等地方的乡村旅游也发展起来，分流了许多游客。不少民宿推出了特色服务，如曾经接受过央视报道的民宿“莫梵”，推出了12道风味笋宴，希望能够吸引客人前来。还有的也推出一些配套服务，如乡野体验，带游客上山摘果子等。目前，一些民宿品牌已经形成了民宿集群，共同构成乡村度假区的特色生态。

4. 启示

从井喷式增长到寻求新的突破，莫干山在发展过程中积累了一些经验和教训，可以概括为以下三条。

第一，对乡村民宿发展来说，周边基础设施建设是重要的基础条件。莫干山民宿高速发展期吸引了大量客流，但与之配套的路面硬化、公共交通、停车场等基础设施的承载能力目前仍低于实际客流，造成一定程度的拥堵，给游客出行带来不便。当地政府应积极采取措施，提升基础设施配套水平，如拓宽延伸水泥道路、开设新的公交路线、规划停车区域等，积极解决相关问题。

第二，适当的土地政策有助于激发市场活力，推动乡村旅游的发展。德清县作为土地改革试点地区，积极推动集体经营性建设用地入市流通，建立起了常态化的农村土地入市途径，盘活了当地的闲置土地资源。然而，莫干山民宿发展中土地短缺问题仍然存在，土地审批的烦琐流程限制了民宿业的发展。莫干山政府可在土地使用方面推进“最多跑一次改革”，简化民宿用地审批程序；对当地农户利用自有房屋改造民宿的，应当在政策上适当支持。

第三，重视差异化竞争和品牌营销的作用。莫干山经营者对市场开发和培育十分重视，采取多种线上和线下营销手段树立民宿品牌。“洋家乐”发展早期，主要通过权威传统媒体进行宣传，如《纽约时报》、英国《金融时报》《福布斯杂志》等，树立高端、概念化的品牌形象，在高收入商务群体中培育了相当的客群。此后，莫干山民宿普遍借助线上平台宣传营销，设计配套网站、举办线上评选、借助自媒体推荐等，2011年德清县政府甚至成立了“洋家乐”官网，充分借助了线上平台的力量。营销策略的成功是莫干山成为全国乃至国际民宿品牌的重要因素。

第六章　文化、旅游和体育融合分析

一、文化、旅游和体育融合路径分析

在政策环境、科学技术、市场需求等多重推动下，在文化休闲发展中，许多新型业态层出不穷。由于各产业的产业基础、特色和技术优势不尽相同，它们之间的融合路径与模式差异明显。根据文化休闲相关产业融合的内在规律和外在表现，经过系统地整理、归纳和分析，将文化、旅游和体育融合路径分为以下六种。

（一）资源融合

资源融合主要是指某一产业以另一产业的资源的形式而融入另一产业之中。资源融合是对两个产业的创新组合，拓展了产业的外延，丰富了产业资源类型，产生了多种同时兼具两产业特性的新型业态。旅游产业与其他产业的资源融合最为典型。在旅游产业和其他产业的资源融合中，旅游产业作为载体，其他产业作为主要吸引物，后者以旅游资源的形式融入前者，产生了农业旅游、节庆旅游、工业旅游、医疗旅游等新型业态。相比于其他融合路径，资源融合是一种较为简单的融合路径，易实施，应用范围也较广。

（二）技术融合

技术融合是指在技术创新的推动下，技术在某个产业内部或多个产业之间扩散与渗透，解构与重组原属于不同产业的价值链环节，促进产业间交融，形成新型产业业态的融合方式。随着产业的不断积累、探索和创新，产业要素、范围、运行模式等不断变化，即产业逐渐发展与完善。产业的发展与创新离不开技术的支持。技术融合主要表现为某一产业依托其原有的技术优势融入另一个产业和现代高新技术直接应用于某个文化休闲相关产业两种形式。关于第一种形式的融合，例如文化创意产业、动漫产业依托其技术优势融入旅游业，形成新型旅游业态，如烟雨西湖等。第二种形式的融合更为直接和广泛。比如信息技术广泛应用在休闲资源的整合与开发、休闲项目的规划与实施，休闲市场的开拓与营销中。信息技术加速了文化休闲相关产业的改革与创新，提高了其科技含量和发展水平。比如依托网络平台技术和支付技术，可以在线购买电影票和体育比赛门票并选座、预订旅游路线与景点门票等。还有“鹰眼”技术（即时回放系统）被广泛应用到体育比赛之中，使得比赛更加公平公正。

（三）组织融合

组织融合是企业层面上的融合，主要是指从属不同产业的企业基于市场需求通过组织内部结构创新，重构双方产业价值链，实现管理体制、组织模式、商业模式上的整合，成为一个组织的过程。组织融合的主体是企业，企业是产业融合的载体，是对产业融合的落地。组织融合有利于降低企业成本，扩大企业规模，增强企业实力，提高企业竞争力。比如文化产业与旅游产业的组织融合产生了文旅产业和文旅企业，文旅企业兼具着文化企业和旅游企业的属性，同时也融合了两种企业的特点而创新出其独有的特性。相比于单一属性的文化企业或旅游企业，文旅企业能够更好地整合和利用文化与旅游两方面的资源，具有更好的灵活性，更利于企业发展与壮大。组织融合的主要表现为企业收购、并购、重组与联盟等。

（四）人才融合

人才融合是指在产业融合过程中，各产业的专业人才通过相互学习、交流，能够掌握本产业外其他产业的专业知识与技能，成为产业融合中需要的复合型人才的过程。企业之间、国家之间的竞争归根到底都是人才的竞争。人才是社会进步、国家富强和企业发展壮大的核心动力，人才融合是产业融合的关键。产业融合使得企业对人才的要求从专业性人才逐渐向复合型人才转变。比如旅游产业与体育产业的融合就要求体育行业的专业人才要懂得旅游产业的运作与经营，旅游产业的专业人才也要熟悉体育产业的经营模式。目前，文旅融合已经成为产业融合的重点与热点，全国各地打造文旅小镇、文旅产业综合体的热情高涨，相应的，具有较好文旅方面的知识与技能的复合型人才成为产业融合中不可或缺的宝贵资源。通过人才融合，能够实现理念创新、知识创新、技术创新、业态创新，有利于企业的发展与进步。

（五）功能融合

功能融合指的是两个或多个产业以其类似或共同功能为融入点的融合。每个产业都有其主要功能和附加功能，比如旅游的功能有增加见识、放松身心等，文化的功能有知识传承、陶冶情操等。当基于产业的共同功能将产业组合成新型业态，能够进一步凸显和强化该功能，拓展了产业的发展方式，提升了产业竞争力，实现产业间融合发展。比如旅游和体育都有使人身心放松的功能，以此为融合点，产生了体育旅游这种新型业态。体育旅游兼具两者的共同功能的同时，又进一步强化了这一功能，使得参与者能够获得更好的体验感。由休闲产业有关的功能融合形成的新型业态主要有研学旅游、奖励旅游等。

(六) 市场融合

市场融合是指在以上其他融合的基础上，产业以提高市场份额为目标的融合。一方面，市场融合表现在产业间打破其市场边界，实现市场共拓，获得更大市场份额。比如旅游房地产业，房地产产业进入旅游市场的同时旅游产业也进入房地产市场，两者以市场为融合点，互相扩大市场，实现合作共赢。另一方面，市场融合也表现在产业依赖技术等手段，拓宽市场渠道，各种市场渠道融合发展，市场规模得到扩大。比如，以前的电视剧传播渠道单一，主要通过电视机传播，电视剧市场较小。进入信息化时代，电视剧不仅可以通过电视机进行传播，更可以通过手机、电脑、平板等多种渠道获取。电视剧产业的市场渠道从之前的单一发展到现在的融合发展，电视剧市场规模明显扩大，产业竞争力得到极大提升。

以上就是文化、旅游和体育融合的六种融合路径。在融合发展的过程中，六种融合路径相得益彰、互相促进，共同推进新业态发展。其中，资源融合是基础，技术融合是内在动力，组织融合是主体，人才融合是关键，功能融合是核心，市场融合是结果。

二、文化、旅游和体育融合模式分析

基于前人的智慧，并结合作者的思考，将文化、旅游和体育融合模式分为延伸融合模式、渗透融合模式和重组融合模式三种。

(一) 延伸融合模式

延伸融合模式是指通过产业间的功能互补和产业价值链的环节延伸，打破产业间边界，实现产业交叉融合的模式。延伸融合能够给产业赋予新的附加功能，增强产业生命力。文化、旅游和体育的延伸融合主要有以下三种。第一种，文化、旅游和体育之间的相互延伸融合。比如，文化产业向旅游产业延伸，创新出文化创意主题公园等文旅产品；旅游产业向文化产业延伸创新出动漫产业园景点化等新型业态。第二种，其他产业向文化、旅游和体育产业延伸。如早在1995年，国内家电企业海尔集团投资出品了一部大型动画片《海尔兄弟》，动画片成功塑造了“海尔哥”和“海尔弟”等角色。之后，海尔集团开始涉足文化产业，逐渐建立自己的文化产业生态圈，如2019年海尔集团在山东青岛建立海尔兄弟环球大冒险主题乐园等。第三，文化、旅游和体育向其他产业延伸。如作为全球著名的娱乐公司，迪士尼集团制作了《白雪公主和七个小矮人》《米老鼠和唐老鸭》等风靡全球的动画，创造了“米老鼠”“白雪公主”“唐老鸭”等经典动漫形象。随着在动漫产业的巨大成功，以此为起点，迪士尼集团沿着影视制作—主题公园—电视网络—零售—出版—互联网业的融合发展之路迈进。

（二）渗透融合模式

渗透融合模式是指高新技术及其产业通过技术融合，向其他产业渗透融合的模式。通过这一融合模式，原有产业的技术含量得到增强，产业内涵得到丰富，产业增值能力增强。作为第三产业，技术对文化、旅游和体育的渗透更为显著。比如，一次次的技术创新给游戏产业带来了巨变。在网络技术还未出现前，扑克牌、麻将等传统游戏一统“天下”，游戏产业规模较小。随着信息技术的逐渐成熟，网络游戏逐渐兴起，从一开始扫雷等简单游戏逐渐发展到魔兽世界等大型游戏，从电脑游戏发展到手机游戏，网络游戏的种类越来越丰富，游戏画面越来越逼真。近年来，增强现实技术（AR）和虚拟现实技术（VR）的出现又将引爆游戏产业，沉浸式、体验式的AR/VR游戏将是未来游戏产业发展的热点。可以看出，技术对游戏产业的渗透融合是游戏产业更新换代、不断发展的持续动力。

（三）重组融合模式

重组融合模式是指不同产业之间或产业内部各行业之间通过产业价值链的解构与重构，重新组合成新的价值链，实现产业融合的模式。文化、旅游和体育的重组融合主要表现在两个方面。一方面表现为文化、旅游和体育之间的重组融合。比如，娱乐传媒龙头企业光线传媒控股猫眼文化，整合和重组其电影产业链，提速电影市场，增强企业竞争力。另一方面表现为文化、旅游和体育与其他产业的重组融合。比如，近些年，腾讯集团投资和收购了不少的公司，在游戏方面，投资了永航、LeveUp和多家韩国游戏开发商等，收购了游戏谷、网域、Riot Games等多家游戏公司；在移动互联方面，投资了虎牙、快手、斗鱼等，在电子商务方面，投资了同程网、高朋、拼多多等；在其他方面，投资了金山软件、阅文集团等。通过投资、收购等方式，腾讯集团重组内部组织结构，整合产业链，逐渐成为文化创意产业的龙头企业。

三、文化、旅游和体育融合程度测算分析

（一）指标选取与数据来源

从环境、基础设施、资源、发展四个维度，选取衡量文旅体融合的评价指标，由

于它们均属于核心休闲产业，其产业环境、基础设施、资源的评价指标相似，因此主要从发展的角度来衡量三者，因此，其评价指标如表 6-1 所示。

表 6-1 旅游产业、文化产业和体育产业融合发展评价指标

一级指标	二级指标	属性
旅游	入境旅游人数（万人次）	正向
	国际旅游（外汇）收入（万美元）	正向
	国内旅游人数（万人次）	正向
	国内旅游收入（亿元）	正向
	5A 级景区数（个）	正向
文化	国家文化出口重点企业数（个）	正向
	国家文化出口重点项目数（个）	正向
	国家文化产业示范基地数（个）	正向
	艺术表演团体数（个）	正向
	电影院数（个）	正向
	书店数（个）	正向
	电视节目综合人口覆盖率（%）	正向
	广播节目综合人口覆盖率（%）	正向
	文化、体育和娱乐业年末城镇单位从业人员（人）	正向
体育	体育场馆数（个）	正向
	体育俱乐部数（个）	正向
	体育彩票销售点（个）	正向

（二）模型选择

关于产业融合的研究方法，目前主要有面板数据分析模型、灰色关联法、Lotka-Volterra 模型、耦合度模型、融合度分析模型等。借鉴袁俊、高智、刘定惠、杨永春等学者的研究，借鉴物理学中耦合度的原理，构建我国城市文旅体产业发展的融合发展模型。

1. 数据无量纲化

为了消除原始数据在量纲上的差异，采用极差标准化的方法对所有数据进行无量纲化处理。具体计算公式为：

$$m_{ij}=\begin{cases}\dfrac{x_{ij}-x_{min}}{x_{max}-x_{min}} & \text{正向指标}\\[2ex] \dfrac{x_{max}-x_{ij}}{x_{max}-x_{min}} & \text{负向指标}\end{cases} \tag{6-1}$$

式中：x_{ij} 和 m_{ij} 分别表示第 i 个城市第 j 个指标的原始数据和无量纲化后的数据；x_{max} 和 x_{min} 分别是原始数据的最大值和最小值。

2. 确定权重

为了尽量避免主观赋值法的主观性，使用熵值法确定权重，具体计算如下：

第一步，计算无量纲化数据的比重 v_{ij} ：

$$v_{ij}=\frac{m_{ij}}{\sum_{i=1}^{t} m_{ij}} \tag{6-2}$$

第二步，计算第 j 个指标的熵值 f_j ：

$$f_j=-\frac{\sum_{i=1}^{t} v_{ij} ln\, v_{ij}}{lnt} \tag{6-3}$$

第三步，计算第 j 个指标的权重 w_j ：

$$w_j=\frac{1-f_j}{\sum_{j=1}^{n}(1-f_j)} \tag{6-4}$$

3. 建立综合发展指数

$$Q_{it}=\sum_{j=1}^{n} w_j m_{ij} \tag{6-5}$$

式中，Q_{it} 表示第 i 个城市 t 产业的综合评价指数，$Q_{it}\in[0,1]$，值越大，t 产业发展水平越好，反之亦然。

建立两产业的综合发展指数，以反映两者的整体发展水平对融合度的贡献，具体公式如下：

$$Z_i=\alpha\sum_{t=1}^{2} Q_{it} \tag{6-6}$$

式中，Z_i 为第 i 个城市的综合发展指数，α 均为待定系数。由于学者们关于文旅体产业对地区的经济发展的重要性没有统一的认识，无法判断孰重孰轻，故 α 设定为 0.5。

建立三产业的综合发展指数，反映三者的整体发展水平对融合度的贡献，具体公式如下：

$$Z_i'=\beta\sum_{t=1}^{3} Q_{it} \tag{6-7}$$

式中，Z_i' 为第 i 个城市的综合发展指数，β 均为待定系数。与两产业同理，β 设定为 1/3。

4. 建立融合度模型

在学术界，物理学中的要素之间的耦合度模型通常被用来衡量多个系统的融合度，因此，基于耦合系数来构建两个产业系统的融合度模型，具体的计算公式为：

$$C_i = \sqrt{\prod_{t=1}^{2} Q_{it} / \left(\sum_{t=1}^{2} Q_{it}\right)^2} \quad (6-8)$$

式中：C_i 为第 i 个城市两产业的融合度，$C_i \in [0,1]$，值越大，两个产业间相互作用越强；反之，越弱。由于融合度只能说明两产业之间相互作用的强弱，无法反映产业融合发展水平的高低，故进一步计算两产业的融合发展度，计算公式如下：

$$D_i = \sqrt{Z_i * C_i} \quad (6-9)$$

D_i 为第 i 个城市两产业的融合发展度，$D_i \in [0,1]$，值越大，两产业的融合发展水平越好；反之，越差。

同理，构建三个产业系统的融合度模型，具体计算公式为：

$$C_i^{\circ} = \sqrt[3]{\prod_{t=1}^{3} Q_{it} / \left(\sum_{t=1}^{3} Q_{it}\right)^3} \quad (6-10)$$

式中：$C_i^{\circ} \in [0,1]$，为第 i 个城市三产业的融合度。C_i° 值越大，三产业间相互作用越强；反之，越弱。进一步计算三产业的融合发展度，计算公式如下：

$$D_i^{\circ} = \sqrt{Z_i * C_i^{\circ}} \quad (6-11)$$

$D_i^{\circ} \in [0,1]$，为第 i 个城市三产业的融合发展度，D_i° 值越大，三产业的融合发展水平越好；反之，越差。

5. 评价标准

在参考前人研究的基础上，结合笔者的思考总结，将融合发展度划分为 5 个等级，分别为高度融合、中高度融合、中度融合、中低度融合和低度融合，如表 6-2 所示。

表 6-2 融合发展度评价标准

等级	高度融合	中高度融合	中度融合	中低度融合	低度融合
数值	[0.8—1]	[0.6—0.8)	[0.4—0.6)	[0.2—0.4)	[0—0.2)

(三) 结果分析

经测算，我国文旅体两两之间以及三者整体的融合发展情况如表 6-3 和表 6-4 所示。接下来，分别对结果进行深入分析。

1. 文旅融合结果分析

从表 6-3 可知，在 294 个城市中，文旅的平均融合发展度为 0.133，其中 108 个城市的文旅融合发展度高于平均值，所占比重为 36.73%，其余 186 个城市低于平均值。北京的文旅融合发展度最高，为 0.616，也是唯一一个融合发展度等级为中高度融合的城市。上海和广州的文旅融合发展度位列第二、第三位，分别为 0.535 和 0.456，融合发展度等级为中度融合。重庆等 35 个城市融合发展度等级为中低度融合，所占比重为 11.9%；南昌等 256 个城市融合发展度等级为低度融合，所占比重高达

87.07%。进一步来看，融合发展度等级处于中高度和中度的3个城市均位于东部地区。融合发展度等级处于中低度的35个城市中，有18个城市位于东部，8个位于中部，9个位于西部，所占比重分别为51.43%、22.86%和25.71%。分八大经济区来看，35个中低度融合城市中，东部沿海城市最多，为8个，占比达到22.86%，而该等级中大西北地区的城市只有2个。融合发展度等级处于低度的256个城市中，79个东部城市，92个中部城市，85个西部城市，所占比重分别为30.86%、35.94%和33.2%。分经济区看，长江中游地区的城市最多，高达48个，所占比重为18.75%；东部沿海地区的城市最少，仅为16个，所占比重为6.25%。

2. 旅体融合结果分析

在294个城市中，旅体平均融合发展度为0.170，其中120个城市的旅体产业融合发展度高于平均值，所占比重为40.82%，还有59.18%的城市低于平均值。仅北京一个城市的旅体产业融合发展度等级达到中高度，值为0.612。旅体产业融合发展等级为中度的城市有7个，占比为2.38%。厦门等70个城市融合发展度等级为中低度融合，所占比重为23.81%；安阳等216个城市融合发展度等级为低度融合，所占比重高达73.47%。8个融合发展度等级处于中高度和中度的城市中5个位于东部地区。在70个中低度融合发展度等级的城市中，东中西部城市分别有40个、19个和11个，所占比重分别为57.14%、27.14%和15.71%。分经济区域来看，有17个城市位于东部沿海地区，占比达到24.29%，所占比重最大；而东北地区仅有4个，占比最小。融合发展度等级处于低度的216个城市中，东中西部城市分别有55个、80个和81个，所占比重分别为25.46%、37.04%和37.5%。分经济区域来看，西南地区和东部沿海分别是该等级城市分布最多和最少的经济区域，城市数分别为41个和6个，分别占比为18.98%和2.78%。

3. 文体融合结果分析

在294个城市中，文体平均融合发展度为0.151，其中高于平均值的城市达到105个，所占比重为35.71%，还有64.29%的城市低于平均值。与文旅、旅体融合结果类似，北京的文体融合发展水平依然一枝独秀，数值为0.658，是唯一一个融合发展度等级为中高度融合的城市。排名第二的是上海，它的文体融合发展度为0.595，也是唯一一个文体中度融合的城市。南京的文体融合发展度位列第三，它与昆明、天津等共50个城市为中低度融合，所占比重为17.01%；济宁等242个城市文体融合发展度等级为低度融合，占比高达82.31%。中高度和中度融合发展度等级的2个城市均是东部城市；中低度融合发展度等级的50个城市中，东部城市有30个，中部城市有12个，西部城市有8个，所占比重分别为60%、24%和16%。从八大经济区域来看，东部沿海城市有13个，占比为26%，依然是该等级城市分布最多的经济区域；而大西北地区的城市仅有2个，占比为4%。242个低度融合城市中，东部城市有68个，中部城市有88个，西部城市有86个，所占比重分别为28.1%、36.36%和35.54%。该等级城市分布最多的区域为长江中游地区，数量达到46个，占比为19.01%；分布最少的区域为东部沿海地区，数量为11个，占比为4.55%。

表6-3 中国城市文旅、旅体和文体融合发展度与融合等级

排名	文旅融合			旅体融合			文体融合		
	城市	融合发展度	等级	城市	融合发展度	等级	城市	融合发展度	等级
1	北京市	0.616	中高度	北京市	0.612	中高度	北京市	0.658	中高度
2	上海市	0.535	中度	上海市	0.516	中度	上海市	0.595	中度
3	广州市	0.456	中度	重庆市	0.476	中度	南京市	0.385	中低度
4	重庆市	0.391	中低度	广州市	0.455	中度	昆明市	0.382	中低度
5	成都市	0.377	中低度	苏州市	0.439	中度	天津市	0.380	中低度
6	西安市	0.359	中低度	西安市	0.403	中度	重庆市	0.363	中低度
7	厦门市	0.350	中低度	武汉市	0.401	中度	广州市	0.362	中低度
8	武汉市	0.349	中低度	天津市	0.401	中度	长沙市	0.361	中低度
9	深圳市	0.349	中低度	厦门市	0.392	中低度	深圳市	0.355	中低度
10	昆明市	0.349	中低度	成都市	0.367	中低度	杭州市	0.352	中低度
11	苏州市	0.342	中低度	杭州市	0.362	中低度	苏州市	0.347	中低度
12	天津市	0.337	中低度	青岛市	0.360	中低度	成都市	0.343	中低度
13	南京市	0.328	中低度	南京市	0.360	中低度	宁波市	0.339	中低度
14	杭州市	0.326	中低度	泉州市	0.342	中低度	郑州市	0.338	中低度
15	长沙市	0.305	中低度	昆明市	0.339	中低度	武汉市	0.338	中低度
16	宁波市	0.303	中低度	长沙市	0.337	中低度	合肥市	0.335	中低度
17	福州市	0.271	中低度	深圳市	0.334	中低度	厦门市	0.317	中低度
18	合肥市	0.270	中低度	郑州市	0.325	中低度	西安市	0.309	中低度
19	长春市	0.256	中低度	福州市	0.318	中低度	青岛市	0.301	中低度
20	青岛市	0.255	中低度	无锡市	0.317	中低度	长春市	0.289	中低度
21	郑州市	0.253	中低度	长春市	0.315	中低度	沈阳市	0.285	中低度
22	桂林市	0.247	中低度	晋中市	0.302	中低度	福州市	0.279	中低度
23	洛阳市	0.246	中低度	洛阳市	0.297	中低度	温州市	0.278	中低度
24	金华市	0.243	中低度	保定市	0.297	中低度	哈尔滨市	0.274	中低度
25	无锡市	0.235	中低度	大连市	0.297	中低度	无锡市	0.271	中低度
26	南宁市	0.234	中低度	惠州市	0.296	中低度	南通市	0.267	中低度
27	大连市	0.229	中低度	宁波市	0.294	中低度	晋中市	0.265	中低度

续表

排名	文旅融合			旅体融合			文体融合		
	城市	融合发展度	等级	城市	融合发展度	等级	城市	融合发展度	等级
28	温州市	0.225	中低度	韶关市	0.288	中低度	金华市	0.264	中低度
29	韶关市	0.225	中低度	桂林市	0.280	中低度	南宁市	0.261	中低度
30	贵阳市	0.219	中低度	常州市	0.280	中低度	大连市	0.257	中低度
31	黄山市	0.218	中低度	沈阳市	0.276	中低度	济南市	0.253	中低度
32	沈阳市	0.217	中低度	嘉兴市	0.275	中低度	常州市	0.248	中低度
33	拉萨市	0.214	中低度	哈尔滨市	0.274	中低度	潍坊市	0.248	中低度
34	泉州市	0.210	中低度	合肥市	0.273	中低度	东莞市	0.248	中低度
35	保定市	0.209	中低度	温州市	0.269	中低度	南昌市	0.245	中低度
36	哈尔滨市	0.207	中低度	张家界市	0.268	中低度	石家庄市	0.244	中低度
37	乌鲁木齐市	0.205	中低度	济南市	0.268	中低度	沧州市	0.239	中低度
38	常州市	0.205	中低度	石家庄市	0.263	中低度	保定市	0.239	中低度
39	南昌市	0.192	低度	金华市	0.258	中低度	徐州市	0.239	中低度
40	嘉兴市	0.191	低度	贵阳市	0.257	中低度	泉州市	0.238	中低度
41	济南市	0.190	低度	南宁市	0.257	中低度	佛山市	0.234	中低度
42	晋中市	0.188	低度	镇江市	0.254	中低度	洛阳市	0.233	中低度
43	丽水市	0.181	低度	烟台市	0.252	中低度	临沂市	0.217	中低度
44	惠州市	0.180	低度	南通市	0.249	中低度	贵阳市	0.213	中低度
45	宜昌市	0.180	低度	衡阳市	0.245	中低度	扬州市	0.212	中低度
46	渭南市	0.179	低度	徐州市	0.242	中低度	乌鲁木齐市	0.209	中低度
47	石家庄市	0.178	低度	台州市	0.241	中低度	银川市	0.207	中低度
48	潍坊市	0.178	低度	十堰市	0.241	中低度	常德市	0.207	中低度
49	三亚市	0.178	低度	南昌市	0.240	中低度	太原市	0.206	中低度
50	湖州市	0.176	低度	赤峰市	0.239	中低度	盐城市	0.206	中低度
51	赤峰市	0.174	低度	潍坊市	0.237	中低度	嘉兴市	0.205	中低度
52	南通市	0.174	低度	唐山市	0.235	中低度	衡阳市	0.203	中低度
53	宝鸡市	0.172	低度	漳州市	0.235	中低度	济宁市	0.199	低度
54	烟台市	0.171	低度	佛山市	0.232	中低度	中山市	0.196	低度
55	台州市	0.171	低度	宜春市	0.228	中低度	台州市	0.194	低度
56	扬州市	0.170	低度	临沂市	0.228	中低度	邢台市	0.194	低度
57	张家界市	0.168	低度	邯郸市	0.226	中低度	唐山市	0.194	低度
58	太原市	0.167	低度	上饶市	0.224	中低度	淄博市	0.194	低度

续表

排名	文旅融合			旅体融合			文体融合		
	城市	融合发展度	等级	城市	融合发展度	等级	城市	融合发展度	等级
59	佛山市	0.167	低度	赣州市	0.222	中低度	南阳市	0.192	低度
60	上饶市	0.167	低度	常德市	0.218	中低度	邯郸市	0.188	低度
61	银川市	0.166	低度	渭南市	0.218	中低度	张家界市	0.186	低度
62	济宁市	0.165	低度	绍兴市	0.217	中低度	淮安市	0.186	低度
63	安庆市	0.162	低度	芜湖市	0.216	中低度	赣州市	0.185	低度
64	宣城市	0.161	低度	汉中市	0.216	中低度	泰州市	0.185	低度
65	十堰市	0.159	低度	东莞市	0.215	中低度	湖州市	0.184	低度
66	邯郸市	0.159	低度	宜昌市	0.213	中低度	安庆市	0.182	低度
67	汉中市	0.159	低度	岳阳市	0.212	中低度	丽水市	0.181	低度
68	临沂市	0.158	低度	盐城市	0.211	中低度	烟台市	0.181	低度
69	梅州市	0.157	低度	湖州市	0.207	中低度	宜春市	0.180	低度
70	遵义市	0.155	低度	中山市	0.206	中低度	兰州市	0.177	低度
71	泰安市	0.154	低度	榆林市	0.204	中低度	镇江市	0.177	低度
72	汕头市	0.153	低度	威海市	0.203	中低度	连云港市	0.176	低度
73	徐州市	0.152	低度	咸阳市	0.203	中低度	桂林市	0.176	低度
74	丽江市	0.152	低度	济宁市	0.203	中低度	绍兴市	0.174	低度
75	承德市	0.152	低度	扬州市	0.202	中低度	张家口市	0.174	低度
76	安顺市	0.151	低度	淮安市	0.202	中低度	惠州市	0.173	低度
77	鄂尔多斯市	0.150	低度	呼伦贝尔市	0.202	中低度	周口市	0.172	低度
78	株洲市	0.148	低度	黄山市	0.202	中低度	泸州市	0.171	低度
79	乐山市	0.148	低度	安阳市	0.199	低度	岳阳市	0.171	低度
80	茂名市	0.147	低度	安庆市	0.198	低度	海口市	0.170	低度
81	咸阳市	0.146	低度	宝鸡市	0.197	低度	廊坊市	0.169	低度
82	威海市	0.146	低度	九江市	0.197	低度	鄂尔多斯市	0.168	低度
83	绍兴市	0.146	低度	银川市	0.197	低度	株洲市	0.167	低度
84	九江市	0.145	低度	汕头市	0.196	低度	襄阳市	0.167	低度
85	赣州市	0.145	低度	莆田市	0.195	低度	安阳市	0.166	低度
86	榆林市	0.145	低度	汕尾市	0.194	低度	泰安市	0.166	低度
87	泸州市	0.144	低度	泰安市	0.194	低度	遵义市	0.166	低度
88	安阳市	0.144	低度	焦作市	0.193	低度	梅州市	0.165	低度
89	张家口市	0.143	低度	秦皇岛市	0.193	低度	德阳市	0.163	低度

续表

排名	文旅融合			旅体融合			文体融合		
	城市	融合发展度	等级	城市	融合发展度	等级	城市	融合发展度	等级
90	芜湖市	0.142	低度	承德市	0.192	低度	自贡市	0.163	低度
91	泰州市	0.142	低度	南阳市	0.190	低度	宜昌市	0.162	低度
92	东莞市	0.140	低度	南平市	0.189	低度	上饶市	0.160	低度
93	延安市	0.140	低度	遵义市	0.189	低度	商丘市	0.160	低度
94	开封市	0.140	低度	鄂尔多斯市	0.187	低度	拉萨市	0.159	低度
95	岳阳市	0.139	低度	茂名市	0.187	低度	芜湖市	0.158	低度
96	漳州市	0.139	低度	太原市	0.185	低度	大庆市	0.158	低度
97	中卫市	0.138	低度	梅州市	0.185	低度	宣城市	0.157	低度
98	淄博市	0.137	低度	郴州市	0.185	低度	呼和浩特市	0.157	低度
99	中山市	0.137	低度	连云港市	0.182	低度	渭南市	0.157	低度
100	大同市	0.136	低度	三亚市	0.182	低度	六盘水市	0.156	低度
101	唐山市	0.135	低度	丽江市	0.182	低度	阜阳市	0.156	低度
102	盐城市	0.135	低度	乌鲁木齐市	0.181	低度	焦作市	0.153	低度
103	镇江市	0.135	低度	开封市	0.181	低度	九江市	0.152	低度
104	六安市	0.135	低度	宣城市	0.179	低度	开封市	0.152	低度
105	连云港市	0.135	低度	廊坊市	0.178	低度	蚌埠市	0.152	低度
106	自贡市	0.134	低度	乐山市	0.178	低度	大同市	0.151	低度
107	西宁市	0.134	低度	新乡市	0.178	低度	新乡市	0.151	低度
108	景德镇市	0.134	低度	襄阳市	0.177	低度	莆田市	0.151	低度
109	商洛市	0.132	低度	龙岩市	0.177	低度	赤峰市	0.149	低度
110	南阳市	0.132	低度	六安市	0.177	低度	漳州市	0.149	低度
111	兰州市	0.131	低度	临汾市	0.176	低度	许昌市	0.149	低度
112	襄阳市	0.131	低度	大同市	0.175	低度	宿迁市	0.149	低度
113	呼伦贝尔市	0.131	低度	宁德市	0.175	低度	包头市	0.149	低度
114	焦作市	0.131	低度	呼和浩特市	0.174	低度	珠海市	0.148	低度
115	汕尾市	0.129	低度	淄博市	0.174	低度	马鞍山市	0.148	低度
116	南充市	0.129	低度	吉林市	0.174	低度	承德市	0.148	低度
117	郴州市	0.129	低度	泰州市	0.174	低度	运城市	0.147	低度
118	宜春市	0.129	低度	南充市	0.172	低度	江门市	0.147	低度
119	衢州市	0.128	低度	六盘水市	0.172	低度	临汾市	0.146	低度
120	潮州市	0.128	低度	吉安市	0.172	低度	汉中市	0.144	低度

续表

排名	文旅融合			旅体融合			文体融合		
	城市	融合发展度	等级	城市	融合发展度	等级	城市	融合发展度	等级
121	临汾市	0.127	低度	商丘市	0.167	低度	衡水市	0.144	低度
122	宁德市	0.127	低度	乌兰察布市	0.167	低度	威海市	0.142	低度
123	秦皇岛市	0.126	低度	邵阳市	0.165	低度	吉林市	0.141	低度
124	衡阳市	0.125	低度	株洲市	0.164	低度	菏泽市	0.141	低度
125	忻州市	0.123	低度	大庆市	0.164	低度	黄山市	0.141	低度
126	吉安市	0.123	低度	张家口市	0.164	低度	湛江市	0.140	低度
127	德阳市	0.122	低度	池州市	0.164	低度	西宁市	0.140	低度
128	淮安市	0.122	低度	商洛市	0.163	低度	信阳市	0.139	低度
129	莆田市	0.121	低度	阜阳市	0.163	低度	中卫市	0.139	低度
130	海口市	0.121	低度	铜仁市	0.162	低度	平顶山市	0.139	低度
131	呼和浩特市	0.121	低度	忻州市	0.162	低度	汕头市	0.139	低度
132	运城市	0.121	低度	延安市	0.162	低度	德州市	0.138	低度
133	晋城市	0.120	低度	鞍山市	0.162	低度	榆林市	0.138	低度
134	铜仁市	0.120	低度	绵阳市	0.161	低度	六安市	0.137	低度
135	珠海市	0.120	低度	日照市	0.161	低度	景德镇市	0.135	低度
136	沧州市	0.120	低度	枣庄市	0.160	低度	咸阳市	0.134	低度
137	雅安市	0.118	低度	牡丹江市	0.160	低度	滁州市	0.134	低度
138	石嘴山市	0.118	低度	鹰潭市	0.160	低度	聊城市	0.134	低度
139	长治市	0.118	低度	平顶山市	0.160	低度	乐山市	0.134	低度
140	海东市	0.118	低度	长治市	0.157	低度	肇庆市	0.133	低度
141	廊坊市	0.117	低度	湛江市	0.157	低度	曲靖市	0.133	低度
142	新乡市	0.117	低度	珠海市	0.156	低度	枣庄市	0.133	低度
143	池州市	0.117	低度	三明市	0.155	低度	滨州市	0.132	低度
144	阜阳市	0.116	低度	兰州市	0.155	低度	黄冈市	0.132	低度
145	萍乡市	0.116	低度	清远市	0.155	低度	秦皇岛市	0.132	低度
146	驻马店市	0.116	低度	安顺市	0.154	低度	宁德市	0.131	低度
147	毕节市	0.115	低度	抚州市	0.154	低度	呼伦贝尔市	0.131	低度
148	绵阳市	0.113	低度	景德镇市	0.153	低度	延安市	0.130	低度
149	保山市	0.113	低度	晋城市	0.151	低度	邵阳市	0.130	低度
150	鹰潭市	0.113	低度	巴彦淖尔市	0.151	低度	乌兰察布市	0.129	低度
151	百色市	0.113	低度	驻马店市	0.150	低度	日照市	0.129	低度

续表

排名	文旅融合			旅体融合			文体融合		
	城市	融合发展度	等级	城市	融合发展度	等级	城市	融合发展度	等级
152	南平市	0.113	低度	丽水市	0.150	低度	驻马店市	0.129	低度
153	马鞍山市	0.113	低度	湘潭市	0.149	低度	宝鸡市	0.129	低度
154	牡丹江市	0.112	低度	蚌埠市	0.147	低度	齐齐哈尔市	0.128	低度
155	商丘市	0.112	低度	运城市	0.146	低度	吴忠市	0.128	低度
156	邵阳市	0.111	低度	保山市	0.146	低度	郴州市	0.128	低度
157	湛江市	0.111	低度	崇左市	0.146	低度	十堰市	0.127	低度
158	平顶山市	0.111	低度	邢台市	0.145	低度	荆州市	0.127	低度
159	肇庆市	0.110	低度	衢州市	0.144	低度	长治市	0.127	低度
160	吉林市	0.108	低度	马鞍山市	0.144	低度	鹰潭市	0.126	低度
161	龙岩市	0.108	低度	柳州市	0.144	低度	宿州市	0.125	低度
162	广元市	0.108	低度	肇庆市	0.144	低度	晋城市	0.125	低度
163	天水市	0.108	低度	海口市	0.143	低度	淮南市	0.125	低度
164	酒泉市	0.108	低度	滁州市	0.143	低度	吉安市	0.124	低度
165	湘潭市	0.108	低度	包头市	0.140	低度	绵阳市	0.124	低度
166	鞍山市	0.107	低度	盘锦市	0.139	低度	南充市	0.124	低度
167	邢台市	0.105	低度	许昌市	0.139	低度	三亚市	0.124	低度
168	阳江市	0.105	低度	伊春市	0.138	低度	孝感市	0.124	低度
169	大庆市	0.105	低度	毕节市	0.138	低度	玉溪市	0.120	低度
170	临沧市	0.104	低度	黑河市	0.138	低度	韶关市	0.119	低度
171	常德市	0.104	低度	舟山市	0.138	低度	内江市	0.119	低度
172	黄冈市	0.104	低度	黄冈市	0.138	低度	铜陵市	0.118	低度
173	曲靖市	0.102	低度	广元市	0.138	低度	龙岩市	0.117	低度
174	舟山市	0.102	低度	通化市	0.138	低度	雅安市	0.117	低度
175	遂宁市	0.101	低度	咸宁市	0.137	低度	通辽市	0.117	低度
176	枣庄市	0.101	低度	铜川市	0.136	低度	益阳市	0.116	低度
177	咸宁市	0.100	低度	绥化市	0.135	低度	石嘴山市	0.116	低度
178	张掖市	0.100	低度	萍乡市	0.135	低度	濮阳市	0.116	低度
179	铜川市	0.099	低度	沧州市	0.135	低度	东营市	0.116	低度
180	抚州市	0.099	低度	西宁市	0.134	低度	清远市	0.116	低度
181	三明市	0.099	低度	新余市	0.133	低度	怀化市	0.113	低度
182	怀化市	0.098	低度	江门市	0.133	低度	保山市	0.113	低度

续表

排名	文旅融合			旅体融合			文体融合		
	城市	融合发展度	等级	城市	融合发展度	等级	城市	融合发展度	等级
183	蚌埠市	0.098	低度	拉萨市	0.133	低度	吕梁市	0.112	低度
184	柳州市	0.098	低度	百色市	0.132	低度	忻州市	0.112	低度
185	许昌市	0.098	低度	阳江市	0.132	低度	河源市	0.112	低度
186	乌兰察布市	0.097	低度	鸡西市	0.131	低度	永州市	0.112	低度
187	清远市	0.097	低度	潮州市	0.131	低度	绥化市	0.112	低度
188	崇左市	0.097	低度	齐齐哈尔市	0.131	低度	南平市	0.111	低度
189	黑河市	0.096	低度	玉林市	0.129	低度	宜宾市	0.111	低度
190	包头市	0.096	低度	宜宾市	0.128	低度	亳州市	0.111	低度
191	宜宾市	0.096	低度	眉山市	0.128	低度	巴彦淖尔市	0.110	低度
192	广安市	0.096	低度	雅安市	0.127	低度	遂宁市	0.110	低度
193	周口市	0.095	低度	周口市	0.127	低度	鞍山市	0.110	低度
194	通化市	0.094	低度	永州市	0.126	低度	广元市	0.110	低度
195	日照市	0.094	低度	抚顺市	0.126	低度	丽江市	0.110	低度
196	玉林市	0.093	低度	曲靖市	0.125	低度	茂名市	0.109	低度
197	吕梁市	0.093	低度	丹东市	0.122	低度	铁岭市	0.109	低度
198	钦州市	0.092	低度	信阳市	0.121	低度	四平市	0.108	低度
199	玉溪市	0.092	低度	亳州市	0.120	低度	固原市	0.108	低度
200	荆门市	0.091	低度	吕梁市	0.120	低度	营口市	0.108	低度
201	齐齐哈尔市	0.091	低度	益阳市	0.119	低度	荆门市	0.107	低度
202	伊春市	0.091	低度	德州市	0.119	低度	三明市	0.107	低度
203	眉山市	0.090	低度	荆州市	0.119	低度	淮北市	0.107	低度
204	信阳市	0.090	低度	贺州市	0.118	低度	达州市	0.107	低度
205	荆州市	0.089	低度	聊城市	0.118	低度	钦州市	0.106	低度
206	本溪市	0.089	低度	怀化市	0.116	低度	潮州市	0.106	低度
207	内江市	0.089	低度	梧州市	0.116	低度	萍乡市	0.106	低度
208	江门市	0.089	低度	营口市	0.116	低度	抚州市	0.106	低度
209	盘锦市	0.089	低度	北海市	0.116	低度	柳州市	0.105	低度
210	绥化市	0.088	低度	宿迁市	0.115	低度	娄底市	0.105	低度
211	北海市	0.088	低度	德阳市	0.115	低度	衢州市	0.105	低度
212	永州市	0.087	低度	天水市	0.115	低度	新余市	0.105	低度
213	鸡西市	0.087	低度	荆门市	0.114	低度	湘潭市	0.104	低度

续表

排名	文旅融合			旅体融合			文体融合		
	城市	融合发展度	等级	城市	融合发展度	等级	城市	融合发展度	等级
214	普洱市	0.087	低度	张掖市	0.114	低度	佳木斯市	0.103	低度
215	巴彦淖尔市	0.086	低度	本溪市	0.114	低度	牡丹江市	0.102	低度
216	平凉市	0.086	低度	钦州市	0.113	低度	揭阳市	0.102	低度
217	娄底市	0.086	低度	淮南市	0.113	低度	安顺市	0.102	低度
218	滁州市	0.085	低度	宿州市	0.113	低度	黄石市	0.101	低度
219	衡水市	0.085	低度	广安市	0.113	低度	百色市	0.101	低度
220	阳泉市	0.083	低度	酒泉市	0.112	低度	庆阳市	0.100	低度
221	铁岭市	0.083	低度	泸州市	0.112	低度	盘锦市	0.099	低度
222	聊城市	0.082	低度	娄底市	0.112	低度	通化市	0.099	低度
223	贺州市	0.082	低度	河池市	0.111	低度	咸宁市	0.099	低度
224	抚顺市	0.082	低度	河源市	0.110	低度	葫芦岛市	0.099	低度
225	达州市	0.082	低度	东营市	0.110	低度	漯河市	0.098	低度
226	丹东市	0.081	低度	三门峡市	0.110	低度	天水市	0.098	低度
227	梧州市	0.081	低度	玉溪市	0.110	低度	资阳市	0.097	低度
228	铜陵市	0.081	低度	滨州市	0.110	低度	抚顺市	0.097	低度
229	巴中市	0.081	低度	平凉市	0.110	低度	玉林市	0.096	低度
230	宿迁市	0.081	低度	中卫市	0.110	低度	铜仁市	0.095	低度
231	益阳市	0.080	低度	普洱市	0.108	低度	松原市	0.095	低度
232	河源市	0.079	低度	通辽市	0.108	低度	三门峡市	0.093	低度
233	孝感市	0.079	低度	锦州市	0.107	低度	普洱市	0.093	低度
234	濮阳市	0.079	低度	濮阳市	0.107	低度	海东市	0.093	低度
235	贵港市	0.079	低度	菏泽市	0.107	低度	临沧市	0.092	低度
236	葫芦岛市	0.079	低度	双鸭山市	0.106	低度	锦州市	0.092	低度
237	淮南市	0.078	低度	内江市	0.105	低度	巴中市	0.091	低度
238	营口市	0.078	低度	嘉峪关市	0.103	低度	丹东市	0.091	低度
239	菏泽市	0.078	低度	揭阳市	0.103	低度	酒泉市	0.090	低度
240	揭阳市	0.078	低度	云浮市	0.102	低度	汕尾市	0.090	低度
241	德州市	0.078	低度	乌海市	0.102	低度	张掖市	0.089	低度
242	宿州市	0.078	低度	石嘴山市	0.101	低度	商洛市	0.089	低度
243	三门峡市	0.077	低度	遂宁市	0.101	低度	昭通市	0.089	低度
244	锦州市	0.077	低度	自贡市	0.100	低度	毕节市	0.088	低度

续表

排名	文旅融合			旅体融合			文体融合		
	城市	融合发展度	等级	城市	融合发展度	等级	城市	融合发展度	等级
245	河池市	0.077	低度	鹤岗市	0.100	低度	朔州市	0.088	低度
246	六盘水市	0.076	低度	衡水市	0.098	低度	白城市	0.088	低度
247	昭通市	0.076	低度	孝感市	0.098	低度	朝阳市	0.088	低度
248	双鸭山市	0.075	低度	达州市	0.096	低度	北海市	0.087	低度
249	吐鲁番市	0.075	低度	攀枝花市	0.096	低度	眉山市	0.086	低度
250	滨州市	0.074	低度	铜陵市	0.095	低度	梧州市	0.086	低度
251	新余市	0.074	低度	临沧市	0.095	低度	阳江市	0.086	低度
252	嘉峪关市	0.073	低度	安康市	0.094	低度	黑河市	0.085	低度
253	淮北市	0.073	低度	贵港市	0.094	低度	崇左市	0.085	低度
254	林芝市	0.073	低度	七台河市	0.094	低度	伊春市	0.085	低度
255	东营市	0.073	低度	来宾市	0.094	低度	阜新市	0.084	低度
256	乌海市	0.073	低度	黄石市	0.094	低度	舟山市	0.084	低度
257	防城港市	0.072	低度	佳木斯市	0.093	低度	辽阳市	0.084	低度
258	随州市	0.072	低度	朝阳市	0.093	低度	白山市	0.084	低度
259	七台河市	0.071	低度	防城港市	0.092	低度	攀枝花市	0.084	低度
260	亳州市	0.070	低度	朔州市	0.092	低度	池州市	0.083	低度
261	云浮市	0.069	低度	昭通市	0.091	低度	阳泉市	0.083	低度
262	吴忠市	0.069	低度	辽阳市	0.090	低度	定西市	0.083	低度
263	朔州市	0.069	低度	葫芦岛市	0.089	低度	安康市	0.082	低度
264	日喀则市	0.068	低度	资阳市	0.088	低度	河池市	0.082	低度
265	安康市	0.068	低度	海东市	0.087	低度	广安市	0.082	低度
266	鹤岗市	0.067	低度	白山市	0.085	低度	随州市	0.082	低度
267	黄石市	0.067	低度	松原市	0.084	低度	平凉市	0.081	低度
268	资阳市	0.066	低度	铁岭市	0.084	低度	鹤壁市	0.081	低度
269	固原市	0.066	低度	阳泉市	0.083	低度	贵港市	0.080	低度
270	攀枝花市	0.065	低度	林芝市	0.081	低度	云浮市	0.080	低度
271	通辽市	0.065	低度	阜新市	0.080	低度	鸡西市	0.080	低度
272	朝阳市	0.064	低度	巴中市	0.078	低度	来宾市	0.080	低度
273	来宾市	0.064	低度	漯河市	0.077	低度	白银市	0.077	低度
274	辽阳市	0.062	低度	淮北市	0.076	低度	武威市	0.075	低度
275	佳木斯市	0.061	低度	鹤壁市	0.072	低度	双鸭山市	0.075	低度

续表

排名	文旅融合			旅体融合			文体融合		
	城市	融合发展度	等级	城市	融合发展度	等级	城市	融合发展度	等级
276	松原市	0.060	低度	吐鲁番市	0.070	低度	辽源市	0.074	低度
277	白山市	0.060	低度	随州市	0.069	低度	贺州市	0.073	低度
278	庆阳市	0.058	低度	武威市	0.069	低度	陇南市	0.073	低度
279	陇南市	0.055	低度	白银市	0.069	低度	本溪市	0.072	低度
280	漯河市	0.054	低度	白城市	0.069	低度	嘉峪关市	0.069	低度
281	阜新市	0.052	低度	陇南市	0.063	低度	鹤岗市	0.068	低度
282	武威市	0.052	低度	庆阳市	0.062	低度	防城港市	0.068	低度
283	鹤壁市	0.052	低度	吴忠市	0.061	低度	鄂州市	0.066	低度
284	白银市	0.048	低度	定西市	0.058	低度	铜川市	0.065	低度
285	辽源市	0.046	低度	克拉玛依市	0.057	低度	七台河市	0.063	低度
286	定西市	0.044	低度	日喀则市	0.056	低度	乌海市	0.063	低度
287	昌都市	0.042	低度	昌都市	0.053	低度	克拉玛依市	0.061	低度
288	哈密市	0.042	低度	固原市	0.052	低度	哈密市	0.058	低度
289	四平市	0.042	低度	四平市	0.052	低度	林芝市	0.054	低度
290	白城市	0.042	低度	鄂州市	0.051	低度	金昌市	0.049	低度
291	山南市	0.041	低度	哈密市	0.050	低度	吐鲁番市	0.041	低度
292	克拉玛依市	0.041	低度	辽源市	0.043	低度	昌都市	0.040	低度
293	鄂州市	0.038	低度	金昌市	0.036	低度	日喀则市	0.034	低度
294	金昌市	0.031	低度	山南市	0.030	低度	山南市	0.022	低度

4. 文旅体融合结果分析

经测算，得到我国城市文旅体融合发展度，如表 6-4 所示。在 294 个城市中，我国城市文旅体平均融合发展度为 0.122，37.41%的城市高于平均值，62.59%的城市低于平均值。其中，没有融合发展度等级达到中高度及以上的城市，等级达到中度的城市只有 2 个，分别是北京和上海，其值分别为 0.513 和 0.447；等级为中低度的城市有 30 个，占比为 10.20%；等级为低度的城市有 262 个，占比为 89.12%。可以看出，我国城市文旅体融合水平不理想，没有城市文旅体融合水平处于高度融合状态，有 99.32%的城市融合发展度等级处于中低度或低度。

分城市来看，北京融合发展度排名第一，处于中度水平，其次是上海和广州，山南市的融合发展度最低，其次是金昌和昌都。中度融合的 2 个城市均位于东部。在中低度融合的 30 个城市中，分三大地带来看，有 17 个城市位于东部，8 个城市位于中部，5 个城市位于西部，分别占 56.67%、26.67%和 16.67%；分经济区看，东部沿海分布最多，为 7 个，占比 23.33%，北部沿海和长江中游均分布 3 个，占比最少，均为 10%。在低度融合的 262 个城市中，分三大地带来看，有 81 个城市位于东部，92 个城市位于中部，89 个城市位于西部，分别占 30.92%、35.11%和 33.97%。分经济区看，长江中游和东部沿海分别是分布最多和最少的区域，分别有 49 个和 17 个，占比分别为 18.7%和 6.49%。

表 6-4 我国城市文旅体融合发展度与融合等级

排名	文旅体融合			排名	文旅体融合		
	城市	融合发展度	等级		城市	融合发展度	等级
1	北京市	0.513	中度	148	忻州市	0.107	低度
2	上海市	0.447	中度	149	自贡市	0.106	低度
3	广州市	0.345	中低度	150	蚌埠市	0.106	低度
4	重庆市	0.333	中低度	151	枣庄市	0.105	低度
5	苏州市	0.305	中低度	152	肇庆市	0.105	低度
6	天津市	0.303	中低度	153	中卫市	0.105	低度
7	成都市	0.296	中低度	154	乌兰察布市	0.104	低度
8	武汉市	0.295	中低度	155	周口市	0.104	低度
9	南京市	0.292	中低度	156	许昌市	0.104	低度
10	昆明市	0.291	中低度	157	六盘水市	0.103	低度
11	西安市	0.290	中低度	158	包头市	0.103	低度
12	厦门市	0.287	中低度	159	日照市	0.102	低度
13	杭州市	0.283	中低度	160	衢州市	0.102	低度
14	深圳市	0.282	中低度	161	商洛市	0.102	低度
15	长沙市	0.272	中低度	162	鞍山市	0.101	低度
16	宁波市	0.255	中低度	163	黄冈市	0.101	低度
17	郑州市	0.247	中低度	164	铜仁市	0.100	低度
18	青岛市	0.247	中低度	165	保山市	0.100	低度
19	合肥市	0.238	中低度	166	牡丹江市	0.100	低度
20	福州市	0.236	中低度	167	潮州市	0.099	低度
21	长春市	0.233	中低度	168	雅安市	0.099	低度
22	无锡市	0.222	中低度	169	江门市	0.098	低度
23	大连市	0.212	中低度	170	清远市	0.098	低度
24	泉州市	0.210	中低度	171	曲靖市	0.097	低度
25	沈阳市	0.210	中低度	172	湘潭市	0.097	低度

续表

排名	文旅体融合			排名	文旅体融合		
	城市	融合发展度	等级		城市	融合发展度	等级
26	洛阳市	0.210	中低度	173	萍乡市	0.097	低度
27	温州市	0.209	中低度	174	三明市	0.096	低度
28	金华市	0.208	中低度	175	广元市	0.096	低度
29	南宁市	0.204	中低度	176	滁州市	0.096	低度
30	哈尔滨市	0.204	中低度	177	抚州市	0.096	低度
31	晋中市	0.202	中低度	178	池州市	0.095	低度
32	保定市	0.201	中低度	179	齐齐哈尔市	0.094	低度
33	常州市	0.198	低度	180	信阳市	0.094	低度
34	济南市	0.191	低度	181	百色市	0.094	低度
35	桂林市	0.188	低度	182	柳州市	0.093	低度
36	贵阳市	0.187	低度	183	巴彦淖尔市	0.092	低度
37	南通市	0.185	低度	184	毕节市	0.091	低度
38	石家庄市	0.184	低度	185	石嘴山市	0.091	低度
39	南昌市	0.183	低度	186	宿迁市	0.091	低度
40	嘉兴市	0.180	低度	187	宜宾市	0.091	低度
41	潍坊市	0.179	低度	188	咸宁市	0.090	低度
42	惠州市	0.171	低度	189	荆州市	0.090	低度
43	佛山市	0.170	低度	190	绥化市	0.090	低度
44	徐州市	0.169	低度	191	聊城市	0.089	低度
45	张家界市	0.166	低度	192	怀化市	0.089	低度
46	台州市	0.163	低度	193	德州市	0.089	低度
47	临沂市	0.162	低度	194	通化市	0.089	低度
48	烟台市	0.162	低度	195	吕梁市	0.088	低度
49	乌鲁木齐市	0.162	低度	196	永州市	0.088	低度
50	韶关市	0.162	低度	197	盘锦市	0.087	低度
51	东莞市	0.160	低度	198	玉溪市	0.087	低度
52	扬州市	0.159	低度	199	天水市	0.087	低度
53	银川市	0.154	低度	200	崇左市	0.087	低度
54	邯郸市	0.154	低度	201	衡水市	0.087	低度
55	湖州市	0.154	低度	202	阳江市	0.086	低度
56	济宁市	0.154	低度	203	舟山市	0.086	低度
57	太原市	0.152	低度	204	菏泽市	0.086	低度

续表

排名	文旅体融合			排名	文旅体融合		
	城市	融合发展度	等级		城市	融合发展度	等级
58	衡阳市	0.150	低度	205	玉林市	0.086	低度
59	宜昌市	0.150	低度	206	黑河市	0.085	低度
60	赤峰市	0.150	低度	207	遂宁市	0.085	低度
61	黄山市	0.150	低度	208	荆门市	0.085	低度
62	唐山市	0.150	低度	209	内江市	0.085	低度
63	渭南市	0.149	低度	210	益阳市	0.085	低度
64	镇江市	0.149	低度	211	钦州市	0.085	低度
65	上饶市	0.148	低度	212	淮南市	0.084	低度
66	赣州市	0.148	低度	213	宿州市	0.084	低度
67	盐城市	0.147	低度	214	酒泉市	0.084	低度
68	安庆市	0.147	低度	215	滨州市	0.084	低度
69	中山市	0.144	低度	216	伊春市	0.083	低度
70	绍兴市	0.144	低度	217	新余市	0.082	低度
71	宜春市	0.142	低度	218	张掖市	0.082	低度
72	岳阳市	0.140	低度	219	抚顺市	0.082	低度
73	泰安市	0.139	低度	220	娄底市	0.082	低度
74	丽水市	0.139	低度	221	眉山市	0.081	低度
75	汉中市	0.139	低度	222	濮阳市	0.081	低度
76	漳州市	0.138	低度	223	河源市	0.081	低度
77	芜湖市	0.138	低度	224	营口市	0.081	低度
78	十堰市	0.138	低度	225	孝感市	0.080	低度
79	遵义市	0.138	低度	226	海东市	0.080	低度
80	南阳市	0.138	低度	227	亳州市	0.080	低度
81	梅州市	0.138	低度	228	东营市	0.080	低度
82	安阳市	0.138	低度	229	鸡西市	0.079	低度
83	鄂尔多斯市	0.137	低度	230	铜陵市	0.079	低度
84	常德市	0.137	低度	231	临沧市	0.079	低度
85	淄博市	0.136	低度	232	丹东市	0.079	低度
86	淮安市	0.135	低度	233	北海市	0.078	低度
87	泰州市	0.135	低度	234	广安市	0.078	低度
88	宣城市	0.135	低度	235	铜川市	0.078	低度
89	拉萨市	0.135	低度	236	普洱市	0.078	低度

续表

排名	文旅体融合			排名	文旅体融合		
	城市	融合发展度	等级		城市	融合发展度	等级
90	宝鸡市	0.134	低度	237	达州市	0.077	低度
91	九江市	0.133	低度	238	揭阳市	0.076	低度
92	连云港市	0.133	低度	239	梧州市	0.076	低度
93	承德市	0.133	低度	240	通辽市	0.076	低度
94	威海市	0.132	低度	241	三门峡市	0.076	低度
95	汕头市	0.131	低度	242	平凉市	0.075	低度
96	榆林市	0.130	低度	243	锦州市	0.075	低度
97	株洲市	0.130	低度	244	铁岭市	0.074	低度
98	张家口市	0.130	低度	245	本溪市	0.074	低度
99	三亚市	0.130	低度	246	贺州市	0.073	低度
100	咸阳市	0.129	低度	247	河池市	0.073	低度
101	襄阳市	0.128	低度	248	葫芦岛市	0.072	低度
102	沧州市	0.128	低度	249	黄石市	0.070	低度
103	焦作市	0.128	低度	250	昭通市	0.069	低度
104	开封市	0.128	低度	251	双鸭山市	0.069	低度
105	兰州市	0.125	低度	252	贵港市	0.069	低度
106	大同市	0.125	低度	253	淮北市	0.069	低度
107	莆田市	0.125	低度	254	佳木斯市	0.068	低度
108	廊坊市	0.124	低度	255	巴中市	0.068	低度
109	乐山市	0.124	低度	256	资阳市	0.068	低度
110	呼伦贝尔市	0.123	低度	257	云浮市	0.068	低度
111	呼和浩特市	0.122	低度	258	阳泉市	0.068	低度
112	临汾市	0.121	低度	259	朔州市	0.067	低度
113	六安市	0.121	低度	260	吴忠市	0.067	低度
114	秦皇岛市	0.120	低度	261	安康市	0.066	低度
115	新乡市	0.120	低度	262	朝阳市	0.066	低度
116	郴州市	0.118	低度	263	攀枝花市	0.066	低度
117	丽江市	0.118	低度	264	嘉峪关市	0.066	低度
118	茂名市	0.118	低度	265	松原市	0.064	低度
119	商丘市	0.117	低度	266	来宾市	0.064	低度
120	延安市	0.117	低度	267	乌海市	0.063	低度
121	邢台市	0.117	低度	268	辽阳市	0.063	低度

续表

排名	文旅体融合			排名	文旅体融合		
	城市	融合发展度	等级		城市	融合发展度	等级
122	阜阳市	0.117	低度	269	鹤岗市	0.063	低度
123	海口市	0.117	低度	270	防城港市	0.062	低度
124	宁德市	0.117	低度	271	七台河市	0.061	低度
125	珠海市	0.115	低度	272	白山市	0.061	低度
126	景德镇市	0.115	低度	273	随州市	0.061	低度
127	泸州市	0.115	低度	274	漯河市	0.060	低度
128	南充市	0.115	低度	275	固原市	0.059	低度
129	大庆市	0.114	低度	276	庆阳市	0.058	低度
130	吉林市	0.113	低度	277	阜新市	0.057	低度
131	吉安市	0.113	低度	278	林芝市	0.056	低度
132	运城市	0.112	低度	279	鹤壁市	0.055	低度
133	西宁市	0.111	低度	280	武威市	0.053	低度
134	平顶山市	0.110	低度	281	白银市	0.052	低度
135	湛江市	0.110	低度	282	陇南市	0.052	低度
136	马鞍山市	0.109	低度	283	白城市	0.051	低度
137	邵阳市	0.109	低度	284	四平市	0.050	低度
138	南平市	0.109	低度	285	吐鲁番市	0.049	低度
139	安顺市	0.109	低度	286	定西市	0.049	低度
140	长治市	0.109	低度	287	辽源市	0.043	低度
141	德阳市	0.108	低度	288	克拉玛依市	0.043	低度
142	鹰潭市	0.108	低度	289	日喀则市	0.041	低度
143	晋城市	0.107	低度	290	鄂州市	0.041	低度
144	绵阳市	0.107	低度	291	哈密市	0.041	低度
145	汕尾市	0.107	低度	292	昌都市	0.037	低度
146	龙岩市	0.107	低度	293	金昌市	0.031	低度
147	驻马店市	0.107	低度	294	山南市	0.024	低度

5. 文旅体融合结果比较分析

综合上述分析，对四类融合结果进行比较分析，如表 6-5 所示。可以发现，四类融合发展度均低于 0.2，处于低度融合水平。其中，旅体融合水平最高，其次是文体融合和文旅融合水平。将各融合等级城市数和高于平均值城市数结合来看，多数城市的融合水平处于低度融合水平，占比均在 70%以上。北京是融合水平最高的城市，金昌的文旅融合水平在全部城市中处于末位，山南市的旅体、文体和文旅体融合均处于 294 个城市的末位。整体来看，我国城市文体旅整体融合水平较差，超 70%以上城市处于低度融合水平。

表 6-5　四类融合比较结果

融合发展度	文旅	旅体	文体	文旅体
平均值	0.133	0.170	0.151	0.122
高于平均值城市数（个）	108	120	105	110
中高度融合城市数（个）	1	1	1	0
中度融合城市数（个）	2	7	1	2
中低度融合城市数（个）	35	70	50	30
低度融合城市数（个）	256	216	242	262
最高城市	北京	北京	北京	北京
最低城市	金昌市	山南市	山南市	山南市

分城市来看，直辖市和省会城市文体旅融合程度较好。除北京一骑绝尘外，其余直辖市的三产融合水平在我国城市中也是名列前茅。在文旅融合中，上海排名第二，处于中度融合，重庆和天津分别排名第四和第十二，处于中低度融合。在旅体融合中，上海、重庆和天津分别排名第二、第三和第八，处于中度融合。在文体融合中，上海排名第二，处于中度融合，天津和重庆分别排名第五和第六，均处于中低度融合。在文旅体融合中，上海排名为第二，处于中度融合水平，重庆和天津分别排名第四和第六，均处于中低度融合。可以看出，四大直辖市的文旅体融合水平均排在全国城市前列。同样，省会城市的融合水平也处于领先水平，四类融合中前三十名除了直辖市外，多数为省会城市。

分区域来看，四类融合等级的区域分布差异如表 6-6 所示。分三大地带来看，东部地区城市融合水平高于中西部地区。中高度和中度融合水平城市多位于东部，中西部仅三个城市处于中高度或中度融合水平。分经济区看，沿海地区城市融合水平高于内陆地区。我国唯一一个处于中高度融合的城市位于北部沿海，中度融合的城市也多位于东部沿海、南部沿海和北部沿海等沿海地区。而内陆地区城市融合水平较低，尤其是大西北地区，其城市融合等级几乎都处于低度融合。可以说，融合程度较高的城市多分布于沿海城市。

表 6-6　四类融合等级的区域分布差异

	文旅融合发展度等级				旅体融合发展度等级				文体融合发展度等级				文旅体融合发展度等级			
	中高度	中度	中低度	低度	中高度	中度	中低度	低度	中高度	中度	中低度	低度	中高度	中度	中低度	低度
东部	1	2	18	79	1	4	40	55	1	1	30	68	0	2	17	81
中部	0	0	8	92	0	1	19	80	0	0	12	88	0	0	8	92
西部	0	0	9	85	0	2	11	81	0	0	8	86	0	0	5	89
东北地区	0	0	4	30	0	0	4	30	0	0	4	30	0	0	4	30
北部沿海	1	0	3	25	1	1	11	16	1	0	8	20	0	1	3	25
东部沿海	0	1	8	16	0	2	17	6	0	1	13	11	0	1	7	17
南部沿海	0	1	5	26	0	1	10	21	0	0	7	25	0	0	5	27
黄河中游	0	0	3	44	0	1	9	37	0	0	5	42	0	0	4	43
长江中游	0	0	4	48	0	1	14	37	0	0	6	46	0	0	3	49
西南地区	0	0	6	41	0	1	5	41	0	0	5	42	0	0	4	43
大西北地区	0	0	2	26	0	0	0	28	0	0	2	26	0	0	0	28

第七章 休假制度供给对文化休闲发展的影响分析

一、我国休假制度的变迁

本节主要从古代休假制度、近现代至新中国初期休假制度、改革开放以来的休假制度和现行休假制度体系四个方面来探讨我国休假制度的变迁。

（一）古代休假制度

对休闲的需求来自人类的本性，古已有之。休假则是随人类社会发展形成的特定休息模式，是组织管理下对休息时间的限定和许可。在《汉语大辞典》中，休假一词的解释是："按照规定或经过批准后，停止一定时期的工作或学习。"这"规定"和"批准"的主体、客体和标准，以及休假的类型、长度和形式等，正是由休假制度所限定。由此可见，休假制度并非亘古不变，也并非与人类社会一同诞生，而是随着人类文明发展而逐渐产生、发展和完备的。考察我国古代休假制度，对休假制度追本溯源，彻底理解休假制度、改进现代休假制度具有重要意义。以下从先秦到清朝一一介绍我国古代休假制度的变迁。

1. 先秦时期及秦代的休假制度——萌芽

先秦时期休假制度并无正式文献记载，但我们仍可以从其他文学作品中窥得一斑。在生产力水平较低的先秦时期，社会结构较为松散，并不存在明确的休假制度，只是存在不同人群的休假行为。帝王诸侯等有闲阶级与直接从事劳动的民众具有截然不同的生活方式，其休假方式也大相径庭。前者作为执政者，属于特权阶层，相对具有较充足的时间和物资以供娱乐，休假主要由带有休假性质的公务演变而来，如巡游、田猎、筑台登高等；后者作为被统治者，劳动时间长，物资剩余少，在劳作之余的休假方式主要是参与各式各样的节令祭祀活动。

除统治者和民众之外，官员则是一个特殊的群体，除了在大型祭祀日能够与民同乐之外，还可以告请休假。《战国策·秦策》："孝公已死。惠王代后，在政有顷，商较告归。"《史记·李斯传》:"李斯长男为三川守,告归咸阳。"其中"急、告、宁,皆休假名也"(《初学记》)即官员因故请假。如明代王三聘所著《古今事物考》中云:"告假已见于战国",最早的请假行为可以追溯到战国。

秦代官员仍可告假,不仅如此,还出现了"休沐"的说法。《礼记·内则》规定:"五日,则燂汤请浴",即说官员应每五天沐浴一次。沐浴时长发沾湿,无法束冠,官员从而借机闭门休息。此后,这种洗沐的规定发展成了汉代的休沐制度。

综上可以看出,先秦时期虽无成文的休假制度,但不同人群已出现了丰富多彩的休假行为,这些休假行为往往由公务或民俗节庆衍生而来,人们自发地在特定日期举办庆祝活动,或官员向上级禀告有事需要离开岗位等,这些休假行为正是后世休假制度的雏形,如腊日祭祀与佛教释迦牟尼成道纪念日腊月初八结合形成了后世的腊八节,三月巳日的祓禊祭祀发展为后世的上巳节,官员的告请休假逐渐形成了后世的请假制度,等等,为日后休假制度的产生奠定了基础。先秦与秦代部分休假日见表7-1。

表7-1 先秦与秦代休假日

先秦与秦代	
休假类型	休假名目
社日	夏勺
	秋尝
	冬烝
	春社
	秋省
	腊日
	……
祭祀	祓禊
	……
事假	"急""告""宁"

2. 汉代的休假制度——诞生

汉代是考察古代休假制度时非常重要的一个时期。在汉代,首次出现了成文规定的官吏休假制度。汉代官吏休假的类型也有多种,可分为定期休假和不定期休假两大类。定期休假也叫公休假,是在一年的特定日期共同休假,包括周假和节假;不定期休假则是指由于特定事务而产生的假期,往往因人而异、因事而异,包括事假、病假、丧假、赐假等种类。

周假即有周期的休假,在汉代表现为休沐制度,这构成汉代官吏休假的主要部分,是全体官吏均可享受的定期休假。然而五日一休沐虽是《汉律》之规定,实施时却有例外。五日一休并不适用于所有人群,也不必然适用于所有情况。地方和下层官吏虽与三公九卿同享“休沐”待遇，但地方官吏的休沐未必是五日一休，有时是七日一休，有时十四日一休，且未必一次一日，可以累计起来休沐多日。

休沐制度与当今的周休制相似，但并不是令官员们同工同休。《汉书·霍光传》记载，左将军上官桀与大司马大将军霍光同为朝中辅政大臣，“光时休沐出，桀辄入代光决事”，上书反对时也是趁霍光休沐时上奏，“候司光出沐日奏之”。这说明汉代休沐制度并不要求官员在固定日期统一休息，而是采取轮值番休制，不同官员休沐日可以相互错开，确保公务处理顺畅。上至三公丞相，小到郡县小吏，均可享受休沐。休沐已形成惯例，不休沐反而特殊。

除了周假之外，逢重大节日，汉代的官吏也可以暂缓公务，与民同乐。有史料确认能够放假的节日包括：腊日、伏日、夏至、冬至。腊日是冬至后的第三个戌日，是汉代最重要的节日，类似后世的除夕。从皇帝到百姓都在这一天祭祀祖先和社神，与家人团聚。

除了以上两种固定休假之外，汉代官员还可以享受事假、病假、丧假、赐假。事假流程需要先向上级报告，得到批准才可以回家。官员生病无法办公时，也需要向上级书面汇报，提交“病书”，相当于现在的请假条，请病假称为“移病”。汉律有严格规定，主官病休是可由从官、属官代行职权，病假期限为三个月，如果到期仍不能出勤，将会被免职。而俸禄二千石以上的公卿大臣，可以自行决定病假，三月病假期满后，天子将给予优待，下诏允许续假，称为“赐告”。孟康在《汉书·高帝纪》注：“汉律，吏二千石有予告，有赐告……至成帝时，郡国二千石赐告不得归家。至和帝时，予赐皆绝。”赐告和予告是由皇帝主观决定的、在病假之外的特别优待，实则属于赐假的范畴。

官吏在父母去世后服丧休假，称为“取宁”或“归宁”。古代一般要求父母去世后，子女服孝三年。西汉文帝临终下遗诏，规定官吏丧假为入葬后三十六日。东汉初期战乱频繁，一度取消了事假丧假，后来才恢复旧制。

赐假则是指官吏无须申请，由上司赐予的休假，如“赐告”就属于赐假。赐告来自皇帝对高官的优待，予告则来自上司的奖励。汉代的中央大臣和地方长官都有较大的自主权力，可以任意给下属赐假，而无须考虑下属意愿。有时赐予假期是奖赏，有时则是惩罚。

汉代的休假制度（见表 7-2）伴随着封建官僚体系的形成而逐渐产生。前朝的卿大夫拥有地方上的统治权和治下的所有权，除了定时拜见上司（天子、诸侯等），完全可以自由支配时间，无须向上级申请汇报。而封建官僚需要服从国家体系的管理，自主权大大缩小，休假制度也正是在封建政权走向成熟的过程中形成的。综上可以看出，到了汉代，已经形成了由定期休假（周假、节假）和不定期休假（事假、病假、丧假、赐假）共同组成的休假制度格局，这一格局将一直保留下去。

表 7-2 汉代休假制度表

汉代			
休假类型		休假名目	年休假时长
定期休假	周假/月假	休沐	72
	节假	腊日	不详
		伏日	不详
		夏至	不详，不少于三天
		冬至	不详，不少于三天
不定期休假		丧假	父母丧，36 天
		赐假	由上司随实际情况灵活给假
		事假	由上司随实际情况灵活给假
		病假	不超过 3 个月，带薪

3. 魏晋南北朝的休假制度——转型

魏晋南北朝是休假制度发展的转型时期，休假制度出现法制化趋势，《魏令》《晋令》等法典对休假作明文规定。《魏令》《晋令》中对官吏作息休假规定的具体条文已不可考，但可以确定，在法典中对不同官职的官吏有较为完善的休假规定。在具体的休假时长和休假形式上，较汉代休假制度既有继承，又有改动。

南朝时期的休假制度与晋代类似，只是具体细节有所变动：一，休沐周期由五日一次改为十天一次。二，增加了省亲假。三，朝中官员休假天数加长。不算路途花费的时间，赐假延长到百日，若居住得远，有时假期可以达到二百天。

至于北朝时期，《北魏令》已失传，但可以从史料推测其中已经有关于丧假的规定，且丧假对官员来说是强制休假，不休反而算违反礼制，将按律判处。北齐时的休假制度与北魏没有太大区别。值得注意的是，此时已出现了官学学生的旬假："学生每十日给假，皆以丙日放之。"（《隋书·礼仪志四》）此时已出现了统一放假的周假了。

魏晋南北朝多半处于群雄割据的不稳定时期，社会动荡，朝代更迭，且史料散佚，难以考证，所以仅以上述史料为例，略窥得这段时间的休假制度。可以看出，这段时间里休假制度开始了一个重要变化：即休假制度的法制化。即便保留了皇帝和上司给假的自主性，大部分休假的形式、时长、条件均以法律的形式规定下来。

魏晋南北朝的休假制度开始走向成熟，具体见表 7-3。

表 7-3 魏晋南北朝休假制度表

魏晋南北朝			
休假类型		休假名目	休假时长
定期休假	周假/月假	休沐	72
	节假	腊日	不详
		伏日	不详
		夏至	不详，不少于三天
		冬至	不详，不少于三天

续表

休假类型	休假名目	休假时长
不定期休假	丧假	父母丧，36 天
	赐假	由上司随实际情况灵活给假
	田假	15 天
	授衣假	15 天
	私祭假	4～5 天
	婚假	本人结婚：9 天 亲人结婚：5 天
	事假	每月最多 5 次，每年总计不超过 60 天
	病假	不超过 3 个月，带薪

4. 隋唐时期的休假制度——初步完善

隋唐时期的休假制度在前朝的休假制度的基础上，进一步完善扩充了有关休假制度的法令，给出了详细规定和惩罚措施。隋代出现了文献记载中第一次将关于休假制度的法令单列成篇，篇名《假宁令》，是隋朝建立后于开皇二年颁布的《开皇令》中的篇章。旬修制度得以继承，不仅官员，官学的学生也依旧十日一休，“学生皆乙日试书，丙日给假焉。”（《隋书·礼仪志四》）

唐高祖武德年间修改隋朝律令，基本沿袭隋朝的休假制度，但有一些改动。在唐代，正式确定了官员统一放假的旬休制度，无论中央、地方，官员均依照旬日休假。

唐代的节假则是唐代休假制度的重要特色。与前朝相比，唐代的节假种类大大增加，达到二十余种。唐朝十分重视岁时节令，因此政府将传统节日也设定为休假日，当今的有些节日如清明节、中秋节，其萌芽都始于唐代。按照《假宁令》计算，仅节假就有 47 天。

唐代基本保留了前朝出现过的绝大部分不定期休假，又在此基础上进行了更加人性化的调整。(1) 婚假，其规定与晋代相同，本人及儿女结婚可给假九天，亲属结婚可给一至五天不等。(2) 丧假。有“诸丧，斩衰三年、齐衰三年者，并解官。……诸师经受业者丧，给假三日。”与以往不同的是，除父母子女配偶及其他亲属外，授业老师去世也需服假。(3) 省亲假。在唐代称为“定省假”，其规定较南朝更为详细，人性化地根据父母居住地的远近规定探亲假期的时长。(4) 祔祭假，拓展了晋代的私祭假，祔庙、祭祀的休假规定与晋代相同，还增设了关于改葬的给假条款。(5) 田假、授衣假。分别定为每年五月、九月，田假“风土异宜，种收不等，通随便给之”（《天一阁藏明钞本天圣令校证》，P600，此处有文章根据《唐会要·八十二卷·休假》中的“由假”理解为“游假”，解释作旅游之意，但根据上下文判断，以《校证》为准，作“田假”解释），供官员为夏收的农忙季节做准备；授衣假十五天，规定同晋代，方便官员准备过冬的衣物柴薪。田假可看作当今北方农村地区在校师生的麦假的雏形。此外，还添加了冠假和装束假。

以上不定期休假是全体官员享有的法定休假。此外，唐代的官员在特殊情况时也可临时请假。事假规定，京官“职事三品以上给三日，五品以上给十日”（《唐会要》），一个月内不得请两次，且不能是大朝会和百官毕集的时候。病假可以比事假长，但不能连续超过一百天，否则将被免职。地方官员有时离任时也可以请假，但通常不能超过一个月。唐代的休假制度见表 7-4。

表 7-4　唐代休假制度表（以唐玄宗时期为例）

唐代			
休假类型		休假名目	休假时长
定期休假	周假/月假	旬休	36
	节假	元日	7
		冬至	7
		寒食＋清明	4
		夏至	3
		中秋	3
		腊日	3
		正月七日（人日）	1
		正月十五（上元节）	1
		晦日	1
		春社	1
		秋社	1
		二月八日	1
		三月三日（上巳节）	1
		四月八日（佛诞节）	1
		五月五日（端午节）	1
		三伏	1
		七月七日（七夕节）	1
		七月十五日（中元节）	1
		九月九日（重阳节）	1
		十月一日	1
		立春	1
		春分	1
		立秋	1
		秋分	1
		立夏	1
		立冬	1
	皇帝诞辰	千秋节	1

续表

休假类型	休假名目	休假时长
不定期休假	丧假	父母丧，文官3年，武官100天
	婚假	本人结婚，9天 亲属由亲疏远近，1至5天不等
	省亲假	父母在三百里外者，3年给一次，30天；拜墓，5年给一次，15天
	祔祭假	祭祀，4～5天； 改葬，15天
	田假	五月，随实际情况灵活给假
	授衣假	九月，15天
	冠假	自己与儿子及冠，3天
	装束假	随职位和路程远近灵活给假
	事假	三品以上3天，五品以上10天，一个月不得超过2次
	病假	<=100天，带薪

自唐代起，休假制度中增加了销假制度和相应的处罚制度，这是休假制度规范化的一个重要突破。

从以上休假制度的变化可以看出，隋唐时期的休假制度在继承了前朝经验的基础上，形式更加丰富多样，内容更加贴近生活，更加体现人文关怀。主要体现以下三个特点。

（1）节日休假的重要性得以提高。

丁兆倩在《唐代官员节日休假制度研究》中改编引用了丸山裕美子在《唐宋节假制度的变迁——兼论“令”和“格敕”》关于唐宋时期节日休假日变迁的表格。

其中开元令与元和令为唐朝律令，天圣令则为宋朝律令。可以看出，从唐代起，节日共有四五十天，占据了定期休假的近一半，节假从此成为休假制度中的重要组成部分。丰富多彩的节庆习俗体现了唐代人民精神生活和物质生活的双重富足。

（2）规定人性化。

唐代对婚丧嫁娶、拊庙祭祀、夏收冬藏等均设置了假期。这些假期都在为与人们生活息息相关的事务提供便利，充分体现了朝廷对官吏的人文关怀。

（3）销假制度和处罚制度。

唐代休假制度不仅对休假名目、时长等做了详细规定，而且制定规则对休假过多的官员进行处罚。这进一步规范了官吏的休假行为，标志着休假制度的初步完善。

5. 宋代的休假制度——扩充

纵观中国古代的官吏管理体制，宋代休假制度的体系完备性最高，休假时间也达到最长。在继承了唐代休假制度品类丰富、制度完备的特点之外，还进一步增设休假名目，引入政治性节日，并制定了关于役工、流配囚徒等人的休假制度。从宋代休假制度的变迁中，也可窥得宋时政治局势之一斑。

宋代保留了唐代的绝大部分休假规定。宋人仍休旬假。只是节庆的具体门类有所区别，休假时长进一步延长。《文昌杂录》记载，在北宋时期，“祠部休假，岁凡七十有六日”，再加上全年 36 天的休沐日，达到 112 天。这还未将皇帝、皇后的忌日假(大忌 15 天，小忌 4 天)、皇帝和皇太后的生日(类似唐代的千秋节)计算在内。南宋的假日则有所缩减，例如将元日、寒食、冬至从休七日减为休五日等，公休假总数仍达到 67 日，相比唐代的 45 日仍十分宽松。除官吏外，宋代的休假制度还对役民和流配者的休息日做了规定。服役的工匠，可在元日、寒食、冬至、腊日四个节日各休一天。流配的囚徒不仅可以旬休，元日、寒食和冬至还可以各休三天。(《庆元条法事类》)宋代的休假制度见表 7-5。

表 7-5 宋代休假制度表(以宋神宗时期为例)

宋代					
休假类型		休假名目	休务天数	朝假天数	休假时长
定期休假合计：76＋36＝112 天(不计忌日)	周假/月假	旬休	36		36
	节假	元日	5	2	7
		冬至	5	2	7
		寒食	5	2	7
		天庆节 *	5	2	7
		上元节	5	2	7
		天圣节 *	1	2	3
		先天节	1	2	3
		降圣节 *	1	2	3
		夏至	1	2	3
		中元节	1	2	3
		下元节	1	2	3
		腊日	1	2	3
		立春		1	1
		人日		1	1
		中秋节		1	1
		春分		1	1

续表

休假类型		休假名目	休务天数	朝假天数	休假时长
定期休假 合计：76＋36＝112天 （不计忌日）	节假	春社		1	1
		清明		1	1
		上巳		1	1
		天祺节 *		1	1
		立夏		1	1
		端午		1	1
		天贶节 *		1	1
		初伏		1	1
		中伏		1	1
		立秋		1	1
		七夕		1	1
		末伏		1	1
		秋社		1	1
		授衣		1	1
		重阳		1	1
		立冬		1	1
	国忌假	皇帝（皇后）忌日			大忌15天 小忌4天
不定期休假		丧假	父母丧，服衰3年 老师丧，服衰3天		
		婚假	本人结婚，9天；亲属结婚，由亲疏远近1至5天不等		
		探亲假	任职满三年者，不超过2个月； 任职满两年者：不超过1个月 停薪		
		私忌假	父母及祖父母忌日，1天		
		赴任假	离京官员不超过30天，不计路程		
		事假	随具体事务批准		
		病假	原则上不超过3个月 带薪，超过100天后停薪		

* 特别标注了宋代特设的节日。

在节假中，虽然设立皇帝诞辰为节假始于唐代，但宋代因事设节十分频繁。这也成为宋代节假制度的一个重要特点。这些增设的节日和元日、寒食等传统节日的根本区别在于，这些节日脱离传统民俗，并不源于人民自发的节庆活动，而是统治者人为地利用休假制度，为自身统治造势，以缓和边境纷争等矛盾。

需要注意的是，宋代的节日种类繁多，且休假时间长，因此为了及时处理公事，宋代的节假分为“朝假”和“休务”两类。其中，朝假指的是官员无须上朝，但需要到官署坐班。休务则是既不用上朝也不用处理公务，可以自由支配时间。在节假中，元日、寒食、冬至放假七天，其中有两天是朝假；上元、中元、夏至、腊日等放假三天，其中一天是朝假。朝假最早出现在唐代，但在宋代得到广泛应用，由于这一天不必上朝参事，朝官的任务较轻，皇帝也不必坐殿主持朝会。如上计算的112天定期休假中，就有一小半属于朝假，而不全是休务。这种灵活的休假方式大大丰富了宋朝的休假制度。

宋代几乎保留了唐代的所有不定期休假，如婚假、丧假、探亲假等。其中有些稍做改动，但基本没有改变休假制度的结构。比如赴任假，相当于唐代的装束假，《庆元条法事类·给假》中提到，赴外任的官员除路程外可有一个月假期。

宋代官吏的休假制度是时间最长、范围最广、形式最多的，这些休假对社会、经济、文化既有积极意义，也有消极的一面。一方面，休假为官吏这个经济状况良好的群体提供了充裕的自由时间，从而大大促进了商业和文化的发展。另一方面，假日较长又名目繁多，这样休假环境显然太过宽松，导致官员工作时间短，效率低下，消极怠工风气难以遏制，大量带薪休假的官员也给国家造成了一定的财政压力。由此观之，休假也并非越多越好，制定休假制度时需因地制宜，把握好工作与休假的平衡。

6. 元代的休假制度——改革

元朝在沿袭唐宋休假制度的同时，在民族文化和政治需要的基础上对前朝休假制度进行了许多调整。概括来说，主要有以下几个变化：一、各类休假均大幅削减，节庆假日的种类和休假时长减少，不定期休假有几种被取消了。二、增添了一些具有宗教内涵的节庆假日，如元命日、浴佛节、四斋日等。三、对官员考勤的约束和管理更加严格，官员地位进一步降低。

到了元代，无论是节庆假日还是不定期休假均大幅缩水。《至正条格》中记载，早在中统五年，元世祖忽必烈就下旨："京府州县官员若遇天寿、冬至，各给假二日；元正、寒食各三日；七月十五、十月一日、立春、重午、立秋、重九、每旬，各给假一日。"合计共十个节庆，共可休十六天。这与唐宋时期动辄二十余种、休四五十天的节庆假日大相径庭。即便加上从志元十五年起增设的每年六天的元命日，再加上元代每月休假四天与旬假的差额，元代的法定公休假仍比唐宋时期减少了二十天左右。

此外，许多唐宋时期设立的临时性休假被取消了，如冠假、婚假、省亲假、私忌假等。丧假仍保留下来，但范围和时间也大幅缩小了，近亲和老师均不能服丧假，只允许官员为父母和祖父母服丧，时限仅一个月："祖父母、父母丧亡，假限三十日……迁葬祖父母、父母，假限二十日"。元朝统治者选择性地继承了汉文化，虽保留了唐宋时期流传下来的休假制度框架，但冠假、婚假等与礼教密切相关的休假往往被取消了。此外，元朝新增了一些具有宗教色彩的节日。蒙古族笃信佛教，尤其是藏传佛教，因此佛教的斋日被定为了公休日。

元代的休假制度对官吏施加了更多约束。除了公休假天数减少之外，还明确规定了上下班时间和签到制度，对官吏迟到早退或旷工的惩罚更加严格。元代的休假制度见表7-6。

表 7-6　元代休假制度表（以元世祖时期为例）

<table>
<tr><th colspan="4">元代</th></tr>
<tr><th colspan="2">休假类型</th><th>休假名目</th><th>年休假时长</th></tr>
<tr><td rowspan="13">定期休假
合计：16＋48＋1＝65 天</td><td>周假/月假</td><td>四斋日</td><td>48</td></tr>
<tr><td rowspan="11">节假</td><td>元正</td><td>3</td></tr>
<tr><td>寒食</td><td>3</td></tr>
<tr><td>天寿</td><td>2</td></tr>
<tr><td>冬至</td><td>2</td></tr>
<tr><td>七月十五</td><td>1</td></tr>
<tr><td>十月一日</td><td>1</td></tr>
<tr><td>立春</td><td>1</td></tr>
<tr><td>重午</td><td>1</td></tr>
<tr><td>立秋</td><td>1</td></tr>
<tr><td>重九</td><td>1</td></tr>
<tr><td>宗教节日</td><td>本命日</td><td>1</td></tr>
<tr><td colspan="2" rowspan="3">不定期休假</td><td>丧假</td><td>父母、祖父母丧：30 日
迁葬父母、祖父母：20 日</td></tr>
<tr><td>事假</td><td>随具体事务批准</td></tr>
<tr><td>病假</td><td>不超过 100 天，带薪，超过 100 天后停薪</td></tr>
</table>

综上可见，元代的休假制度相对前朝发生了较大的转变，侧面反映了元朝的时代特征。蒙古族统治者对前朝文化的继承和变革，同样体现在休假制度上。在保留休假制度框架的基础上，休假结构发生了巨大变化，礼教相关假期取消，宗教节日的比例大幅增加，充分体现了元代统治者淡化礼教、笃信宗教的文化特征。对官吏的管理制度更加严格，体现出休假的内在含义逐渐转变，从“为官吏本身而设”，转为“为官吏更好的处理公务、提高工作效率而设”。元代封建集权加强，官吏成为依附于官僚系统的管理代理人，其权力愈发受到限制，行为受到更多约束和监督。

7. 明代的休假制度——紧缩

明朝的休假制度产生了较大变化，制定时主要参考了唐宋时期的休假规定，与元代迥异。首先，元朝出现的宗教节日一概取消，节庆休假大幅减少，休假时间远低于唐宋元时期；其次，不同地位的官员休假制度不一，地位较高的官员有特别的休假待遇；最后，在不定期休假方面，丧假时间大幅延长，对官员服丧假的规定更加细化，体现了明代的孝道文化。

在定期休假方面，节假的种类和休假时长均大幅减少，不仅取消了元代所有宗教性节日，还取消了大部分民俗节日，只保留了正旦节和冬至日等。总体来说，明代的休假时间明显少于唐宋元三代。

明代对不同地位官员的休假规则有明显区别。庶几士属于特殊的官员阶层，由科举朝考选拔，在翰林院学习三年后通过“散馆”考试可考取翰林，属于皇帝近臣，主要负责起草诏书，为皇帝讲解经籍。由于明朝的中枢官员主要由科举选拔得到，非进士不入翰林，非翰林不入内阁，庶几士也被称为“储相”，地位较高。在休假制度中，也反映出庶几士的“特权”：“永乐中，帝时至翰林馆召试，五日一休沐。”（《明会要》），其他官员则不能“五日一休沐”。类似的，国子监学生则在每月的初一、十五两天放假休息。“国子学之设自明初乙巳始。惟朔望给假，馀日升堂会馔，乃会讲、复讲、背书，轮课以为常。”（《明史》）朝官还可享受朝假和赐假，如有皇室成员过世，可能会辍朝一至五日不等。这些休假都是其他官员没有的。

在不定期休假方面，明代的事假体系较为完备，治丧、迁葬、省亲、祭祖等均可作为请假事由。其中文官请丧假比较特殊：明代推崇以孝治国，在明太祖时期就制定了丁忧制度，即为父母守丧，时间为二十七个月。

明代的休假制度可见表7-7。

表7-7　明代休假制度表（以明太祖时期为例）

明代			
休假类型		休假名目	年休假时长
定期休假 合计12＋8＝20天	周假/月假	每月五日给假	12
	节假	正旦节	5
		冬至	3
不定期休假		丧假	父母、祖父母丧：丁忧270日
		事假	随具体事务批准，包括省亲、迁葬、祭祖等
		病假	不超过3个月，3月期满派人查验；停薪停职。超过3年革职
		赐假	皇帝赐予，可赐全体朝官，也可赐个别大臣
		辍朝	皇室成员或重臣去世，辍朝1至5日不等

总的来说，明朝的官僚管理体系较前朝更加严格，休假总时间更短，反映了权力进一步集中到皇帝手中，官员行为受到更多约束。不同官员的不同休假规则也侧面体现了科举在明代人才选拔中的重要地位。从明太祖朱元璋数次为父母修建寝陵，颁布《孝慈录》，实行举孝廉制度起，孝道文化便作为主流思想伴随着明朝始终，关于丧假的规定正是明朝统治者推崇孝道文化的一个缩影。明代休假制度本身已经趋于成熟完善，其具体规定主要是统治者的个人意志和偏好的体现，也反映了明王朝的一部分社会现状和价值取向。

8. 清代的休假制度——新特点

清代的休假制度与明代有着深厚的渊源，无论是请假流程、丧假规定还是节假的整合规律，均与明代休假制度密切相关。然而，清代休假制度体现出几个新的特点，其休假日构成相比前朝有很大改变，满汉官员休假规则不同，后期还出现了形式新颖的新休假种类。在明代大大削减了例行月假之后，清代官员的月假直接取消，只保留封印长假和几个民俗节假。不定期休假则包括朝假、赐假、病假、婚假、丧假等，具体休假规定因官员地位而不同。值得注意的是，清代作为一个满族建立的大一统王朝，又是中国最后一个封建王朝，其休假制度也反映出其民族特色和时代特色。

清代官吏的公休日构成非常简单，每年只有一个长达三十天的封印假和数个一至七天不等的传统节日。节日只保留元旦、上元、端午、中秋、重阳。《清通典》记载："每年元旦令节七日，上元令节三日，端阳、中秋、重阳令节各一日"，还有"寿圣节七日"，即皇帝诞辰日。全部这些节假加起来仅四十三天。具体休假制度见表 7-8。

表 7-8　清代休假制度表

<table>
<tr><th colspan="4">清代</th></tr>
<tr><th colspan="2">休假类型</th><th>休假名目</th><th>年休假时长</th></tr>
<tr><td rowspan="8">定期休假
合计 30＋15＋7＝52 天</td><td>年假</td><td>封印假</td><td>30</td></tr>
<tr><td rowspan="6">节假</td><td>元旦</td><td>7</td></tr>
<tr><td>上元节</td><td>3</td></tr>
<tr><td>端阳</td><td>1</td></tr>
<tr><td>中秋节</td><td>1</td></tr>
<tr><td>重阳节</td><td>3</td></tr>
<tr><td>皇帝诞辰</td><td>万寿节</td><td>7</td></tr>
<tr><td colspan="2" rowspan="6">不定期休假</td><td>丧假</td><td>汉人文官：父母、祖父母丧，丁忧 270 日
汉人武官：父母、祖父母丧，丁忧 6 个月到 1 年
旗人：父母、祖父母丧，丁忧百日</td></tr>
<tr><td>婚假</td><td>旗人：不超过 1 个月</td></tr>
<tr><td>事假</td><td>随具体事务批准，包括省亲、迁葬、祭祖等</td></tr>
<tr><td>病假</td><td>不超过 3 个月，3 月期满派人查验
停薪停职，超过 3 年后革职</td></tr>
<tr><td>赐假</td><td>皇帝赐予，可赐全体朝官，也可赐个别大臣</td></tr>
<tr><td>辍朝</td><td>皇室成员或重臣去世，辍朝 1 至 5 日不等</td></tr>
</table>

在不定期休假方面，清代关于朝假、赐假、病假、婚假的规定与前朝区别不大，关于丧假的规定则别有特色，在两个方面与其他朝代迥异：第一，清代丧假规定随帝王更替而改变。第二，丧假不仅文武有别，还满汉有别。

到了清末，由于中西方文化的交流碰撞愈发剧烈，清朝统治者产生了迫切的需求来学习先进的技术和文化，曾通过赏赐假期的方式委派大臣去西方游学，并嘱咐他们“乘顺历各国之便博采周咨，遇学业新法可补馆课者留心采择，或归述其事，或登诸载籍”。丁韪良的这一全新的赏假名义充分体现了时代特点。

清朝在前代的基础上，对休假制度的许多方面做了新规定：如取消月假，引入封印假等。从这些改动的效果也可看出，官员搁置公务、长时间集中休假的休假方式，并非只起正面作用，反而对维护社会稳定存在一定的负面作用。清代对丧假的处置由自愿到强制，由松到严，体现了清朝统治者随统治权的稳定，对孝道的重视逐渐加深，对官员的管理逐渐规范化。作为中国最后一个封建王朝，处在特殊的历史时期，清朝面临着来自西方文明的种种冲击，这也体现在休假制度当中。

我国古代休假制度的源流变迁是一个从模糊到具体、从自主到法制、从少到多再到少的过程，各朝代的休假制度反映每个朝代鲜明的风格特色，如表 7-9 所示。秦汉时期，地方官员自主权较大，管理体系较为松散，官吏的休假往往只需对自己的上级负责，因而休假批准通常只依赖于上级的意志；发展到唐宋时期，经济更加繁荣，社会风气更加开放，众多节庆活动被纳入了公休日当中，官员的休假时间较长，形式丰富多样，制度基本完善，达到了一个休假历史上的巅峰；随后由于社会不断发展，政权的管理范围逐渐延伸，对官僚体系的管理能力提出了更多要求，于是对官吏的要求逐渐严格化、精细化，休假制度也因此呈紧缩态势。自元朝起，在休假制度的结构基本确定下来的基础上，休假总时间大幅缩短，种类减少。权力集中至皇权，官吏依附于官僚体系，受到官僚体系的约束，官吏考勤制度也更加严格。休假制度的出发点由官吏的自身利益，转为政府的顺利运转。此外，元代的佛教特色节日，明代的丁忧制度，清代出现的游学赏假、满汉丧假差异，均体现出鲜明的时代特色。

纵观整个休假制度的发展历史，不难看出休假制度在官吏管理制度中的重要地位。休假制度不仅反映出社会发展现状和统治者管理理念，还能反作用于官员的工作效率和生活状态。休假制度完善的过程，一方面体现在休假的设置愈发合理化、人性化，如节假、婚假、丧假、病假等，能够满足人的生理和心理需求，从而使官吏更好地投入工作中，体现着人文关怀；另一方面还体现在休假的管理规范化、制度化，休假制度逐渐固定在法令条文中，对休假原因、时长、是否停薪停俸等诸多细节加以规定，对制度之外的无故旷工加以惩戒。

(二) 近现代至新中国初期休假制度

近现代中国的整个社会经历了翻天覆地的变化。面对列强的入侵和自身的孱弱，国人不得不走上变革的道路，来自不同阶层的有识之士皆设法救亡图存，而其救亡图存的出发点和目标、政体取向、对传统文化和西方文化的取舍均各不相同。休假制度的变动是这一段动荡社会的一个缩影。

休假制度最重要也最具标志性的变化是星期制的引入。早在明朝末年基督教传入我国的时候，星期制便随之传入，但并未得到普及。传统农业时代，广大农民日出而作，日落而息，平日休闲时间短且受限于私人空间。即便是官绅富商亲友宴饮、看戏听曲等娱乐活动，也是在小范围社交圈之内发生的，民间休假仅限于年节时令，与官员的三大节假春节、端午、中秋一致，此外没有定期休息的习俗，农民往往以终年劳作、一日不息为荣。

清末时期，西人通商带来了七日一休假的习惯，每到礼拜日，西人所设洋行、机构、学校均闭门谢客，男女前往教堂礼拜，此后进行会友、娱乐等休闲活动。这一习惯不仅影响到了相关华商的生意，还影响了聘请西人雇员的海关、机器局等官办机构，在西人机构做事的文员、仆役等也随之休息，从而连带影响了通商城市的商人、雇工及其他市民的休假节奏。到 19 世纪 80 年代，在上海、天津等租界和西人聚居的地区，礼拜休息已成为商业相关人员的主要休假方式。

维新运动兴起后，部分民间人士开始兴办西式学堂，有的仍按旬休制，有的则效仿礼拜日的七日一休制度。但为了避免有“以夷变夏”之嫌，依据中国传统历法的二十八星宿，以房、虚、星、昴 4 日分别对应每个月的 4 个礼拜天，故将七日一休的周期取名为“星期”，又叫“周”，以淡化其中来自西方文明的基督教色彩。此时周休制尚未在全社会普及，这类做法被保守派批评为“崇洋媚外”。到了光绪二十七年（1901 年），朝廷保守派主动进行变法改革，实施“新政”，令全国兴办新式学堂，皆效仿西方学校制度，其中包括周休制度。在 1902 年 8 月，清政府颁布了第一个新学制章程《钦定学堂章程》，规定在中学堂和高等学堂中，暨房虚星昴日，各停课一日。“房虚星昴日”指的就是星期日。这是清政府首次在官方文件中公开承认周休制，标志着仅在地区实施的周休制度开始了体制化。

在随后的官制改革中，部分官署衙门也开始陆续实行周休。这一改革开始于商部和学部，多由新派人士主管，且机构新设，易于改革。随后该影响逐渐扩散至其他部署，到 1911 年，全部中央机构，包括未经官制改革的吏部和礼部，均实行了星期休息制度。至于民国时期，由于现代国家架构趋于健全，新式教育逐步拓展，周休制度在政界学界更为广泛接受，并在工商实业界逐渐渗透。新型商业机构由于掌握了业务优势，按照西方模式经营和休息，最终迫使日趋没落的传统商业机构不得不放弃固有的营业时间。如上海老式钱庄全年无休的惯例被打破，最终迫于形势与新式银行一样周日休假。

在休闲取向上，我国传统年节假日具有典型农耕文明的特点，通常为了寻求神灵祖先庇佑，联络感情，活动形式包括私人交往和少量大型节庆活动。周休制一方面促进了休闲娱乐业的发展，另一方面也促进了各类社会活动的兴起。在星期制逐渐被人接受的地方，酒楼、餐馆、茶馆、戏馆、公园等满足个人休闲需要的公共休闲场

表 7－9　古代休假制度总表

朝代	定期休假		不定期休假										其他
	周假/月假	节假	事假	病假	丧假	赐假	婚假	私祭假	田假	授衣假	冠假	装束假	
先秦与秦代	五日沐浴一次（可借机休息）	社日、祓禊等	官员开始允许告请休假										
汉代	五日一休沐，具体周期因官员地位、区域而不同。轮休	腊日、伏日、夏至、冬至	向上级请求批准即可休假	向上级书面申请即可休假，时限三个月	父母去世，官吏服丧三十六天	上级赐予，半奖励半强制							
魏晋南北朝	魏晋五日一休沐，轮休。南北朝十日一休沐，旬休。		一月不超过五次，一年不超过六十天（晋）；		父母去世，官吏服丧二十七个月			出现私祭假，除路程外给假五日	出现田假，五月给假十五日	出现授衣假，九月给假十五日			朝臣有拜墓假六十日
唐代	十日一休沐，旬休。	元日、冬至、寒食、清明、夏至、八月十五日、腊日、正月七日、正月十五日、晦日、春秋二社、二月八日、三月三日、四月八日、五月五日、三伏、七月七日、七月十五日、九月九日、十月一日、立春、春分、立秋、秋分、立夏、立冬	三品以上3天，五品以上10天，一个月不得超过2次	不超过100天，带薪	父母丧，服衰3年；老师丧，服衰3天		本人结婚9天，亲属由亲疏远近1至5天不等	（祔祭假）祭祀：4—5天；改葬：15天	灵活给假	十五日	自己或儿子及冠，给假三日	随职位和路程远近灵活给假	

续表

朝代	定期休假		不定期休假										其他
	周假/月假	节假	事假	病假	丧假	赐假	婚假	私祭假	田假	授衣假	冠假	装束假	
宋代	十日一休沐，旬休。	元日、寒食、冬至、圣节、天庆节、开基节、先天节、降圣节、上元、中元、下元、夏至、腊日、天祺节、天贶节、春社、秋社、上巳、重午、初伏、中伏、末伏、中秋、重阳、人日、中和、七夕、授衣、立春、春分、	随具体事务批准	不超过100天，带薪。超过100天，停薪	同上		同上	同上				（赴任假）离京官员不超过三十日	国忌假：皇帝大忌日十五日，小忌四日
元代	四斋日，每月初一、初八、十五日、二十三日斋戒休息		同上	同上	父母、祖父母丧，服丧30日；迁葬父母、祖父母，给假	无	无	无	无	无	无	元命日，休假一天	
明代	每月五日给假	正旦节，冬至，元宵节（自明成祖时期添加）	同上	不超过3个月，且停薪。3月期满派人查验。超过3年革职		皇帝赐予，可赐全体朝官，也可赐个别大臣	无	无	无	无	无	无	皇室成员或重要大臣去世，辍朝一至五日
清代	年末的十二月十九日至二十二日开始，休假三十天	元旦、上元、端阳、中秋、重阳	同上	同上	汉人文官：父母、祖父母丧，丁忧270日；汉人武官：父母、祖父母丧，丁忧6个月到1年；旗人：父母、祖父母丧，丁忧百日	同上	旗人：不超过一个月	无	无	无	无	无	皇室成员或重要大臣去世，辍朝一至五日不等

所逐渐繁荣，官宦、商贾、文人等有钱有闲者纷纷借休息日前往休闲场所放松身心，公共休闲时间带来了公共休闲场所的蓬勃发展。同时，各类学界、政界人士往往借助星期日举办学会、集会演讲、组织社团，学生可借周日休息，复习、社交、冶游，周休制度为更广泛的社会交往和公共活动提供了便利，使集体性的公共休闲生活成为可能。

近现代休假制度中另一个重点就是产业工人的出现。工人阶级的出现必然伴随着相应的劳动管理制度。早期工人阶级受到残酷的压迫和剥削，随后经过艰难的阶级斗争和各方有识之士的努力，诞生了关于休息时间的规定和法条，这正是当今休假制度的重要来源。

我国近代工业的起源是外国资本在通商口岸设立的近代工业，随后洋务派和民族资本主义相继兴办工厂，使得产业工人群体逐渐壮大。与同期的国际工人阶级相比，中国的早期工人阶级工作时间长，休闲时间短。在 19 世纪 80 年代，英国工人阶级已争取到 8 小时工作制，而同期的中国产业工人工作时间全部都在 8 小时以上，甚至有些长达 14～18 小时。

为争取公平待遇和正当福利，工人们开展了前仆后继的斗争，最终，工人工作时间依地区、行业、工作内容不等，原则上为 8～10 小时。

近现代中国社会变化剧烈，传统体制和思想受到外来的剧烈冲击，休假制度也在外来思想的冲击下开始改变，不得不逐渐与西方接轨，这将西方的生活方式和休闲方式引入了当时的中国，在矛盾和冲突中逐渐被较发达地区的城镇居民所接受。但由于地区发展严重不均衡，交通不便，广大农民和保守乡绅仍遵循传统的休假方式，表现出休假方式的割裂。同时，在工业大发展的背景下，出现了大批产业工人。起初他们根本没有合理的休息时间，休假也少之又少。随后在工人运动的不懈斗争中，争取到了一定的劳动时间限制和休假保障。但由于社会动荡不安，战事不断，休假制度在地区和时间上均未得到统一实施。

新中国一经成立，休假制度就作为一项保障劳动者基本权益的制度得到了确立。1949 年 12 月政务院发布了《全国年节及纪念日放假办法》（简称《放假办法》），规定元旦、春节、五一和国庆节为国家法定节假日，分别放假 1 天、3 天、1 天和 2 天，节假共计 7 天。部分群众的节假包括：三月八日妇女节，妇女放假 1 天；五月四日青年节，中等学校以上学生放假 1 天；六月一日儿童节，儿童放假一天；八月一日建军节，军队和军事机关放假一天。此外，规定一般职工每工作满 6 天，给予一天公休，称为单休工作制。《放假办法》是我国第一个关于休假的政策文件，标志着我国的基本休假制度初步建立起来。

由于新中国成立初期百废待兴，迫切需要劳动建设，同时人民生活水平低下，休假意识淡薄，多数休假是在劳动中度过的，休假制度基本确立后长期处于停滞状态。在“文化大革命”期间，休假制度还发生了倒退。1967 年国务院规定春节不放假，应当“抓革命，促生产”。

（三）改革开放以来的休假制度

改革开放以来，我国社会经济、文化的不断发展和政治环境的逐渐稳定，国家接连出台休假的相关规定，从各个方面对劳动者的休息权和休假权提供保障。一方面人们观念中逐渐接受休假对劳动生活的调剂，另一方面人们对各式各样休假的需求逐渐得到满足。我国休假制度在发展和调整中越来越人性化、合理化。

“文化大革命”结束后，人们在春节假日期间与家人团聚的需求迫切需要满足。国务院很快对此做出反应，1979 年宣布恢复实施《放假办法》，恢复春节假期。由于大量人口赴东部沿海地区打工谋生，为便于异地职工探望亲属，鼓励人口流动，国务院 1981 年 3 月发布《关于职工探亲待遇的规定》，首次规定了探亲假，并一直沿用至今；1988 年 6 月发布《女职工劳动保护规定》，其中提到女职工应有产假 90 天，首次规定了女职工的产假，同年劳动部发布《关于女职工生育待遇若干问题的通知》，进一步落实相关规定，并为产假、哺乳假等休假细节进行了补充；1991 年发布《关于职工休假问题的通知》，规定相关机关、企事业单位可适当安排放假，这成为我国关于带薪休假的最早规定，但当时的执行效果并不理想。

周休制度也得到了改革，从单休工作制到单双休工作制，再到双休工作制。1994 年国务院发布《国务院关于职工工作时间的规定》，规定职工每日工作 8 小时，每周工作 44 小时，即周休一天半。该规定在实际操作时遇到了困难，随后演变为单双休工作制，即大周末周休两天，小周末周休一天，大小周末交替；同年 7 月，我国正式通过《劳动法》，是我国第一部专门保护劳动者权益的法律。与以上行政条令不同，这也是我国第一次通过专门法律规定劳动者的权利和义务，其中包括工作休息的时间、带薪休假等条款，对完善我国休假制度具有重要意义。1995 年，《劳动法》得以正式施行。同年 3 月，国务院再次发布《国务院关于职工工作时间的规定》，规定实行五天工作制，每周双休。这一规定标志着我国双休工作制的正式建立，公休制度逐渐与国际接轨，人们的休假时间大为延长。

1997 年，东南亚金融危机爆发。为刺激消费，拉动内需，促进国内旅游，1999 年 9 月国务院初次修订《放假办法》，将五一和国庆假期延长为 3 天，通过调休，形成了春节、五一和国庆三个长达 7 天的假期，形成了今日人们耳熟能详的“黄金周”。为协调“黄金周”假期的工作安排，成立“全国假日旅游部际协调会议办公室”，又称“全国假日办”，作为专门的假日协调机构。

2000 年至 2007 年，“黄金周”成为我国休假制度最显著的标志。长达 7 天的公共休假时间使绝大多数人们合家出游成为可能，促进了国人旅游意识和消费意识。1999 年的首个“十一”黄金周，全国旅游人数高达 2 800 万，旅游收入也达到 141 亿元，“黄金周”制度大大促进了旅游业、餐饮零售业等行业发展。但随着几年来该制度的实施，其弊端逐渐暴露，爆发性的客流增长使景点人满为患，降低游客的旅游体验；旅游、餐饮、零售等服务设施均不堪重负，而黄金周结束后又出现闲置，给商家带来不必要的经营成本；景区环境由于人员过多遭到破坏，等等。社会各界均对“黄金周”的利弊展开了讨论，为改革“黄金周”制度，2007 年 12 月国务院第二次修订《放假办法》，增设清明、端午、中秋三个中国传统节日；春节假期提前至除夕当天；取消了“五一”黄金周。同时还公布了《带薪年休假条例》。修订之后，法定节假日增加 1 天，为 11 天，全年公休假共 115 天。自此，我国休假制度形成了“大长假”和“小长假”相结合的结构，人们在出游、休息等休假方式中的选择更加灵活自由。

为充分了解公众的放假需求，制定更为合理的休假制度，2013 年全国假日办就法定节假日调整方案面向全社会征集意见，在此基础上，12 月国务院第三次修订了《放假办法》，将春节假期推迟一天，但该做法因为推迟后除夕不放假而饱受争议。2014 年 9 月，国务院撤销“全国假日办”，其全部职能并入新设机构国务院旅游工作部际联席会议制度之中，用于协调与休假相关的各项安排。

改革开放以来，我国先后通过行政法规、法律等多种方式对休假制度进行了调整和修改，建立起具有我国特色的基本休假制度。大体时间线如图 7 - 1 所示。

改革开放以来休假制度的变化，具有几点重要意义。首先，人们的休假意识逐渐觉醒。在基本的社会建设得以实现，基本的物质需求得到满足后，人们希望能在繁重的工作中，拥有一定比例的可自由支配的时间，用来与家人团聚、旅行放松或自我提升，进而自我实现。中国人的休闲需求逐渐受到正视，并通过适当的途径表达出休闲诉求。

其次，休假制度体系越来越完善，时间分配越来越合理。周休制度从最初的单休工作制到单双休工作制再到双休工作制，《劳动法》的颁布，《放假办法》关于节假的三次修订，带薪休假有关规定的推行，探亲假、产假等针对特定人群的假期出现，都意味着我国休假制度体系在逐步建立完善。在“黄金周”扎堆出行带来一系列问题后，取消“五一”黄金周，改为三个为期 3 天的小长假，使人们可以更加自由安排休假方式，避免集中出行导致的假期质量下降。

再次，休假制度确定越来越以人为本，越来越尊重民众的休假诉求。《放假办法》的制定和修改考虑了人民的放假需求，“黄金周”制度的设计经过专家学者的多方论证，并针对休假制度改革方案公开征求民众意见，假日办公室在调整休假安排时也曾公开征集社会意见，出现了自下而上的休假改革。这是休假制度为人民利益服务的重要体现。

最后，休假制度对社会、经济、文化等方面的反作用越来越受到重视。设置带薪产假以保障妇女生育，设置探亲假以鼓励人们休假，设置“黄金周”以刺激假日经济，恢复清明、端午、中秋三个传统假日以弘扬中国传统文化，等等，都是休假制度反作用的具体体现。应当合理利用休假制度，用润物细无声的方式改变人们的生活方式，从而帮助人们调节劳动和休息，提高人民生活幸福感，并促进消费，拉动内需，促进休闲产业发展，促进传统文化的发扬和传承。

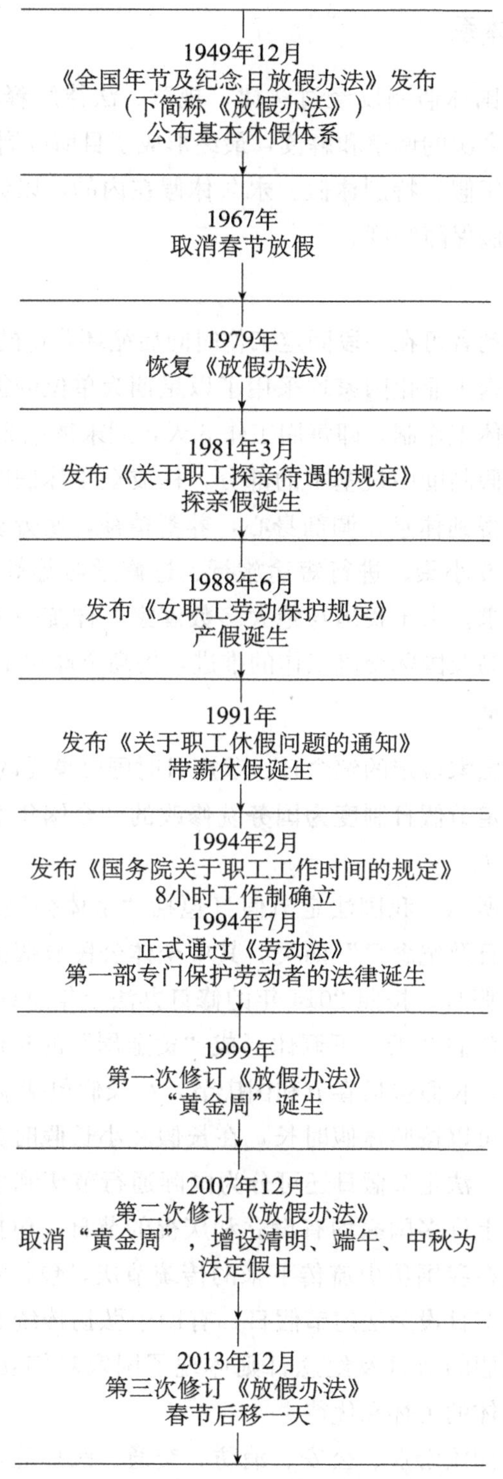

图 7－1　新中国成立以来休假制度大事记

（四）现行休假制度体系

改革开放以来，我国休假制度经过法律、规章、法律解释、通知、批复等方式，对休假制度进行了五十余次的调整和解读，最终形成了目前以周休即循环休假为主的，包括法定节假日、带薪年假、特别休假、永久休假在内的，以休假时间安排与工作时间有关规定为保障的休假保障制度。

1. 循环休假制度

循环休假指的是劳动者可在一段固定工作时间后循环获得的24小时及以上的非工作时间。目前全球范围内工业化国家均采用了以星期为单位的循环休假制度。我国现行的循环休假制度为双休工作制，即每周工作5天，周末休息2天。

循环休假制度是休假制度中最基本的部分，构成全年休假时长的主体。劳动者可以在连续工作数天之后得到休息，调剂身心，养蓄精神，使劳动力得以恢复再造；也可以在空余时间里与亲友小聚、进行短途旅行、进修学习等等，满足劳动者的社交、娱乐、学习等多方面需求。由于我国与绝大多数国家一样统一采用了星期制的循环休假模式，有助于国际贸易及国际交流工作的推进，提高全球化工作中的信息传递效率。

2. 法定节假日制度

法定节假日是指在国家规定的纪念日、节庆日时国民享受的24小时及以上的非工作时间。我国现行的法定节假日制度为国务院修改的《全国年节及纪念日放假办法》，2014年1月1日开始实行。

如休假制度体系表所示，我国法定节假日包括“全体公民放假的节日及纪念日”和“部分公民放假的节日及纪念日”两类。其中全体公民放假的节日及纪念日即通常人们所指的全国法定节假日，按照2014年的修订办法全年总计11天。这部分节假日按照休假时长，可分为放假3天、可调休形成“黄金周”的长假，以及放假1天、调休后休假3天的小长假。长假包括春节和国庆节，小长假包括新年、清明节、劳动节、端午节和中秋节。人们可以按照休假时长，在长假和小长假时灵活安排探亲访友或出游计划。按照节庆类型，法定节假日还可分为国际通行节庆和中国传统节日两类。国际通行节庆指的是世界上许多国家均有设立和庆祝的节日，包括新年、劳动节和国庆节；中国传统节日则是在我国历史流传下来的传统节庆，包括春节、清明节、端午节和中秋节。将中国传统节日设为法定节假日，有助于弘扬传统文化，承载民族历史和民族精神。部分公民放假的节日及纪念日则体现了国家对妇女、青年、儿童、军人、少数民族同胞等特殊群体的关怀和优待。

在一些特殊行业，如旅游业、公安、消防、交通、医疗等，在公休假日仍需照常工作，甚至可能比平时工作量更大。在这些行业中，可通过调休、补贴等多种方式实现对劳动者的休假福利。

3. 带薪休假制度

带薪休假是指依据国家规定，给连续工作 1 年以上职工的带薪年休假。雇员可以自主决定或由雇员雇主协商确定带薪休假的具体休假日期，不仅能够在劳动者最需要休假时休假，最大化利用休假时机，而且不会造成“黄金周”这类集中休假导致的拥堵，能够缓解长假集中出行造成的种种问题，是一种非常灵活自由的休假方式。2008 年 1 月 1 日实施的《职工带薪年休假条例》对带薪休假的具体条件和休假时间做出了规定，如“现行休假制度体系”表中所示。

然而，带薪休假制度在我国的实施效果仍不够理想。2009 年 1 月，人民论坛杂志社与人民网、新浪网就带薪休假问题联合展开调查，有近万人参与，其中有 47.2%的参与者在回答“带薪假期，2008 年您休假了没”这一问题中选择了“没有休假，也不打算休了”。根据人社部的有关调查，带薪休假的落实情况也存在地区和工作单位的差异，经济发达地区略好于经济不发达地区，党政机关与事业单位的落实情况整体好于民营和中小企业。带薪休假虽是一项具有优良性质的制度，但目前在我国的实施过程中存在诸多困难，并未完全发挥出其优越性。

4. 永久休假制度

永久休假制度指的是退休制度，是在一定条件下劳动者不再参加工作、永久休假的制度，退休条件包括达到一定的工作年限、达到特定年龄或原因等。1982 年 2 月，我国颁布《关于建立老干部退休制度的决定》，干部退休制度就建立起来。1993 年施行《国家公务员暂行条例》，2006 年施行《中华人民共和国公务员法》，规定了完全丧失工作能力或达到退休年龄的公务员，应当退休。对于其他劳动者，相关法律还规定从事高空、井下或其他有害身体健康工作的，退休年龄为男性 55 周岁，女性 45 周岁。因病或非因公致残，由医院证明经劳动鉴定委员会确认完全丧失劳动能力的，退休年龄为男性 50 周岁，女性 45 周岁。

退休制度一方面是保障了劳动者在年老、身体状况欠佳时的休养时间，是劳动者工作一生后应得的回报，体现出对劳动者的尊重，另一方面也推动了干部的人事更替，为干部年轻化创造了条件。

5. 特别休假制度

特别休假制度最重要的特点就是专假专用，需要职工因特定情况和事由向所在单位提出申请获得假期。主要包括病假、婚丧假、产假、探亲假、教学学术休假等。

病假是指劳动者本人因患病或非因工负伤，需要停止工作，进行医疗时，企业根据劳动者本人实际参加工作年限和在本单位工作年限给予的医疗假期。我国人力资源和社会保障部自 1995 年实施了《企业职工患病或非因工负伤医疗期规定》，规定了患病或非因公负伤职工的病假假期。除假期外，企业还应根据劳动者在本单位工作年限提供经济补偿金和医疗补助费，经济补偿金按照每满一年发相当于一个月工资计算，医疗补助费按照不低于六个月工资计算。

婚丧假是职工本人结婚或直系亲属（配偶、父母、子女）死亡时为处理婚事或丧事而给准的假期。丧假通常一至三天，一般不得超过5天；如需去外省市料理丧事的，假期可酌情增加，但除在途时间外一般不得超过7天。具体丧假天数根据本单位政策执行。

产假是指在职妇女产期前后的休假待遇。2012年国务院通过了《女职工劳动保护特别规定》，女职工生育享受98天产假，产前可以休假15天。一些地方政府还对男性给予护理假，通常作为鼓励晚育的手段。

探亲假是指与父母或配偶分居两地的职工，每年享有的与父母或配偶团聚的假期。探亲假是国务院于1981年《国务院关于职工探亲待遇的规定》设置的，为的是方便在异地工作的职工与父母、配偶团聚。按照规定，只有在国家机关、人民团体和全民所有制企业（国有企业）、事业单位工作且工作已满一年的职工才可享有。

教学及学术休假是指在校教职员工享受的休假。教学休假包括各类学生和学校教职员工享受的寒暑假，长度一般为寒假2～3周，暑假5～6周。学术休假是指高等学校研究者每隔一定年限进行的修整、学习或研究，用于调整激发研究者的创造力。学术休假是美国大学教师涵养创新能力的一种重要形式，2000年我国增设“春晖计划”海外留学人才学术休假回国工作项目，旨在吸引国外任教的华人学者在学术休假期间回国工作，此后，清华大学、北京师范大学等第一批“春晖计划”试点的高校也相继设立了学术休假制度。

6. 休假保障制度

除了规定休假条件、时间、受众等指标的制度外，我国休假制度中还包括各类休假保障制度，给出了与休假相关的规定，以保障休假制度的执行。主要包括以下三类：

（1）关于休假时间计算的规定。

是指对休假时长如何计算的规定。例如，1999年对《放假办法》的修订，规定了劳动节和国庆节休息3天，并对周末进行调休，从而形成了“黄金周”；2006年起，部分行业开始试行黄金周后不再补偿工作日，从而使黄金周实际长度达到9天；现行的《放假办法》允许休息1天的节假日如清明节、端午节等在安排休息时与周末相连，从而形成3天的小长假，方便人们的短途旅行。

（2）关于工作时间的规定。

是指关于工作时长和工作时间的规定。《中华人民共和国劳动法》《国务院关于职工工作时间的规定》等法律和规章均对劳动者的工作时间作出了限定。在我国，一般劳动者工作时间每日不超过8小时，每周工作40个小时；在特殊劳动条件下从事劳动，和有特殊情况需要适当缩减工作时间；对铁路、石油化工企业等采用不定时工作制的行业，国家也出台了明确规定来计算其工作时间。

（3）关于休假期间劳动报酬的规定。

是指对休假期间工资水平的规定以及对当休未休时的劳动报酬补偿的规定。例如在病假、产假、带薪年休假等休假期间，劳动者的薪资水平是否应当改变。在当休未休时，根据劳动法规定，企业要求劳动者在周末加班时，需支付150%的工资报酬；在节假日要求劳动者加班，或带薪年休假未实行的，需支付300%的劳动报酬。此外，对于旅游、银行、交通等在公休假日仍需营业甚至营业压力更大的行业，还有调整休假日期的相关制度，如旅游行业常将休假日安排在公休日结束后的旅游淡季。

二、我国居民的休假现状及满意度分析

随着我国经济持续增长，社会不断变革，休闲成为人们日益追求的美好生活需要。建构完整的休假制度体系是休闲生活的必要保障。一方面休假制度维护了劳动者休息权、保护劳动者身心健康，成为社会健康有序发展的重要环节。另一方面，完善的休假制度具有提高劳动者生产效率、促进休闲产业持续健康发展的重要作用。然而，从目前休假落实情况看，具体实施过程仍然不是十分顺利。与发达国家相比，我国带薪休假天数排名靠后；“黄金周”集中休假问题凸显，交通和景区不堪重负，严重影响旅游消费；个别行业“996”加班现象严重，时薪不高。鉴于此，选取北京作为典型城市，通过问卷调查的方式进行数据收集，深入调查和分析我国居民的休假现状和满意度。

本次调查方法采用多阶段随机抽样，抽样框架是北京市内十六个区的常住人口，总体中的每个个体都有相等的被选中的机会。因此，纯随机抽样样本可以代表一个真正总体。问卷结构为自填式，由被调查者亲自填写。本次发放问卷1 078份，有效问卷1 010份，回收后全部通过检查，有效率93.69%，符合大样本特征。调查问卷分为四个部分，包括休假制度现状调查、满意度调查、期望调查、人口变量的调查。调查时间段为2019年5月，耗时21天。对所抽样的问卷进行量化统计描述现状，研究对象的样本结构如表7－10所示。

表7－10 样本结构

变量		频率（%）
性别	男	46.53
	女	53.47
年龄	19岁以下	3.17
	20～24岁	18.61
	25～29岁	23.76
	30～39岁	30.79
	40～49岁	12.97
	50～59岁	4.95
	60岁以上	5.74

续表

变量		频率（%）
学历	小学及以下	30.00
	初中	2.48
	高中	6.73
	大学	18.42
	研究生及以上	42.38
年收入	0～5万元	16.04
	5万～10万元	37.23
	10万～15万元	24.36
	15万～20万元	9.90
	20万～25万元	5.54
	25万元以上	6.34
工作部门	政府部门	1.58
	事业单位	6.73
	国有企业	8.22
	外企	4.75
	私企	61.49
工作状态	无业	12.77
	有业	87.23

（一）近八成有业群体享受双休

从日常周休情况看，77.64%的有业群体可以享受周末双休，这一比例高于2017年的75.55%。分指标来看，女性、年收入少于15万元的人、非私营单位工作者、30岁以上人群周末双休比例提升明显，增长幅度超过其对应指标人群，说明近两年休假制度落实得到改善；每月不能保证周末双休的居民比例有所降低，其中，14.76%的群体只能享受周休一天，较2017年的15.97%略微下降，但幅度不大，其余7.60%的群体日常周休天数则更少。周休状况与有业者所属的行业有关，数据显示，周休一天的群体主要从事的行业集中在传统服务业和高新技术行业，其中住宿和餐饮业（11.9%）、批发和零售业（14.28%）、居民服务业（16.67%）、信息技术业（15.87%）。对于传统服务业，劳动效率相对较低，从业人员主要从事体力劳动，工作替代性强，工时协商能力弱，使得周工作时间几乎都在42小时以上，休闲时间短。工作日八小时外，超过32.37%的人休闲时间少于2小时，超过69.62%的人少于4小时。年收入大于15万的群体中休闲时间小于4小时的比例是71.71%，其中61.02%的人每天要加班工作。对于高新技术行业，技术发展日新月异，从业人员竞争压力极大，加班常态化，有65%以上的人周工作时间在48小时以上，这一比例在私营单位尤为明显，从2019年数据可知，私营单位每周可以双休的比例为75.61%，而2017年的数据为76.52%，说明加班情况有增多的趋势，这一现象可能与经济下行周期有关。由此可知，工作日的加班时间增长，周总工作时间前后两次调查基本持平，相较而言，居民的双休日保障情况得以改善。但因为各种原因（包括加班、再教育、家务劳动等）男性的休闲时间明显少于女性，47.01%的男性休闲时间少于6小时，女性只有39.22%的休闲时间少于6小时。这说明女性地位有所上升，男性承担了更多的家庭责任，这与之前有相当一部分女性从结婚开始，选择辞掉工作，专做家务的情况相比有很大改变。

表7－11显示的是2017年与2019年关于日常周休天数频率的比较。

表7－11　日常周休天数频率（%）

天数	全体	男性	女性	年收入<15万元	年收入≥15万元	私营	非私	30岁以下	30岁以上
2019年调查数据									
每周一天	14.76	14.99	14.74	15.04	14.01	16.14	11.90	15.57	14.10
每周两天	77.64	73.46	81.62	78.20	77.29	75.61	82.90	78.59	77.22
每月一天	0.68	0.98	0.43	0.45	0.97	0.82	0.37	0.00	1.30
每月两天	1.48	2.46	0.64	0.90	3.38	1.65	1.11	0.73	2.17
每月三天	1.14	1.97	0.43	1.20	0.97	1.48	0.37	0.73	1.52
其他	4.31	6.14	2.14	4.21	3.38	4.28	3.35	4.38	3.69
2017年调查数据									
每周一天	15.97	17.16	15.07	16.57	11.86	16.2	15.6	16.00	15.76
每周两天	75.55	71.79	78.49	74.46	75.00	76.52	74.00	76.64	73.57
每月一天	0.94	1.64	0.36	0.95	0.85	0.65	1.39	0.69	1.27
每月两天	1.20	1.34	1.09	1.35	0.42	1.52	0.69	0.81	1.75
每月三天	1.47	2.24	0.85	1.43	1.69	1.52	1.39	1.38	1.59
其他	5.08	6.27	4.13	5.39	2.54	3.91	6.93	4.37	6.05

（二）法定节假日休假率接近七成

根据2019年《我国法定年节假日等休假相关标准》规定，国民享有11天法定节假日。数据显示，总体来看仅有65.72%的有业群体能完全享受全部法定节假日。总体休假率较2017年有较大幅度提升，其中，如图7－2所示，77.18%的群体能有清明假期，72.08%的群体能有端午节休息，76.73%的群体能享受中秋佳节，77.63%的群体能过劳动节，78.43%的群体能完全享受到元旦假期，80.70%的群体能有国庆假期，91.48%的群体能享受春节休假。黄金周的休假执行力度较其他传统节日的执行力度要大，说明我国对黄金周休假更为重视。

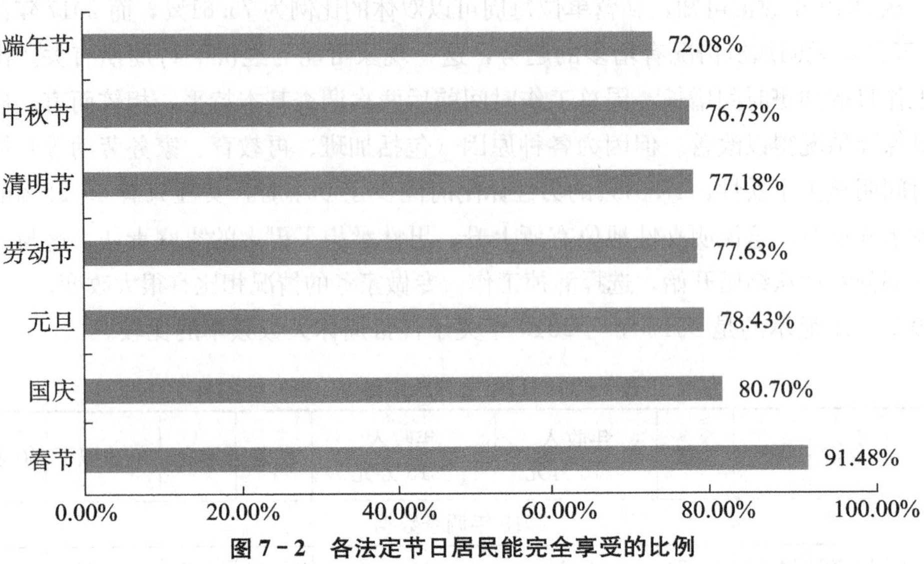

图 7-2　各法定节日居民能完全享受的比例

我们从表 7-12 中还发现，年收入大于等于 15 万元的人群都没有休假的比例从 2017 年的 2.12%上升到 2019 年的 2.39%，是图中唯一上升的都没有休假的居民，分人群来看，私营单位工作员工，享受的假期比例提升很小，甚至有些假日较 2017 年略微降低，端午节、中秋节、国庆节、元旦分别从 2017 年的 73.80%、81.20%、84.78%、78.26%降低到 2019 年的 71.64%、77.21%、80.98%、78.03%，说明该群体休假条件有待改善。由此可知，工作性质是影响休假质量的不可忽视的因素。这是由于我国劳动力市场自身存在着巨大差异。党政机关、事业单位、大型国企这一类单位，不存在典型的老板和员工的层级关系，员工的工作时间与单位效益相关度不高，能够保证其政策执行到位，而以盈利为目的的私人雇主企业，由于雇员缺乏维护自身休假权利的途径和手段，同时工作时间很大程度上决定了员工的工资福利，因此形成了私营部门没有动力促进落实员工正常休息时间。

表 7-12　全年能完全享受到的法定节假日频率（%）

节假日	全体	男性	女性	年收入 <15 万元	年收入 ≥15 万元	私营	非私	30 岁以下	30 岁以上
2019 年调查数据									
都没有	3.52	4.89	2.55	3.89	2.39	2.95	5.14	4.11	3.44
元旦	78.55	75.55	81.10	77.69	81.33	78.03	83.08	77.96	78.87
春节	91.73	91.44	91.93	90.86	94.25	92.62	89.70	91.52	91.81
清明	77.30	73.11	80.89	76.34	80.38	77.37	79.41	75.30	78.87
劳动	77.87	74.57	80.68	77.54	78.94	78.52	78.67	77.48	78.01

续表

节假日	全体	男性	女性	年收入<15 万元	年收入≥15 万元	私营	非私	30 岁以下	30 岁以上
端午	72.19	68.22	75.58	72.01	72.72	71.64	77.94	71.91	72.19
中秋	76.84	73.84	79.41	75.59	80.86	77.21	80.14	76.27	77.15
国庆	80.81	77.51	83.65	79.49	85.16	80.98	84.55	79.90	81.46
其他	6.01	4.16	1.48	6.73	3.82	4.91	9.55	5.56	6.46
2017 年调查数据									
都没有	6.08	6.57	5.71	6.82	2.12	3.80	9.71	5.64	6.69
元旦	75.35	73.88	76.43	74.31	74.15	78.26	70.71	75.03	75.32
春节	86.71	85.97	87.24	85.80	83.9	90.22	81.11	87.80	84.55
清明	69.67	68.06	70.96	68.28	69.92	73.59	63.43	67.78	71.82
劳动	69.94	68.06	71.32	69.07	67.37	73.37	64.47	69.04	70.54
端午	69.81	65.37	73.27	68.68	69.49	73.80	63.43	69.39	69.90
中秋	76.89	75.97	77.52	76.53	72.46	81.20	70.02	77.56	75.32
国庆	81.16	80.45	81.65	80.33	78.39	84.78	75.39	82.16	79.14
其他	5.68	4.18	6.93	5.15	8.47	4.78	7.11	4.14	7.8

（三）不同群体带薪休假落实率差异明显

在带薪休假方面，2019 年有业群体中能完全享受带薪休假的比例达到 76.96%，平均带薪休假天数为 10.0 天，高于 2017 年调查的 7.2 天。从工龄来看，累计工龄不足 1 年的群体中有 67.65%的群体不享受带薪休假；累计工龄在 1～10 年的群体中，18.64%的群体享受少于 5 天的带薪休假，18.45%的群体无法享受带薪休假；累计工龄在 10～20 年的群体中，48.58%的群体享受少于 10 天的带薪休假，20.75%的群体还不能享受带薪休假；累计工龄在 20 年以上的群体，59.41%的群体享受少于 15 天的带薪休假，有 23.76%的群体没有享受带薪休假。

除了工龄这一主要决定变量，不同人群之间的带薪休假差异也十分巨大。如表 7-13 中所示，女性的带薪休假天数在 10 天以上的人群，在前后两次调查中都显著高于男性，例如，2017 年 12.76%的女性带薪休假在 11～15 天，高于男性的 11.19%，2019 年对应的女性数据是 13.40%，也高于男性的 11.33%，同样的优势也存在于 16 天以上的情况。这说明整体上，社会还是对女性的休假权利保障存在一定程度上的倾斜。另外，非私部门的带薪休假情况也好于私营部门。

表 7-13　全年带薪休假天数频率(%)

天数	全体	男性	女性	年收入 <15 万元	年收入 ≥15 万元	私营	非私	30 岁以下	30 岁以上
2019 年调查数据									
无	21.53	23.40	20.00	22.37	19.32	23.68	12.69	24.27	19.09
少于 5	16.29	16.26	15.96	15.77	17.39	18.42	12.69	17.96	14.75
5～10	33.49	34.48	32.77	33.78	32.85	30.10	44.78	33.01	34.06
11～15	12.41	11.33	13.40	12.61	11.59	11.18	15.67	11.65	13.02
16～20	4.21	3.20	5.11	4.20	4.35	5.43	2.99	3.64	4.77
21 天以上	10.82	9.36	12.13	10.06	13.04	10.36	10.45	8.25	13.02
其他	1.25	1.97	0.64	1.20	1.45	0.82	0.75	1.21	1.30
2017 年调查数据									
无	25.05	27.91	22.48	26.25	15.68	25.76	23.92	26.7	22.61
少于 5	15.36	15.22	15.55	15.23	14.41	16.52	13.52	17.26	12.74
5～10	32.13	30.6	33.54	32.12	30.93	32.39	31.72	30.72	33.92
11～15	12.02	11.19	12.76	11.74	13.14	10.87	13.86	10.93	13.38
16～20	5.68	5.37	5.95	5.08	8.47	5.11	6.59	4.37	7.48
21 天以上	8.22	8.21	8.14	8.09	8.05	8.37	7.97	8.29	7.96
其他	1.54	1.34	1.7	1.51	1.27	0.76	2.77	1.61	1.43

在带薪休假意识方面，如表 7-14 所示，2017 年仅有 8.22%详细了解过带薪休假条款，24.65%有过大致了解，28.06%了解一些，而 2019 年的数据分别上升到 10.84%、27.85%、29.0%，这说明居民带薪休假意识正在逐步地苏醒和增强。

表 7-14　对带薪休假法律规定的了解程度(%)

了解程度	全体	男性	女性	年收入 <15 万元	年收入 ≥15 万元	私营	非私	30 岁以下	30 岁以上
2019 年调查数据									
没听说过	4.34	5.42	3.42	4.36	4.35	4.61	3.73	4.15	4.56
听说过不了解	27.74	29.31	26.28	29.32	23.19	28.50	24.63	33.66	22.78
了解一些	29.00	30.30	27.78	28.87	28.99	28.34	28.36	31.95	25.81
有大致了解	27.85	23.40	31.84	27.37	28.99	26.52	33.58	23.41	31.89
详细了解	10.84	11.58	10.26	9.77	14.49	11.70	9.70	6.83	14.53
其他	0.23	—	0.43	0.30	—	0.33	—	—	0.43

续表

了解程度	全体	男性	女性	年收入<15万元	年收入≥15万元	私营	非私	30岁以下	30岁以上
2017年调查数据									
没听说过	4.01	4.48	3.65	3.97	4.24	3.59	4.68	3.11	5.25
听说过不了解	34.87	35.67	34.14	36.56	23.73	36.30	32.58	40.39	27.07
了解一些	28.06	26.57	29.28	28.71	22.03	28.70	27.04	28.19	27.71
有大致了解	24.65	23.73	25.39	24.11	25.42	24.02	25.65	23.01	26.59
有详细的了解	8.22	9.40	7.29	6.50	16.10	7.28	9.71	5.29	12.26
其他	0.27	0.30	0.24	0.32	0.00	0.11	0.52	0.35	0.16

对于带薪休假没有落实的原因，如图7-3所示，有业群体没有带薪休假的主要原因是单位无带薪休假制度，这一比例达到46.28%，其次是工作太忙，比例占33.51%，另一个原因是竞争压力太大担心失业，占到2.66%，其他的原因还有担心上司批评（2.13%）、加班费丰厚，主动放弃休假（1.6%）。

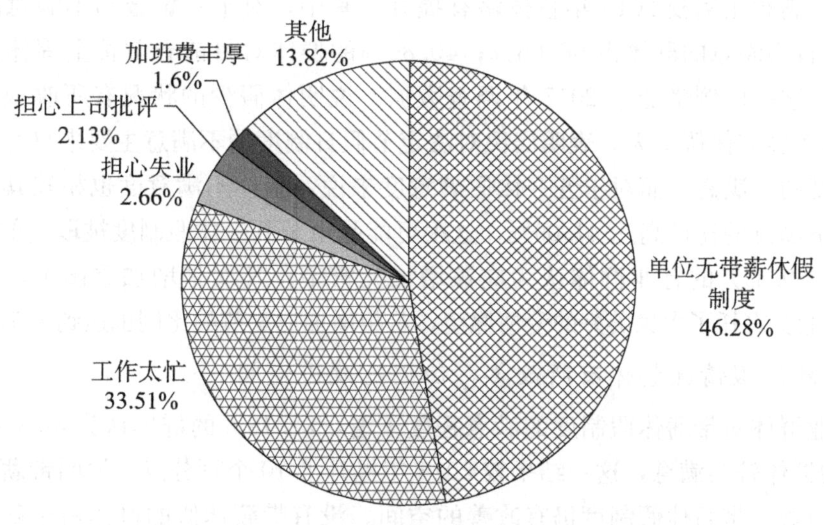

图7-3 没有带薪休假的主要原因

综上，居民有业群体周休制度、法定节假日、带薪休假制度完全落实率分别达到77.64%、65.72%、76.96%，三类休假制度能完全享受的群体仅占39.26%。

（四）居民休假制度满意度分析

分别统计了居民对各个休假制度的打分情况，下面主要通过统计描述，分析居民对休假制度的满意程度。

1. 国民对“做四休三”制度呼声高

调查显示，26.79%的群体对我国现行休假制度不是很满意。其中私营单位(27.22%)的员工较非私营单位(24.27%)的员工不满意程度更大，不同性别之间，不同收入之间以及不同年龄段之间的差异则不是很显著。进行交叉列联表分析发现，居民周休情况、周工作时间与周休制度满意度有密切关系。享受周末双休的群体更倾向于对周休制度感到满意，而周休天数较少的群体则更容易表现出对周休制度的不满。同样，周工作时间越长，特别是超过规定的40小时时，人们对周休制度的满意程度会递减。可见，国民期望有合理的休闲时间来进行休息或是进行休闲消费来满足休闲需求。数据显示，不满意周休制度的群体中，希望每周休息2天的有18.64%，每周休息3天的有75%，这一比例要比对周休制度较为满意的群体要高。进一步说明，对周休制度不满意的群体迫切希望能减少工作时间增加休闲时间。鉴于此，当询问是否同意实施“做四休三”制度时，高达79%的群体倾向于同意，其中表示非常同意的群体达到57.66%。

2. 国民对增加传统文化节假日意愿强烈

对于现行的法定节假日制度，倾向于不满意的群体占30.65%，45.18%的群体倾向于满意，满意比例较2016年整体略有提升。其中，对十一黄金周不满意的群体占18.39%，较为满意的群体占66.06%；40.86%的群体对目前春节黄金周休假制度不是很满意，这一比例略低于2017年调查数据，说明休假少的状况有所改观。但仍有42.22%希望春节休假7天，表明居民对法定节假日制度的不满意主要来自对传统节假日休假制度的不满意。而对于五一休假满意度来说，整体不满意度也相较其他假日高出很多，不满意的比例高达41.09%，这很可能是由于五一休假制度被取消的缘故。调查还表明，59.82%的有业群体认为应该增加元宵节；其次是增加重阳节，占比达到34.28%；七夕寄托了大家美好的爱情愿望，希望增加七夕节的比例也达到了18.84%。

3. 带薪休假情况整体有所改善，但仍有改进空间

从有业群体对带薪休假制度的满意程度来看，22.13%的群体认为还不是很满意，58.34%的群体较为满意，这一结果较2017年提升了10个百分点，说明带薪休假落实情况有所改观。带薪休假制度仍有改善的空间。没有带薪休假的群体占全部有业群体的21.57%，其中有56.84%的人对带薪休假制度执行情况不满意。数据表明，72.08%的有业群体期望每年带薪休假天数大于10天，32.23%的人则认为应该不少于20天。其中，少于5天的带薪休假群体中期望休假不少于5天的占91.87%，因此，带薪休假制度执行情况还有改进的空间。

4. 居民的休假制度满意度较往年有所提升

2019年居民对休假制度满意度有所改善，接近一半的居民(49.72%)对现行休

假制度感到满意，而2017年这一比例不足40%。可见休假制度的执行情况会显著影响居民的生活满意度。

三、休假制度供给对我国文化休闲发展的影响

考虑到休假制度主要包括周休制度、节假日制度和带薪休假制度，而节假日制度主要是指黄金周制度，因此主要从周休制度、黄金周制度和带薪休假制度三个角度分别探讨休假制度对我国文化休闲发展的影响，具体思路如图7-4所示。

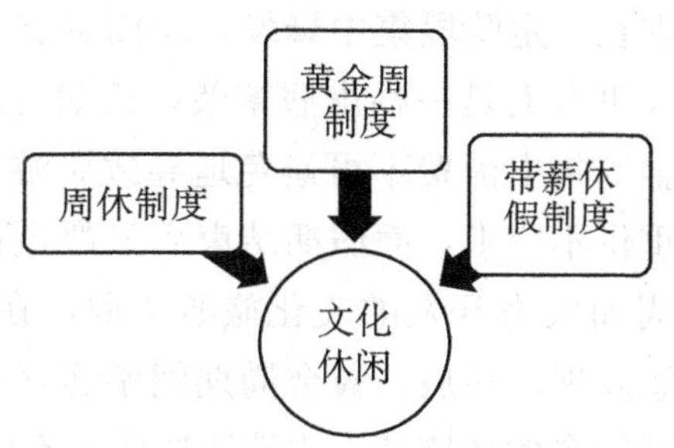

图7-4　休假制度对文化休闲发展的影响示意图

（一）周休制度对我国文化休闲发展的影响

我国的周休制度已从以前的单休制度、大小周制度转变为现在的双休制度。从短期来看，双休制度对我国文化休闲发展具有拉动作用。在之前的单休制度下，人们辛辛苦苦地工作六天，好不容易等到一天休息时间，多数人会好好利用这一天缓解之前疲乏的状态，如睡到自然醒等，这时人们缺乏出门休闲旅游的精力和动力，这不利于我国文化休闲相关产业规模的扩大以及进一步的提升。在现在的双休制度下，人们的自由支配时间明显增加，可以选择周六在家休整，缓解疲劳，周日外出休闲旅游，享受生活。双休制度使得人们的文化休闲需求得到了满足，文化休闲相关产业得到了发展。然而，因为只有一两天这种短期的休闲时间，居民的文化休闲生活通常是近距离短程休闲，如逛逛博物馆、公园等，无法满足居民长距离文化休闲的需求，如去国外旅游等。整体来说，双休制度的实施有助于满足人们的短途文化休闲需求，对本地和相邻区域的文化休闲发展具有较好的促进作用，但无法释放人们的长途文化休闲需求，对远距离区域的文化休闲发展影响较少。从长期来看，随着劳动效率的提升，2.5天休假模式甚至做四休三制度成为可能。人们周休时间的增加为进一步释放其长途文化休闲需求提供了时间条件。

（二）黄金周制度对我国文化休闲发展的影响

黄金周对我国文化休闲发展的双重作用。对我国文化休闲发展来说，黄金周是一

把双刃剑。“黄金周”一经出现体现出对旅游业、文化业、零售业等相关产业强大的提振作用。黄金周制度中诞生了“假日经济”，刺激人们对于相关产品和服务的消费需求。在黄金周的热烈氛围下，居民的文化休闲意识也得以逐渐培养起来，对旅游、交通等产品的旺盛需求带动了相关产业的发展，使得旅游业、文化业、零售业、餐饮业、交通运输业等诸多行业提供更多就业岗位。

然而，在“黄金周”经济蓬勃发展的表象背后，首先，是景区人满为患、交通严重拥堵、环境不堪重负、旅游规范不够等诸多问题，“黄金周”成了“黄金粥”，严重影响了人们的出游体验。其次，有学者研究表明，“黄金周”并没有带动旅游业总量增长，只是让全年的消费需求在一定阶段集中爆发，反而透支了人们的出游需求。也就是说，黄金周的爆发式增长事实上是一种虚假繁荣，长期看来对经济发展并没有那么强的提振作用；再次，黄金周集中消费不可避免地导致旅游有关产品在假期前后的供求关系悬殊，假日期间严重供不应求，而假期结束后又严重供过于求，使社会资源难以合理配置，为迎接黄金周而大力开发的文化旅游资源，在黄金周结束后只得限制，不利于文化旅游市场的健康发展；最后，黄金周期间游客众多，对景区环境造成了巨大的压力，有些甚至对景区的自然环境和人文遗迹造成了不可逆转的破坏。

整体来说，黄金周制度对文化休闲发展的影响弊大于利，不利于其健康、稳定、持续发展。

（三）带薪休假制度对我国文化休闲发展的影响

带薪休假属于弹性休假制度，具有形式灵活、可操作性强、可分散客流等诸多优点。早在1995年，《劳动法》中就正式提出了带薪休假的概念；2008年，人力资源和社会保障部出台的《职工带薪年休假条例》（下文简称《条例》）对带薪年假做出了具体规定。但在实施过程中，效果却并不理想。除了少数规范化经营的企业、事业单位、政府机构等，多数企业都没有落实带薪休假。部分企业的管理中，完全没有关于带薪休假的有关规定；有的企业虽然制定了相关制度，但在执行过程中对《条例》中的规定打了折扣。

带薪休假难以落实，主要由于以下几个因素。一是缺乏法律保障。虽然带薪休假已纳入法律体系，但仍停留在制度层面，对不按制度执行的企业没有任何惩罚措施。由于带薪休假会增加企业的用人成本，企业多数不愿照章实施带薪休假制度。由于没有明确规定惩罚措施，职工在带薪休假当休未休时的维权也较困难。二是企业和职工的休假意识普遍淡薄。对企业来说，普遍考虑的激励方式是金钱奖励，对休假对劳动力的恢复调整作用认识还很不够。对职工来说，当休假会影响绩效工资、升职前景时，职工往往会选择不休假。三是就业市场上劳资关系不对等。当今就业市场上，劳动力长期处于供过于求的状态，企业对劳动者具有更高的议价权，导致劳动者不得不接受没有带薪休假的职位，或为了保住工作、职位晋升、提高收入等原因主动放弃休假。

虽然，目前我国的带薪休假制度落实效果还很不理想，但是总体来说，带薪休假制度对我国文化休闲的发展具有重要的影响。带薪休假制度能够促进文化休闲相关产业转型增效。需求决定供给，供给引导需求。不同于集中休假的黄金周制度，带薪休假制度能够缓解过于集中的休假模式，实现错峰休假，这将大大刺激人们的文化休闲需求，从而进一步影响休闲供给的规模、方式和类型，形成供需关系的良性互动，实现文化休闲相关产业效益、模式和增速的统一，从需求和供给两个方面推动文化休闲相关产业转型增效。

带薪休假制度能够从需求和供给两个角度影响文化休闲的发展。从需求方面看，带薪休假制度能够推动文化休闲需求的优质增长。第一，带薪休假的实施可以让人们自主安排休闲的时间、地点和方式，实现文化休闲自主化，体现了人们的休假权。第二，带薪休假的实施可以一定程度上避免全国人民在同一时间进行休闲，分散休闲时间，实现错峰休假，缓解集中休假带来的种种问题。第三，带薪休假使得人们可以提前规划自己的假期，制定详细的文化休闲计划，尽早预订车票、酒店等，带动了一系列的文化休闲服务的提质和转型。第四，带薪休假的实施可以使得人们进行多样化的文化休闲活动，减少人们跟风、从众的心理，人们的文化休闲活动更为理性。

从供给方面看，带薪休假制度能够促进文化休闲供给的转型提质。第一，带薪休假制度能够削峰平谷，使得文化休闲供给更加平稳，避免了集中供给导致的文化休闲供给质量下降。第二，带薪休假制度的实施有利于降低对文化休闲资源和环境的损耗，保障文化休闲相关产业可持续发展。第三，带薪休假能够使得人们避开高峰期出游，拉动淡季文化休闲市场，能够有效地改善文化休闲企业的经营环境，降低文化休闲企业的经营成本，为文化休闲相关产业转型升级创造有利条件。

第八章 国际文化休闲发展现状及经验借鉴

一、国际文化休闲发展的现状及经验

（一）美国

作为发达国家，美国经济发达，国民收入水平高，非常重视生活品质。据相关统计显示，美国人将 1/3 的土地、时间和收入用于休闲，休闲产业是美国第一大产业。

文化产业方面，1996 年，文化产业已经成为美国最大产业；到了 2000 年，美国文化产业在全世界文化市场所占比重达到 46%，接近二分之一；2015 年，美国文化产业增加值高达 18 036 648 百万美元，是中国（2017 年为 514 262.8 百万美元）的 35.07 倍，是英国（2016 年为 123 481.1 百万美元）的 146.07 倍。

在文化主题公园方面，1995 年，美国迪士尼集团在美国加州创建了迪士尼乐园，这也是世界上第一个文化主题公园。迪士尼主题公园、环球影城主题公园等文化主题公园以文化创意为核心，创造了米老鼠、变形金刚等影视形象，打造文化品牌。他们还运用 VR 等高科技，为游客提供身临电影、动画场景的体验，提高其体验感。此外，迪士尼公园还不断更新其硬件设施，每年淘汰三分之一的旧项目，建设三分之一的新概念项目。

在影视业方面，美国影视业地位在全球也是首屈一指。美国的好莱坞是全球影视业的标杆。数据显示，2019 年，美国本土电影票房高达 113 亿美元。虽然我国电影市场规模逐渐扩大，但是美国的电影产业仍然统治着全球电影业。

在出版业方面，出版业是美国文化产业中最大的行业。早在 1998 年，影视和音像出版业就已经成为美国的第一大出口业。在报纸出版业，由于超过三分之一的美国人有每天阅读报纸的习惯，美国每天有超过 1 000 种报纸出版，数量高达 5 000 多万份。在图书出版上，纸质图书的销售收入约占美国出版业销售收入的一半。2017 年，美国有 19.8 万个图书出版品种，总销售额高达 262.3 亿美元。

在旅游业方面，美国是世界旅游最发达的国家之一。从生产总值来看，美国的旅游产业统计是采用世界旅游组织提倡的旅游卫星账户。2007 年，旅行旅游生产总值达到 622 705 百万美元，占 GDP 的比重为 4.6%。从入境旅游来看，美国的入境旅游市场发展成熟，入境客源国遍布世界五大洲六十多个国家（地区）。如图 8－1 所示，美国国际旅游收入从 2010 年的 1 618 亿美元增加到 2019 年的 2 335 亿美元，增长了 44.31%，年均增长率为 4.16%，增长率较低。从年增长率来看，美国国际旅游收入增长率变化较大，总体呈下降趋势。增长率在 2016 年首次出现了负增长，2018 年和 2019 年连续两年出现负增长。可以说，近年来，美国的入境旅游市场不够景气。

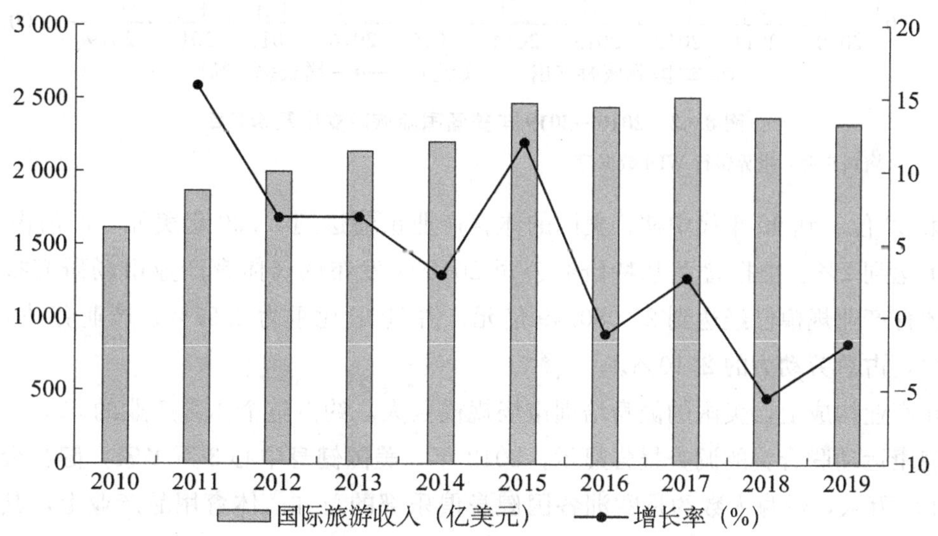

图 8－1　2010—2019 年美国国际旅游收入及增长率

资料来源：世界银行 WDI 数据库.

从出境旅游来看，美国不仅是世界入境旅游大国，也是世界出境旅游大国。2010—2019 年美国国际旅游支出及增长率如图 8－2 所示。美国国际旅游支出从 2010 年的 1 103 亿美元增加到 2019 年的 1 824 亿美元，增长了 65.37%倍，年均增长率为 5.75%，高于同期 GDP 和国际旅游收入增长率。从年增长率来看，美国国际旅游支出增速波动明显，除了 2012 年，其他年的增长率均在 10%以下，2018 年增长率呈负增长。整体来看，美国国际旅游支出呈缓慢增长趋势。

美国民众颇具冒险精神，喜爱参与体育运动，具有很强烈的健身意识。作为世界第一大经济体，美国的休闲体育活动种类最多，参与度最高，其休闲体育产业也在全世界最完善、最发达，规模也最大。

早在 20 世纪 80 年代，美国的体育相关产业的产值就超过石油化工等传统产业，

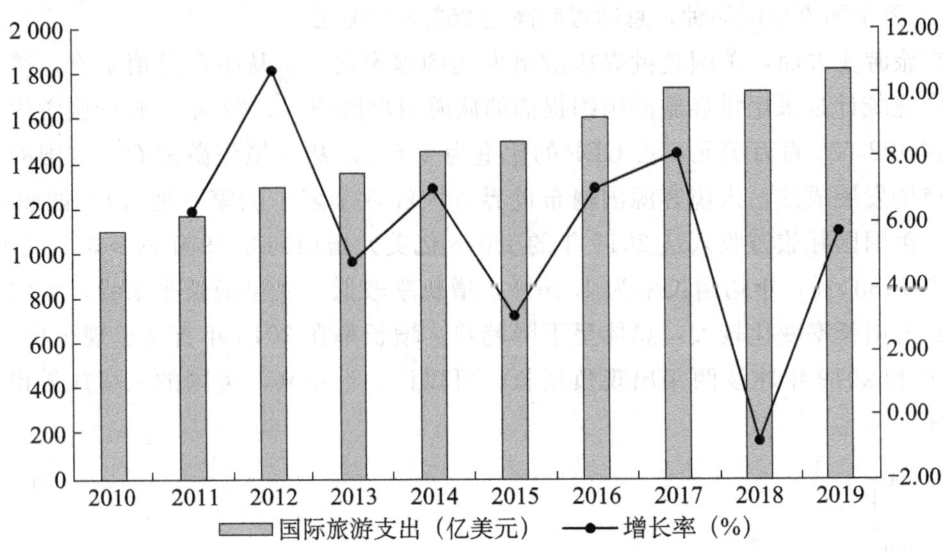

图 8-2　2010—2019 年美国国际旅游支出及增长率

资料来源：世界银行 WDI 数据库.

排名第 22 位。到 90 年代中期，美国的体育产业市值达到 1 520 亿美元，产值占 GDP 的比重达到 2%。根据普兰基特研究公司 2012 年发布的《体育产业市场研究报告》，美国体育产业规模已经达到 27 080.49 亿元，占 GDP 比重为 2.67%；产业劳动力 320 万人次，占总劳动力的 2.10%。

在产业构成上，美国的健身培训市场规模巨大，约占整个体育产业的 32%。根据国际健康运动联合会的调查报告显示，2012 年，美国健身中心 3 万多家，健身会员人数 5 400 万人，健身人数约是欧洲各国健身俱乐部的总和。体育用品产业上，其规模大约占美国体育产业的 30%。美国是全球最大体育用品市场，份额约占全球的 1/3。在全世界十大运动品牌中，美国独占四个，其体育用品在科技含量、时尚设计等方面引领世界潮流。在体育竞赛观赏业，美国有著名的四大职业联盟，即美国冰上曲棍球联盟（NHL）、美国男子篮球职业联盟（NBA）、美国美式橄榄球大联盟（NFL）、美国职业棒球大联盟（MLB）。美国的体育四大职业联盟形成了一个巨大的商业帝国，也吸引了全球体育迷的目光，目前其年收入达到了 230 亿美元左右。四大联盟中，NFL 的收视率最高，其收入在 2014 年约为 90 亿美元，福布斯杂志将其估值为 4.2 亿美元，超过了足球世界杯和奥运会的价值之和。

在健康产业方面，健康管理业是美国健康产业中规模最大的产业，占健康产业的 60.2%。据美国劳工部统计，2012 年有 660 万美国人从事健康管理服务业，占全国就业总人数的 4.55%。在从事健康管理服务业的人中，家庭护理占 13.26%；个人护理助理占 8.15%；健康管理师占 4.79%；医务秘书占 7.95%。

（二）英国

英国文化资源丰富，文化特点突出。2016 年，英国的文化产业增加值为 918 28 百万英镑。英国的文化产业主要由三部分组成，一是博物馆文化产业，其主要以公益性为主；二是文化旅游产业，其主要以市场性为主；三是表演艺术产业，其将公益性和市场性相结合。这三类文化产业相互促进，相互融合。

在文化创意产业方面，英国是首个提出创意产业政策的国家。1997 年，为了振兴英国经济，英国成立了“创意产业特别工作小组”。1998 年，英国发布了《英国创意产业路径文件》，明确提出大力发展“文化创意产业”。英国博物馆数量众多，分布集中，馆藏文物丰富。英国依托丰富的博物馆资源，通过不同思路衍生出了多种文创产品。一是，一站式开发热点藏品。如以罗塞塔石碑为原型，开发了 60 多种不同的衍生产品，种类丰富，涉及范围广阔。二是，将博物馆藏品与地方特色文化结合设计文化创意卖品。三是，配合圣诞节、复活节等节庆开发文化创意产品，设计节庆主题文创产品，营造节庆氛围。

近年来，英国文化创意产业的发展态势较好，已经成为世界第二大创意品生产国，仅次于美国。在产值方面，如图 8－3 所示，近年来，英国文化创意产业国民增加值呈不断增长趋势，从 2010 年的 663 亿英镑增长到 2017 年的 1 015 亿英镑，增长了 53.09%，年均增长率达到 6.27%。2011—2017 年其增长率较为稳定，维持在 6% 左右。

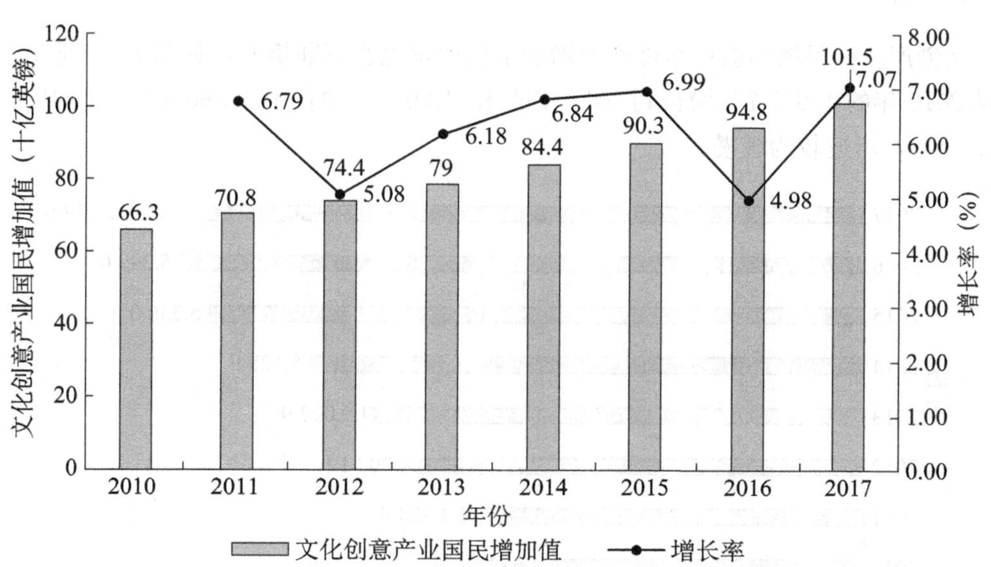

图 8－3　2010—2017 年英国文化创意产业国民增加值及增长率

数据来源：DCMS Sector Economic Estimates（provisional）2017：GVA Report.

分区域来看，如图 8－4 所示，伦敦文创产业增加值位列第一，为 522.3 亿英镑，所占比重高达51.44%，超过二分之一；东南地区排名第二，为169.1亿英镑，所占比重为16.65%。除了以上两个区域外，其他区域的文创产业增加值占比较低，均在6%以内，东北地区增加值最小，为10.3亿英镑，占比仅为1.01%。以英国伦敦为代表的英国城市文创产业繁荣发展，逐渐成为全球文创产业龙头城市，吸引了世界各地的文化人才在此聚集。

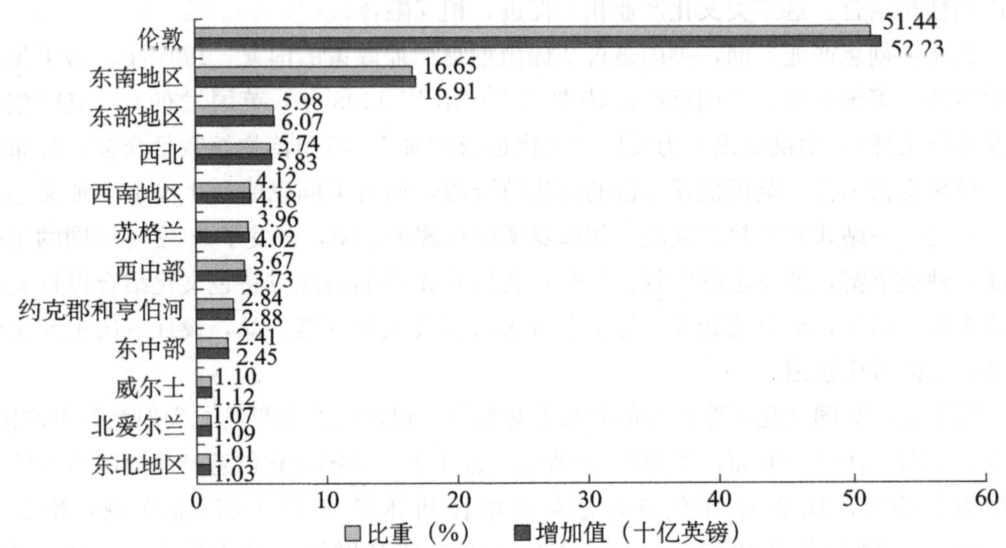

图8-4　2017年英国各地区文化创意产业国民增加值和比重

数据来源：DCMS Sectors Economic Estimates-Regional Gross Value Added（GVA）.

文创产业国民增加值占全部产业增加值的比重也在不断攀升，如图8-5所示，占比从2010年的4.6377%增长到2017年的5.5180%，增长了0.8803%，年均增长率为2.51%，增速较为缓慢。

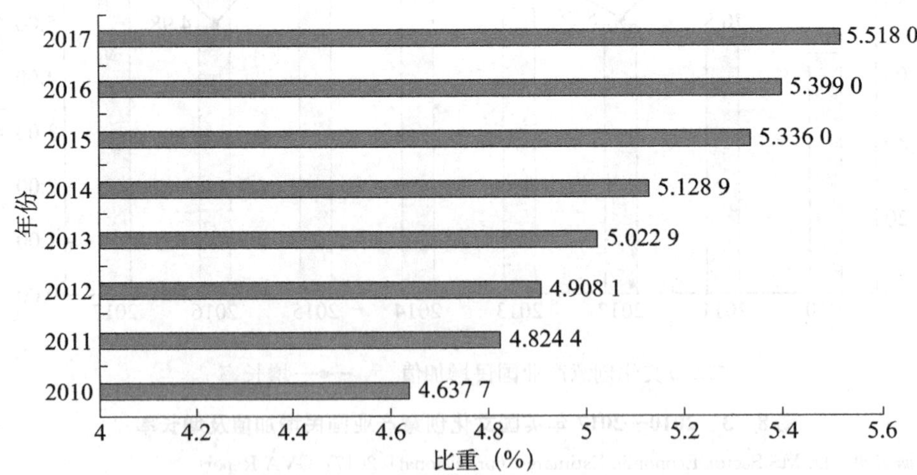

图8-5　2010—2017年英国文化创意产业国民增加值占比

数据来源：DCMS Sector Economic Estimates（provisional）2017：GVA Report.

经过多年的发展，英国文创企业在数量上持续增长。2017 年，英国文化及相关企业总数达到 62.3 万家，同比增长了 2.4%，占企业总数的比重为 25.6%，超过四分之一。其中，文创企业数达到 28.98 万家，同比增长了 1.86%，占文化及相关企业的 46.52%，占比接近二分之一。分行业来看，如图 8-6 所示，文创企业中，IT、软件和计算机类企业数量最多，为 14.46 万个，占比为 23.20%；其次是音乐、表演和视觉艺术类和电影电视广播和图片类企业；博物馆、美术馆和图书馆类企业数量最少，仅为 1 000 个，占比为 0.2%；排在倒数第二和第三的分别是工艺品类和出版类企业。

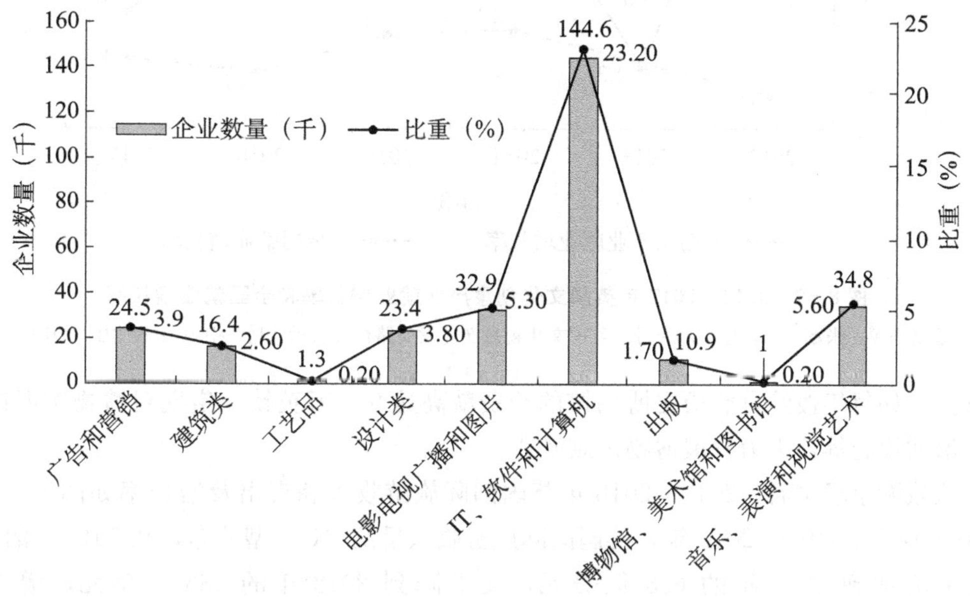

图 8-6　2017 年英国文化创意企业分行业情况

数据来源：DCMS Sectors Economic Estimates —Business Demographics.

在就业人数上，早在 2005 年时，英国创意产业相关的从业人员数量占英国总就业人口的 50%；2010 年，英国文创产业为社会提供 150 万个就业岗位；2011—2012 年，62.9%的新增就业岗位来自文创产业。近年来，如图 8-7 所示，除了 2013 年，2012—2017 年创意产业就业增长率均高于全国就业增长率水平。2017 年英国创意产业就业人数超过 200 万，达到 200.8 万人，同比增长 2.5%，而同期全国就业人数增长仅 1.5%。

在旅游产业方面，英国是博物馆的发祥地，也是全球博物馆最多的国家。英国旅游景点中有八成是博物馆，众多国外游客来英国的主要旅游行程是参观博物馆，而且近 50%的英国人每年也要去展览馆或博物馆，这形成了独具特色的博物馆旅游业。英国主要博物馆和展览馆的年访问量高达 7 100 万人次。英国最受欢迎的十大景点中，博物馆占 8 个。在政策支持方面，英国的国立博物馆和美术馆实行免费开放政策，吸引游客参观博物馆，每年的旅游收入近 10 亿英镑。英国政府通过多种多样的政策与资

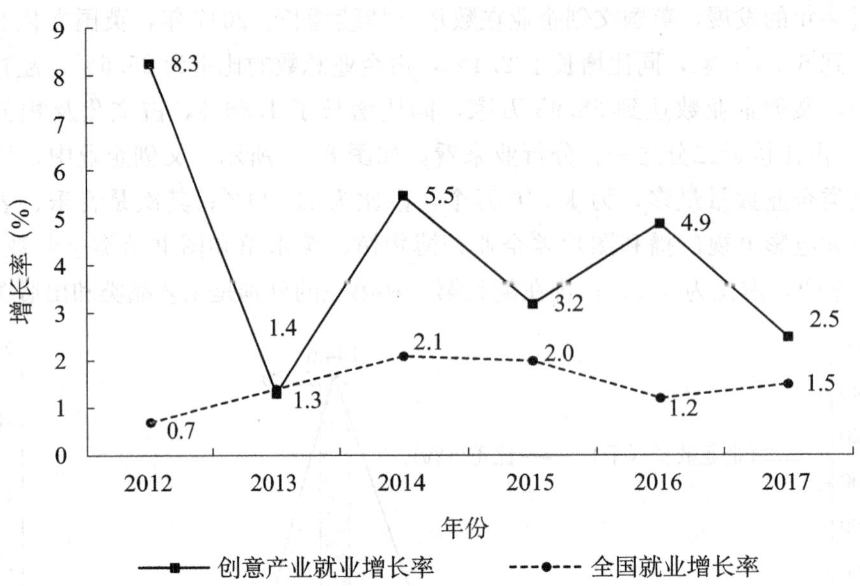

图 8-7　2012—2017 年英国文化创意产业就业增长率和全国就业增长率

数据来源：张娜，田晓玮，郑宏丹．英国文化创意产业发展路径及启示 [J]．中国国情国力，2019 (6).

金支持，如每年拨给自然历史博物馆的经费就高达 900 万英镑，定期对博物馆旧馆维修、增加设施等，大力发展博物馆旅游业。

从旅游市场来看，2010—2018 年英国国际旅游收入和支出及增长率如图 8-8 和图 8-9 所示。2010—2018 年，英国国际旅游收入呈倒“U”型分布，从 2010 年的 407 亿美元增加到 2014 年的 628 亿美元，又下降到 2018 年的 485 亿美元，增长了

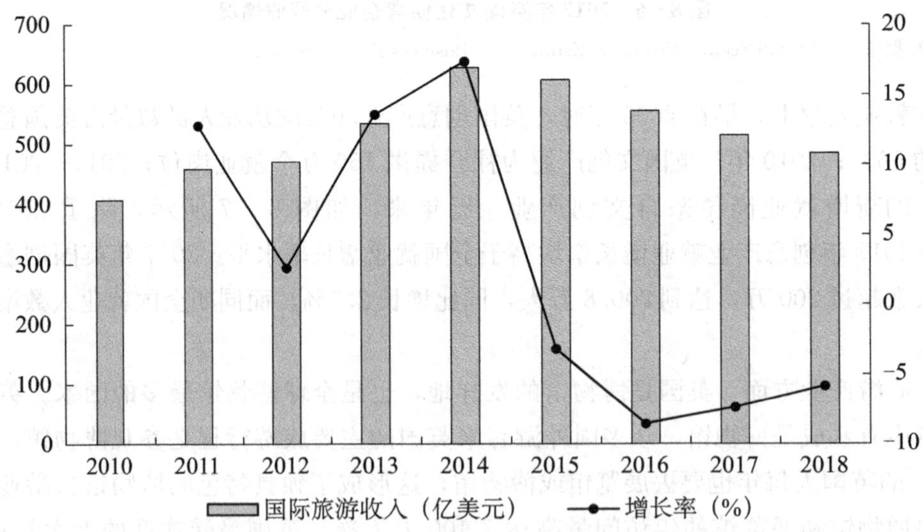

图 8-8　2010—2018 年英国国际旅游收入及增长率

资料来源：世界银行 WDI 数据库.

19.16%，年均增长率达到2.22%，增长率较低。从增速来看，2015年之后国际旅游收入呈负增长趋势。从国际旅游支出来看，英国国际旅游支出也呈倒“U”形分布，从2010年的614亿美元增长到2015年的828亿美元，之后下降到2018年的689亿美元，年均增长率仅为1.45%。从增速来看，英国国际旅游支出增长率波动较大且呈下降趋势，自2016年后呈负增长趋势。

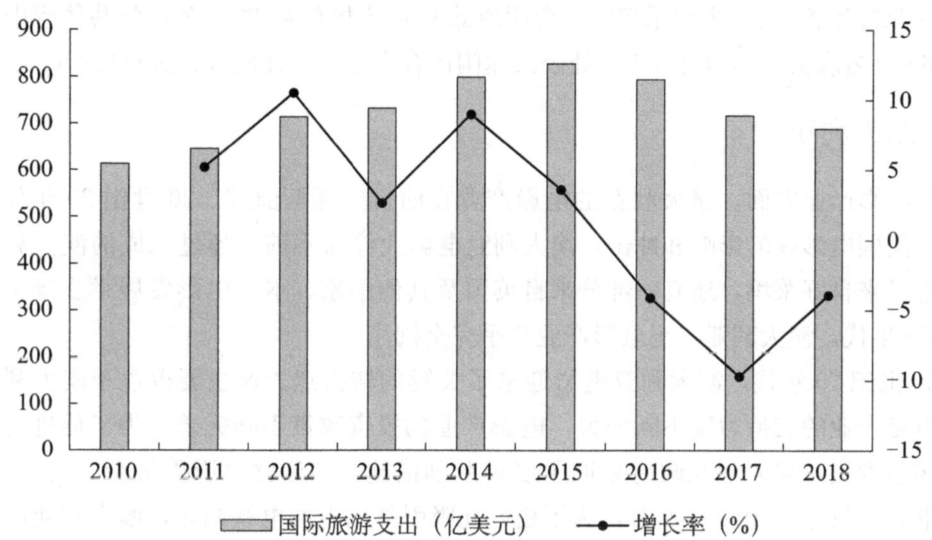

图8-9　2010—2018年英国国际旅游支出及增长率

资料来源：世界银行WDI数据库.

在体育产业方面，英国是现代体育的发源地，有着深厚悠远的休闲体育运动传统。英国政府对休闲体育产业也非常重视，主要通过不断建立和完善各类政策法规来规划城市休闲体育运动基础设施。而且，英国地方政府每年大约花费14亿英镑来管理和修缮各类休闲体育设施。在此环境下，英国民众非常热爱休闲体育运动，约60%的英国居民参与某类休闲体育运动，步行、游泳和健身是其参与程度最高的三项体育活动。英国庞大的体育运动群体促进了其休闲体育产业的蓬勃发展。

在体育产业规模上，根据2012年11月发布的《欧盟国家体育对经济增长和就业贡献研究报告》，英国体育产业规模为4 169.02亿元，占英国GDP的1.69%；产业劳动力63.24万人次，占总劳动力的1.46%。

在体育赛事上，最受欢迎的是足球比赛，每年有超过1 300万观众现场观看足球比赛。据统计数据显示，2013—2014赛季，英超收入高达32.6亿英镑，稳居欧洲足球联赛榜首，创造就业岗位10万多个，贡献税收24亿英镑。其次是赛马比赛，英国是速度赛马的起源地，其赛马质量和赛事水平首屈一指，博彩业形式多样，每年都要举办众多内容丰富的赛马比赛。据统计，2013年英国赛马业收入高达34.4亿英镑，赛马场盈利达4.7亿英镑，带动了马匹运输、博彩等相关产业的发展，创造了8万多个就业岗位。

在健身俱乐部上，据英格兰体育（Sport England）调查数据显示，2015 年，约有 1 650 万的英国人经常参与体育活动，其中注册成为健身房或者俱乐部的会员的人数占比约 12%。英国的休闲体育俱乐部种类众多，遍布各地，其中足球俱乐部最多，共有约五万家，会员三百万；其次是网球俱乐部，共有两千家，会员超二百万；接着是斯洛克俱乐部一千二百家。在私人俱乐部中，全职或兼职雇员共有 4.38 万名，公共休闲中心共有 3.66 万名雇员。英国有 3 738 处公共休闲体育中心，估计健身会员超过 250 万人。

(三）澳大利亚

在电影产业方面，澳大利亚的电影产业在曲折中逐渐前进。20 世纪 20 年代，受英国、美国电影业的影响和冲击，澳大利亚电影业停滞不前，超过八成的澳大利亚放映的电影来自好莱坞，还有一部分来自英国及其他国家，本土电影发展举步维艰。20 世纪 60 年代，澳大利亚本土电影产业几乎完全搁浅。

20 世纪 70 年代，澳大利亚电影迎来了关键的转折点。这主要得益于澳大利亚政府对电影产业的支持力度不断加大，电影产业的投资政策不断完善。为了促进电影产业的快速发展，澳大利亚政府采取了多种激励措施，如建立电影委员会、资金资助、开办电影学校等。2001 年 9 月，为了更好地吸引外国电影电视制作，澳大利亚电影税返税补贴开始实施。2004 年，澳政府旨在打造世界领先的电影业，承诺在剧本创作上 4 年投资 1 750 万美元。澳大利亚对国外电影人提供相关税收减免，以提高其来澳拍摄和制作电影的积极性。此外，澳大利亚还专门成立电影国际合作署，为来澳拍片的电影剧组提供服务，如推荐相关人才、配合办理出入境手续等。电影国际合作署制定了专门的激励措施，如拍摄地点补偿措施、电影制作补偿措施和制片人补偿措施等。

在澳大利亚政府的大力支持下，其电影产业逐渐发展起来，一系列优秀的本土影片不断诞生，如 2013 年上映的《了不起的盖茨比》在全球上映即大获成功，在德国、英国、美国分别收获 1 220 万欧元、1 573 万英镑和 1.45 亿美元的票房。澳大利亚电影的观影人数和票房收入不断增长，观影人数从 2005 年的 822 万增长到 2015 年 902 万，同期票房收入也从 8 175 万澳元增长到 1 亿 2 263 万澳元。

在旅游产业方面，澳大利亚依托葡萄种植和酿酒发展旅游业，吸引了世界各地的游客和参观者。自 1998 年起，澳大利亚几乎每年都举办葡萄酒旅游节大会，经过多年的发展，澳大利亚的旅游业逐渐发展起来。

在旅游市场方面，如图 8-10 所示，澳大利亚国际旅游收入从 2010 年的 323 亿美元增长到 2019 年的 480 亿美元，增长了 49.61%，年均增长率达到 4.50%。在增速上，国际旅游收入增长率波动较大，在 2015 年降到最低，增长率为－9.38%，随后在 2017 年达到高值，增长率达到 27.54%。在国际旅游支出上，如图 8-11 所示，澳大利亚国际旅游支出从 2010 年的 275 亿美元增长到 2019 年的 414 亿美元，增长了

50.55%，年均增速达到4.65%。从增速上，国际旅游支出增长率波动也较大，在2014年出现负增长，增长率为－9.38%，之后触底反弹，在2017年增长率飙升到32.55%，在2019年又下降到－2.36%。可以说，近年来，澳大利亚旅游市场发展不够稳定，呈缓慢波动上升趋势。

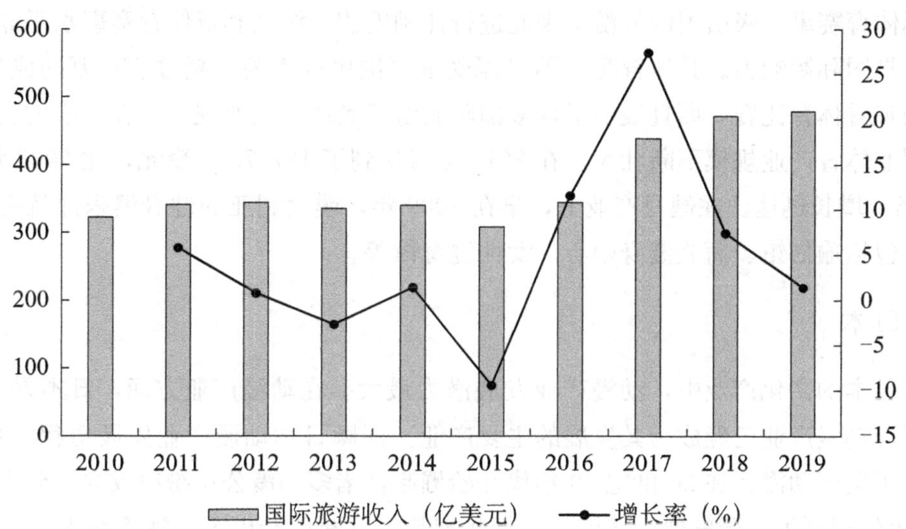

图8-10　2010—2019年澳大利亚国际旅游收入及增长率

资料来源：世界银行WDI数据库.

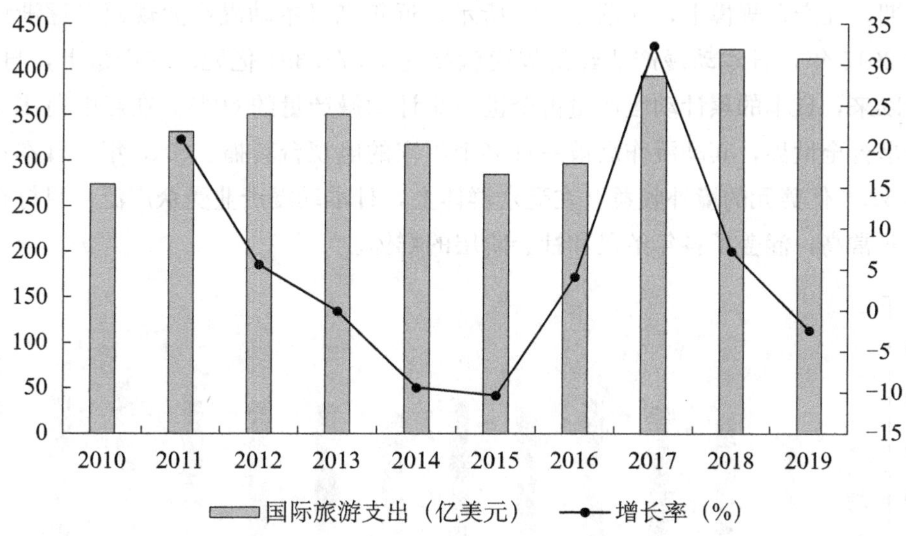

图8-11　2010—2019年澳大利亚国际旅游支出及增长率

资料来源：世界银行WDI数据库.

在体育产业方面，澳大利亚地广人稀，生活富裕，居民普遍具有较高的体育运动意识，喜爱参加各种体育活动，尤其对一些刺激性项目更为酷爱。作为英联邦国家，澳大利亚的休闲运动项目丰富，不仅包括英式橄榄球等英国传统项目，还有澳式足球等独具特色的体育项目。澳大利亚政府非常重视体育产业的发展，将其作为支柱性产业来规划。政府大力支持旅游产业与体育产业的融合发展，一方面鼓励体育企业利用旅游资源开发休闲产品；另一方面积极建设和完善国内体育基础设施，举办多种多样的国际体育赛事，吸引国内外游客来此进行休闲度假。澳大利亚体育赛事水平非常高，而且颇具国际影响力。其体育赛事不仅深受本国国民的喜爱，超过 710 万的成年人每年现场观看体育比赛，而且吸引了众多国际旅游者到澳大利亚观赛。在政府的支持下，澳大利亚体育产业规模不断壮大，在 2011 年就达到了 127.73 亿澳元，比 2008 年增长了 12%，增长迅速。在健身产业上，早在 2009 年，澳大利亚的健身俱乐部就有 2 800 多家，包括瑜伽馆、商业健身中心、女性健身馆等。

(四) 日本

在日本的文化产业中，动漫产业发展潜力最大。在动漫产业方面，日本是动漫产业大国，动漫产业已经成为其发展的主要产业。回顾日本动漫产业发展历程，日本动漫起源于美国动漫，在 20 世纪 70 年代开始崛起，诸多动漫公司纷纷成立，到了 20 世纪 80 年代得到了飞跃发展，在模仿中不断创新，不断创造出了《灌篮高手》《圣斗士星矢》《龙珠》等众多享誉世界的经典动漫作品。之后经历了 2005—2010 年短暂的不景气时期后，日本动漫产业不断拓宽销售渠道和目标人群，在 2013 年后又迎来了持续增长时期。在产业规模上，如图 8 - 12 所示，近年来日本动漫产业规模呈逐渐增长趋势，在 2015 年，日本动漫产业经济规模就高达 1 073.394 亿元。在产量上，自 20 世纪中叶以来，日本的累计动漫产量占全世界累计动漫产量的 60%。在影响范围上，日本动漫享誉全世界，其动漫作品被一百多个国家的电视台转播。2015 年，日本动漫产业获得 52.6 亿美元的境外收益。在受众群体上，日本动漫产业受众广泛，目标市场细化程度非常高，涵盖了各年龄段和社会阶层的群体。

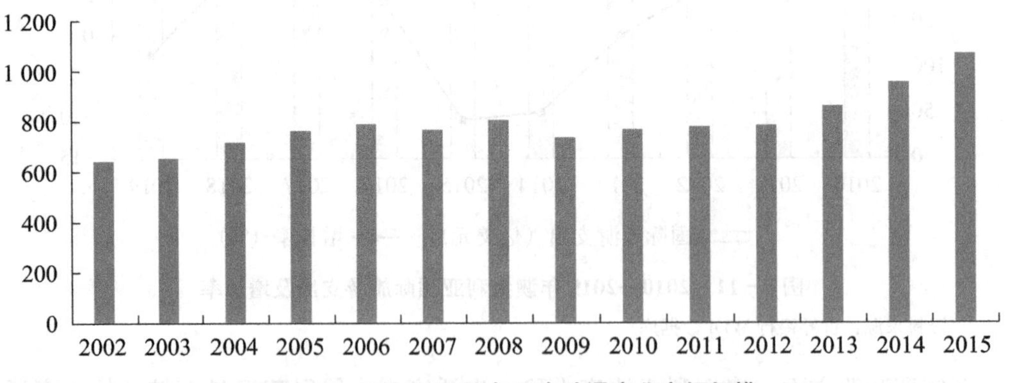

图 8 - 12 2002—2015 年日本动漫产业市场规模

资料来源：李淑明. 日本动漫产业发展对中国的启示 [J]. 现代商业，2018 (4).

日本动漫产业成功主要取决于以下三个方面。第一，日本的动漫产业具有完善的产业发展模式，明确的分工协作体系，完整且成熟的产业链。日本动漫产业专业化程度非常高。动漫产业链中的每一个环节都由专业的人员、部门或公司完成，漫画家、动画制作公司、电视台等多方各司其职，各取所长，专业化分工，共同创造价值，形成成熟的产业链，具体产业链运作如图 8－13 所示。第二，日本注重动漫作品衍生品的开发。日本动漫的衍生品种类繁多，无论高端饰品，还是日常用品，琳琅满目，应有尽有，能够满足不同层次的动漫消费者。日本动画协会 2016 年的研究报告显示，日本动漫产业的收入，主要来源于动漫衍生品的收入和境外合约的收入，其中动漫衍生品商店的销售收入，几乎超过了日本动漫产业总收入的 1/3。第三，日本严格控制动漫作品的质量，保持其竞争力。日本有专门的漫画杂志连载发行漫画，漫画杂志的种类繁多，周刊、半月刊、月刊应有尽有，可以满足漫画爱好者的多样化的漫画需求。日本的漫画杂志采取激烈的竞争机制筛选漫画，他们每个月都会对读者进行调查访问，对漫画进行排名，淘汰一些连续数月排名较差的作品，从而保证漫画的品质。只有质量过关、销量和热度都比较高的漫画才有机会上市单行本或呈现在电视上。

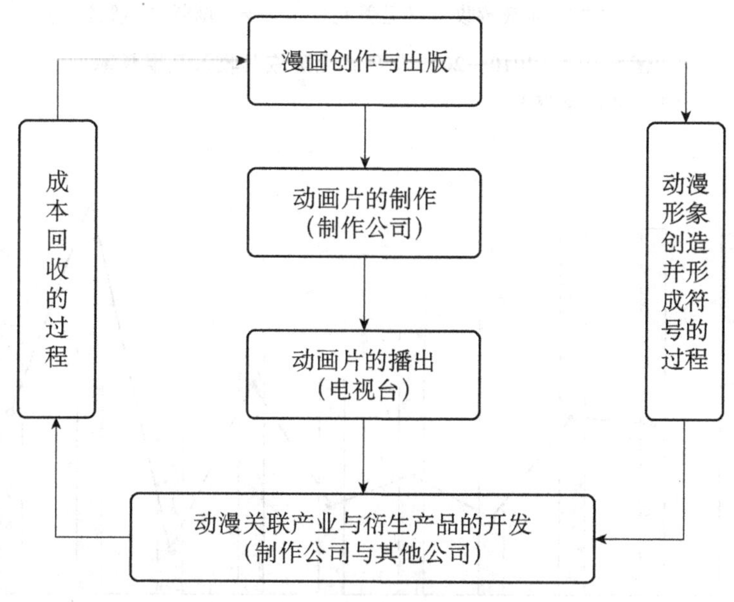

图 8－13　日本动漫产业链构成

资料来源：李淑明．日本动漫产业发展对中国的启示［J］．现代商业，2018（4）．

在旅游产业方面，日本的旅游产业稳步发展。从入境旅游来看，日本入境旅游市场繁荣发展。在国际旅游收入上，如图 8－14 所示，日本的国际旅游收入从 2010 年的 154 亿美元增长到 2019 年的 492 亿美元，增长了 2.19 倍，年均增长率达到 13.78%，增速远超过同期 GDP 增长率。而且 2012 年以后，其国际旅游收入增长率保持较高水平，2015 年增速高达 31.25%，之后增长率波动下降，2019 年下降到 10%以下，为

8.61%。在国际旅游支出上，如图 8－15 所示，日本的国际旅游支出从 2010 年的 393 亿美元下降到 2019 年的 291 亿美元，年均增长率仅为－3.28%，呈负增长趋势。从增速来看，国际旅游支出增速波动大，2019 年其增长率仅为 3.56%，增长率较低。

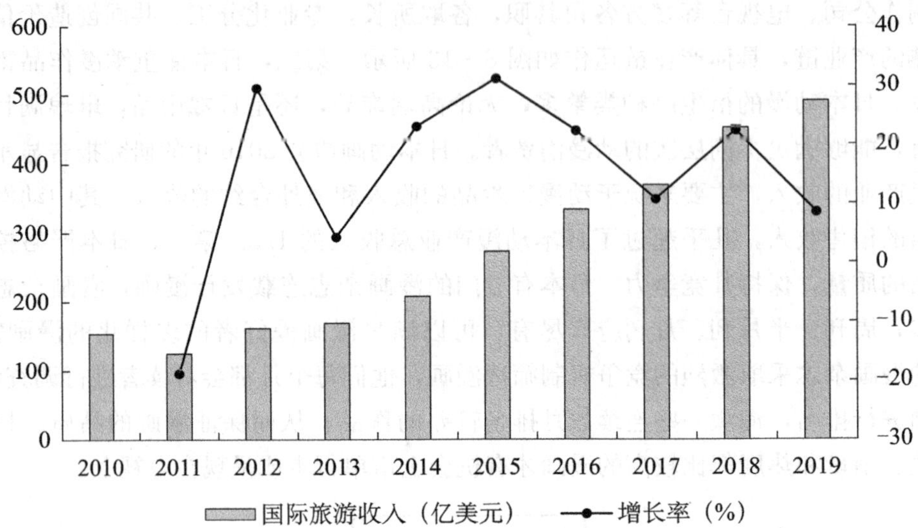

图 8－14　2010—2019 年日本国际旅游收入及增长率

资料来源：世界银行 WDI 数据库.

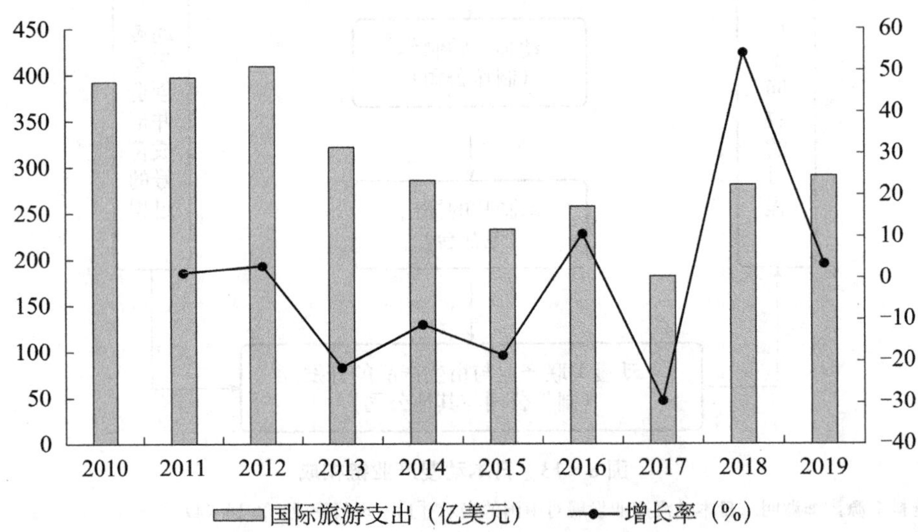

图 8－15　2010—2019 年日本国际旅游支出及增长率

资料来源：世界银行 WDI 数据库.

在体育产业方面，日本有两个比较权威的体育统计组织，一个是早稻田大学体育商务研究所。根据日本经济产业省的《体育未来 21 世纪》中关于体育产业的分类标准，该组织测算出体育国民生产总产值。2012 年，日本体育产业总产值为1 033.96亿美元。分类来看，如图 8－16 所示，国营体育竞猜（包括赛艇、赛车、赛马）所占比重最大，占比为 38%，产值为 392.97 亿美元；其次是体育场馆和体育用品零售，占比分别为 18.5%和 14.6%。体育用品租赁占比最小，仅为 0.2%，产值为 2.45 亿美元，其次是电子竞技与体育影视和体育保险与体育彩票，占比分别为 0.3%和 0.9%。

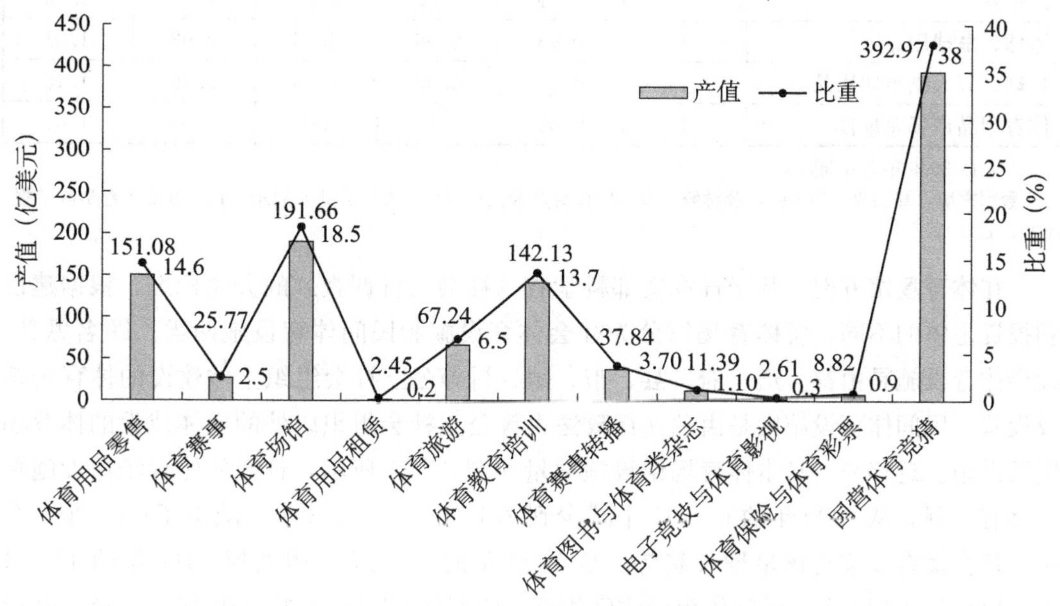

图 8－16 2012 年日本体育产业总产值（GDSP）

数据来源：郑和明，尚志强，薛林峰．日本的体育产业发展现状、发展方式及启示［J］．首都体育学院学报，2020，32（2）．

第二个统计组织是公益财团法人日本生产性本部。根据该组织出版的《闲暇白皮书（2014 年）》，日本的个人体育用品消费总额从 2000 年的 199.75 亿美元下降到 2010 年的 180.81 亿美元，同期个人体育服务消费总额从 243.80 亿美元下降到 183.70 亿美元。可以发现，日本的个人体育消费额巨大，但呈明显下降趋势；日本体育产业结构服务化趋势明显，体育服务消费额占比超过体育用品消费额，但前者下滑更为明显。

在体育用品市场上，由于家庭野营等户外活动的盛行，日本的体育用品市场主要以户外运动用品为主。如表 8－1 所示，2009—2014 年，日本体育用品市场总规模增长了 1.07%，增速较缓。分类来看，多数体育用品的市场规模呈增长趋势，其中户外运动用品的市场规模增速最快，2014 年为 1.34%，仅有垂钓用品的市场规模缩小。

表 8－1 2009—2014 年日本国内体育用品市场规模 单位：%

分类	2009	2010	2011	2012	2013	2014
高尔夫球用品	1	0.97	0.91	0.94	0.98	1.02
垂钓用品	1	0.96	0.90	0.93	0.96	0.97

续表

分类	2009	2010	2011	2012	2013	2014
运动服	1	0.99	0.99	1.01	1.02	1.04
户外运动用品	1	1.05	1.15	1.21	1.28	1.34
运动鞋	1	1.01	0.97	1.04	1.09	1.16
棒球、垒球用品	1	0.98	0.96	0.96	0.98	1.01
足球、五人制足球用品	1	0.98	0.97	1.06	1.10	1.18
体育用品市场总规模	1	0.99	0.98	1.01	1.04	1.07

注：以 2009 年为基准数 1

数据来源：郑和明，尚志强，薛林峰. 日本的体育产业发展现状、发展方式及启示［J］. 首都体育学院学报，2020，32（2）.

在体育场馆方面，基于日本文部科学省《社会教育调查》的分类标准，根据建设和投资主体的不同，将体育场馆分为社会体育设施和民间体育设施两类。顾名思义，社会体育设施是由都、道、府、县、市、镇、村等公立社会组织主体建设的体育场馆及设施；民间体育设施则是由独立行政法人等公立社会组织以外的主体建设的体育场馆及设施。近年来，日本体育场馆设施数量如图 8－17 所示，日本的体育场馆设施总数略有下降，从 1999 年的 64 292 个减少到 2011 年的 63 103 个，减少了1 189个。其中，社会体育设施总体呈增长趋势，从 1999 年的 46 554 个增加到 2011 年的 47 571 个，增加了 1 017 个。民间体育设施则相反，同期从 17 738 个减少到 15 532 个，减少了 2 206 个。从结构上来看，社会体育设施远多于民间体育设施，所占体育总设施比重较大，且占比不断上升，占比从 1999 年的 72.41%增长到 2011 年的 75.39%，民间体育设施则相应从 27.59%下降到 24.61%。

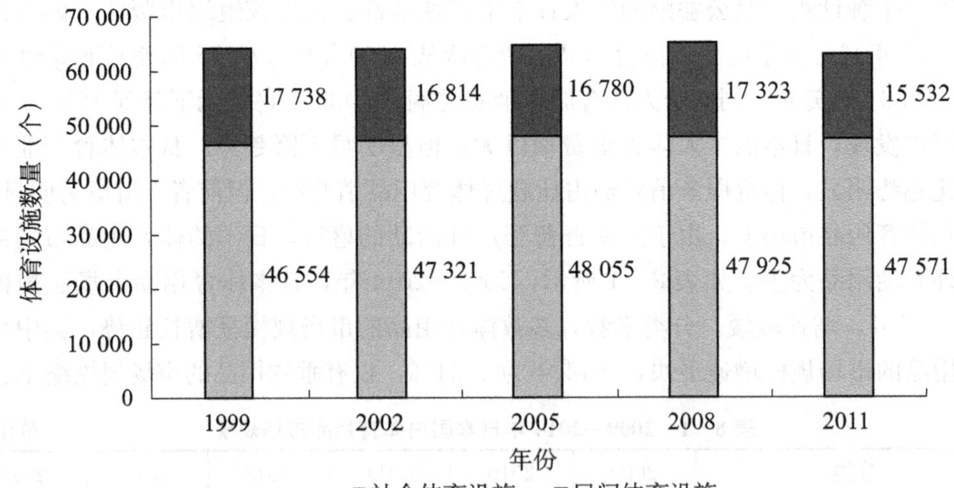

图 8－17　日本体育场馆设施数量

数据来源：郑和明，尚志强，薛林峰. 日本的体育产业发展现状、发展方式及启示［J］. 首都体育学院学报，2020，32（2）.

二、国际乡村文旅休闲发展的现状及经验

（一）英国：注重营造发展环境的自主发展模式

20世纪初期，乡村就已经是英国贵族乡绅所广泛享有的休闲娱乐场所。王公贵族除城中的住宅外，往往还拥有一处乡下的消夏庄园，有气势宏伟的庄园建筑可供居住，有精心打理的花园可供观赏，有围场可供骑马狩猎，闲适优美的乡村田园风光成为英式景观的典型代表。与其他国家不同，英国在乡村景观上具有很大的先天优势，且资本市场发达、法制较健全、城镇化程度较高，故英国政府对乡村文化旅游少有直接干预，乡村文化旅游的政策主要侧重于乡村生态环境保护、区域均衡发展、应对危机等方面，而是以良好的制度环境保障乡村文化旅游的发展。

1. *发展历程*

英国是世界上最早发展乡村旅游的国家之一。20世纪60年代乡村文化旅游已出现萌芽。1870年，英国劳动者平均工时显著缩短后，假期越来越普遍，使游客普遍进入乡村成为可能。20世纪90年代，英国的乡村旅游景点已堪与主题公园相媲美，农场景点是英国最受欢迎的景点之一，英国约四分之一的农场开展了乡村旅游。目前，英国的乡村旅游已颇具规模，走上了规范化发展的轨道。

从发展阶段来看，英国乡村旅游大致可分为以下四个阶段。

（1）早期制度创设：保护乡村景观风貌（1932—1959年）。

这一时期英国并无提出明确的乡村旅游概念，但这一时期英国出台了一系列保护乡村的相关法律，为乡村旅游的发展奠定了重要基础。在20世纪20至30年代，英国城市扩张速度加快，每年平均新建30万套住宅，侵占6万英亩乡村土地。这一背景下，为保护英格兰乡村风景，遏制城市扩张，1932年，英国政府颁布了第一部《城乡规划法》，成为英国第一部包含乡村规划的法规。

随后，由于城市扩张过程中各种建筑物沿着道路延伸，呈现占用土地、造成噪声和污染的“带状发展”态势，给英格兰乡村带来了尘土、噪声和视觉污染。针对这一问题，1935年英国通过了《限制带状发展法》，规定修建高速公路所必需的条件，限制公路在城郊的无限扩张，进而控制摊大饼式的城市发展，维护了乡村的整体风貌。

除1932年的《城乡规划法》外，1944年和1947年英国还通过了两部《城乡规划法》，前者列举了一份受到保护的特殊建筑物和具有重要历史意义的建筑物清单，使乡村的历史文化遗产得以留存；后者第一次明确提出，要遏制城市向乡村扩张，确保乡村的农业和林业用地不受发展规划的影响。此外，英国于1949年出台了《国家公园和1949年乡村进入权法》，促进了国家公园的兴建。1955年，英国政府颁布了《绿化带建设法》（Green Belt Circular），并始在全国推行绿化带建设制度。

这一系列法规的出台和实施，在城市化和现代化进程中保护了英国的乡村，阻止了城市无限制扩张、路网泛滥、滥砍滥伐、历史建筑损毁等对乡村的破坏，保护了乡村特有的优美居住环境，为后续真正意义上的乡村旅游奠定了环境基础。

（2）乡村旅游萌芽：配套设施与制度完善（1960—1992年）。

20世纪60年代起，英国城市的空气污染和生活压力使城市居民对乡村田园的向往越来越迫切，“逆城市化”效应逐渐凸显，英国乡村地区的人口数量在经历了长期的整体下滑后开始回升。战后的英国为遏制农业衰退的趋势，在乡村地区逐步实现了农业现代化，并开始推广观光农业。20世纪60至70年代，英国的农业休闲旅游开始出现并得到迅速发展，经过不到20年的发展，到80年代后期，英国的农业旅游景点已开始风靡全国。从这一阶段起，英国的政府机构开始对乡村旅游提供政策支持，制定发展战略和相关法律法规，不断完善乡村公共基础设施建设，给予必要的资金支持。尤其在生态农业方面，政府制定相应的评价、监督、检查和评估标准，以促进英国生态农业的开展和乡村旅游的可持续发展。

（3）产业成型：数量占比上升，品种多样化，政府完善配套设施（1992—2000年）。

随着英国农业旅游的发展，游客对乡村旅游业态的要求越来越高，一些深度体验的乡村旅游项目逐渐出现在市场中，如蔬果采摘、鱼类捕捞、动物喂养等，满足了现代都市人亲近自然的需要。

根据英国官方的统计，1992年英国共有5 552个以人造旅游景点为主的旅游景区，其中农业类的农场景点有186个，葡萄园81个，乡村公园209个。到了90年代中期，大约有四分之一的农场直接开展旅游业务或提供与旅游相关的服务，乡村旅游的供给能力进一步得到加强。

（4）繁荣发展期：产业可持续发展，业态多样化（2000年至今）。

进入21世纪后，英国面对产业革命对英国自然环境造成的严重破坏问题，英国政府在2001年改组原来的农业、渔业及食品部，成立新的环境、食品与农村事务部（Department of Environment，Food and Rural Affairs，DEFRA）。DEFRA以保护英国的自然环境、促进农村繁荣发展为目标，实施了一系列乡村发展的相关措施，提供了一系列资金支持。自此，英国政府每年投入约5亿英镑（1英镑约合9.22元人民币，2016）用于改善农村的基础设施，在2007年更是投入了16亿英镑来支持英国农村的发展计划。农村生态景观的改善和基础设施的完善为英国农业休闲旅游的发展提供了良好的环境，吸引了大量的游客来到英国的农村享受休闲旅游服务。

如表8-2所示，约25%的旅游企业提供农业休闲旅游服务，吸纳了超过15%的旅游从业者。同时，从事农业休闲旅游的企业占英国农村地区的企业总数的比例在2010年超过了10%。这些数据均表明农业休闲旅游不仅成为英国旅游业的重要组成部分，并且是促进英国农村地区经济和就业发展的重要手段。

表 8-2 2004—2010 年英国农业休闲旅游发展基本情况 单位：%

占比项	项目	2004 年	2006 年	2008 年	2010 年
占全部旅游业的比例	企业数量	24.1	24.5	24.6	24.9
	营业额	14.5	13.6	12.7	13.1
	就业人数	15.1	15.5	15.9	17.2
占农村地区的比例	企业数量	9.5	9.8	9.6	10.2
	营业额	7.3	7.5	6.8	7.3
	就业人数	11.2	11.5	11.8	12.6

数据来源：U. K. DEFRA. September 2011 Statistical Feature Report：Tourism.

从业态来看，英国乡村旅游在 2000 年以来呈现多样化发展态势，铁路慢游、野营、民宿长租等观光形式逐渐出现在乡村旅游市场中。旅游业态创新体现出游客对乡村旅游的要求：提供更加深度的游玩体验，更加贴近乡村的文化和精神内核，更加放慢节奏、放松身心。

2. *发展模式*

在英国政府中，乡村旅游有关事务并非由单一部门专管，与乡村旅游发展密切相关的有三个部门：商业、创意与技术部，环境、食品与农村事务部，以及文化、媒体和体育部，共同驱动乡村旅游发展。除政府部门外，地方自治团体及相关非政府组织也为英国政策体系提供了重要补充，如英国旅游组织，是由文化、媒体和体育部资助的非政府公共机构，是英国国家级旅游机构，其运营目标是通过加强英国国内与海外的旅游合作、增加入境旅游量和旅游收入、开发旅游产品等方式支持旅游增长。

英国中央政府各部门推动乡村旅游发展的政策路径如图 8-18 所示。其中，最重要且与乡村旅游关系最密切的就是乡村旅游政策包。各政策的核心内容如下：

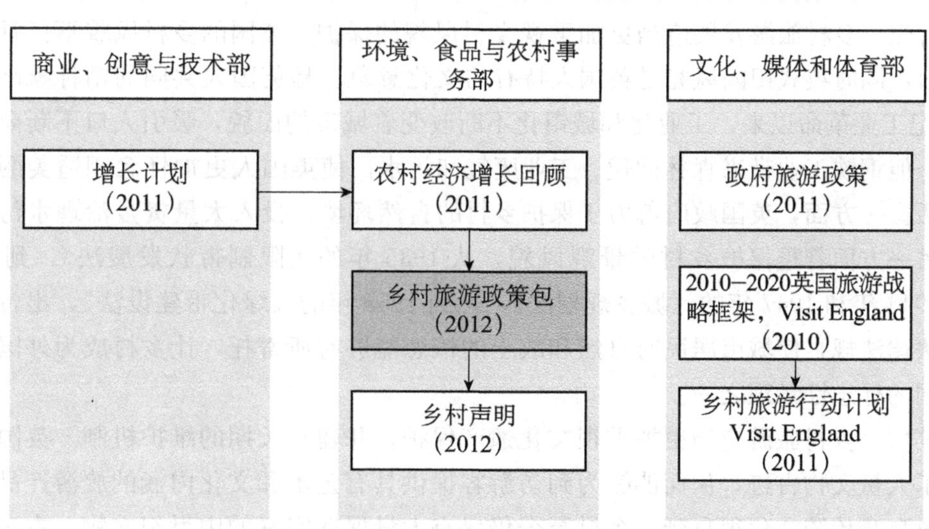

图 8-18 英国乡村旅游政策的国家部门驱动体系

由商业、创意与技术部主导的主要是2011年3月发布的《增长计划(2011)》,其主要目标是实现可持续的长期经济增长,包括改革税收制度、改善营商环境、鼓励投资出口和人力资本培养等。

文化、媒体和体育部(DCMS)主持的政策项目包括2011年的《政府旅游政策》和由下属机构Visit England 2010年提出的《2010—2020英国旅游战略框架》和2011年《乡村旅游行动计划》。《政府旅游政策》提出了十项行动,目标是最大限度地发挥旅游业的潜力,并为实现增长计划做出贡献。

与乡村旅游关联最密切的,是环境、食品与农村事务部(DEFRA)于2011年11月29日发布的《农村经济增长回顾》,其中包括一系列刺激农村经济可持续增长并帮助农村企业充分发挥潜力的新措施,以下5个是刺激农村经济的新措施:(1)促进农村企业发展和多样化;(2)支持乡村旅游;(3)扩大食品和饮料行业;(4)实现绿色增长;(5)减少对农场的监管。

除政府组织外,英国的非政府组织在政策实施层面起到了重要的补充作用。例如,英国乡村保护协会为保护英国乡村,遏制城市的无限制扩张做出了杰出贡献。20世纪20年代,环保组织英国乡村保护运动(Campaign to Protect Rural England,CPRE)提出了遏制城市无限制发展的方法,提出统筹规划、划分区域、综合配置等方式,以平衡城市发展。50年代CPRE层层推动《绿化带建设法》的实施,绿化带建设作为一项重要的城市规划控制手段,它在一定程度上对城市的无限蔓延进行了遏制;70年代,CPRE展开了树篱保护运动,以保护乡村生物的栖息环境;进入80年代,CPRE更是将关注的焦点转移到了乡村生活质量的保护问题上,致力于消除乡村中的空气污染、噪声、视觉垃圾以及光污染。

3. *启示*

首先,乡村旅游发展应当更加重视乡村风貌的保护。英国的乡村风貌不仅具有景观价值,同时英式田园风光是英国人特有的文化意象,是英国人共同的精神家园。自18世纪工业革命以来,工业化和城镇化不断改变着城市的面貌,吸引人口不断向城市迁移,但钢铁工业带来森林砍伐、工业废气和污水,使英国人更加怀念闲适美丽的乡村生活。一方面,英国政府着力于保护乡村的自然环境,投入大量资金治理水污染问题;另一方面着重保护乡村的景观风貌,从1935年的《限制带状发展法》,到1932年、1944年和1947年的《城乡规划法》,再到1955年的《绿化带建设法》,出台了一系列法律法规,使城市居民对自然和故土的依恋能够有所寄托,让乡村成为外国人认识英国的标志性景观之一。

其次,乡村旅游应当更加重视文化遗产保护,并建立长期的维护机制。英国乡村保留了大量文物古迹,从而能够为到访游客提供具有艺术和文化内涵的旅游产品。英国人对自身传统文化很自豪,乡村至今仍保有大量保存完好的中世纪文物、古迹和各类博物馆,有很多信托基金来维护文物古迹,如国家信托基金会维护的巨石阵、埃夫伯里巨石遗址、塞那阿巴斯巨人像、博迪亚姆城堡等。这些文化遗产成为乡村旅游的重要吸引物，为乡村旅游增添了一抹厚重的文化底色。

最后，乡村基础设施建设可大大提升乡村作为旅游目的地的可居住性和可达性。自 1991 年起，英国政府就明确提出向私人农场开发旅游项目提供资金支持，实现了城市与乡村的互联互通，2000 年以后还开始了铁路旅游等乡村旅游新形式的探索；2004 年后，英国政府每年投入约 5 亿英镑改善农村基础设施。这一系列措施大大改善了游客在乡村地区的居住和旅行体验，提升了英国乡村旅游在国内和国际游客市场的竞争力。

（二）法国："政府＋协会＋农户"的高品质发展模式

法国既是农业强国，也是旅游强国。对法国来说，发达的农业和优质的客源市场为乡村旅游打下了坚实的基础。优势的旅游业和农业融合发展，法国乡村旅游走上一条高品质、强特色的发展道路。

1. 发展历程

（1）萌芽时期（1885—1954 年）：概念提出，补贴为主。

法国相对其他国家来说乡村旅游比较早，最早可追溯到 1885 年。由于 1939 年法国推行带薪休假制度，城市居民相对闲暇时间增多，乡村旅游、滨海旅游等不同形式的旅游逐渐发展起来。

1950 年法国政府展开了对乡村旅游的扶持政策，但尚未形成明确的"乡村旅游"概念。1952 年成立了非政府组织"农业与观光协会"，随后成为乡村旅游的重要行业组织。

1955 年，法国议员欧贝尔提出"乡村旅游"这一概念，提议农业和旅游业共同发展，由政府提供资金，支持当地农户改建乡村住宅，作为乡村民宿。例如，将马厩和仓库改造成旅馆，吸引中低消费游客前来居住。由于法国农村存在大量空置的传统民居，为了振兴农村、保护传统民居风貌，法国政府同年启动了"农村家庭式接待服务微型企业"计划，为农庄提供一定比例的修缮补贴，鼓励农户维护和修缮传统民居，大约有 40％的家庭旅馆获得了政府的公共资金补贴。值得一提的是，法国餐饮的增值税仅为 5.5％，并完全取消旅馆和餐馆的职业税，餐饮旅馆经营者的成本压力较轻。在补贴的帮助之下，乡村旅游开始了飞速发展。

（2）行业成长期（1956—1980 年）：制度完善，标准设立。

20 世纪 60 现代，法国旅游业进入蓬勃发展期。物美价廉的乡村度假村纷纷建设起来，主要由小型住宅提供住宿，配套以休闲设施和特色餐饮服务。

为保护乡村历史景观风貌，法国政府 1962 年颁布《马尔罗法》，制订了保护历史性街区的法令，确立了保护历史街区的新概念。这一法令加强了法国古建筑的保护和留存，也为乡村旅游进一步与文化的融合发展打下了基础。

在乡村旅游繁荣发展时期，野蛮生长的乡村旅游市场也出现了一些乱象。为规范行业品质，1974 年法国政府颁布《质量宪章》，对民宿的住宅质量、服务质量和周围环境都制订了严格的规定和标准。在政府规范之外，“法国家庭农舍”品牌机构也制定了自己的标准，从“一支麦穗”至“五支麦穗”为乡村民宿评定等级。以“五支麦穗”为例，该类民宿需要配备私人花园、停车库、网球场、游泳池、桑拿等设施，卫生标准和服务标准也非常严格。这一系列质量管理举措保障了法国乡村旅游的服务品质，进一步推动了法国乡村旅游走上高品质路线。

(3) 繁荣发展期(1981—2006 年)：强化休假时间供给和基础设施供给。

为鼓励民众出游，法国政府于 1982 年修改《劳动法典》，规定工作者普遍享有 30 日的带薪年休假，进一步扩大了法国人的旅游时间供给，推动乡村旅游的需求增长。

除此以外，法国政府在基础设施供给上加大了支持力度。在组织架构上，2001 年法国成立乡村旅游常设会议机构，为乡村旅游发展提供了机制保障；在交通方面，2003 年法国政府开始规划全国的自行车道和绿岛，2000—2006 年共拨款 5 300 万欧元修筑乡村旅游景点的公路，大大改善了景点的通达性。此外，乡村经营者在文化遗产保护、房屋修葺等方面也能够获得政府公共资金补贴。

(4) 稳定增长期(2007 年至今)：提高附加价值。

农村观光型产品的高附加价值化是法国乡村旅游的特色，也是实现高品质发展路径的关键。

在业态方面，法国乡村旅游业态进一步丰富，将农家饮食、采摘体验、农业研学等业态均囊括在内。在价格层次方面，法国乡村旅游具有多层次的产品价位，丰俭由人，能够满足不同消费群体的乡村旅游休闲需要。在产品特征方面，法国乡村旅游经营者着重挖掘地域特色，提供当地具有不可替代性的产品，从而避免了地区之间的恶性竞争，在国际上打出了众多的旅游区域品牌。

2. 发展模式

早期，政府多采取实际措施提高乡村旅游供给水平，如为文化遗产保护等行动制订计划和提供补贴。乡村旅游发展基本成熟后，政府主要把控政策理念和实施效果监管。

如图 8－19 所示，法国的旅游管理部门既有政府组织，也有非政府组织，其中非政府组织承担了非常重要的任务。政府组织中，政府主要起到赋予各主体监管权力的作用，对各地的旅游行业发展提出引导性的策略性意见；国家及各地旅游局则负责政策制定及整个旅游系统管理；非政府组织主要指旅游联盟，负责协助旅游局工作，协调政策实施，核心功能为咨询和接待。

其中，旅游联盟扮演了非常重要的角色，是联结政府和企业的桥梁，分成各大区旅游委员会、省级旅游委员会和旅游办公室，其属下的旅游办公室遍布旅游景区。全法共 23 个大区旅游委员会，97 个省级旅游委员会和 3 600 个旅游办公室(Office de Tourism 简称“OT”)，每年接待游客超过 5 000 万人次。OT 免费为游客提供旅游咨

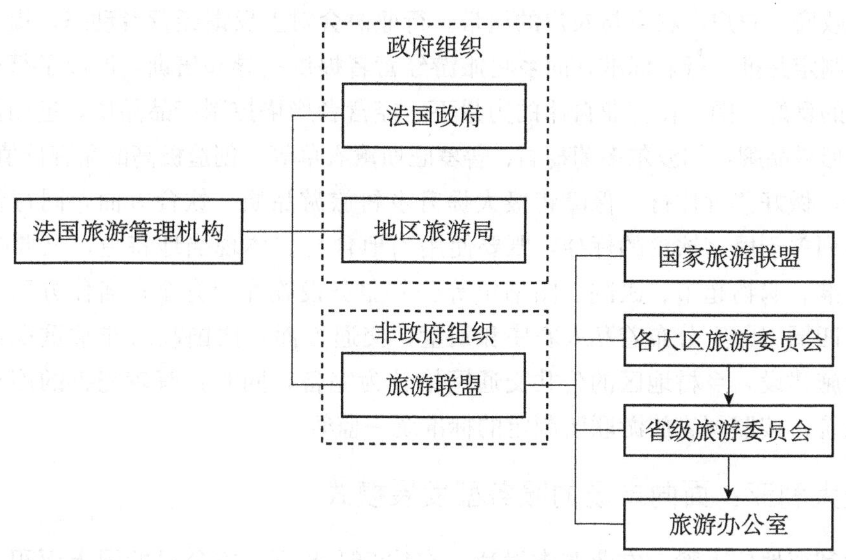

图 8-19 法国旅游部门机构的构成及组织体系

询和游览向导，包括地图和当地特色旅游点的介绍手册（其中收录了有特色的乡村旅馆）。旅游联盟一方面协助政府管理企业行为，确保企业贯彻执行旅游政策；另一方面向政府反馈旅游业发展实际数据，为政府的旅游规划营销提供政策咨询建议。同时，扩宽了游客的信息渠道，节约了大部分区域企业的营销成本，宣传和整合了区域旅游资源。

在旅游管理体系之外，乡村旅游有关的其他组织成为旅游管理体系的重要补充。政府组织方面，有农业部行业协会，是代表企业的发言人，属于公共职业联合机构，具有半官方、半民间性质。该协会向政府提出各项要求，辅助政府行使一定的农业行政职权。法国具有代表性的乡村旅游行业协会有法国农会常设委员会（APCA）、法国民宿协会（GITE）等等。

通过建立好政府、协会、农户之间的互动机制，使三者形成发展合力，法国乡村旅游走出了一条高品质的发展道路。其关键在于，在政府提供立法约束和资金支持的基础上，协会提供规范约束和农户扶持，贯彻政府发展思路，使农户经营获得多维度的支持和约束，最终实现高品质、高收益的优质发展。

3. *启示*

首先，政府在公共资源方面的大力支持对乡村旅游发展有重要作用，尤其在乡村旅游起步期。法国政府早期对废弃传统建筑改造的支持为后续乡村民宿的发展奠定了基础，对文化遗产的保护也为后续开发埋下了伏笔。此外，法国农会为全国各农庄提供强有力的营销支持，专门成立了名为“欢迎莅临农场”的组织网络，在线上营销方面帮助个体经营者整合营销资源，大大促进了地区品牌的创立。

其次，行业协会可承担大量政府职能，以行业自律的力量规范乡村旅游发展。协会是联结政府与农户、农户与农户的纽带。行业协会对上反馈经营者动态，提供政策建议，对下制定并推广行业标准，向乡村旅游经营者提供指导和培训，形成了行业自律和行业互助的良好氛围。在行业自律的力量下，经营者严格控制产品品质，进而使当地标志性产品形成品牌，如波尔多葡萄酒、普罗旺斯薰衣草等，创造极高的品牌价值。

最后，做好“食住行”保障将极大提升乡村旅游品质。饮食方面，同行业协会制定了一系列关于民宿饮食的标准，既要使用当地食材、体现当地特色，又要达到一定的质量标准。购物超市、医院、图书馆等公共服务设施配套齐全；居住方面，以村落为中心，四周田园上分布着私人农庄和别墅；交通方面，法国政府非常重视乡村的交通基础设施建设，乡村地区的公共交通网络较为完备，同时具有较完善的停车场和交通标识系统，按照国家旅游联盟制定的标准统一监管。

（三）澳大利亚：面向市场的服务型发展模式

澳大利亚地广人稀，农业非常发达，在约761.8万平方公里的国土面积上，农业用地约占澳大利亚国土总面积的60%，每年向世界出口大量农产品，使澳大利亚在发展乡村旅游和休闲农业方面具有得天独厚的优势。目前澳大利亚乡村旅游已全部实现了企业化经营。其中，基于葡萄酒酒庄的葡萄酒旅游，已进入高度产业化的阶段，成为澳大利亚旅游的品牌特色。

1. 发展历程

（1）草创期：从葡萄酒到葡萄酒旅游（1980—1984年）。

澳大利亚种植葡萄的历史可追溯到1788年。从1810年起，澳大利亚开始了葡萄酒的酿造和销售。澳大利亚的葡萄酒产业具有得天独厚的气候优势，日照时间长、降水量少、土壤条件好，于是在葡萄酒产业的发展过程中，建立起一批优质的葡萄酒产区，如南澳大利亚的巴罗莎谷，共有150处葡萄园和超过70个酒窖，欧洲移民于1842年开始在此定居，故保留了具有旧时代欧洲风情的居住风貌；此外，还有以出产赛来雄和设拉子著称的猎人谷、位于天鹅河畔的天鹅谷等。除了出产优质葡萄酒之外，许多葡萄酒产区还具有风景优美的自然风光和迷人的人文景观，吸引了一部分民众开始前往葡萄酒产区旅游，出现了葡萄酒旅游业的雏形。

到20世纪80年代，葡萄酒业的旅游潜力逐渐得到认知，1984年维多利亚州政府经济预算委员会在一份关于葡萄酒产业的报告中指出“委员会认为应制定政策发展维多利亚的葡萄酒业旅游并将该政策与州区域旅游发展战略相协调和统一”。学术界在实践发展的过程中逐渐开始重视葡萄酒旅游业，1984年，贝克尔（Becker）在其论文中首次提到了葡萄酒旅游，将这一概念正式引入管理和研究当中，从经营者自发发展转向产业化发展道路。

（2）机制建立期：政府规划，协会统筹（1985—2009年）。

随着葡萄酒旅游业潜力逐渐显露出来，澳大利亚各级政府都十分重视葡萄酒旅游规划开发，积极制定葡萄酒旅游发展战略，统筹区域葡萄酒旅游地规划。澳大利亚是世界上第一个公布其“葡萄酒旅游业发展战略”的国家。早在1997年，澳大利亚联邦政府国家旅游办公室就组织制定了“澳大利亚葡萄酒旅游业发展战略”。与此同时，各州则纷纷开始成立相关行业协会，使个体经营者形成合力，共同发展葡萄酒旅游。1993年维多利亚州成立“维多利亚州葡萄酒旅游业理事会”（VWTC），1996年南澳州成立了“南澳洲葡萄酒旅游业理事会”（SAWTC），1996年新南威尔士州发起新南威尔士“食物与旅游计划”（CTAC），促进食物与葡萄酒在旅游体验中的结合。

经过20余年的发展，2008年，澳大利亚成为世界第六大葡萄酒生产国和第四大葡萄酒出口国，葡萄酒产量达1 257.14亿升，出口量为714.17亿升。2009年，有66万国际游客到澳大利亚参加葡萄酒旅游，有410万国内葡萄酒旅游游客，创汇达48.9亿澳元。

（3）成熟发展期：调研指导，顶层设计（2010年至今）。

随着乡村旅游的促进机制不断完善，葡萄酒旅游业已逐渐成熟。政府起到的作用主要有二：一是为产业发展提供战略支持，基于智库研究结果提炼出产业发展的核心要素，为经营者提供建议；二是政府作为地域的代表，在国际市场上加强当地葡萄酒旅游业的推广营销，打造强有力的乡村旅游品牌。

2012年，澳大利亚旅游局在澳大利亚15个主要旅游市场开展了消费者需求研究项目，该研究成果表明，食品和葡萄酒是游客度假决策的两个关键因素，随后各州分别围绕这两个核心概念制定了一系列乡村旅游发展战略。以西澳大利亚为例，西澳旅游局与区域发展、农业和食品、渔业以及旅游酒店业部门共同发布的“品味2020”（Taste 2020）战略，是一个多机构与行业的食品和葡萄酒战略，旨在将西澳洲打造成全球最重要的美食旅游目的地之一。该计划期限为2015—2020年，西澳州政府将与葡萄酒精饮料，农业，渔业和旅游业合作，将国家作为一个非凡的烹饪度假目的地进行营销。“品味2020”包括以下举措：营造合适的监管环境，帮助食品和葡萄酒旅游业蓬勃发展；通过酒店劳动力发展计划改善服务；鼓励旅游认证，开发新的食品和葡萄酒旅游模块；为有兴趣实现经营多样化的农民制订旅游培训计划；发展和促进烹饪步道；通过烹饪元素支持和发展土著文化体验；“玛格丽特河美食”成长为世界领先的美食和葡萄酒节之一；开发其他美食和葡萄酒节，并推广烹饪活动日历。除西澳洲外，新南威尔士、南澳和维多利亚州等葡萄酒产区的州旅游管理委员会均进行了较大力度的宣传营销，使产品迅速得到推广。

在政府的鼓励和扶持下，经过几十年的发展，2016年澳大利亚的葡萄酒农业旅游创造了高达1 400亿美元的经济效益。

2. 发展模式

澳大利亚乡村旅游发展的参与主体主要包括政府部门、行业协会和经营者三类。

澳大利亚农牧渔业及深加工产业链已经较为成熟，乡村旅游相关政策及立法的目标主要是指导行业发展方向，为乡村旅游增长创造良好的法规环境，提高旅游收入尤其是入境旅游收入。

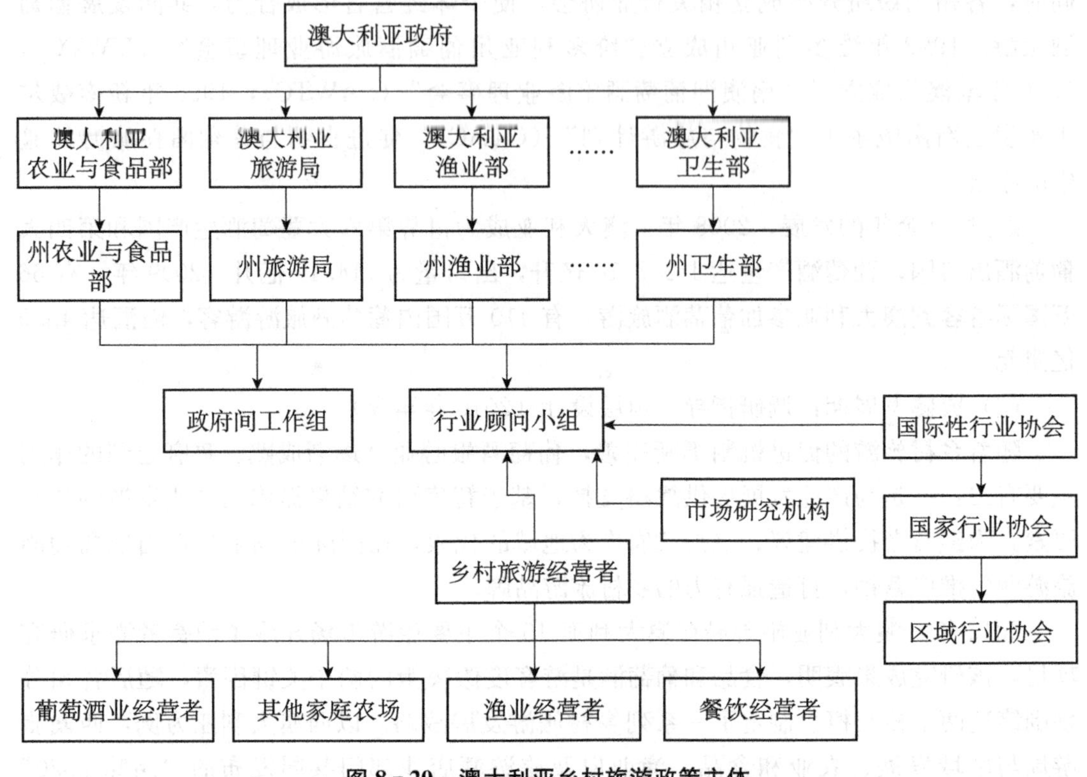

图 8-20 澳大利亚乡村旅游政策主体

澳大利亚政府是乡村旅游政策的发布者，有关政策制定的政府部门主要是国家部门和各联邦州部门，其中与乡村旅游相关的部门主要有旅游局、州农业与食品部。

参与澳大利亚乡村旅游发展的行业协会，按照影响力范围可分为国际性行业协会、国家行业协会和区域行业协会三类。其中国际性行业协会作用较为广泛，主要为成员提供国际化的标准认证，为澳大利亚的乡村旅游品质背书，如小企业发展委员会、澳大利亚酒店协会等。国家行业协会和区域行业协会则分别在国家和地区层面上制定行业标准、协助人员培训、研究发展战略等。行业协会是澳大利亚乡村旅游政策的重要利益相关方之一，深度参与到发展规划和政策制定的环节中。

澳大利亚2014年发布“品味2020”计划，旨在将西澳洲打造成全球最重要的美食旅游目的地之一。该计划的制订建立在2012年全国市场调查的基础上，由主要政府机构，行业机构，食品和葡萄酒行业专业人士以及旅游业利益相关者的代表组成利益相关者小组，召开磋商讨论会，由各参与者对所在地进行分析并汇总形成最终战略计划。在制度方面，营造合适的监管环境，修改《酒类管制法》，适当放宽酒类的销售、供应和消费等相关法规；在行业质量管理上，推行“酒店大使计划”等培训计划，提高行业素质；在旅游开发方面，加强“美食小径”、土著文化体验游、美食葡萄酒节庆等旅游产品开发；在旅游营销方面，加强对潜在客源的推广，打造区域品牌。

3. *启示*

首先，充分发挥农业与工业、旅游业的产业协同作用。乡村的旅游与生产是相辅相成的，生产可为乡村旅游提供农产品、农业生产景观和文化氛围，旅游反过来促进乡村农副产品的品质化、创意化和品牌化。澳大利亚的葡萄酒旅游业发展是建立在高度发达的葡萄酒产业基础上的，一方面在农业生产中引入高科技技术手段，提高农业生产效率，保障产品品质；另一方面农业生产本身也成为旅游观光体验的标的物，既提供了可供购买的旅游产品，也提供了游客参观的趣味性。

其次，在不同的乡村及乡村产业发展阶段，应制定具有针对性的政策。要制定具有针对性的政策，必须建立在深入的市场调查之上。例如，澳大利亚之所以能够以市场为核心制定乡村旅游政策，是因为乡村地区的农场已基本实现机械化和现代化，土地供给充足，葡萄酒产业已经较为发达，因而澳大利亚政府的关注重点在于如何开拓市场、服务好游客尤其是入境游客，进而提高乡村旅游收入。反观我国乡村发展不均衡的现状，对少数较为发达的乡村地区，可以率先重视起市场调查、市场营销和产品设计的重要性，找到乡村旅游中不可替代的关键点。

(四) 日本：自上而下的政府主导模式

日本的乡村旅游积累了丰富的发展经验。在经济高速增长期，日本政府主要希望通过发展乡村旅游增加农民收入，缓解农村人力外流、农业生产萎缩等问题。到20世纪90年代泡沫经济破裂后，日本政府逐渐意识到生态保护和城乡协调的重要性，提出“山村地区将长期承担保护日本自然生态环境的责任”以及“乡村应当为城市居民提供娱乐休闲场所”的观点，赋予了乡村旅游新的内涵。

1. *发展历程*

从发展阶段来看，日本的乡村旅游经历了传统农业振兴到绿色旅游发展时期。

(1) 农村振兴时期：打基础，促生产，启动乡村旅游发展引擎（1960—1991年）。

这一时期，日本乡村发展面临的一系列问题，主要是通过农产品生产结构优化、完善农业设施等手段加以解决，这些举措并不直接发展乡村旅游，却为日本乡村旅游的发展奠定了必要的物质基础和组织基础。到20世纪70年代，日本政府开始重视乡村旅游，乡村旅游正式写入了政策文件当中，“绿色旅游”概念逐渐进入人们的视野。

乡村旅游逐渐成为日本乡村振兴的出路之一。1962年，日本政府发布“一全总规划”，提到应“居民住宿设备整治，发展乡村旅游经济”；随后1969年的“二全总规划”中提到要在北海道、东北、北陆、山阴、四国、九州和离岛的国立公园大规模发展野营、旅馆业。1970 年，日本全国山村振兴基本问题咨询委员会制订了“山村振兴和发展计划”，提出要开发新农村公共休闲娱乐区域。除了日本中央政府领导的政策行动之外，地方政府也自发地推进乡村的建设发展。如 1979 年，大分县知事平松守彦首倡“一村一品”运动，充分调动居民创造力，在市町村级别发展当地特色农产品和特色旅游项目，取得很大的成功，使日本的其他县纷纷效仿，形成了所谓的“造村运动”。这一运动影响深远，除了使大分县获得极高的经济增长和全国知名度之外，“一村一品”运动甚至向海外推广经验，我国和韩国对此均有借鉴。

(2) 绿色旅游时期：走绿色旅游经济道路（1992—2006 年）。

在 1992 年，农林水产省做出了“新的食品、农业和农村政策的方向”的批示，标志着日本农业政策的重大转折。旧农业基本法仍限制在传统农业和农村的发展定位，而新农业政策则强调走“乡村绿色旅游经济道路”，着重强调乡村旅游促进生态友好、城乡交流、产业可持续发展的一面。此后，一系列政策相继颁布，为乡村旅游发展的起步扶持、战略制定、标准设立提供了依据。

(3)“六次产业化”时期：一、二、三产融合发展（2007 年至今）。

20 世纪 90 年代，日本学者今村奈良臣首次提出“六次产业”的概念，即六次产业为第一、二、三产业的总和，实现三大产业间互动耦合，延长农业产业链。为此，政府出台《农山渔村六次产业化政策实施纲要》，推动农业生产、加工、销售、服务一体化。

值得注意的是，为保障农民利益，以《农工商合作促进法》为基础，日本政府鼓励中小企业与农林渔业生产者加强合作共同开发，保障小企业在乡村旅游发展中的参与。

综上可见，日本政府决定了日本乡村旅游发展的目标和方向，通过发布一系列政策和法律，以规划、发展计划等多种方式进行引导，逐步建立起以政府为中心的乡村旅游发展促进机制。纵向来看，日本乡村旅游发展理念随时代背景和乡村发展状况而变化，从一开始的促进农业生产，到开始重视城乡关系和自然保护，发现乡村旅游的潜在受益，再到农业生产、工业产品制造、乡村旅游融合发展的“六次产业化”，发展理念逐渐成熟完善。

日本乡村旅游相关的重要政策和实际举措，大体可分为三方面，一是明确围绕乡村旅游发展主线，促进乡村旅游发展提质增量；二是关注旅游发展，以“观光立国”政策促进入境旅游和境内旅游繁荣，也为乡村旅游的发展提供了广阔的客源群体和旅游资源；三是着眼于乡村振兴，通过乡村的农林牧渔产业发展和基础设施建设提高乡村地区的吸引力。日本乡村旅游发展历程大事记大体如图 8 - 21 所示。

2. 发展模式

在乡村旅游发展初期，日本各级政府强调城乡交流，以增加农民收入所得，认为农村人力外流、农业生产萎缩等问题可通过发展乡村旅游得到缓解，从而稳定农村人

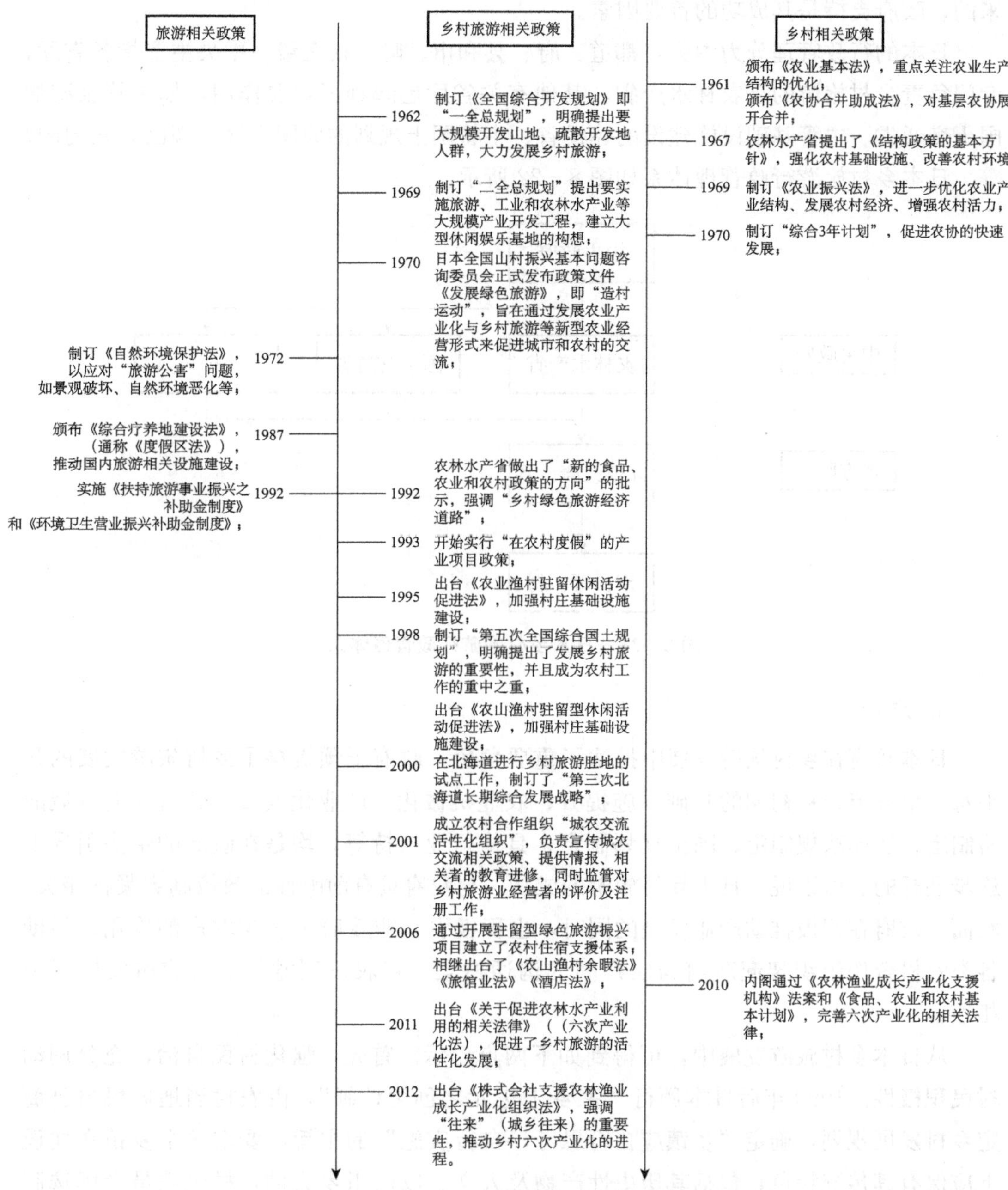

图 8－21 日本乡村旅游发展历程大事记

口、增加农民收益。随着乡村旅游的不断发展，日本政府逐渐意识到生态保护和城乡协调的重要性，提出“山村地区将长期承担保护日本自然生态环境的责任”以及“乡村应当为城市居民提供娱乐休闲场所”的观点，赋予了乡村旅游新的内涵。日本政府在乡村旅游发展过程中起到了重要的核心作用。

自始至终，日本乡村旅游是在政府的主导、规划、扶持、保障和推动之下发展起来的，政府支持是其成功的首要因素。

日本的行政管理分为中央，都道、府、县和市、町、村三级。中央主要指各省厅，专门负责乡村旅游的是农林水产省，其他有关省厅也起到了重要作用，如主管旅游的国土交通省、主管基础设施建设的建设省、主管国土规划的原国土厅（现已并入内阁）等。日本乡村旅游行政管理体系如图 8-22 所示。

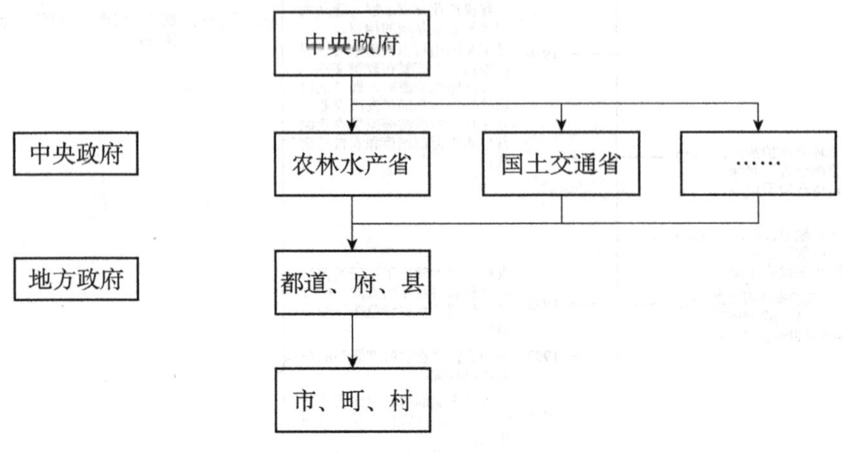

图 8-22　日本乡村旅游行政管理体系

3. *启示*

日本政府在乡村旅游发展中扮演了重要角色，政府干预贯穿了乡村旅游发展的几乎每一个环节，从初期的基础设施提升、农业机械化、产业化发展，到后期的发展战略制定、法律法规制定、国土规划制定、具体行业扶持等，均是在政府的牵头引导下逐步展开的。可以说，日本乡村旅游的成功，与政府具有前瞻性的政策制定紧密相关。然而，政府在积极推动产业发展的同时，也积极引入非政府组织与农户的作用，借助各类农村合作组织架起政府与农户间的沟通桥梁，将农户利益与乡村旅游发展紧密相连。

从日本乡村旅游发展中，可得到如下两点启示。首先，强化村民自治，充分调动村民积极性。1990 年后日本颁行“家乡 1 亿元之创生计画”，由农村当地居民自己商定乡村发展规划，确定“乡镇应自行思考，自行实施”的主旨，要求每个乡镇在建设上应保有其传统特色，包括其历史性产物及人文。以白川乡为例，村民委员会民选制定《景观保护基准》，对旅游景观开发中的建筑和设施改造都做了具体规定。为保障本村的自然环境，村民自发成立“村集落自然保护协会”，制定《住民宪法》，由全体村民共同遵守维护、相互监督。村民自治充分调动了村民积极性，使之自发维护乡村旅游景观。

其次，注重体现乡村中的文化内涵，以文化提高产业附加值。日本以职人精神著称，鼓励乡民“不惜时间，精工细作”，在乡村旅游发展中创造了很高的经济价值。例如，以岩手县九户村的扫帚制作为例，手工扫帚价格超出工业品价格数倍，售价最高可达 50 万日元。文创产品也成为乡村旅游发展的又一增长点。

（五）韩国：以村庄为单位的精细化扶持模式

1. 发展历程

20 世纪 60 年代，韩国开始实施第一个“国民经济发展五年计划”，在集中全国力量重点发展工业的一系列政策之下，“汉江奇迹”为韩国工业现代化和城镇化奠定了基础。然而，工业化的代价却是农业遭受重创，大量年轻劳动力涌入城市，城乡差距逐渐增大，农村人口老龄化、女性化等问题日益凸显，保护农民利益、增加农民农业及非农业收入成为韩国政府亟须解决的问题。此后，乡村旅游作为乡村振兴的重要途径，得到了韩国政府的高度重视。截至 2014 年，韩国的农林部门、文化体育观光部、山林部和行政安全部共同参与兴建了十余个项目，累计打造超过 2000 个观光村落。

韩国乡村旅游大致分为以下两个阶段。

（1）基础建设期：硬件设施为主，政策自上而下（1980—2000 年）。

1980 年，韩国政府废除了粮食价格保护政策。为保障农民收入，韩国政府将发展乡村旅游作为增加农民收入、改善农民生活的一条途径。1983 年，韩国颁布了最初的乡村旅游促进法规——《农渔村所得源开发促进法》，其中提到建立观光农园和农渔村休养地等项目，增加农民的非农收入。此后，相继推行了 1984 年的开发观光农园项目、1989 年的开发修养地项目等。随着农村老龄化问题愈发突出，韩国经济也逐渐步入调整期，非农所得的相关政策力度逐渐减弱，故政府又颁布了一批与农工园区、特色园区、传统食物产地加工等有关的政策，如 1991 年的支援农村民泊项目。然而，面向经营个体的乡村旅游扶持政策出现了一些问题，基础设施投资成本高，服务运营人才稀缺，乡村特色未能充分体现，整体经营效果并不理想，甚至在开发中破坏了部分村庄的多样性。

（2）转型发展期：软硬兼施，多元发展（2000 年至今）。

为解决以上问题，韩国政府逐渐调整政策方针，在政策对象和政策内容上均发生了转变。政策对象从个体经营者转为村庄整体；政策内容由之前以基础设施投资等硬件设施为主的支援项目运营，转变为与教育等软件设施并行的方向发展。

2001 年，韩国农林部发布了题为“关于绿色观光的中长期促进计划”，并倡导开展“体验绿色农村”活动。该活动拟利用农村特色的多样性构建全新的生态村庄，农林部对入选的村落不仅进行资金和硬件设施的援助，也对村民开展专业培训，协助项目筹划。由于面向个体经营单位的扶持效果不尽如人意，2002 年，政府正式大规模出台促进农村观光的振兴政策，之后便将重点转向以村庄为单位的农村观光，对通过招标评选出的符合条件的村庄予以资金支持。从部门协作的角度看，农林畜产食品部联合行政安全部、农村振兴厅等其他部门以多种形式共同促进新型农村观光发展，韩国政府及地方开始展开以村庄为单位的农村开发项目。

面对乡村地区劳动力短缺问题，韩国非常重视乡村的人力资源建设。首先，立足长远的乡村旅游人力资源建设，确立长远的培养目标，对现有的乡村劳动力资源加以培训指导，形成一整套完善的乡村旅游人才培养体系；其次，调动村民积极性，鼓励村民参与发展；最后，落实人才库建设，以学分制管理的形式培训相关专业技术，保障培训能收到实效。

2. 发展模式

从韩国乡村旅游的发展历程来看，韩国是典型的政府主导型的发展模式。在特定历史背景下，决策者发现了乡村旅游带来乡村振兴的实际需要，进而由政府颁布相应法规政策，催生了乡村旅游的发展和繁荣。在此过程中，单纯自上而下的扶持政策引发了一些问题，政府加强政策统筹和村民参与，调整政策细则，进而解决或缓解乡村旅游开发过程中的矛盾。

韩国乡村旅游发展的主要推动力量仍然是政府。具体来说，包括农林部、行政自治部、农业振兴厅、环境部、山林部等多个政府部门均参与到乡村旅游建设中。截至2014年，韩国的农林部门、文化体育观光部、山林部和行政安全部共同参与兴建了十余个项目，投入高达7 000亿韩元，累计打造超过2 000个观光村落。

韩国乡村旅游由政府主导推动，主要采用以村庄为单位的扶持方式，即将村庄整体作为扶持对象，通过补贴、宣传、评选奖项等多样化方式激励村庄的个性化发展，加强城乡交流，打造具有地方特色的乡村旅游目的地。在此基础上，韩国政府深入参与乡村旅游经营活动，通过建立乡村旅游专管协调机制、长期人才培养机制和专家帮扶机制，实现了乡村旅游的精细化管理。

韩国中央和地方政府主要以村庄为单位扶持乡村旅游发展。在乡村旅游发展早期，韩国也采用过以经营个体为单位的扶持政策，但由于设施投资成本高，服务运营人才稀缺，乡村特色未能充分体现，整体经营效果并不理想，甚至在开发中破坏了部分村庄的多样性。随后，韩国政府转变发展方式，采用以村庄为单位的扶持计划，突出乡村自然和文化环境的特色。不同部门主导的项目各有侧重。以村庄为单位的扶持，使韩国在深化乡村开发、提升村民职业素养、促进城乡交流、提高公共服务设施水平方面更方便地建立配套制度，实现村庄的人才、设施、制度、乡村旅游产品的整体提升。

在发展过程中，韩国乡村旅游面临了三个难以避免的问题：一是政府多部门间协调问题，如各部门均设立补贴，有时补贴会缺漏或重复；二是人才匮乏问题，青壮年进城务工现象普遍，乡村劳动力资源短缺，乡村旅游管理人才缺乏；三是发展过程中的一些实际困难，乡村干部难以解决。相应的，韩国政府建立起三个机制加以解决。首先，政府建立乡村旅游专管协调机制，2004年出台了支援“农山渔村体验游项目村”的政策，明确政府各部门在乡村旅游扶持过程中的权责、项目管理制度等，增强跨部门协调；其次，政府建立了长期人才引进和培养机制，建立“乡村事务长”制度。

前者由中央政府、地方政府和村庄共同负担费用，后者录用乡村事务长负责乡村旅游项目开发、运营和其他乡村事务，为乡村引进专业人才；最后，建立“一人一村”专家咨询体系，借助外聘专家力量解决乡村旅游发展建设中实际工作的困难，提供旅游项目开发、纠纷调解仲裁、村民培训教育和旅游疑难咨询等方面的指导。

3. 启示

韩国乡村旅游的发展是成功的，但不可否认现阶段韩国乡村旅游仍存在一些问题，应辩证地看韩国的发展路径。韩国乡村旅游政策有以下两个亮点值得借鉴。

首先，重视人才的重要作用，建立有效的人才培养、引进、吸收机制。除了面向农户和经营者的培训之外，引入乡村事务长制度、“一人一村”专家咨询体系、“绿色农业体验村”学术会议及评估会等机制，调动各方人才参与乡村建设。

其次，根据实施情况动态调整法规。以农渔村民泊法律制度的发展为例，1994 年出台的《农渔村装备法》中对农渔村民泊作出定义，然而随后破坏农村景观、恶性竞争等负面影响开始凸显，同时部分标准阻碍了小农户参与乡村旅游经营。随后经过考察，韩国政府于 2005 年对农渔村民泊制度重新做了调整，此后乡村民宿旅游获得了迅速的增长。应当及时观测法规制度和政策的实施效果及问题，做到适应新情况、解决新问题。

第九章　促进我国区域文化休闲发展的建议

一、建立完善的文化休闲发展政策体系

通过上述研究，政府支持政策的出台和实施能够有效地促进文化休闲的规模化、组织化和多元化发展。同样，国际文化休闲发展经验也证实了这点。因此，国家应加强对文化休闲发展的重视，建立完善的文化休闲发展政策体系，统筹文化休闲的发展。完善对文化休闲企业的扶持政策，加大对文化休闲企业的支持力度，重点扶持一些优秀的文化休闲企业。对具有发展潜力的文化休闲企业或项目在政策上给予支持，在资金上给予帮助，在税收上给予减免或补贴，在技术或服务上给予指导，使企业能够更好地致力于提高休闲产品和服务的质量。调整和完善文化休闲发展政策，编制细分规划，提高政策指向精准度，鼓励区域制定差异化的文化休闲发展政策。此外，通过颁布相关法律和出台相关政策，规范文化休闲场所、项目和设施的建设和运营，使文化休闲企业和人员在各方面有法可依。

二、深化文化休闲领域供给侧改革

文化休闲需求是人民美好生活需要的重要组成部分。研究表明，目前我国文化休闲供给与需求之间还存在结构性的矛盾，供需不平衡问题突出。因此，深化休闲领域供给侧改革势在必行。

（一）加强文化休闲基础设施建设

完善的基础设施是文化休闲发展的基础。首先，加大对公共休闲设施、空间和服务的供给，全面增加供给总量，调整娱乐型、享受型、消遣型、欣赏型、发展型等文化休闲产品和服务之间的比重，增建公园、广场、图书馆、文化馆等公共休闲设施，缓解供需矛盾。促进多主体供给、多渠道保障，鼓励多方投资和参与，建立高效的文

化休闲领域良性竞争机制，促进文化休闲领域投资主体多元化。其次，应加强交通设施建设，完善立体交通网。我国地大物博，地形地貌丰富多样，有的地区位于雄伟的高原，有的坐落在广阔的平原，有的则盘踞在起伏的山岭。复杂的地貌以及经济发展情况的差异使得我国区域交通设施分布不均。因此，应打造公路、铁路、航空、水路于一体的立体交通网络，提高交通便捷度。再次，改善餐饮住宿设施。加强对餐饮企业的监管，整治“脏乱差”的餐馆，严格检查宾馆酒店卫生、安全等问题，提高餐饮住宿业服务质量。最后，加强金融基础设施建设，建立现代化、便捷化支付系统，扩大金融服务的深度，增强金融服务的渗透率和覆盖率。

（二）加大对文化休闲设施、场所及项目商业开发力度

建设商业文化休闲设施有助于提高休闲供给水平，促进文化休闲领域结构优化。积极鼓励文化休闲企业的发展，培育航母企业，大力支持企业集群化、多元化、国际化发展，形成品牌优势和规模效应，提高企业综合竞争力。创新产品和服务，鼓励人才、技术、信息等要素自由流动，充分调动各方面的积极性和主动性，激发创新的动力和活力，为国民提供更高水平、差异化的文化休闲产品与服务，满足居民更高层次的文化休闲需求。

三、科学合理地规划文化休闲发展布局，促进城乡之间协同发展

（一）科学合理地规划城乡文化休闲发展布局

科学合理地规划城乡文化休闲发展布局是促进文化休闲繁荣发展的前提。这主要体现在发展定位、发展目标和发展思路上。在发展定位上，城乡应全方面考量其自身发展的优势、劣势、机遇和挑战，找准定位，明确其文化休闲发展水平在全国文化休闲发展中的地位以及在各自国民经济中的定位。对于自然和人文资源丰富、产业环境较好、基础设施完善、产业发展较好或者潜力较大的区域，可以将文化休闲产业作为战略支柱性产业；对于自然和人文资源贫瘠、产业环境较差、基础设施落后、产业发展较差或者潜力较小的区域，可以将文化休闲产业作为辅助性产业。在发展目标上，各城乡应制定文化休闲发展的短期、中期和长期规划，如五年规划、十年规划等，从定性和定量两个角度明确发展目标，并为之奋斗。在发展思路上，根据不同区域的资源禀赋和城市特色，挖掘不同区域文化休闲领域的优势，弥补其发展劣势，扬长避短，有重点、有目的性地发展文化休闲，促进其持续发展。

（二）加强城乡间合作交流，促进区域协同发展

通过分析，由于地理位置、人口密度、资源禀赋、基础设施、市场环境等条件的

差异，我国城乡之间文化休闲发展水平不尽相同。因此，在客观正视它们之间的文化休闲发展差异的同时，积极缩小城乡间发展差异，促进城市文化休闲平衡发展。研究可知，无论在规模上、还是质量上，城市文化休闲发展都优于农村，东部沿海城市文化休闲发展优于中西部内陆城市，京津冀城市群、长三角城市群、粤港澳大湾区的城市文化休闲发展优于其他城市。因此，这些发展较好的区域应积极带动发展较差的区域，加强区域间合作交流，实现不同区域协同发展，促进城乡文化休闲信息、产品、服务等资源共建、共治、共享，以强带弱，以点带面，互补提升，缩小城乡间的文化休闲发展水平差距。

四、改善文化休闲发展环境，充分保护和利用文化休闲资源

（一）改善文化休闲发展环境

文化休闲在发展过程中越来越表现出其对环境的依赖。环境包括经济环境、社会环境、科技环境和生态环境等。在经济环境方面，大力发展城市经济，提高城市居民收入水平和消费水平。在社会环境方面，打造区域品牌，提高地区知名度。现在已经不是“酒香不怕巷子深”的时代，具有高知名度的地区能够吸引更多的消费者进行文化休闲，有利于文化休闲的发展。在科技环境方面，注重科技研发，提高文化休闲服务的科技含量，让文化休闲者更便捷、舒适、智能。在生态环境方面，注重生态保护，加强环境治理。加大对污染企业的整治和惩罚力度，加强居民环保意识，让居民能够享受到“碧海蓝天”。

（二）充分保护和利用文化休闲资源

习近平总书记明确指出，绿水青山就是金山银山。“绿水青山”是我们宝贵的文化休闲资源，也是我国文化休闲发展的物质基础。一般来说，一个自然和人文资源丰富，如拥有名山大川、历史遗迹的地区通常是国民文化休闲佳地。自然和人文资源是非常宝贵的文化休闲资源，有些资源是不可再生的，因此，充分保护和利用文化休闲资源是我国文化休闲可持续发展的前提。首先，加强对文化休闲资源的保护，加大对非物质文化遗产的保护力度，摒弃为了短期利益过度消耗资源的情况。其次，在保护资源的同时，合理利用资源，深入挖掘文化休闲资源的内涵，充分发挥资源优势，提高资源的价值。

五、积极促进文化、旅游、体育等多产业融合发展

（一）加强多产业融合

加强文化、旅游等多产业融合发展，促进产业内部多要素自由流动，全方位融合渗透发展；将更多的第三方关联产业如农业、制造业等纳入融合体系之中，加强文化休闲相关产业与其他产业的融合和渗透，促成不同行业、不同领域的重组与合作，创新产业业态，形成新的产业价值链。

（二）寻找"区域模板"，提高落后区域的产业融合度

不同区域产业融合程度差异较大。部分区域文化底蕴深厚，旅游资源丰富，然而其文化产业与旅游产业发展不够理想，两者融合度较低。相反，有些地区地理位置、资源禀赋不占优势，但文旅融合发展程度较好。因此，第一，总结不同地区文旅发展的优势、劣势、机遇和挑战，寻找与自身地理位置、资源禀赋相似的"区域模板"，借鉴发展好的地区的成功经验，促进我国各地区多产业深度融合。第二，重点扶持那些文化、旅游、体育等文化休闲资源丰富、具备发展潜力的城市，鼓励部分地区优先发展，以先进地区带动落后地区发展。

（三）科技创新驱动"文化休闲＋"融合

科技是第一生产力。实践经验证明，科技创新能够驱动休闲产业融合发展。例如，通过与信息技术的融合发展，英国文化创意产业已经成为本国最有经济价值的产业。因此，首先，应"科学技术化"，加大对文化休闲领域相关技术的研发，充分利用国内外高科技，把人工智能、区块链等新型科技应用在文化休闲领域。其次，实现"文化艺术化"，利用科学技术，将文化以丰富多样的艺术形态表现出来，提升文化休闲产品与服务的文化内涵和艺术水平。最后，力求"技艺融合化"，将技术与艺术完美融合，丰富文化休闲产品与服务，提质保量。

（四）提高教育水平，培养文化休闲领域融合创新人才

休闲产业的融合发展离不开人才资本，人才能够驱动休闲产业发展，为休闲产业提供强大动力。因此，应注重休闲人才的培养与开发，整合和利用休闲教育资源，鼓励支持高等院校加强休闲产业融合教育，促进产学研一体化；加强休闲人才培训基地和机构建设，建立休闲产业人才培养基地，重点培养具有多产业知识和能力的复合型人才，为休闲产业融合发展提供人才支撑和智力支持；面向国内外大力招揽人才，加大高层次人才的引进力度，采取灵活多样的方式引进国内外休闲方面人才，实现人才集聚效应。

六、完善我国现行休假制度

(一) 加强落实带薪休假制度

《劳动法》虽然以法律条文的形式规定了劳动者带薪休假的权利，但并没有给出具体的实施办法和惩处措施。相关规定不够具体和明确，导致企业时常无视有关规定，员工维权无门。应当采取一定的强制手段，给出违规的具体惩罚，确保企业执行。在制定相关法律法规时，应注意到我国仍是一个发展中国家，经济仍在高速发展，迫切需要劳动力投身建设；区域发展很不均衡，不同地区经济发展状况和收入水平相差很大；中小企业生存艰难，带薪休假会增加他们的用人成本。由于种种原因，在考虑带薪休假规定条款的时候，应避免“一刀切”式的制度确定。因此，落实带薪休假制度，应按照行业进行细化，在总则的框架下制定差别化的细则条款。

(二) 改革已不能适应现实的“黄金周”制度，实行“做四休三”制度

现行“黄金周”制度已实行较长时间，如今时过境迁，集中式休假造成了交通过于拥堵、旅游市场供需错配与政府公共管理费用增加等问题，严重影响人们的休假质量，其休假条件、休假时长等方面都需要进行修改，以适应经济和社会的快速变化情况。在落实带薪休假基础上，取消小长假和调休制度以及名存实亡的探亲假，赋予人们灵活规划和安排假日的决策自由，可能是最合适的假日选择。在我们劳动生产率达到一定水平情况下，可实行“做四休三”制度，即工作四天（36 小时），休息三天，过渡期可以试行两天半。目前已经有江苏、河北、江西、重庆等 12 个省份出台意见，鼓励实施 2.5 天周休模式。国民休假时间分散化，有助于文化休闲资源的合理配置，促进文化休闲的发展。

(三) 适当延长法定节假日及周休天数

从上述分析中，可知国民对延长法定节假日及周休天数意愿强烈。适当延长法定节假日及周休天数，如延长春节假期和劳动节天数，增设传统节假日，一方面增加了国民的休假时间，有助于国民的身心健康；另一方面使得国民有更多时间享受休闲，释放文化休闲需求，有利于文化休闲的进一步发展。

(四) 政府在休假制度落实中应监管、执行与宣传并重

政府既是休假政策的监管者，同时也应该是休假制度忠实的执行者。作为监管者，要建立休假评估机制，提供职工休假权益方面的法律援助，加强自身和不同类型的企

业休假落实情况的监督检查，对拒不执行休假制度的单位及主要负责人制定明确的处罚规定。作为执行者，首先要遵守各项休假制度，将休假落实情况纳入政府绩效和领导干部考核体系，尤其是领导，要带头休假；其次要让部门职员敢于休假，以身作则让“执行”更具说服力。此外，还应当加强对休假权利的宣传，逐渐树立以人的全面发展为根本目的，在宣传中弱化长期以来形成的劳动至上，为岗位奉献一生的价值观念，加强国民休假权利意识，使休假深入人心。

（五）提高劳动生产率，降低休假成本

科技进步使得劳动生产率不断提高，劳动生产率的提高又导致工作时间的减少。因此，提高劳动生产率，可以节约劳动者的工作时间，使得休闲时间得以释放，激发国民的休闲欲望。企业应努力提高劳动生产效率，节省劳动时间，从而抵消由于员工休假导致产品成本上升的副作用，解除企业休假的后顾之忧。在基础研究方面，增加高新技术设备、科技人员的投入；在应用研究方面，以高新技术开发区、科研院所、高等院校、骨干企业为依托，深化产学研合作，加大研发投入，促进科技成果转化，从而提高企业劳动生产水平。

七、大力发展乡村文化旅游

（一）加大乡村文化旅游扶持力度

首先，应加强乡村文化旅游财税补贴，拓宽融资渠道。乡村文化旅游投资周期长、回报慢，难以直接获得社会资本投资。应由政府适当提供补贴，减免经营主体一定比例的税负，尤其在乡村文化旅游发展起步阶段；同时，应拓宽乡村文化旅游融资渠道，与金融机构开展合作，借助多样化融资方式实现投融方互惠共赢。对乡村文化旅游起步阶段的农户，政府可协助农户申请金融机构贷款，对符合条件的农户提供信用担保，并通过贴息的方式提供补贴；对起步阶段的乡村文化旅游经营者减免税收，包括餐饮、民宿、农副产品制作等，减轻创业初期的财务压力。对有一定运营经验且财务状况良好的，鼓励发展新的合法融资渠道，创新社会资本参与方式。与金融机构合作，通过担保公司融资担保等方式使农户获取商业资本投资；鼓励民间资本通过 PPP、公建民营等创新途径获取社会资本投资。

其次，应加强乡村基础设施建设，切实提高乡村公共服务水平。我国部分地区乡村文化旅游仍存在外部连接景区道路、停车场等基础设施建设滞后，垃圾和污水等农村人居环境欠账多等问题。应进一步加强民生基础设施改造建设，增加乡村自来水、电路、网络的稳定性；修整乡村旅游地与主要客源城市的连接道路，尤其是景区道路与主要道路之间的连接段，打通“最后一公里”；增设文化旅游标识牌、休憩长椅、公

厕、停车场等基础设施和公共服务配套，便利游客出行，鼓励各地设计村庄的个性化主题风貌，通过配色、图案、建筑材质等外观表现出来；在周末、节假日等客流高峰期，设置乡村医务所值班制度，保障游客人身安全。

(二)加强对乡村文化旅游的规范管理

第一，应完善乡村文化旅游质量管理体系，规范乡村文化旅游市场。目前，我国乡村文化旅游人数逐年攀升，但质量问题仍然显著，部分民宿设施不健全、存在安全隐患，甚至出现了恶意营销、欺诈游客等行为，影响了乡村文化旅游市场的有序发展。应加快制定乡村文化旅游质量管理细则，出台《乡村文化旅游产品服务质量标准》，对民宿、餐饮、农副食品销售等不同性质的乡村文化旅游商品服务分别制定质量管理规范；建立乡村民宿经营审批制度，对满足一定房间数、床位数、卫生条件、盥洗室配备标准、消防安全设施等条件的乡村民宿发放“乡村民宿安全质量证书”，记录备案并定期审核；对达到更高标准的乡村民宿进行星级评选，并及时公布星级评选结果，为游客选择提供依据；向信用良好的乡村民宿经营者提供民宿改造升级补贴和低息贷款，鼓励经营者对民居进行精品改造，提升乡村旅游质量；开放乡村文化旅游投诉热线，建立乡村文化旅游投诉问答机制，按照规定对服务态度差、卫生条件不达标、食品安全不达标、乱收费等违规经营者施以行政处罚；建立“乡村文化旅游黑白名单”，将乡村文化旅游经营信用纳入国家信用管理体系，保护游客的合法权益。

第二，应进一步完善乡村文化旅游法律法规体系。完善的乡村文化旅游法律法规能够为乡村文化旅游发展提供强有力的保障，促进乡村文化旅游有序发展。我国应进一步完善乡村文化旅游相关法规，对现有法规中涉及乡村文化旅游的，结合我国乡村文化旅游实践中出现的问题，对法规条款再次审视论证，对其中不明确、不适用、不合理的，适当加以修订，为乡村文化旅游发展扫除障碍；对现有法规中缺少的条款加以增补，规范乡村文化旅游行业发展秩序。例如，在土地流转和土地使用方面，针对乡村文化旅游设施建设的实际需要，制定规范化的配套法律法规，保障土地的必要集中和文化休闲基础设施的配套建设等。

(三)加快建立乡村自然人文资源保护制度

乡村的自然人文资源是乡村旅游发展的基础，且破坏后不可再生，应尽快着手加以保护。乡村人文资源主要指各种形式的乡村文化遗产，包括古建筑、特色场所、宗族家谱等有形的文化遗产，也包括风俗习惯、方言、民间传说故事、民间艺术等无形的文化遗产。应尽快开展乡村自然人文资源梳理盘查工作，以县为单位，对辖区内乡村人文资源详细盘点记录，避免无形资源随乡村空心化和人口老龄化而流失；选取部分价值较高的乡村自然人文资源，建立“乡村自然文化资源白名单”，在开发建设过程中保护白名单资源不受损害，对造成资源不可逆的破坏者依法依规进行处罚。

（四）强化政府在乡村文化旅游营销的作用

政府营销较个体经营者的营销，往往具有更长期全面的营销思路、更丰富的营销手段、更低的信息成本和更强的联动效应。在乡村文化旅游发展过程中，需要政府对整体目的地积极开展营销，更好地实现乡村旅游的品牌化。地方政府应扩大乡村文化旅游的整体客源市场，例如向城市居民发放周边乡村的文化旅游代金券等，鼓励城市居民形成乡村文化旅游的消费习惯；乡村文化旅游目的地政府应充分利用乡村文化旅游统计数据，深入了解客源的时空特征，结合当地乡村文化旅游产品特色，明确当地乡村文化旅游发展定位，打造整体区域品牌；应将节庆活动举办、特色农副产品销售与乡村文化旅游营销相结合，形成一、二、三产业的联动效应；应利用好线上、线下的多样化媒体平台，结合客源市场特点投放营销广告，在利用好线下平台如公交车站、地铁站、巴士广告等之外，重视线上的新媒体营销，在微信、微博、抖音等新媒体平台上运营区域品牌账号，全方位构建影响力；应在营销实施后实时监测效果，分析提炼市场表现，向经营者及时反馈市场需求，加快促进乡村文化旅游供给提质升级。

（五）建立多层次的乡村文化旅游人才支持体系

人才是乡村文化旅游发展的关键，是盘活乡村文化旅游资源、实现高质量发展的必要条件。从日韩经验中可以看出，乡村文化旅游不仅需要引进人才，也需要培养人才。首先，应进一步加大人才引进力度，建立长期稳定的乡村文化旅游人才引进制度和人才库，将大学生村官、经营管理专业人才、职业经理人等纳入人才库中，借鉴韩国的“乡村事务长”制度，为相关人才提供下乡津贴和绩效补贴，鼓励各类人才积极投身乡村文化旅游的发展实践中；其次，应加大人才培养力度，培养本地的乡村文化旅游带头人，对正在或有意经营乡村文化旅游的当地农户提供相关培训，在民宿经营、农业机械使用、农副产品特产开发、旅游线上线下宣传等方面提供辅导，培养职业农民；建立人才间的经验交流平台，组织乡村旅游农户交流会、发起“乡村文化旅游模范带头人”评选等，充分激发人才潜能。最后，应加大外部人才的借力，鼓励高校与村庄开展结对合作，向村民科普现代农业前沿知识和乡村文化旅游经营技巧；借鉴韩国做法，建立“一人一村”专家咨询系统，由乡村文化旅游领域专家一对一为经营存在困难的村庄提供信息、技术、渠道等多方面帮扶。

参考文献

国内文献

[1] 刘定惠，杨永春. 区域经济-旅游-生态环境耦合协调度研究——以安徽省为例 [J]. 长江流域资源与环境，2011 (7)：892-896.

[2] 杰弗瑞·戈比. 21 世纪的休闲与休闲服务 [M]. 张春波，等译. 昆明：云南人民出版社，2000.

[3] 肯·罗伯茨. 休闲产业 [M]. 李昕译. 重庆：重庆大学出版社，2008.

[4] 伊安·威尔逊. 休闲经济学 [M]. 方颖译. 北京：机械工业出版社，2009.

[5] 于光远. 论普遍有闲的社会 [J]. 自然辩证法研究，2002 (1)：41-43+48.

[6] 马惠娣. 21 世纪与休闲经济、休闲产业、休闲文化 [J]. 自然辩证法研究，2001 (1)：48-52.

[7] 王琪延. 休闲经济 [M]. 北京：中国人民大学出版社，2005.

[8] 魏小安，丁娜娜. 关于休闲产业体系的理论思考 [C]. 现代休闲方式与旅游发展国际学术研讨会论文集，2006.

[9] 卿前龙，胡跃红. 休闲产业：国内研究述评 [J]. 经济学家，2006 (4)：40-46.

[10] 郑胜华. 休闲业及其发展研究 [J]. 商业研究，2002 (1)：153-155.

[11] 曹琤. 我国发展休闲经济存在的问题及对策 [J]. 南方经济，2004 (11)：57-60.

[12] 黄志锋. 我国休闲产业发展问题研究 [J]. 经济地理，2010 (9).

[13] 粟郁. 基于主成分分析法的城市休闲产业发展评价 [J]. 统计与决策，2019 (1)：62-66.

[14] 方忠，张华荣. 文化产业与旅游产业耦合发展的实证研究——以福建省为例 [J]. 福建师范大学学报（哲学社会科学版），2018 (1)：39-45+169.

[15] 蒋莉莉. 文化产业融合发展路径研究 [M]. 上海：东方出版中心，2016.

[16] 马健. 产业融合理论研究评述 [J]. 经济学动态，2002 (5)：78-81.

[17] 植草益. 产业组织论 [M]. 北京：中国人民大学出版社，1988.

[18] 厉无畏，王振. 中国产业发展前沿问题 [M]. 上海：上海人民出版社，2003.

[19] 麻学锋，张世兵，龙茂兴. 旅游产业融合路径分析 [J]. 经济地理，2010 (4)：678-681.

[20] 杨强. 体育与相关产业融合发展的路径机制与重构模式研究 [J]. 体育科学，2015 (7)：3-9+17.

[21] 张广俊，李燕领，邱鹏. 体育产业融合的动因、路径、效应与策略研究 [J]. 武汉体育学院学报，2017 (8)：50-56.

[22] 李美云. 论旅游景点业和动漫业的产业融合与互动发展 [J]. 旅游学刊，2008 (1)：56-62.

[23] 程晓丽，祝亚雯. 安徽省旅游产业与文化产业融合发展研究 [J]. 经济地理，2012 (9)：161-165.

[24] 霍艳莲. 产业融合视阈下文化产业与旅游产业的融合效应、机理与路径 [J]. 商业经济研究，2015 (12)：126-127.

[25] 朱海艳. 旅游产业融合模式研究 [D]. 西安：西北大学，2014.

[26] 方永恒，周家羽. 体育旅游产业与文化创意产业融合发展模式研究 [J]. 体育文化导刊，2018 (2)：93-98.

[27] 张琰飞，朱海英. 文化产业与旅游产业耦合发展的区域差异分析：基于省际面板数据的实证研究 [J]. 华东经济管理，2012 (10)：54-59.

[28] 周叶. 基于灰色系统理论的江西文化产业与旅游产业耦合发展 [J]. 江西社会科学，2014 (3)：41-45.

[29] 南宇，孙建飞，张萍. 丝绸之路背景下甘南藏族自治州旅游产业与文化产业融合问题研究 [J]. 干旱区资源与环境，2017 (3)：203-208.

[30] 鲍洪杰，王生鹏. 文化产业与旅游产业的耦合分析 [J]. 工业技术经济，2010 (8)：74-78.

[31] 袁俊，高智. 珠三角地区文化产业与旅游业融合发展水平测度 [J]. 资源开发与市场，2018 (1)：108-112.

[32] 宋子千. 旅游业应增强产业融合的主动性 [J]. 旅游学刊，2011 (4)：7-8.

[33] 赵玉宏. 文化创意产业融合发展研究——以北京文创产业为例 [M]. 北京：经济日报出版社，2018.

[34] 朱江丽，李子联. 长三角城市群产业-人口-空间耦合协调发展研究 [J]. 中国人口·资源与环境，2015 (2)：75-82.

[35] 胡永佳. 产业融合的经济学分析 [D]. 北京：中共中央党校，2007.

[36] 厉无畏. 产业融合与产业创新 [J]. 上海管理科学，2002 (4)：4-6.

[37] 宁泽群. 旅游经济、产业与政策 [M]. 北京：中国旅游出版社，2005.

［38］高舜礼. 中国旅游产业政策研究［M］. 北京：中国旅游出版社，2006.

［39］王琪延，徐玲. 中国城市文化发展指数2016［M］. 北京：中国人民大学出版社，2016.

［40］赵彦云，余毅，马文涛. 中国文化产业竞争力评价和分析［J］. 中国人民大学学报，2006（4）：72－82.

［41］伍文中. 河北省政府间财力差距度量及均衡机制构建［J］. 河北经贸大学学报，2013（5）：48－52.

［42］方远平，毛晔. 我国省域休闲产业竞争力时空动态演变研究——基于ESDA-GWR模型的实证［J］. 湖北大学学报（哲学社会科学版），2016（3）：137－143.

［43］孙西辉. 基于"钻石理论"的山东省休闲产业竞争力分析［J］. 理论学刊，2012（10）：114－117.

［44］杨春季，魏远竹. 森林休闲产业竞争力评价及障碍因素诊断分析［J］. 东南学术，2018（3）：132－140.

［45］马立强. 海洋文化旅游休闲产业竞争优势构建：产业集聚的视角［J］. 东南大学学报（哲学社会科学版），2015（6）：84－91＋147.

［46］丁赛，王国洪，王经绫，冯伊. 民族地区县域文旅产业发展指标体系的构建和分析［J］. 民族研究，2019（2）：38－51＋140.

［47］张春香. 基于钻石模型的区域文化旅游产业竞争力评价研究［J］. 管理学报，2018（12）：1781－1788.

［48］阳红林，郑然宅. 我国"体育＋旅游"竞争力影响因子实证分析［J］. 广州体育学院学报，2019（2）：30－34.

［49］汪晓琳，胡安义. 体育文化产业竞争力区域差异的实证研究［J］. 武汉体育学院学报，2013（1）：49－57.

［50］王琪延，黄羽翼. 北京市旅游竞争力研究［M］. 北京：中国人民大学出版社，2017.

［51］徐知渊，吕昌河. 长三角城市旅游产业竞争力综合比较研究——基于AHP法与BP人工神经网络模型［J］. 中国人口·资源与环境，2017（A1）：237－240.

［52］黄松，李燕林，戴平娟. 智慧旅游城市旅游竞争力评价［J］. 地理学报，2017（2）：242－255.

［53］黄杰龙，陈秋华，幸绣程，王立群. 中国省域森林公园旅游产业竞争力的时空演化特征及影响因素［J］. 长江流域资源与环境，2018（10）：2305－2315.

［54］瞿华，刘荣荣. 区域旅游竞争力评价与空间格局演化研究——以广东省21个地市为例［J］. 重庆大学学报（社会科学版），2020（4）：38－53.

［55］倪向丽. 我国省际旅游产业竞争力因子聚类评估［J］. 统计与决策，2018（21）：54－56.

[56] 范黎丽. 基于因子分析法的“一带一路”沿线地区森林旅游竞争力评价 [J]. 林业经济，2019 (7)：57-62.

[57] 唐睿. 一体化政策背景下长三角旅游业竞争力评估与协同发展研究 [D]. 上海：华东师范大学，2019.

[58] 时雨晴. 中国陆地边境县域旅游竞争力的类型划分及特征分析 [J]. 城市与环境研究，2019 (1)：60-75.

[59] 刘成昆，陈致远. 粤港澳大湾区城市旅游竞争力的实证研究 [J]. 经济问题探索，2019 (2)：88-94.

[60] 王新越，朱文亮. 山东省乡村旅游竞争力评价与障碍因素分析 [J]. 地理科学，2019 (1)：147-155.

[61] 焦爱丽，李诚固. 东北地区旅游产业竞争力研究 [J]. 经济纵横，2015 (4)：125-128.

[62] 刘名俭，唐静. 旅游产业竞争力提升的动力机制研究 [J]. 经济管理，2010 (12)：104-110.

[63] 曹艳英，李凤霞. 基于自组织系统理论的区域旅游产业竞争力形成发展机制研究 [J]. 软科学，2010 (2)：83-88.

[64] 王兆峰. 区域旅游产业竞争力评价指标体系的构建 [J]. 经济管理，2009 (8)：33-38.

[65] 盛见. 区域旅游产业竞争力构成：基于竞争力性质的研究 [J]. 旅游学刊，2007 (8)：29-34.

[66] 易丽蓉. 基于结构方程模型的区域旅游产业竞争力评价 [J]. 重庆大学学报 (自然科学版)，2006 (10)：158-162.

[67] 王琪延，王博. 中国区域文化力发展指数 2018 [M]. 北京：中国人民大学出版社，2018.

[68] 李卫强. 北京市文化产业竞争力的实证研究 [J]. 国际贸易问题，2012 (03)：90-96.

[69] 顾江，高莉莉. 我国省际文化产业竞争力评价与提升——基于 31 省市数据的实证分析 [J]. 福建论坛 (人文社会科学版)，2012 (8)：5-11.

[70] 高莉莉，顾江. 江苏区域文化产业竞争力动态分析及思考 [J]. 南京社会科学，2013 (4)：150-156.

[71] 姜彤彤，吴修国. 基于 AHP 的文化产业竞争力评价模型研究——借鉴钻石模型理论和可持续发展思想 [J]. 云南财经大学学报，2011 (6)：126-134.

[72] 王波，吴子玉. 城市文化产业竞争力综合评价方法研究——基于范数灰关联度确定权重的江苏样本分析 [J]. 经济问题，2016 (4)：79-83.

[73] 乐祥海. 中部六省区域文化产业竞争力评价研究：2009～2011 [J]. 系统工

程，2013 (3)：52-58.

[74] 杨头平，潘桑桑. 中部地区文化产业竞争力评价与差异分析 [J]. 经济地理，2018 (12)：119-125.

[75] 杜心灵. 文化产业竞争力的分析与评价——以广东为例 [J]. 经济问题，2014 (1)：78-82.

[76] 顾乃华，夏杰长. 我国主要城市文化产业竞争力比较研究 [J]. 商业经济与管理，2007 (12)：52-57+68.

[77] 熊正贤，何小松. 我国民族地区文化产业竞争力研究 [J]. 四川理工学院学报（社会科学版），2013 (4)：44-50.

[78] 王波，吴子玉. 基于范数灰关联度确定权重的江苏省文化产业竞争力综合评价研究 [J]. 江苏社会科学，2016 (3)：244-251.

[79] 杨晓琳. 基于因子分析法的地区文化产业竞争力实证研究 [J]. 商业经济研究，2016 (3)：193-196.

[80] 林孔团，翁木英. 省域文化产业竞争力评价与提升——福建与部分省市的比较 [J]. 福建师范大学学报（哲学社会科学版），2014 (1)：39-44.

[81] 蔡礼彬，王琼. 山东省文化产业竞争力评价体系构建与实证研究 [J]. 华东经济管理，2012 (10)：19-25.

[82] 梁君，黄慧芳. 中国省级区域文化产业竞争力分析 [J]. 统计与决策，2012 (11)：91-94.

[83] 陈功焕，刘小珍. 中国红色文化产业竞争力评价体系研究 [J]. 企业经济，2011 (9)：156-158.

[84] 钱明霞，金中坤，刘松. 基于网络层次分析法的文化产业竞争力评价体系研究 [J]. 科技管理研究，2011 (17)：71-74.

[85] 李芳凝. 中国地区文化产业竞争力的实证研究 [J]. 辽宁大学学报（哲学社会科学版），2011 (4)：115-121.

[86] 程臻宇. 区域文化产业竞争力比较评价体系初探——以山东半岛城市群为例 [J]. 东岳论丛，2011 (1)：93-98.

[87] 叶丽君，李琳. 我国区域文化产业竞争力评价与差异分析 [J]. 科技管理研究，2009 (3)：94-97.

[88] 王岚，赵国杰. 基于 ANP 的地区文化产业竞争力评价模型与指标体系 [J]. 科学学与科学技术管理，2008 (7)：129-132+179.

[89] 张伟，谢宇鸿. 城市文化创意产业竞争力研究——广州与上海、深圳的比较 [J]. 产经评论，2012 (5)：62-72.

[90] 高秀艳，邵晨曦. 区域文化创意产业竞争力评价与对策分析——以辽宁省为例 [J]. 企业经济，2013 (1)：121-123.

[91] 邹樵，肖世姝. 基于AHP的文化创意产业竞争力评价指标体系设计 [J]. 统计与决策，2017 (24)：58-60.

[92] 曾涛，王秉琦，占绍文. 区域文化创意产业竞争力形成机理差异化研究 [J]. 统计与决策，2015 (21)：96-100.

[93] 鲍枫，沈颂东. 文化创意产业竞争力评价与集聚水平的关系分析 [J]. 当代传播，2013 (1)：84-86.

[94] 张月颖，徐宏毅. 中国广播电视产业综合竞争力评价研究 [J]. 中国广播电视学刊，2018 (12)：36-39.

[95] 康宝. 基于"钻石模型"的中国电视娱乐产业竞争力研究 [J]. 科学决策，2015 (2)：66-94.

[96] 徐俊武，吕亚梅. 区域视角下出版产业竞争力研究——基于31个省市统计数据的湖北省典型分析 [J]. 江汉学术，2019，38 (3)：86-93.

[97] 赵乐发，李军岩. 当前我国休闲体育产业竞争力提升的障碍性因素分析 [J]. 沈阳体育学院学报，2017，36 (4)：31-35.

[98] 王大鹏，王亚薇. 河北省休闲体育产业竞争力评价研究 [J]. 南京体育学院学报（社会科学版），2015 (4)：59-64+91.

[99] 蒋佳峰. 杭州富阳运动休闲产业竞争力分析——基于数据包络分析法 (DEA) [J]. 浙江体育科学，2017，39 (6)：1-6+12.

[100] 卢金逵，倪刚，熊建萍. 区域体育产业竞争力评价与实证研究 [J]. 体育科学，2009 (6)：28-38.

[101] 李国强，王大鹏. 京津冀都市圈各城市休闲体育产业竞争力评价研究 [J]. 南京体育学院学报（社会科学版），2013 (6)：60-65.

[102] 张欣. 基于模糊理论的体育产业竞争力评价 [J]. 广州体育学院学报，2017，37 (1)：20-22+27.

[103] 李治国，郭景刚. 基于因子分析的我国网络游戏产业竞争力实证研究 [J]. 企业经济，2012 (9)：102-105.

[104] 戴俊骋，周尚意. 基于三角模型的中国城市动漫产业竞争力评价 [J]. 经济地理，2009 (10)：1612-1618.

[105] 林明华，罗环，唐印龙. 动漫产业链视角下我国区域动漫产业竞争力比较分析 [J]. 四川戏剧，2019 (4)：15-22.

[106] 陈宁. 基于"钻石模型"的辽宁大健康产业集群竞争力研究 [J]. 卫生软科学，2019，33 (9)：3-6.

[107] 程园园，施明业. 浙南山区文成健康产业竞争力分析与对策——基于波特菱形理论视角 [J]. 温州职业技术学院学报，2018，18 (2)：9-14.

[108] 於飞燕，周彬，曹松江，胡春琴，金梦霏. 休闲农业竞争力评价与提升路

径——以浙江省奉化市为例 [J]. 科技与管理，2014 (3)：8-13.

[109] 李瑾. 昆明市休闲农业核心竞争力研究 [D]. 昆明：云南农业大学，2017.

[110] 李丰玉，董子铭. 基于层次分析法（AHP）的休闲农业产业集群竞争力评价指标体系 [J]. 江苏农业科学，2014 (12)：484-486.

[111] 张娜娜. 石家庄休闲观光农业竞争能力评价研究 [D]. 石家庄：河北科技大学，2012.

[112] 马珊珊. 基于GEMP模型的旅游商业地产竞争力评价研究 [D]. 武汉. 武汉理工大学，2017.

[113] 鲍洪杰，王生鹏. 文化产业与旅游产业的耦合分析 [J]. 工业技术经济，2010，29 (8)：74-78.

[114] 郭鲁芳. 休闲经济学——休闲消费的经济分析 [M]. 杭州：浙江大学出版社，2005.

[115] 吴承忠. 国外休闲经济发展与公共管理 [M]. 北京：人民出版社，2008.

[116] 付达院. 城市休闲经济 [M]. 杭州：浙江大学出版社，2014.

[117] 李江帆，李美云. 旅游产业与旅游增加值的测算 [J]. 旅游学刊，1999 (5)：16-19+76.

[118] 郝志敏，王琪延. 旅游GDP核算研究——以2004年北京市为例 [J]. 统计与决策，2006 (20)：16-18.

[119] 赵彦云，吴翌琳. 基于实物量数据的文化产业增加值核算模型研究 [J]. 统计研究，2009 (2)：35-38.

[120] 李兴绪. 昆明市旅游产业增加值核算及影响力研究 [J]. 云南财经大学学报（社会科学版），2009 (6)：65-68.

[121] 王燕，王哲，董良全. 新疆旅游产业经济贡献综合影响分析 [J]. 干旱区资源与环境，2009 (4)：165-169.

[122] 曾国军，蔡建东. 中国旅游产业对国民经济的贡献研究 [J]. 旅游学刊，2012，27 (5)：23-31.

[123] 张小利. 基于旅游业增加值测度的我国旅游就业弹性分析 [J]. 经济经纬，2014 (3)：72-77.

[124] 金雪芬. 论休闲之"成为人"的价值意蕴 [J]. 旅游学刊，2012，27 (9)：99-105.

[125] 潘立勇，汪振汉. 休闲产业的人本内涵与价值实现 [J]. 江苏行政学院学报，2019 (6)：26-33.

[126] 亚里士多德. 政治学 [M]. 吴寿彭，译. 北京：商务印书馆，1965.

[127] 凡勃伦. 有闲阶级论 [M]. 甘平，译. 武汉：武汉大学出版社，2014.

[128] 楼嘉军. 休闲初探 [J]. 桂林旅游高等专科学校学报，2000 (2)：5-9.

［129］邓崇清．简论休闲与休闲消费［J］．改革与战略，2000（5）：1－7．

［130］季国清，等．休闲——生命的权力［J］．自然辩证法研究，2001（5）：58－59．

［131］张广瑞，宋瑞．关于休闲的研究［J］．社会科学家，2001（5）：17－20．

［132］杰佛瑞·戈比．你生命中的休闲［M］．康筝，译．昆明：云南人民出版社，2000．

［133］马惠娣．人类文化思想史中的休闲——历史·文化·哲学的视角［J］．自然辩证法研究，2003（1）：55－65．

［134］许斗斗．休闲、消费与人的价值存在——经济的和非经济的考察［J］．自然辩证法研究，2001（5）：50－53＋74．

［135］郭鲁芳．休闲学［M］．北京：清华大学出版社，2011．

［136］庞学铨．休闲学研究的几个理论问题［J］．浙江社会科学，2016（3）：110－119．

［137］戴斌，周晓歌，梁壮平．中国与国外乡村旅游发展模式比较研究［J］．江西科技师范学院学报，2006（1）：16－23．

［138］王瑞花，张兵，尹弘．国外乡村旅游开发模式初探［J］．云南地理环境研究，2005，17（2）：73－76．

［139］祝捷，黄佩佩，蔡雪雄．法国、日本农村产业融合发展的启示与借鉴［J］．亚太经济，2017（5）：110－114．

［140］何婉．法美两国乡村旅游的发展及对我国的启示［J］．中共杭州市委党校学报，2006（2）：84－87．

［141］方忠权，郭艺贤．法国的乡村旅游及其启示［J］．广州大学学报（社会科学版），2008（3）：32－36．

［142］刘洁．法国乡村旅游发展经验的启示［J］．现代企业文化，2017（C1）：134－135．

［143］张莉杰．法国乡村休闲旅游发展的背景、特征及经验探讨［J］．品牌研究，2015（13）：101．

［144］马潇．法国乡村旅游及对我国的启示［J］．上海农村经济，2019（1）：33－35．

［145］尹菲．美国、法国、意大利和日本农业观光旅游研究［J］．世界农业，2013（8）：100－103．

［146］娄在凤．法国乡村休闲旅游发展的背景、特征及经验［J］．世界农业，2015（5）：147－150．

［147］李晓莉，杨林美，麦振雄．乡村旅游可持续发展的动力机制：法国经验与启示［J］．旅游论坛，2018，11（6）：61－70．

［148］张季云．乡村振兴中乡村旅游的重要性：基于法国乡村可持续发展理念［J］．世界农业，2018（12）：189－192．

[149] 游锡火. 澳大利亚乡村旅游发展及对我国的启示 [J]. 安徽农业科学，2019，47（10）：119－120＋129.

[150] 张弛. 澳大利亚休闲农业对我国农业发展的启示 [J]. 江苏商论，2016（9）：46－48.

[151] 覃朝晖，刘佳丽，刘志颐. 产业融合视角下澳大利亚生态农业发展模式及借鉴 [J]. 世界农业，2016（8）：147－151.

[152] 周波. 澳大利亚农业生态旅游发展及对我国的启示 [J]. 天津农业科学，2014（6）：28－30.

[153] 游锡火. 澳大利亚葡萄酒旅游发展及对我国的启示 [J] 安徽农学通报，2019，25（C1）：113－115.

[154] 尹薇，苏晓光. 澳大利亚葡萄酒旅游业的发展及其启示 [J]. 世界农业，2014（1）：116－118.

[155] 翟雨芹. 国外工业旅游规划研究——以澳大利亚葡萄酒旅游规划为例 [J]. 旅游纵览（下半月），2013（8）：66－67.

[156] 王磊，刘家明，李涛，等. 葡萄酒旅游研究的国际进展及启示 [J]. 旅游学刊，2018，33（10）：117－126.

[157] 雷鸣，潘勇辉. 日本乡村旅游的运行机制及其启示 [J]. 农业经济问题，2008（12）：99－103.

[158] 盛丹萍. 浅析日本乡村旅游发展成功经验及其借鉴 [J]. 农业经济，2017（8）：126－127.

[159] 焦雷，李晓东. 日本“农家乐”旅游对中国农业旅游发展的启示 [J]. 世界农业，2016（8）：219－223.

[160] 徐克帅，朱海森. 日本绿色旅游发展启示及其对我国乡村旅游的启示 [J]. 世界地理研究，2008（2）：102－109.

[161] 蒋敬. 日本乡村旅游发展对我国的借鉴意义 [J]. 中上企业管理与科技（下旬刊），2013（1）：176－177.

[162] 杨华. 日本乡村旅游发展研究 [J]. 世界农业，2015（7）：158－161.

[163] 赵爱民，陈晨，黄倩倩，等. 日本乡村旅游品牌发展路径及启示 [J]. 世界农业，2016（5）：171－175.

[164] 肖艳玲. 中日两国乡村旅游发展比较研究 [J]. 改革与战略，2018，34（5）：61－66.

[165] 雷鸣. 日本观光农业旅游经济的发展及启示 [J]. 商业经济研究，2009（2）：93－94.

[166] 曾玉荣，周琼，李晗林. 台湾休闲农业区发展历程、建设布局与借鉴 [J]. 福建农业学报，2012（12）：113－120.

［167］王月. 韩国乡村旅游政策的分析与启示［D］. 济南：山东大学，2016.

［168］金慧子. 韩国乡村旅游发展策略之研究［J］. 辽宁大学学报（哲学社会科学版），2010（1）：79－83.

［169］李玉新，吕群超. 乡村旅游产业政策演进与优化路径——基于国家层面政策文本分析［J］. 现代经济探讨，2018（10）：118－124.

［170］王云才. 国际乡村旅游发展的政策经验与借鉴［J］. 旅游学刊，2002（4）：45－50.

［171］杨丽君. 英国乡村旅游发展的原因、特征及启示［J］. 世界农业，2014（7）：157－161.

［172］戴湘毅，岳菊，涂文慧. 北京市平谷区乡村休闲旅游发展路径研究［J］. 江苏农业科学，2020，48（2）：1－7.

［173］张利庠. 发展休闲农业有助于推动乡村产业兴旺［J］. 农村工作通讯，2020（5）：58.

［174］何德君. 我国休闲农业和乡村旅游发展现状与展望［J］. 环渤海经济瞭望，2019（11）：54－55.

［175］黄志锋. 我国休闲产业发展问题研究［J］. 经济地理，2010（9）：1497－1501.

［176］王兴斌. 带薪休假制度促进休闲旅游产业转型增效［J］. 旅游论坛，2008（4）：90－93.

［177］杨岚凯，周阳. 国外发达国家休闲体育产业发展及启示［J］. 理论与改革，2017（3）：138－145.

［178］姜春红. 国外休闲经济对我国休闲产业发展的启示［J］. 江苏技术师范学院学报（职教通讯），2009（11）：90－92.

［179］李创新，蒋蕾，邓宇，等. 1990—2014年美国入境旅游客源市场竞争态势分析［J］. 陕西师范大学学报（自然科学版），2020，48（4）：36－45.

［180］倪郭明，朱菊萍，李思慧. 大健康产业发展的国际经验及其对我国的启示［J］. 卫生经济研究，2018（12）：64－68.

［181］冯晶晶. 从日本本土传统文化创意产业看动漫文化产业管理［J］. 西部皮革，2020（2）：133.

［182］唐湘辉. 美国休闲产业发展及管理评析［J］. 湖南商学院学报，2010（1）：59－65.

［183］高玖灵. 美国休闲垂钓产业发展模式对我国休闲垂钓产业发展启示［J］. 湖北经济学院学报（人文社会科学版），2017，14（2）：59－60.

［184］周阳，谢卫. 欧美发达国家休闲体育产业发展启示——以美英澳三国为视角［J］. 人民论坛，2016（14）：245－247.

[185] 李淑明. 日本动漫产业发展对中国的启示 [J]. 现代商业，2018 (4)：62-63.

[186] 曹誉，蒋苇苇. 日本动漫产业发展经验及对中国的启示 [J]. 知识经济，2017 (23)：26-27.

[187] 李斌. 澳大利亚电影产业政策刍议 [J]. 声屏世界，2016 (11)：66-68.

[188] 张诚. 东京："全球城市"下的日本动画产业分析 [J]. 科教文汇 (中旬刊)，2018 (9)：148-153.

[189] 陈美云，何娉. 我国台湾休闲产业的发展——试与西方发达国家相比较 [J]. 山东农业大学学报 (社会科学版)，2005 (3)：77-80.

[190] 李华伟. 文化和旅游融合的国际经验启示 [J]. 洛阳师范学院学报，2019，38 (7)：18-21+32.

[191] 汪惠怡. 英国文化产业发展策略对我国的启示——以博物馆产业为例 [J]. 视听，2019 (4)：235-237.

[192] 宋海东，杨学聪. 美国文化产业发展及对我国的启示探讨 [J]. 现代商贸工业，2019，40 (29)：42-43.

[193] 邵翃恩. 英国文化创意产业初探 [J]. 上海工艺美术，2018 (4)：81-83.

[194] 张娜，田晓玮，郑宏丹. 英国文化创意产业发展路径及启示 [J]. 中国国情国力，2019 (6)：71-75.

[195] 张佳璐，马安平. 英国音乐文化产业发展研究——以"披头士"乐队代表的摇滚乐为例 [J]. 智库时代，2019 (49)：137-138.

[196] 郑和明，尚志强，薛林峰. 日本的体育产业发展现状、发展方式及启示 [J]. 首都体育学院学报，2020，32 (2)：116-121+145.

[197] 姜同仁，宋旭，刘玉. 欧美日体育产业发展方式的经验与启示 [J]. 上海体育学院学报，2013 (2)：19-24.

[198] 赵丽娟，黄泽颖. 澳大利亚葡萄酒旅游业 SWOT 分析 [J]. 世界农业，2016 (8)：152-156+243.

国外文献

[1] Maclean，J，Peterson，J，Martin，D. Recreation and leisure：the changing scene [M]. New York：John Wiley & Sons，1985.

[2] Youell，L R. The complete A-Z leisure travel and tourism handbook [J]. British Library Cataloguing in Publishing Data，1996 (39).

[3] Weiermair K，Mathies C. The Tourism and Leisure Industry：Shaping the Future [M]. New York：Haworth Press，2004.

[4] Tribe J. The Economics of Recreation，Leisure and Tourism [M]. Oxford：Elsevier's Science and Technology Rights Department，2011.

[5] Yoffie DB. Competing in the Age of Digital Convergence. California Manage-

ment Review. 1996; 38 (4).

[6] LIND J. Ubiquitous Convergence: Market Redefinitions Generated by Technological Change and the Industry Life Cycle [R]. Paper for the DRUID Academy, Winter 2005 Conference, 2005.

[7] Anselin L. The Local Indicators of Spatial Association——LISA [J]. Geographical Analysis, 1995, 27 (2).

[8] Anselin L, Syabri I, Smirnov O. Visualizing Multivariate Spatial Correlation with Dynamically linked Windows [C] //Anselin L, Rey S. New Tools for Spatial Data Analysis: Proceedings of the Specialist Meeting. Santa Barbara University of California, 2002.

[9] Janet R. Maclean, James A Peterson. Recreation and leisure: the chancing scene [M]. John Wiley& Sons, 1985.

[10] Lloyd K M , Auld C J. The role of leisure in determiningquality of life ; issues of content and measurement [J]. SocialIndicators Research , 2002 , 57 (1).

[11] Wendel-Vos, Schuit, M. A. R. Tijhuis, D. Kromhout. Leisure time physical activity and health-related quality of life ; cross-sectional and longitudinal associations [J]. Quality of LifeResearch, 2004, 13 (3).

[12] Leung L, Lee P S N. Multiple determinants of life quality ; the roles of internet activities, use of new media, socialsupport , and leisure activities [J]. Telematics and Informatics , 2005, 22 (3).

[13] Kelly J R , Steinkamp M W. Later — life satisfaction: doesleisure contribute? [J]. Leisure Sciences , 1987, 9 (3).

[14] Lu L, Argyle M. Leisure satisfaction and happiness as a function of leisure activity [J]. Kaohsiung Journal of MedicineScience , 1994 , 10 (2).

[15] Roberto San Salvador del Valle, Omega C, Cuenca M. Leisure, making innovation a tradition-the role of leisurein a city's transformation: The case of Bilbao [J]. World Leisure Journal, 2014, 56 (1).

[16] Ribeiro R M. Urban planning, leisure and tourism: The public parks of Curitiba-PR [J]. Turismo-Visao aAcao, 2006, 8 (2).

[17] Jenkins J M, Young T. Urban development and the leisure dilemma: A case study of leisure and recreation inurban residential estates in the Lower Hunter, New South Wales [J]. Annals of Leisure Research, 2008, 11 (1).

[18] Dias C, Victor de Andrade Melo. Leisure and urbanization in Brazil from the 1950s to the 1970s [J]. LeisureStudies, 2011, 30 (3).

[19] C K Brightbill. The Challenge of Leisure [M]. Englewood Cliff, NJ:

Prentice-Hall, 1960: 4.

[20] Greffe, Xavier. Is rural tourism a lever for economic and social development? [J]. Journal of Sustainable Tourism, 1994, 2 (1-2).

[21] Hjalager A M. Who Controls Tourism Innovation Policy? The Case of Rural Tourism [J]. Tourism Analysis, 2014, 19 (4).

[22] Hall D , Roberts L. Rural Tourism & Recreation Principles to Practice [J]. Rural Tourism & Recreation Principles to Practice, 2001, 23 (5).

[23] Marsat J B, Menegazzi P, Monin C, et al. Designing a regional policy of agrotourism-the case of Auvergne region (France) [J]. European Countryside, 2013, 5 (4).

[24] World Tourism Organization and Huzhou City, International Rural Tourism Development-An Asia-Pacific Perspective [M]. UNWTO, Madrid, 2017, 197.

[25] Natário M M, Neto P A. The new rural paradigm and the public policies in France: rural excellence poles [J]. Agricultural Economics and Rural Development. New Series", Year VI, 2009 (1).

[26] Yen H H. An evaluation of leisure agriculture policy in Taiwan utilizing the analytic hierarchy process (AHP) [M]. Michigan State University, 2005.

[27] Wiener M J. English culture and the decline of the industrial spirit, 1850-1980 [M]. Cambridge University Press, 2004.

附录1　国家休假制度改革调查问卷

您好！

为了深入了解目前休假制度现状和居民对休假制度的意见，更科学、系统地制定公众关心的休假制度改革方案，为国家顶层设计提供依据，特进行本次国家休假制度改革问卷调查，您的意见将成为制定国家休假制度的重要参考。我们会严格保密您的个人隐私，请您大力协助，认真填写，顺致谢意。

联系人：韦佳佳　　联系电话：（略）

　　　　曹　倩　　联系电话：（略）

　　　　王琪延　　联系电话：（略）

中国人民大学休闲经济研究中心

国家休假制度改革课题组

1. 审核情况

（1）问卷有严重缺失及逻辑错误（问卷作废）

（2）问卷有部分缺失及逻辑错误（要求重访）

A. 重访合格（合格）

B. 重访不合格（问卷作废）

（3）问卷无缺失（合格）

审核员签字：________

2. 复核结果

（1）复核有误

A. 地址或电话错误　B. 受访者不存在　C. 受访者不承认接受过调查

D. 问卷回答内容不正确　E. 其他辅助信息错误

（2）复核无误

复核员签字：________

<table>
<tr><td rowspan="6">调查记录</td><td rowspan="3">受访者填写</td><td>受访者签名</td><td></td></tr>
<tr><td>联系电话</td><td></td></tr>
<tr><td>现详细居住地址</td><td></td></tr>
<tr><td rowspan="3">调查员填写</td><td>调查员学号</td><td></td></tr>
<tr><td>调查员姓名</td><td></td></tr>
<tr><td>调查时间</td><td>____月____日____时____分开始至____时____分结束</td></tr>
</table>

注意事项：

1. 本问卷由15岁以上的人填写。
2. 用铅笔记入，记错时，请用橡皮擦干净，重新记入。
3. 在适当的地方划“√”，有需记入的请如实记入。

第一部分：休假制度现状调查

1. 您日常的周休情况？

（1）每周一天　（2）每周两天　（3）每月一天

（4）每月两天　（5）每月三天　（6）其他（具体为：　　　）

2. 除了工作（学习）、做家务、吃喝拉撒睡的时间之外，您上一周的一天用于休闲的时间？（单位：小时）

工作日 （周一到周五的一天或者工作的一天）	0—2	2—4	4—6	6—8	8—10	10—12	12—14	14—16	≥16
休息日 （周六或周日或休息的一天）	0—2	2—4	4—6	6—8	8—10	10—12	12—14	14—16	≥16

3. 您去年（2016年10月—2017年10月）能完全享受哪些法定节假日？（可以多选）

（1）都没有享受　（2）元旦　（3）春节　（4）清明节　（5）劳动节

（6）端午节　（7）中秋节　（8）国庆节　（9）其他（具体为：　　）

4. 您了解带薪休假制度在法律上是如何规定的吗？

（1）没听说过　（2）听说过，但不了解　（3）了解一些

（4）有大致的了解　（5）有详细的了解　（6）其他（具体为：　　　）

5. 您累计工龄多少年？

（1）1年以下　（2）1～10年　（3）10～20年

（4）20～30年　（5）30年及以上　（6）其他（具体为：　　）

6. 在过去的十年（2008年10月—2017年10月），您带薪休假的总次数？

（1）0次　（2）1～3次　（3）4～5次　（4）5～9次

（5）10～20次　（6）其他（具体为：　　　）

7. 您去年（2016年10月—2017年10月）带薪休假一共休了多少天？

（1）无 （2）少于5天 （3）5～10天 （4）11～15天

（5）16～20天 （6）20天以上 （7）其他（具体为： ）

8. 如果您没有带薪休假，请问单位给您的补偿是？

（1）没有补偿 （2）补偿工资 （3）更换休假时间 （4）其他（具体为： ）

9. 如果您没有带薪休假，主要原因是？

（1）单位无带薪休假制度 （2）工作太忙，没时间休

（3）竞争压力大担心失业 （4）担心上司批评

（5）加班费丰厚，主动放弃休假 （6）其他（具体为： ）

10. 您休假时候的主要活动是什么？（可以多选）

（1）吃饭、睡觉、看电视 （2）上网玩游戏 （3）健身运动 （4）探亲访友

（5）旅游 （6）学习 （7）休息 （8）其他（具体为： ）

11. 过去的一年（2016年10月—2017年10月），您的旅游（过夜游）次数？

（1）0次 （2）1～2次 （3）3～4次 （4）5～6次

（5）7～8次 （6）9～10次 （7）10次以上

12. 过去的一年（2016年10月—2017年10月），您一般在哪个时间段旅游（过夜游）？（可以多选）

（1）周末 （2）元旦 （3）清明节 （4）劳动节（五一） （5）端午节

（6）中秋节 （7）国庆节（十一） （8）春节 （9）带薪假期 （10）寒假

（11）暑假 （12）其他（具体为： ）

13. 过去的一年（2016年10月—2017年10月），您的旅游（过夜游）方式？（可以多选）

（1）不出游 （2）单位组织 （3）参团组织 （4）与亲朋同游

（5）个人游 （6）其他（具体为： ）

14. 您的节假日旅游情况。

节假日	1. 是否旅游		2、去哪了			3、旅游花费（单位：万元）							
	否	是	市内	国内	国外	<0.1	0.1—0.5	0.5—1	1—2	2—3	3—4	4—5	≥5
2017年十一黄金周	1	2	1	2	3	1	2	3	4	5	6	7	8
2017年春节黄金周	1	2	1	2	3	1	2	3	4	5	6	7	8
最近一次带薪休假	1	2	1	2	3	1	2	3	4	5	6	7	8

15. 您去年（2016年10月—2017年10月）的休闲花费（用于旅行、游玩、体育、兴趣、娱乐、学习研究、公益等活动上的花费）情况。（单位：万元）

旅行：指1夜2日及以上为外出观光等活动。

游玩：指半日以上当日返回的情况，当然也包括深夜回来的情况。

学习研究：不包括小学、中学、大学等的学生预习、复习课程等活动，也不包括成人研修活动。俱乐部的活动应该计入。是作为提高修养或从兴趣爱好角度出发的学习活动，如参加民间举行的讲座，参加成人高等教育学习。

休闲活动	<0.1	0.1～0.5	0.5～1	1～2	2～5	5～10	10～20	≥20
旅行、游玩	1	2	3	4	5	6	7	8
体育活动	1	2	3	4	5	6	7	8
兴趣、娱乐	1	2	3	4	5	6	7	8
学习研究	1	2	3	4	5	6	7	8
公益活动	1	2	3	4	5	6	7	8

第二部分：休假制度满意度调查

16. 您对目前休假制度的满意度评价，分7级，第1级为非常不满意，第7级为非常满意，级数越高，满意度越高。请您在相应数字上画“√”。

（一）周休制度的满意度情况

问题	非常不满（同）意——→非常满（同）意						
	(1)	(2)	(3)	(4)	(5)	(6)	(7)
(1) 对现行的周休制度，您是否满意？	1	2	3	4	5	6	7
(2) 对于“做四休三”（工作四天，休息三天）的观点，您是否同意？	1	2	3	4	5	6	7

（二）法定节假日制度的满意度情况

问题	非常不满意——→非常满意						
	(1)	(2)	(3)	(4)	(5)	(6)	(7)
(1) 对现行的法定节假日制度，您是否满意？	1	2	3	4	5	6	7
(2) 对现行的十一黄金周制度，您是否满意？	1	2	3	4	5	6	7
(3) 对现行的春节黄金周制度，您是否满意？	1	2	3	4	5	6	7

（三）带薪休假制度的满意度情况

问题	非常不满意——→非常满意						
	(1)	(2)	(3)	(4)	(5)	(6)	(7)
(1) 对于现行的带薪休假制度，您是否满意？	1	2	3	4	5	6	7
(2) 对于现在的带薪休假执行情况，您是否满意？	1	2	3	4	5	6	7

（四）总体满意度情况

问题	非常不满意——→非常满意						
	（1）	（2）	（3）	（4）	（5）	（6）	（7）
（1）对现行的休假制度，您是否满意？	1	2	3	4	5	6	7
（2）对现在的生活节奏，您是否满意？	1	2	3	4	5	6	7
（3）对现在的工作（学习），您是否满意？	1	2	3	4	5	6	7
（4）您现在的整体生活满意度如何？	1	2	3	4	5	6	7

第三部分：对2020年小康社会建成后的休假制度期望调查

17. 您认为是否需要修改目前的休假制度？

（1）需要　　（2）不需要　（3）不知道

18. 2020年小康社会建成后，您认为每周休息几天合理？

（1）0天　（2）1天　（3）2天　（4）3天　（5）4天及以上

19. 2020年小康社会建成后，您期望的法定节假日天数。

节假日	法定天数	期望天数
元旦	1天	
春节	3天	
清明节	1天	
劳动节	1天	
端午节	1天	
中秋节	1天	
国庆节	3天	

20. 2020年小康社会建成后，您认为增加哪些法定节假日合理？（最多选择两项）

（1）不需要增加　（2）元宵节　（3）五四青年节　（4）七夕节　（5）重阳节

（6）建军节　（7）建党节　（8）教师节　（9）其他（具体为：　　　）

21. 2020年小康社会建成后，您认为您一年需要多少天带薪休假？

（1）不需要带薪休假　（2）少于5天　（3）5～10天　（4）11～15天

（5）16～20天　（6）21～25天　（7）26～30天　（8）30天以上

22. 2020年小康社会建成后，您认为下面哪一个更合理？

（1）恢复五一黄金周，实行五一、十一、春节三个黄金周制度，基本落实带薪休假制度

（2）实行“做四休三”，取消黄金周制度（保持十一和春节各放假3天），基本落实带薪休假制度

（3）实行“做四休三”，取消十一黄金周，保留春节黄金周，基本落实带薪休假制度

（4）维持现状不变

（5）其他（具体为：　　　　　　　　　　　　　　　　　　　　　　）

第四部分：基本信息

23. 您的性别？

（1）男　　（2）女

24. 您的年龄？

（1）19 岁及以下　（2）20～24 岁　（3）25～29 岁

（4）30～39 岁　（5）40～49 岁　（6）50～59 岁　（7）60 岁及以上

25. 您的婚姻状况？

（1）未婚　（2）已婚　（3）离异、丧偶　（4）其他（具体为：　　　　）

26. 您的学历？

在学中：（1）小学（2）初中（3）高中（4）大学（5）研究生

已毕业：（6）小学（7）初中（8）高中（9）大学（10）研究生

（11）没上过学及其他（具体为：　　　）

27. 您目前居住在哪个区？

（1）东城区（2）西城区（3）海淀区（4）朝阳区（5）石景山区（6）丰台区

（7）大兴区（8）通州区（9）门头沟区（10）密云区（11）房山区

（12）昌平区（13）顺义区（14）平谷区（15）怀柔区（16）延庆区

28. 您的个人税前年收入（万元）？

（1）0～5　（2）5～10　（3）10～15　（4）15～20　（5）20～25

（6）25～50　（7）50～100　（8）100 及以上

29. 您的家庭税前年收入（万元）？

（1）0～5　（2）5～10　（3）10～15　（4）15～20　（5）20～25

（6）25～50　（7）50～100　（8）100 及以上

30. 您的家庭人数＿＿＿＿＿＿＿人。

31. 您的居住结构？

（1）独自居住　（2）夫妻二人　（3）与子女二代　（4）与父母二代

（5）三世同堂　（6）四世同堂　（7）其他（具体为：　　　　）

32. 您家是否有保姆？

（1）有　（2）无

33. 您家里有无需照料的人？

（1）有（在家）（2）有（在外）（3）无

34. 家庭是否拥有小汽车？

（1）是（2）否

35. 您的工作状态？

(1) 有业　(2) 待业　(3) 在学　(4) 退休　(5) 其他（具体为：　　　　）

36. 如果目前您有业（在学），您每天工作（学习）多长时间？

(1) 0～2小时　(2) 2～5小时　(3) 5～8小时　(4) 8～10小时

(5) 10小时及以上　(6) 其他（具体为：　　　　）

以下是有工作的人回答

37. 您目前工作在哪个区？

(1) 东城区 (2) 西城区 (3) 海淀区 (4) 朝阳区 (5) 石景山区 (6) 丰台区

(7) 大兴区 (8) 通州区 (9) 门头沟区 (10) 密云区 (11) 房山区

(12) 昌平区 (13) 顺义区 (14) 平谷区 (15) 怀柔区 (16) 延庆区

38. 您平时主要乘坐什么交通工具上下班？

(1) 步行　(2) 私有自行车　(3) 共享单车　(4) 公交车

(5) 电瓶车、摩托车　(6) 出租车　(7) 小汽车　(8) 其他（具体为：　　）

39. 您每天上下班需要花费多少时间？

(1) 1小时及以内　(2) 1～2小时　(3) 2～3小时

(4) 3～4小时　(5) 4～5小时　(6) 5小时及以上

40. 您的周就业时间？

(1) 15小时未满　(2) 15～34小时　(3) 35～42小时

(4) 43～48小时　(5) 49～59小时　(6) 60小时及以上

41. 您的工作部门是？

(1) 政府部门　(2) 事业单位

(3) 企业　①国企　②央企　③外企　④私企（除了外企）

⑤集体企业　⑥其他（具体为：　　　　）

(4) 其他（具体为：　　　　）

42. 您主要从事的行业？

(1) 住宿和餐饮业　(2) 批发和零售业　(3) 建筑业

(4) 居民服务、修理和其他服务行业　(5) 交通运输、仓储和邮政业

(6) 制造业　(7) 信息传输、软件和信息技术服务业　(8) 租赁和商务服务业

(9) 房地产业　(10) 采矿业　(11) 文化体育和娱乐业　(12) 卫生和社会工作

(13) 水利、环境和公共设施管理业　(14) 科学研究和技术服务业

(15) 国际组织　(16) 电力、热力、燃气及水生产和供应业　(17) 金融业

(18) 教育　(19) 公共管理、社会保障和社会组织　(20) 农、林、牧、渔业

(21) 其他（具体为：　　　　）

谢谢您的回答！

附录 2 外部不确定因素对我国旅游企业动态影响研究

王琪延 高 旺

[摘要] 近年来，多种不确定事件频发给我国旅游业带来了不可预知的冲击。文章借助时变参数向量自回归模型，结合财务数据，分析了经济政策、地缘风险、金融压力三种不确定因素对我国旅游企业的动态影响。研究发现，经济政策不确定性对景区类企业影响最大，特别是"非典"疫情带来的不确定性产生了长期显著的负向效应；地缘风险会对旅行社类企业造成明显的下行冲击，在近期趋于增强；金融压力加剧会给景区和旅行社类企业带来较强的不良影响，金融压力缓和对两类企业发展有积极作用；高度不确定性事件爆发后，旅游企业会表现出明显的时变滞后响应，通常在 1 年以上。该研究结论有助于提高旅游业对不确定性因素的认识，同时也为如何应对复杂多变的外部环境提供政策启示。

[关键词] 旅游 经济政策不确定性 地缘风险 金融压力 时变参数向量自回归模型

引言

随着我国产业结构调整，旅游业的战略性支柱作用日益凸显，其良性运行和协调发展关系到国民消费转型升级。然而，作为一种非生活必需的高弹性商品[1]，旅游产业护城河比其他产业更敏感脆弱，不确定性因素造成的影响更大、时间更长。回顾一下旅游发展历程（以中证申万旅游业综合指数为例，如图 1），不难发现，我国旅游市场总体上呈现波动上升的特征，一方面，得益于我国经济长期稳定增长的大环境，旅游市场呈明显的上升趋势；另一方面，国际金融危机、地缘冲突、中美贸易摩擦、流行病疫情等诸多不确定性事件发生后，旅游市场有明显的非常规波动[2]，巨大压力使企业营业收入和投融资损失无法估量。通过对不确定性事件的梳理，本文将影响旅游的不确定性因素大致分为三类。一是经济政策不确定性，指的是经济环境不稳定的情况下，市场主体对未来经济走势和政策实施的无法预知性[3]，是反映经济周期、投资决策和政策制定的关键要素[4]；二是地缘风险，指国家间与武力冲突或者紧张局势有关的风险[5]，与商业和经济周期相比更为外生，对出入境旅游有直接影响[6-8]；三是金融压力，集中体现金融体系变动对市场主体和资产价值的不确定性[9]。在旅游与金融深度融合的趋势下[10]，金融压力更容易对旅游企业的投融资和现金流等财务方面造成不确定影响。习近平总书记在 2018 年博鳌亚洲论坛上指出，当今经济社会正在经历新一轮大发展大变革大调整，我们面临的不稳定不确定因素依然很多。此背景下，我国旅游业将面临更严峻的挑战，综合探讨三类外部不确定性因素对旅游的影响机制，有助于旅游企业对风险事件的预防和处理，对积极推进旅游业供给侧转型升级具有现实意义。

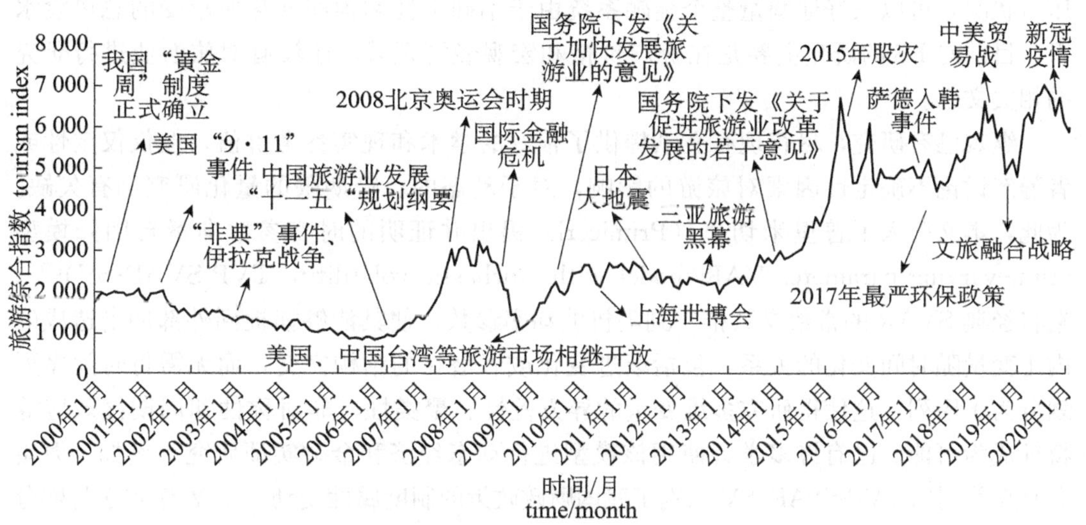

图 1　旅游业综合指数序列与经济政策、地缘、金融不确定事件图

1. 文献综述

过去，对旅游发展的影响因素研究主要集中在传统经济决定因子（收入、通货膨胀和汇率等）[11-14]，但随着社会经济深刻变化，许多非传统因素的研究也逐渐走入视野，例如文化层面[15]、假日制度[16]或环境污染[17]，特别是“9·11”和金融危机爆发后，人们开始意识到突发的、随机的外部因素对旅游市场不可忽视的冲击。坎塔尔（Quintal）等证实了游客对风险和不确定性的感知会影响旅行决策[18]；Dragouni 等研究了游客因风险导致的情绪变化会对出境旅游产生影响[19]；斯梅拉尔（Smeral）、吉扎迪（Guizzardi）和马祖奇（Mazzocchi）都认为经济周期变化会改变旅游需求，持续的经济动荡会使人们尽可能节省开支，而非必需的旅游活动是首当其冲的削减目标[20-21]；吉伦（Gillen）和穆斯塔法内扎多（Mostafanezhad）定性探讨了地缘风险和旅游业之间相互塑造的关系[22]。回顾已有文献，仅有少量的学者将不确定性的概念纳入旅游需求模型中，主要用来预测出入境旅游人数，而对国内旅游业的影响分析还没有，量化研究更是匮乏，尤其是对中国这样主要靠内需拉动的旅游市场很有研究价值。鉴于此，本文选取了三种不确定性指数，分别代表经济政策、地缘风险、金融压力三种不确定因素。一是 Davis 等所构建的中国经济政策不确定性指数（economic policy uncertainty，EPU）[23]，该指数已被广泛用于评估不确定性对各类经济变量的影响，如大宗商品价格[24-25]、资产波动[26-27]、企业发展[28-29]以及国际贸易[30-31]等，并有一些研究证实了 EPU 对出入境人数的影响[32-34]；二是卡尔达拉（Caldara）和亚科维埃洛（Iacoviello）构建的地缘风险指数（geopolitical risk，GPR）。一些学者指出，地缘不确定性增加可能导致其国际游客人数的急剧下降[35]。三是帕克（Park）和梅卡多（Mercado）基于新兴市场特征编制的中国金融压力指数（financial stress，FS）[36]，该指数反映了金融体系中各个子系统（包括银行部门、资本市场、债券市场等）的综合压力状况，可以很好地衡量整个金融系统由于不确定性和预期变化所承受的总风险水平，目前对 FS 的研究主要是在资产价格和宏观经济领域，还没有对旅游业进行研究的相关文献。

纵观已有研究，尽管现有文献提供了很好的学术和现实参考价值，但仅仅定性或者静态讨论不确定性因素对旅游的影响，对于动态的、跨期限的量化研究仍有欠缺。为此，本文引入了普里米切里（Primiceri）提出并证明的时变参数向量自回归模型（time-varying parameter VAR model with stochastic volatility，TVP-SVAR-SV）[37]，它将经典 SVAR 的常数参数推广到随机波动率参数，使其能够捕捉到外部冲击造成的内生变量随时间变化的关系，包括渐进变化或者潜在的结构突变，而无需将时间序列划分为子序列，这使得研究多维变量的异方差性、聚类性、非对称性和周期性效应等特征成为可能。已有许多学者使用该模型进行动态经济和金融实证研究。例如，尹雷和赵亮姜利用 TVP-SVAR-SV 识别了我国财政政策的制度属性变动[38]；姜伟和李丹娜分析了信心、货币政策与中国经济动态波动关系[39]；石自忠等研究了经济政策不确定性对畜产品价格的时变特征[40]。以上研究都很好捕捉了变量间的时变效应和结构差异。

因此，本文基于 TVP-SVAR-SV 模型的优点，在不同周期或特定时点上，研究并比较经济政策、地缘风险、金融压力不确定性对旅游企业造成的影响大小以及动态特征，以促进我国旅游企业在面对不确定性事件时，更好地应对挑战，把握机会，保持可持续发展。

2. 理论机制分析

由于不确定性因素的高度突发性和不可预测性，现有的经济理论较难以统一的范式描述。因此，本文尝试通过企业估值模型定性分析其影响机制，并在此基础上给出之后的量化分析。本文结合公司定价贴现模型[41]和套利定价模型[42]，构造了基于内生因素和外部风险的共同影响的估值算法：

$$F_t = \frac{DIV_t}{r_t + \varphi_t - g_t} = \frac{p \times (\mathrm{R}_t - I_t - T_t - COS_t - OE_t)}{r_t + \sum_{k=1}^{n} \beta_{k\ t} F_{k\ t} - g_t}, \quad r_t + \varphi_t - g_t > 0 \tag{1}$$

式中，F_t 代表 t 时刻企业内在价值，DIV 是净资产股权收益，r 是基准利率，φ 是风险溢价，R 是营业收入，p 是净资产的股息率，COS 表示成本，I 是企业债务偿还，T 代表纳税额，OE 代表费用支出，g 是股息增长率，F 是系统性影响因素，β是影响系数。定价公式表明，一个公司的价值由自身运营情况、投资期望收益率以及系统性风险溢价共同确定，而外部不确定性会通过这些变量对企业产生影响。

如式（1）所示，外部不确定性因素主要通过两个途径影响旅游企业的内在价值：

第一个途径是企业经营，在财报中表现为营业收入和现金流量等。经济政策不确定性的增加（如经济危机发生后），说明包含旅游在内的大市场环境不稳定，经济发展前景不明朗，人们收入和生活受到冲击，自然减少了旅游这一奢侈的消费，从而导致景区和酒店的营业收入减少和空置成本的上升，进一步造成企业价值的下跌。在式（1）中，即为分子中营业收入（R）的减少以及成本（COS）和费用（OE）的增加。而当经济政策不确定性程度减小的时候，例如相关政策推出后，减轻纳税额（T），市场环境得到改善，人们会向旅游消费倾斜，这对旅游公司营业收入是正向影响；地缘风险增加会导致国际旅行环境的不确定性，出于安全保障担忧，人们的出国旅行计划通常延迟或取消，出入境旅游需求必然下降。以萨德入韩风波为例，该事件极大地冲击了中韩两国间的出入境旅游，据不完全统计，2017 年中国游客赴韩国旅游人数锐减 48.3%，很多具有出境业务的旅行社类企业蒙受损失。此外，地缘事件还会带来更高的保险费等风险补偿，间接增加旅游公司的运营成本和费用[43]；金融环境的变化能直接改变旅游企业的营运情况，当资本和货币市场变化导致金融压力增大时，利率（r）提高，公司的融资成本会升高，股息率（p）就会降低，营业收入（R）也会受到影响；同时，现金流也会受到冲击，债务违约风险会提高，企业债务偿还（I）成本增高，营业收入不可避免受到影响，进而降低旅游企业价值，特别是对旅行社类这样的轻资产企业来说就更加严重。反之，金融市场压力减少，企业的资金流动性风险就会降低，经营情况就会改善。

第二个途径是通过风险溢价。资产的总风险可以分解为系统性风险和个体特殊风险两个部分[44]。不确定性事件属于企业外部不可预测且不可分散的系统性风险，即对所有旅游企业均有影响。系统性风险是理性投资者对企业均衡定价中的主要风险，因为必须承担风险才能对投资者进行奖励。投资者在不确定性高（低）的时期，通过提高（降低）对旅游企业风险的看法，获得更高（较低）的回报作为补偿。因此，不确定性风险增加了旅游企业投资者要求的回报（或折现率）或者降低股权投资，从而导致企业净资产下跌，不确定性风险降低时，很多人会增大投资额，旅游企业净资产就会增加，旅游企业长期资产情况就会改善。可见，资产的变化同样反映了不确定性风险对旅游企业的冲击影响。

如上所述，不确定性因素对旅游企业的影响大致可以分为 3 个方面：营业收入、现金流量和资产变化。考虑到财报数据的可得性，本文从资产负债表、利润表以及现金流量表中筛选出 3 个重要指标，即净资产、营业收入和经营现金流量净额，作为对旅游企业的主要测度变量。值得注意的是，上述途径中的各个因素都会随着时间变化，旅游企业价值也会相应改变，因此不确定性因素对旅游企业的动态影响是非常值得深入分析的。

3 研究方法与数据

3.1 时变参数向量自回归模型

鉴于不确定性因素存在的非常规结构，经典回归模型已不适应于用来评估其统计性质，因此有必要引入非线性模型。自西姆斯（Sims）的开创性工作以来[45]，向量自回归模型已被扩展到各种版本，并广泛应用于经济和金融各领域，其中，带有随机波动时变参数的 TVP-SVAR-SV 是最重要的形式之一。为方便起见，我们从结构向量自回归模型（structural vector autoregression，SVAR）开始，如下所示。

$$Ay_t = B_1 y_{t-1} + B_2 y_{t-2} + \cdots + B_z y_{t-s} + \varepsilon_t \text{ ，} t = s+1,\ldots,n \tag{2}$$

式中，y_t 是 $k\times1$ 观测向量，s 代表滞后期，$A,B_1,\cdots,B_s$ 是需要估计的 $k\times k$ 系数矩阵。残差 ε_t 是 $k\times1$ 结构冲击。假设残差服从于多元正态分布，即 $\varepsilon_t \sim N(0,\sum\sum)$，这里

$$\Sigma = \begin{pmatrix} \sigma_1 & 0 & \cdots & 0 \\ 0 & \ddots & \ddots & \vdots \\ \vdots & \ddots & \ddots & 0 \\ 0 & \cdots & 0 & \sigma_k \end{pmatrix} \tag{3}$$

式中，σ 为标准误差。此外，假设结构冲击具有递归形式，也就是矩阵 A 是下三角矩阵，并代表变量之间存在同期关系，定义如下所示。

$$A = \begin{pmatrix} 1 & 0 & \cdots & 0 \\ \alpha_{21} & \ddots & \ddots & \vdots \\ \vdots & \ddots & \ddots & 0 \\ \alpha_{k1} & \cdots & \alpha_{k,k-1} & 1 \end{pmatrix} \tag{4}$$

式（1）可以通过逆矩阵变换为等价的一般 VAR 形式，

$$y_t = F_1 y_{t-1} + F_2 y_{t-2} + \cdots + F_s y_{t-s} + A^{-1}\sum u_t, u_t \sim N(0,I_k) \tag{5}$$

式中，$F_i = A^{-1}B_i$，$i = 1,\cdots,s$。令 $X_t = I_k \otimes (y'_{t-1},\cdots,y'_{t-s})$，其中 $\otimes$ 为克罗内克积。接下来通过罗列 $\sum_i$ 的行元素得到 β，为 $k^2s\times1$ 向量，式（4）可重新表达为

$$y_t = X_t\beta + A^{-1}\sum u_t \tag{6}$$

注意，式（5）中的参数是不随时间变化的。接下来考虑参数随时间变化的情况，也就是随机波动时变参数向量自回归（TVP-SVAR-SV），定义如下，

$$y_t = X_t\beta_t + A_t^{-1}\sum{}_t u_t \text{ ，} t = s+1,\cdots,n \tag{7}$$

式中，β_t、A_t 和 $\sum_t$ 都是随时间变化的。下三角矩阵 A_t 的元素转换形式为 $\alpha_t = (\alpha_{21},\alpha_{31},\alpha_{41},\cdots,\alpha_{k,k-1})'$ 和 $h_t = (h_{1,t},\cdots,h_{kt})'$，其中，$h_{j,t} = \log\sigma_{jt}^2$，$j = 1,\cdots,k$，$t = s+1,\cdots,n$。根据中岛（Nakajima）的研究[46]，式（6）中参数都假设为随机游走，即

$$\beta_{t+1} = \beta_t + u_{\beta t}, \alpha_{t+1} = \alpha_t + u_{\alpha t}, h_{t+1} = h_t + u_{ht} \tag{8}$$

这里，$\beta_{s+1} \sim N(\mu_{\beta_0},\sum_{\beta_0})$，$\alpha_{s+1} \sim N(\mu_{\alpha_0},\sum_{\alpha_0})$ 和 $h_{s+1} \sim N(\mu_{h_0},\sum_{h_0})$ 以及

$$\begin{pmatrix} u_t \\ u_{\beta t} \\ u_{\alpha t} \\ u_{ht} \end{pmatrix} \sim N\left(0, \begin{pmatrix} I & 0 & 0 & 0 \\ 0 & \sum_\beta & 0 & 0 \\ 0 & 0 & \sum_\alpha & 0 \\ 0 & 0 & 0 & \sum_h \end{pmatrix}\right) \tag{9}$$

$\sum_\alpha$ 和 $\sum_h$ 都是对角矩阵。至此，模型中所有参数均为时变参数。

3.2　数据来源与描述

如上文所述，为科学分析不确定性因素对旅游企业的冲击，考虑数据可得性，选取我国所有旅游类上市公司的财务数据进行定量分析，包括净资产、营业收入和现金流量净额（分别来自资产负债表、利润表以及现金流量表），以此多维度评估不确定性对旅游企业的影响。并依据我国旅游企业的主营业务的不同，对景区、酒店和旅行社3类旅游企业分别探究，时间跨度为2001年4季度到2020年1季度，样本量为74期。经济政策不确定性指数[47]是根据新闻报纸中有关经济政策不确定性的文本（例如赤字、预算、改革、税收、出口），使用复合滤波算法所得。地缘风险指数是通过统计权威报纸中有关紧张局势、不利摩擦和威胁等地缘风险事件，使用文本挖掘构建。金融压力指数为亚洲开发银行所公布的关于中国各个金融子系统压力的综合加权指标。以上3种指数分别代表3种确定性对旅游企业的波动影响成分，此外，模型还包括经济控制变量GDP，代表旅游企业发展趋势成分。本文所采用的旅游企业和GDP的数据均来源于Wind资讯。为保证数据序列之间的平稳性，我们将相关指标转化为对数的一阶差分，变换后即为增长率。

4　模型估计与实证分析

4.1　预检验与参数估计

模型拟合之前需对每个时间序列进行单位根检验，结果显示，所有变量p值均小于0.005，序列平稳。考虑到参数计算复杂度，采用贝叶斯方法和马尔科夫链蒙特卡洛采样，先验信息设定如下，$\mu_{\beta_0} = \mu_{a_0} = \mu_{h_0} = 0$，$\sum_{\beta_0} = \sum_{a_0} = 10I$，$\sum_{h_0} = 100I$，$(\sum_\beta)_t^{-2} \sim Gamma(40,0.02)$，$(\sum_\alpha)_t^{-2} \sim Gamma(4,0.02)$，$(\sum_h)_t^{-2} \sim Gamma(40,0.02)$。为了生成有效的后验样本点，采样容量为10 000，并且丢弃了最初的1 000个不稳定样本。估计模型前需要确定滞后阶数，根据向量自回归模型估计结果，滞后期均设定为4。限于篇幅，仅给出EPU对景区类净资产的参数估计及诊断结果，其中，式（9）中估计参数$[(\sum_\beta)_1, (\sum_\beta)_2, (\sum_\alpha)_1, (\sum_\alpha)_2, (\sum_h)_1, (\sum_h)_2]$的Geweke统计量p值分别为（0.075，0.832，0.100，0.133，0.720，0.777），说明在5%的显著性水平上，不能拒绝Geweke统计量的零假设，这表明参数全部收敛于后验分布，同时模型所产生的无效因子（5.53，2.80，36.36，79.59，52.70，114.55）都较少。总之，本文TVP-SVAR-SV模型参数估计是十分有效的。

4.2　不确定性因素对旅游企业影响分析

根据参数估计结果，在不同滞后期及指定时间点上，作出3类不确定性变量（一

表 1　3 种不确定性变量的 SVAR 方差分解结果（%）

经济政策不确定性方差分解结果 Variance decomposition of SVAR in EPU						
企业类型 Business type	EPU→ 净资产 EPU→ Net assets	GDP→ 净资产 GDP→ Net assets	EPU→ 营业收入 EPU→ Operating revenue	GDP→ 营业收入 GDP→ Operating revenue	EPU→ 现金流量净额 EPU→ Net cash flow	GDP→ 现金流量净额 GDP→ Net cash flow
景区类 Scenic spot	9.790	12.847	9.198	40.057	3.694	8.243
酒店类 Hotel	3.248	6.074	7.061	18.946	5.996	8.186
旅行社类 Travel agency	6.117	7.818	3.278	14.378	10.067	11.438
地缘风险方差分解结果 Variance decomposition of SVAR in GPR						
企业类型 Business type	GPR→ 净资产 GPR→ Net assets	GDP→ 净资产 GDP→ Net assets	GPR→ 营业收入 GPR→ Operating revenue	GDP→ 营业收入 GDP→ Operating revenue	GPR→ 现金流量净额 GPR→ Net cash flow	GDP→ 现金流量净额 GDP→ Net cash flow
景区类 Scenic spot	5.632	23.991	4.927	44.543	2.589	14.047
酒店类 Hotel	1.839	12.430	5.343	18.770	5.927	9.225
旅行社类 Travel agency	5.927	15.253	8.560	12.633	6.192	19.986

续表

金融压力方差分解结果 Variance decomposition of SVAR in FS						
企业类型 Business type	FS→ 净资产 FS→ Net assets	GDP→ 净资产 GDP→ Net assets	FS→ 营业收入 FS→ Operating revenue	GDP→ 营业收入 GDP→ Operating revenue	FS→ 现金流量净额 FS→ Net cash flow	GDP→ 现金流量净额 GDP→ Net cash flow
景区类 Scenic spot	4. 908	25. 396	5. 683	52. 941	5. 584	4. 824
酒店类 Hotel	2. 504	11. 341	3. 593	12. 544	1. 305	10. 498
旅行社类 Travel agency	8. 489	10. 277	6. 286	13. 309	7. 265	18. 202

单位标准差冲击）对旅游企业变量造成的时变脉冲响应图（如图 2-图 4)。为方便叙述，本文将滞后 1 期（1 个季度)、滞后 2 期（半年）和滞后 4 期（1 年）分别记作短期、中期和长期。在分析动态效应之前，本文利用 SVAR 模型对不确定性变量进行了方差分解，测度了不确定性因素的影响大小，如表 1 所示。表中显示了自变量对因变量平均影响程度，例如，EPU 对景区类净资产贡献度为 9.790%，即 EPU 解释了净资产总变动的 9.790%，与对应 GDP 的贡献率已经较为接近，可以认为不确定性是影响旅游的重要因素之一。不仅如此，从下文动态结果来看，这种影响会随着时间和事件的不同而改变，带来更深程度上的冲击。

4.2.1　经济政策不确定性对旅游企业冲击影响大小与动态效应

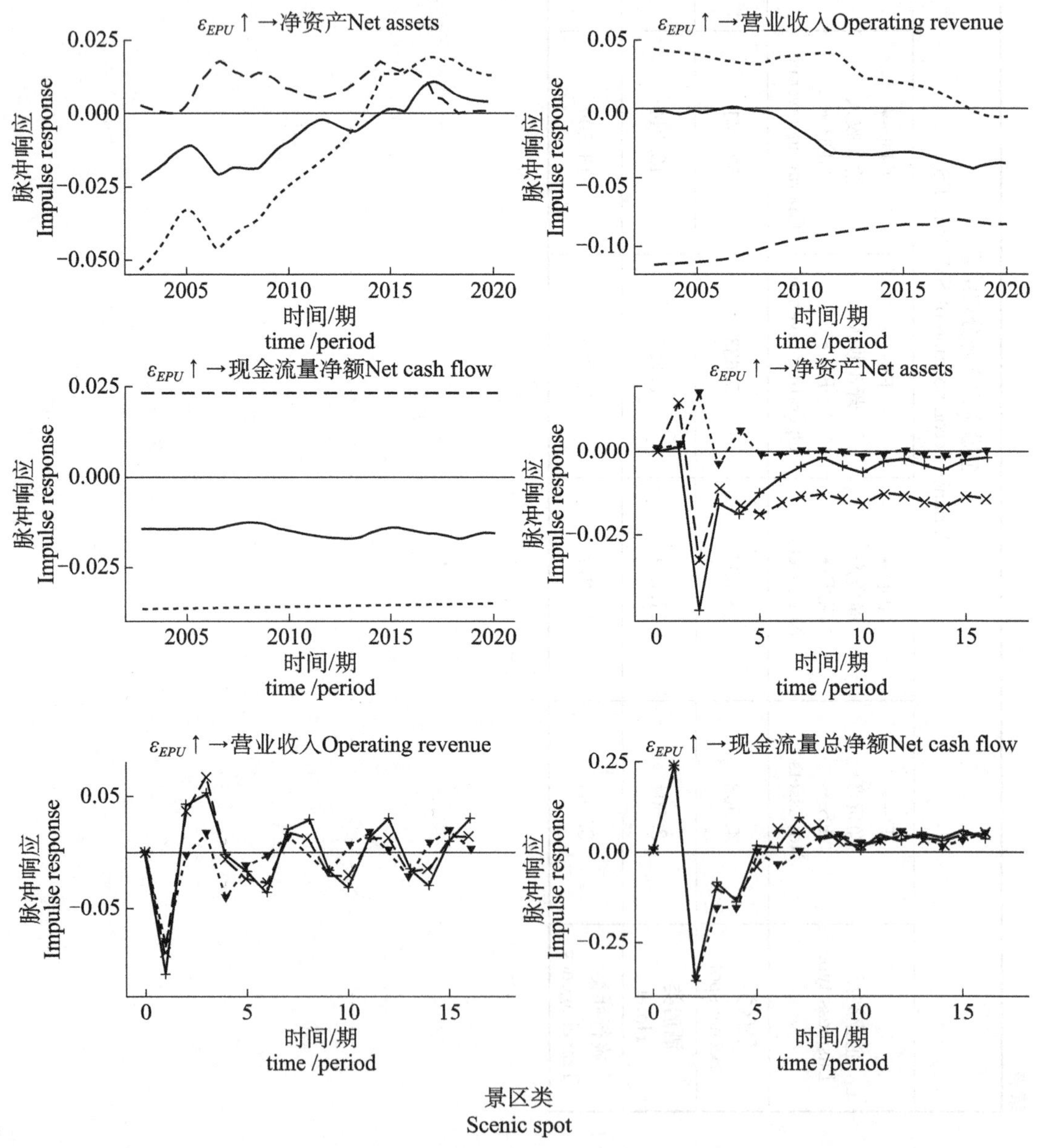

景区类
Scenic spot

ε_{EPU}↑→净资产Net assets
脉冲响应
Impulse response
0.02
0.00
2005
2010
2015
2020
时间/期
time /period
ε_{EPU}↑→营业收入Operating revenue
0.025
0.000
−0.025
ε_{EPU}↑→现金流量净额Net cash flow
0.3
0.2
0.1
0
5
10
15
0.4
0.2
0.0
−0.025

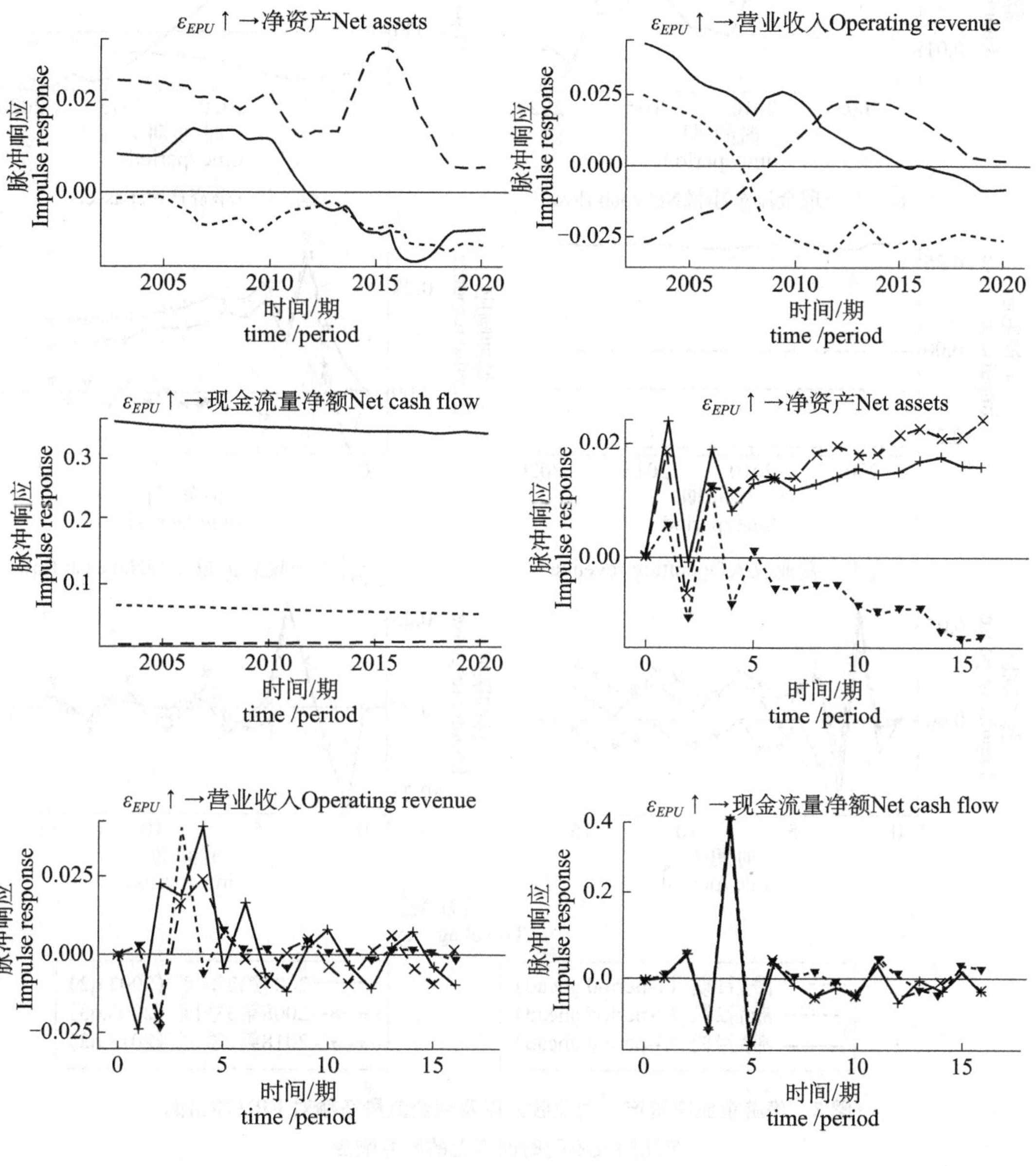

酒店类
Hotel

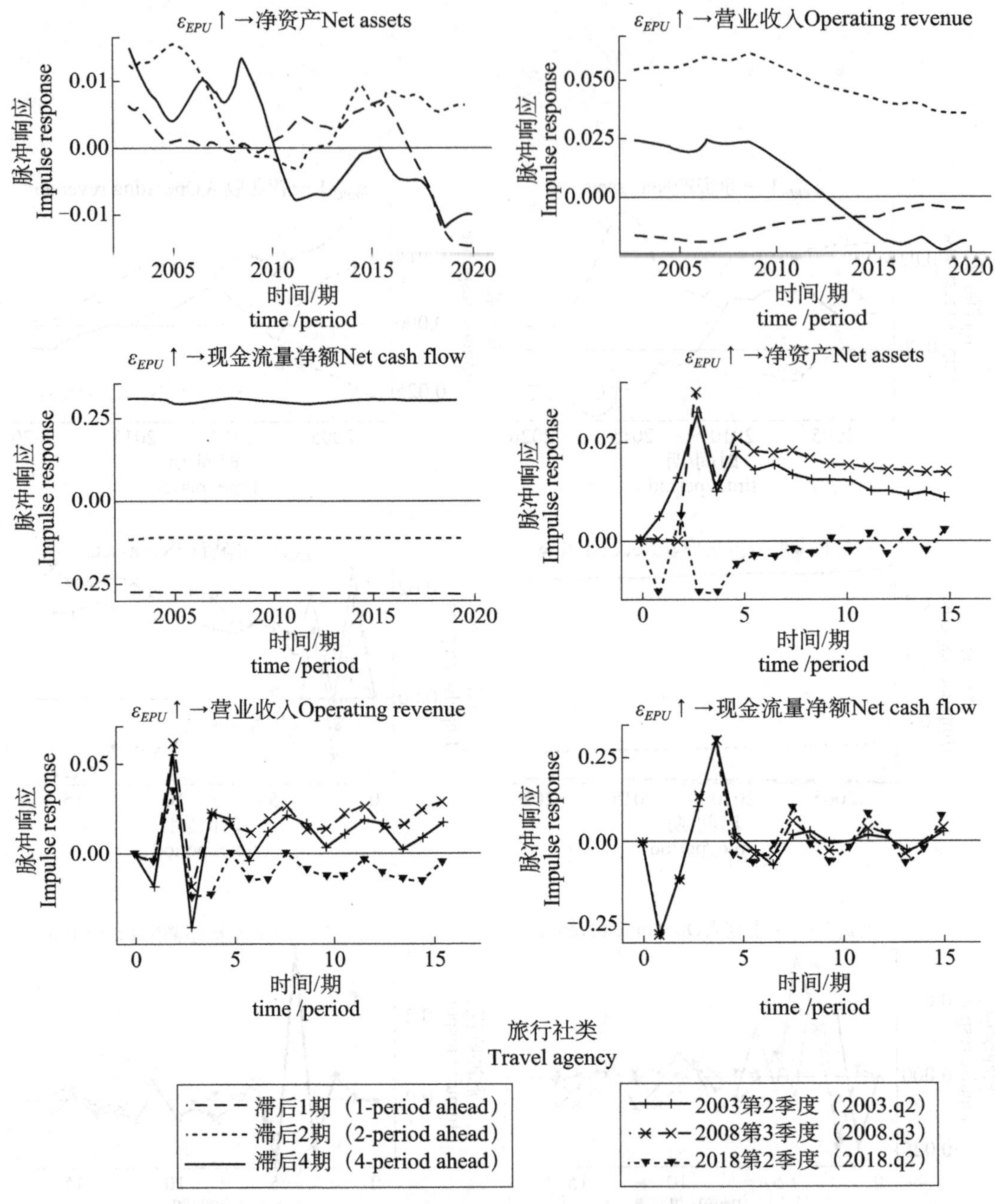

图 2 旅游企业净资产、营业收入以及现金流量净额对 EPU 冲击的等间隔及不同时间点上的脉冲响应

图 2 展示了景区、酒店、旅行社 3 类企业净资产、营业收入以及现金流量净额对 EPU 冲击的脉冲响应关系，其中，每类企业的上排 3 个图，分别为滞后 1、2 和 4 期等间隔响应图；下排 3 个图为 3 个特定时间点上的滞后响应图，分别为 2003 年 2 季度的“非典”疫情、2008 年 3 季度的金融危机以及 2018 年 2 季度的中美贸易摩擦。显

然，图中净资产、营业收入、现金流量净额对 EPU 冲击的响应都存在显著的时变特征。首先，比较 EPU 冲击后的等间隔图发现，3 类企业的净资产均在短期内出现正向响应，但中长期来看有整体转负的迹象；营业收入短期内会受到明显负向冲击，中期表现出一定正向响应。这说明，旅游企业长期资产发展趋势向好，短期经营情况会受不确定性影响而出现一定程度下滑。其次，从特定时间点上的滞后响应图来看，3 个大事件对 3 类企业净资产造成的影响都在 10 期以上，其中，对景区的响应整体上为负，而酒店和旅行社存在正向响应。营业收入和现金流量净额在重大事件冲击后会出现巨大的波动特征，其中前 4 期幅度很大，6 期之后才开始减弱。这表明，重大不确定性事件会对旅游企业造成显著动态影响，并且持续时间较长。最后，根据 SVAR 方差分解结果可知（表 1），相较于酒店和旅行社企业，EPU 对景区的影响程度要更大，对其净资产和营业收入的贡献率分别达到 9.790%和 9.198 9%，接下来依次讨论经济政策不确定对景区、酒店和旅行社的影响。

已有研究表明，经济政策不确定性取决于造成经济不确定性的事件[48]，而这些事件的影响又会因其所处经济发展阶段不同而有所差异。如图 2 所示，新世纪初，EPU 对景区的净资产、营业收入和现金流量都存在显著的中期负向冲击。此时景区业尚处于低速增量阶段，“黄金周”制度刚刚确立，国民收入水平不高，旅游意愿不强，对造成经济下滑、物价增长或收入减少的外部因素冲击较敏感，并且全行业风险意识不强，相关政策不能及时提出并实施，所以景区企业抵抗不确定性的韧性较弱。以“非典”为例，疫情使人们出游意愿断崖式下滑，对景区的净资产和营业收入造成的负向影响超过 10 期（图 2），很多景区因无法承受如此长期的压力而破产，新冠肺炎疫情与之相比，损失可能会更大；后金融危机时期，EPU 对景区的负向冲击幅度要小于“非典”时期，如景区滞后响应图所示，净资产和营业收入的脉冲响应值正逐渐减弱，表明企业抗下行风险能力有所增强。这段时期，我国经济步入增速换挡的关键期，景区企业抓住一系列政策改革的有利契机，业务规模不断扩大，资产结构不断调整，迎来了高速发展期；到了“十二五”后期，景区净资产对于 EPU 冲击的长、中、短期响应趋势开始全面转为正向，这表明企业长期价值不断体现。一方面，景区发展搭上了大基建的快车，极大地推动了景区规模扩大和品质升级，降低了旅游产品和服务的成本；另一方面，居民可支配收入也在不断提高，从而带动观光游热度不断提升。面对经济政策不确定性，具备资源垄断优势和区位优势的景区可以更好抵抗经济减速和硬着陆等不确定性的影响，能够在受到冲击之后迅速恢复并向正常轨道靠拢。从中美贸易摩擦事件造成的滞后响应来看也是如此，事件爆发后，EPU 对景区净资产造成一定波动，但基本无负面影响；然而，旅游市场规模高速增长的同时，也伴随着结构性变动。2018 年后，经济不确定性一再提升，景区营业收入中长期脉冲响应开始转为负值，如果加之新冠肺炎疫情的影响，情况会更加不容乐观。目前，景区仍处于观光游阶段，内容同质化严重，缺乏深度体验，消费不确定性较大，企业期待更有力的政策支持。

相对于景区，酒店企业在样本前期受到的负向冲击较少，这是由于酒店具有房地产属性，固定资产增值路径明确，能够在经济波动周期中，体现出良好稳定性；旅行社企业前期同样受到的负向冲击较少，这可能是因为旅行社拥有各类垄断的运营许可资格，所以抵御下行能力也较强。不过随着旅游市场开放，EPU 对旅行社净资产冲击开始转为负向。在样本后期，EPU 对两类企业营业收入的中长期影响逐渐转变为负。这一现象可以从两个方面解释。从供给角度看，追求速度而忽略发展质量，过度依赖政策红利，就只能在短期内抵消不确定性，但长期作用不明显。从需求角度看，国民旅游消费支出弹性大，广度与深度不足，不确定性提高更容易使人们增加中长期预防性储蓄，减少旅游开销，企业情况因此变得不明朗。综上所述，经济政策不确定性对旅游企业存在显著的时变影响，并随时间推移逐渐加深，造成中长期负向影响。

4.2.2 地缘风险对旅游企业冲击影响大小与动态效应

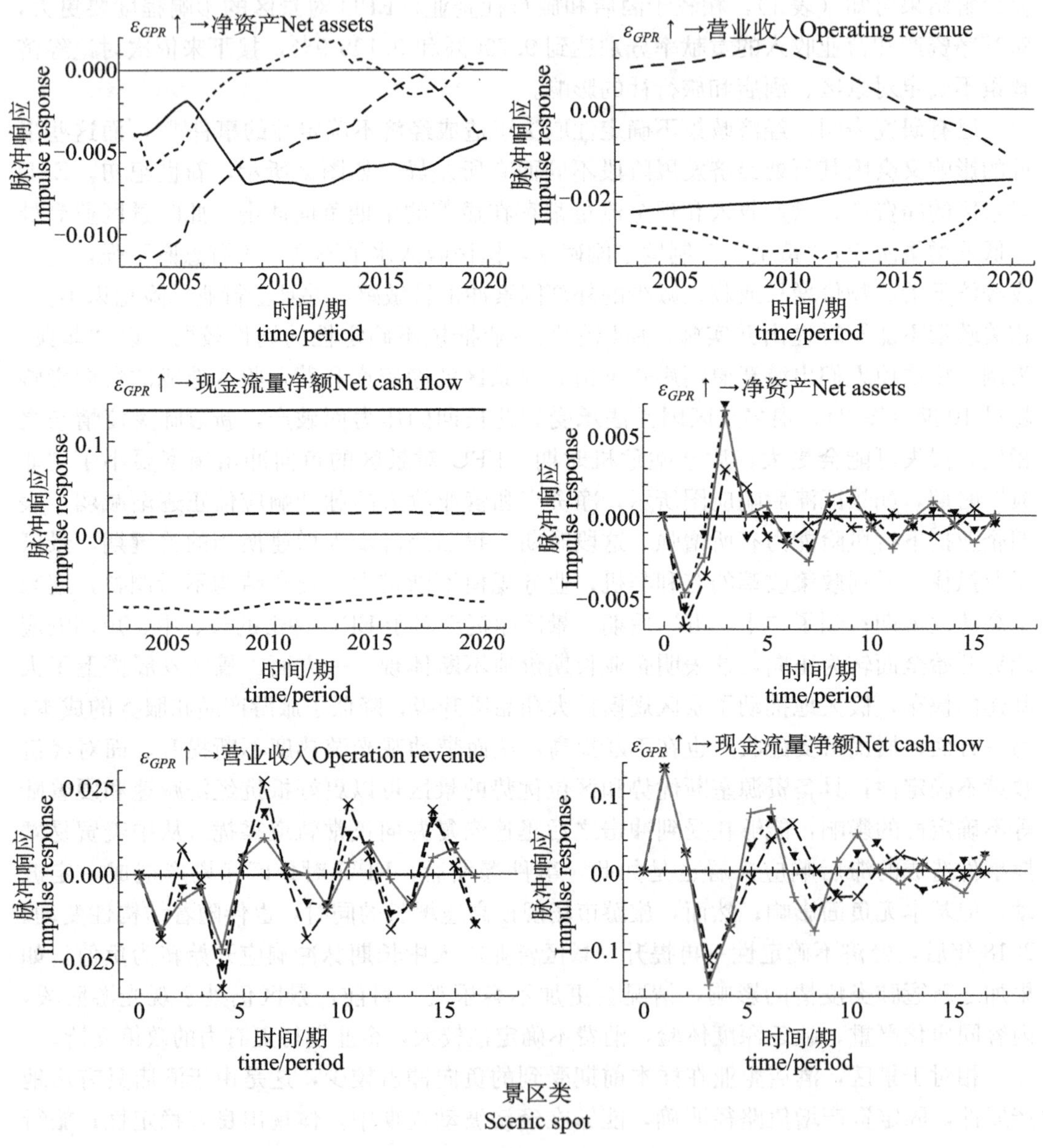

景区类
Scenic spot

ε_{GPR} ↑ →净资产Net assets
ε_{GPR} ↑ →营业收入Operaing revenue
ε_{GPR} ↑ →现金流量净额Net cash flow
ε_{GPR} ↑ →净资产Net assets
ε_{GPR} ↑ →营业收入Operation revenue
ε_{GPR} ↑ →现金流量净额Net cash flow
脉冲响应
Impulse response
时间/期
time/period

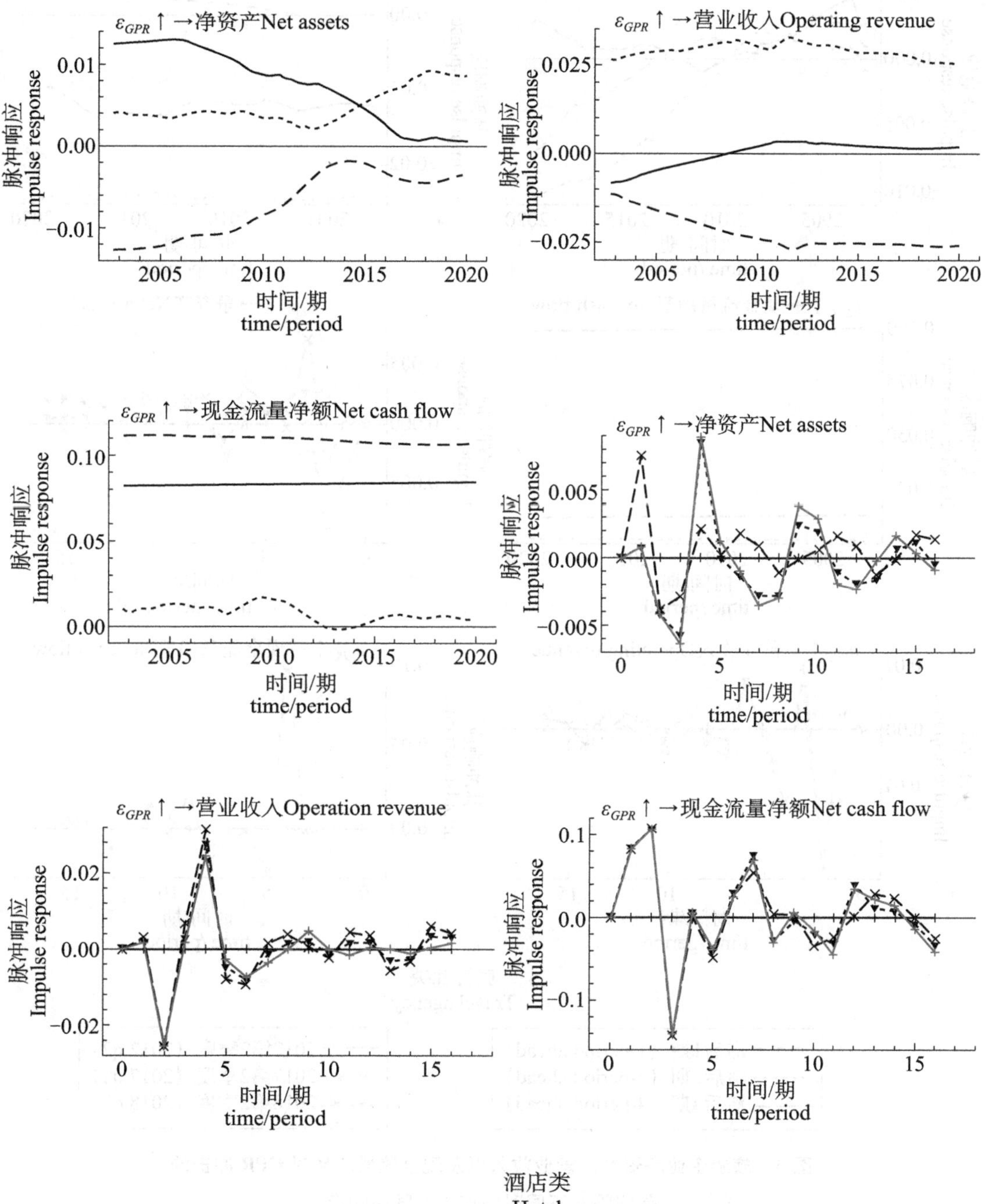

酒店类
Hotel

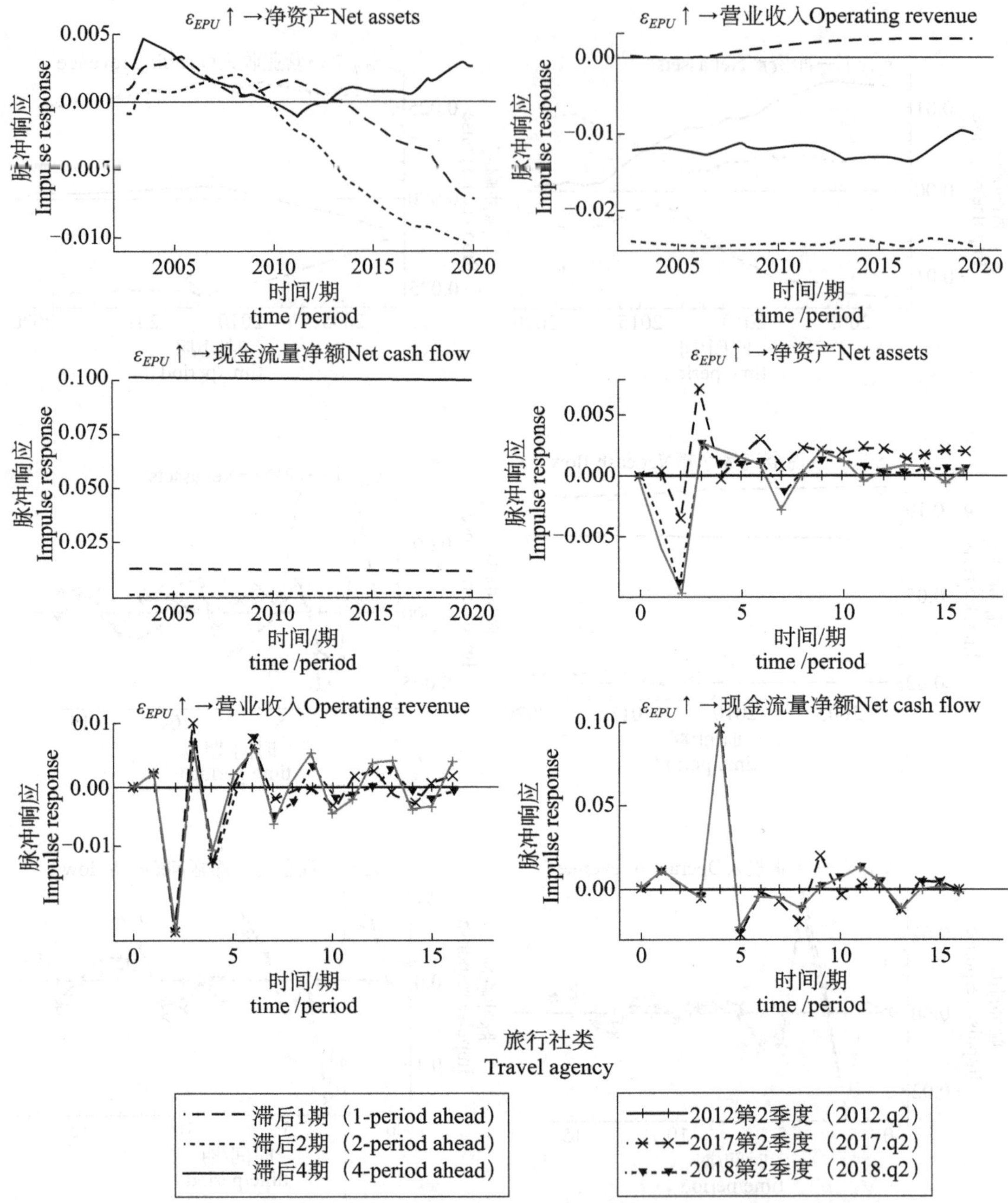

图 3　旅游企业净资产、营业收入以及现金流量净额对 GPR 冲击的等间隔及不同时间点上的脉冲响应

李克强总理在首届世界旅游发展大会开幕式上指出，旅游业发展离不开和平与发展的国际环境。然而当今世界并不太平，地区冲突和热点问题此起彼伏，历史上的重大地缘事件都迅速打击了人们旅行的信心，本文数据分析结果与这一事实相符。图3等间隔图显示，3类企业的净资产、营业收入对地缘风险冲击普遍存在短期负向响应，这一点与人们普遍认识是一致的；滞后响应图则分别显示了3个与我国有关的地缘事件（2012年南海争端和钓鱼岛事件、2017年的萨德入韩事件以及2018中美贸易摩擦）的冲击影响。与EPU和FS相比，GPR造成的滞后响应幅度较小，周期也较短，这一点与多纳代利（Donadelli）的结论类似[49]；由表1中方差分解结果可知，GPR对旅行社净资产、营业收入以及现金流量净额的影响大小分别为5.927%、8.560%、6.192%，均显著高于其他两类企业。由此可以推断，地缘风险对旅行社类企业影响最大。

由于旅行社的出入境业务占比较高，承受地缘风险的冲击会更明显。从整个样本期看，GPR对旅行社的净资产和营业收入会造成非常明显的中短期负向冲击，而且近期有明显增大的趋势，2020年已达负极大值；从滞后响应期看，三个地缘事件造成的旅行社净资产、营业收入的初期响应显著为负向，一年后才逐步减弱。随着全球格局深刻变动，地缘不确定性增加，风险事件间联动性增强，事态发展往往超出其本来范畴，最终升级为区域冲突，包括贸易纷争、关税壁垒、限制出入境等，这些因素会直接减少远途客流，使旅游支出变得更加敏感。特别要提到的是，中美贸易摩擦对旅行社影响要大于韩日相关地缘事件，影响滞后期也更长，可见，中美地缘关系是影响我国出入境旅行的关键因素。由此确认，地缘风险对我国旅行社类企业存在显著动态影响。

需要指出的是，地缘风险增加不一定会导致国内旅游市场持续下滑，景区和酒店企业的动态响应结果可以佐证这一推论。与中国高度相关的地缘事件爆发后，净资产和营业收入的短期脉冲响应呈现一定程度下行，但在4期左右变为正向，现金流量在初期也有不同程度的正向反应。这是因为有相当一部分打算出境旅游的人会改变行程，选择留在国内旅游，从而促进了国内旅游企业发展。这一现象，一是源于国内居民消费结构快速升级，二是得益于国内稳定安全的治安环境，三是归功于国内丰富且“物美价廉”旅游资源，这一点与受地缘影响较大的西方国家旅游业有很大的不同[50]。佐匹阿提（Zopiatis）等的最新研究也表明，亚太地区旅游企业对恐怖事件和战争具有很强韧性，他们将其归因于亚太偏远的地缘位置和稳定的社会体制，使其对外部冲击的反应迅速降低[51]。综上所述，地缘风险对旅行社有较强的负向影响，但一定程度有利于景区类和酒店类的旅客回流。

4.2.3 金融压力对旅游企业冲击影响大小与动态效应

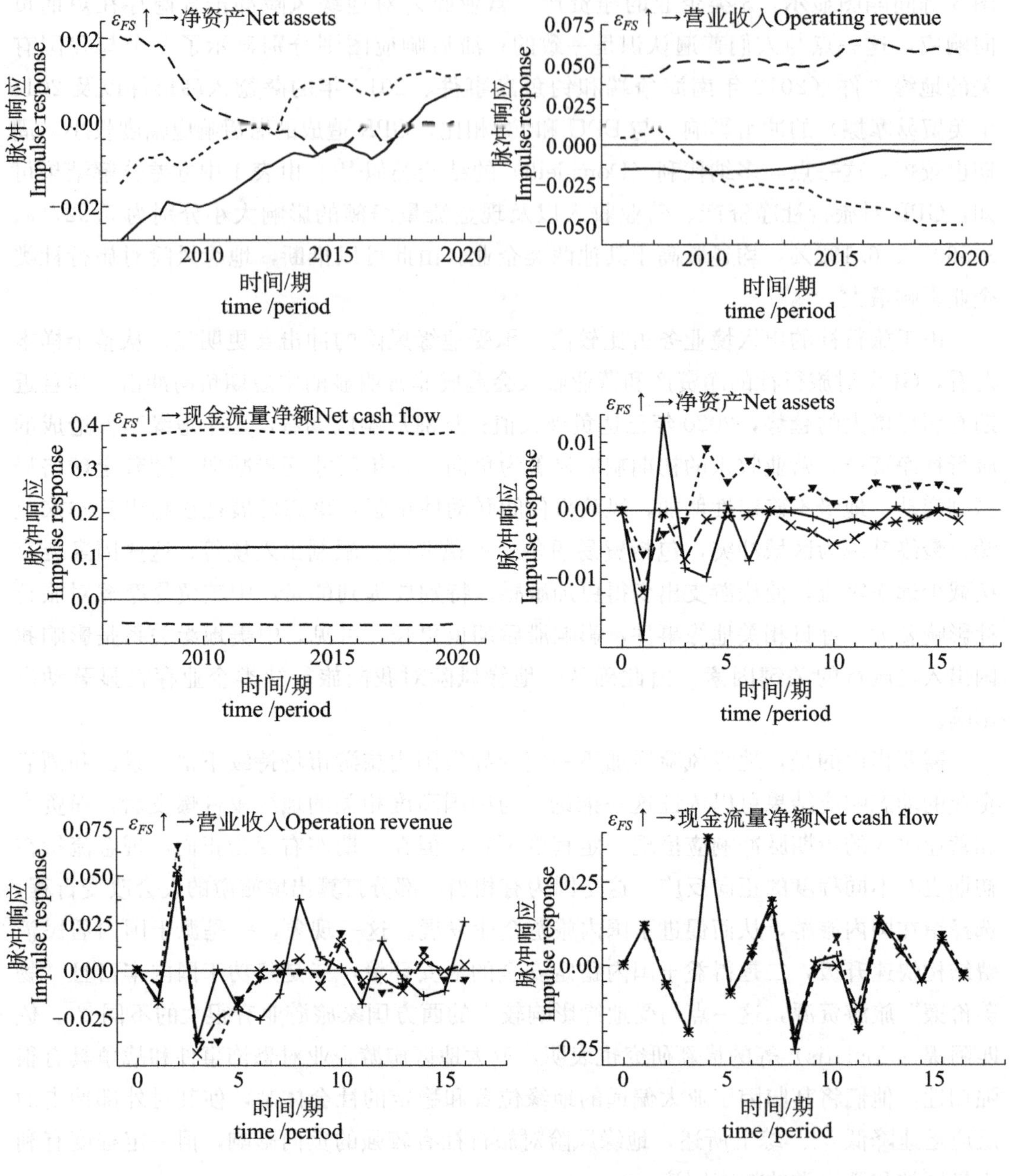

景区类
Scenic spot

ε_{FS}↑→净资产Net assets
脉冲响应
Impulse response
0.02
0.00
−0.02
2010
2015
2020
时间/期
time /period
ε_{FS}↑→营业收入Operating revenue
0.02
0.01
0.00
−0.01
−0.02
ε_{FS}↑→现金流量净额Net cash flow
0.2
0.1
0.0
−0.1
ε_{FS}↑→净资产Net assets
0.04
0
5
10
15
ε_{FS}↑→营业收入Operation revenue
ε_{FS}↑→现金流量净额Net cash flow

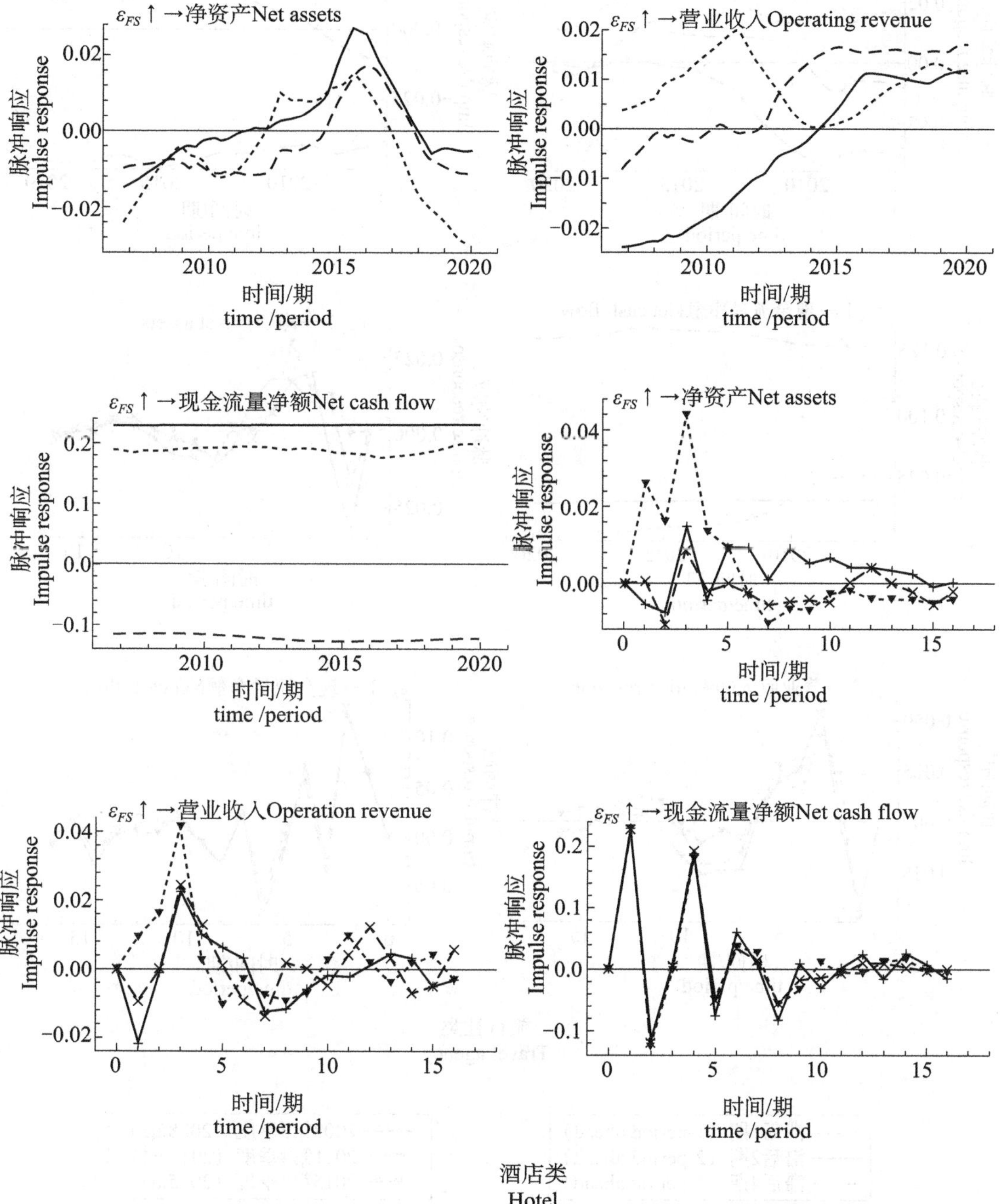

酒店类
Hotel

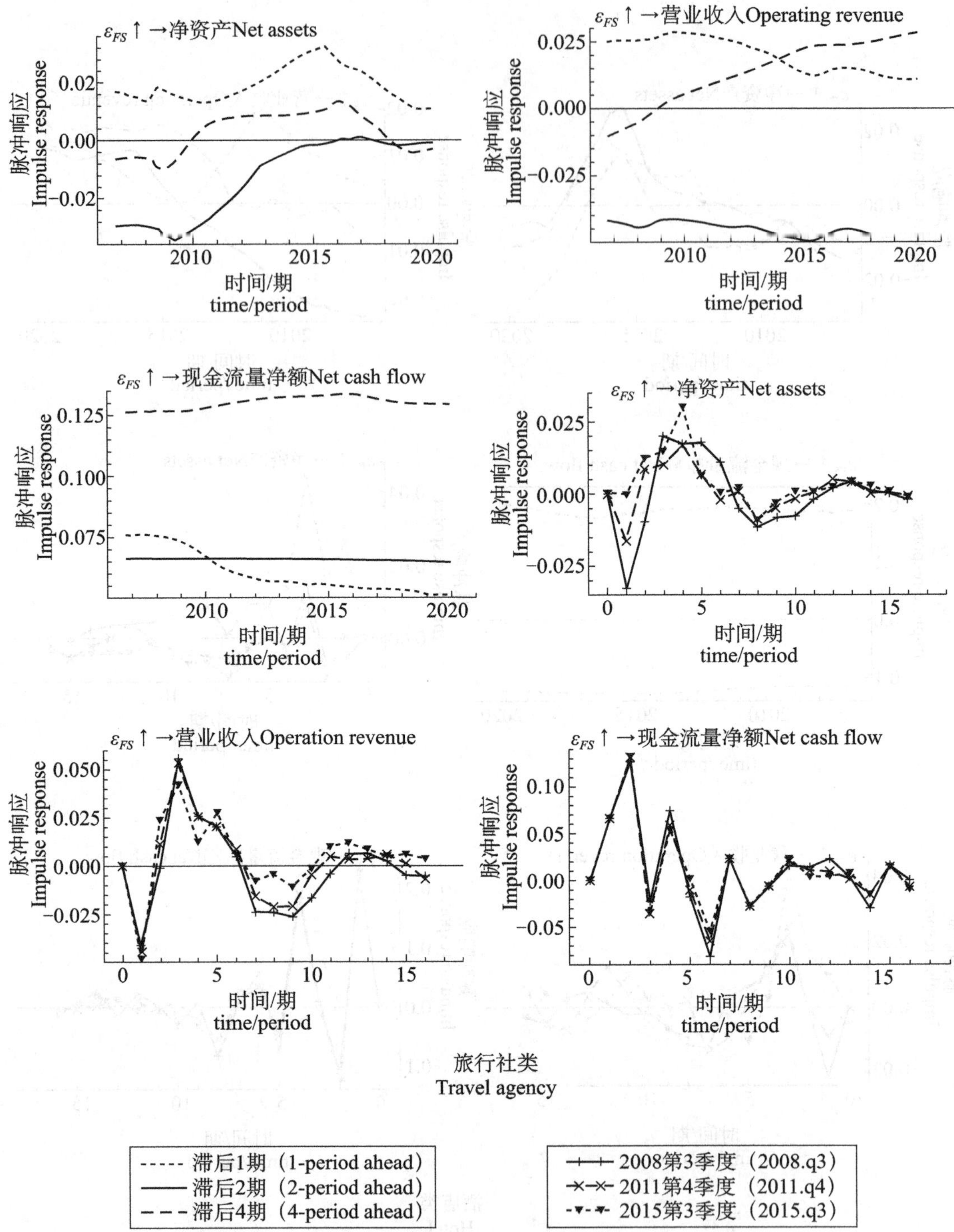

图 4　旅游企业净资产、营业收入以及现金流量净额对 FS 冲击的等间隔及不同时间点上的脉冲响应

不同于 EPU 和 GPR 的冲击，金融压力波动造成的动态特征各异且差别较大。结合方差分解结果和等间隔图来看，金融压力对旅行社类的影响最大，其次是景区类，最后是酒店类，这很可能与不同类型企业的资产结构有关。首先，旅行社属于以在线咨询和中介服务为主的轻资产运作模式，资产负债率较低，所以金融压力对净资产和营业收入的短期负向影响较大，长期则较小；同时，旅行社现金等价物比重较高，流动性最强，所以金融压力对其现金流量净额的影响幅度较大，周期也较长。其次，景区属于典型的"投入大，回收慢"企业，杠杆率较旅行社要高，金融压力对负债端冲击很大，易在短时间内对净资产和营业收入产生挤压。从图 4 可知，景区净资产和营业收入的长期脉冲响应大部分时间内处于负值。最后，酒店企业的响应曲线与房地产上涨周期相吻合，在样本期内呈现"倒 V"形特征，2017 年之前增值确定性较高，净资产增长受金融市场波动的影响较小，营业收入响应曲线也在近年转为正值，这与房地产价格和租金周期有一致性。

从特定事件的滞后响应图来看，在金融环境不确定性较高的时期（2008 年金融危机、2012 年欧债危机以及 2015 年股灾时期），景区和旅行社企业的净资产和营业收入都承受了较大的下跌压力，冲击持续时间也较长（10 期以上），滞后曲线呈现"三角形"收敛，其中，2008 年金融危机对景区和旅行社的负向冲击幅度较大；而随着金融压力逐渐缓和，净资产和营业收入的脉冲响应都会逐渐减弱，并在 3 期左右转变为正向。这说明，景区和旅行社有一定的"避风港"作用，能够在受到金融冲击后迅速恢复。此外，与 EPU 和 GPR 相比，金融压力对景区和旅行社的现金流量净额造成的冲击时变特征更加明显，波动幅度要更大，滞后期也更长。以上结果表明，金融环境不确定性增高时，景区和旅行社企业无法独善其身，但在金融环境不确定性较低时，景区和旅行社企业会成为投资者的青睐目标，表现出一定的逆周期性。这得益于我国旅游业健康平稳的发展态势，对金融压力有一定的抵抗作用，与其他周期性行业会有所不同。

正如本文理论机制分析的那样，金融环境的变化对旅游企业的影响，除了能使人们改变旅游预期，选择谨慎性消费外，还与企业投融资结构关系密切。权衡理论认为，资产负债率与其未来的成长性是负相关的，我国旅游企业平均资产负债率低于传统重工行业，仅约 46%，经营风险水平与国外成熟市场相比明显偏低，长期负债率相较短期负债率而言则更低[52]，因此，我国旅游企业成长性强、融资空间大。资本市场方面，以 2017 年为例，旅游企业表现活跃，资金流入以债券、上市后再融资两个渠道为主，分别达到 444.30 亿元、401.67 亿元，分别流向景区管理和旅游服务领域，占总流入资金的 72.19%和 16.48%；政策性资金方面，政府作为重要引导和扶持力量，多渠道加大旅游行业投入，包括发行旅游国债、设立专项基金、激励政策性银行贷款等。其特点是利息低，偿还期限很长，能够为金融波动做好一定的对策准备；社会资金方面，更多地投向了智慧旅游、文化融合、生态旅游等新兴旅游业态领域，PPP 模式、产业基金、兼并收购等成为热点。据公开资料统计，截至 2017 年，我国旅游业 PPP

项目达到781个，涉及金额达到9 283亿元，同时，已有144支旅游产业投资基金，总规模超过8 000亿元。此外，国家旅游局数据显示，2018年我国旅游业直接投资超过1.9万亿元，增速连续多年超越其他第三产业和社会固定资产投资增速。投融资规模的大幅提高，说明我国旅游企业已由资源开发转入资本驱动阶段[53]，因此，就不难理解景区和旅行社良好的抗金融冲击的能力，但仍要警惕重大金融波动冲击产生的负面影响。

5 结论与建议

本文借助旅游上市公司财务数据，应用估值分析和TVP-SVAR-RV模型，分类讨论外部不确定性因素对旅游企业（景区、酒店和旅行社）的影响。研究发现，3种不确定性因素对不同旅游企业的冲击都变现出显著的时变特征。首先，经济政策不确定性对景区类企业影响最大，其中对净资产中长期影响基本为负，对营业收入短期负向冲击较强；对酒店和旅行社的净资产和营业收入造成中长期负向影响；对三类企业的现金流量净额均造成短期波动；“非典”疫情会带来长期的巨大的负面影响。其次，地缘风险对旅行社类企业存在较大的负向冲击效应，并在近年来逐步增大；地缘风险对景区和酒店类企业有一定的正向影响。再次，金融压力对三种企业的冲击在短期、中期和长期都十分显著，在金融压力较大的时期，对旅游企业的影响显著为负，而金融压力较小的时期，旅游企业表现出较明显的抗风险特性，是很好的投融资标的。最后，重大不确定性事件发生后，旅游企业都表现出明显的滞后脉冲响应，其中，金融压力和经济政策不确定性造成的冲击持续期都在10期以上，而地缘风险造成的冲击6期左右就基本消失，说明中国旅游企业主要受国内不确定性因素影响，对外风险抗性较强。

本文研究结论有助于识别旅游业对外部不确定性因素的反应，同时也为思考如何应对复杂多变的宏观环境，以确保旅游业持续健康发展这一问题提供了相应的对策启示。基于以上研究发现，提出以下4点建议：（1）旅游企业的健康平稳发展离不开国家政策支持，政府一方面要帮助旅游企业识别大环境中存在的风险，建立及时高效的预警机制，包括自然灾害、传染病预防等；另一方面要运用好政策工具，因时制宜推出人才引进、增加节假日、减免税收、放开土地限制等相关政策，来应对经济不确定性给旅游业所带来的长期负面冲击。（2）利用好国内旅游企业对地缘风险良好抗性，在危机中寻找商机。充分发挥安全低价优势，依靠“一带一路”等机遇，扩大对外宣传，布局全球的旅游人群，进一步推动品牌国际化。（3）鼓励旅游企业和投资者灵活运用各种金融工具来对冲各种财务风险，最大限度地降低金融不确定性风险所造成的损失；也可设立专项风险基金，为潜在的金融危机做战略储备；要与地方政府保持良性互动，争取更多的资金扶持。（4）旅游企业要练好“内功”，在不确定性事件冲击后，抓住时机提高服务质量、完善服务设施，努力将风险降到最低；同时应不断进取创新，利用人工智能技术，大力发展数字旅游，以视频的方式吸引游客进行在线旅游，激发游客的消费欲望，保证旅游企业在诸如新冠疫情这样的特殊时期平稳过渡。

参考文献

[1] 唐洁尘，陈双琴．中国入境旅游需求弹性估算——基于误差修正模型［J］．旅游科学，2017，31（05）：65－81．［TANG Jiechen，CHEN Shuangqin. An estimation of demand elasticity of China's inbound tourism—Based on the error correction model［J］. *Tourism Science*，2017，31（5）：65－81.］

[2] BARBERIS N，MUKHERJEE A，WANG B. Prospect theory and stock returns：An empirical test［J］. *The Review of Financial Studies*，2016，29（11）：3068－3107.

[3] GULEN H，ION M. Policy uncertainty and corporate investment［J］. *The Review of Financial Studies*，2016，29（3）：523－564.

[4] 陈国进，张润泽，赵向琴．政策不确定性，消费行为与股票资产定价［J］．世界经济，2017，40（1）：116－141．［CHEN Guojin，ZHANG Runze，ZHAO Xiangqin. Policy uncertainty，consumption behaviors and asset pricing［J］，*The Journal of World Economy*，2017，40（1）：116－141.］

[5] Caldara D，Iacoviello M. Measuring geopolitical risk［J］. *FRB International Finance Discussion Paper*. 201 8，（12）：1 222.

[6] 曹诗图，闫秦勤，周宜君．国际地缘政治环境变化与旅游业发展［J］．世界地理研究，2006（2）：61－65．［CAO Shitu，YAN Qinqin，ZHOU Yijun. The change of the international geopolitics circumstances and the development of tourism［J］. *World Regional Studies*，2006（2）：61－65］.

[7] 刘云刚，宋宗员．旅游地缘政治研究进展与展望［J］．热带地理，2019，39（6）：931－941．［LIU Yungang，SONG Zongyuan. Progress and Prospects of Research on Tourism Geopolitics［J］. *Tropical Geography*，2019，39（6）：931－941.］

[8] MOSTAFANEZHAD M. The geopolitical turn in tourism geographies［J］. *Tourism Geographies*，2018，20（S1）：343－346.

[9] CARDARELLI R，ELEKDAG S，LALL S. Financial stress and economic contractions［J］. *Journal of Financial Stability*，2011，7（2）：78－97.

[10] 王亚芳．金融业与旅游业的融合度及影响因素研究［D］．兰州：兰州大学，2019．［WANG Yafang，*Research on the Evalution and Effect Factors of Convergence between Finance and Tourism*［D］. Lanzhou：Lanzhou University，2019.

[11] 林玉虾，林璧属，林文凯．基于面板分位数方法的国内旅游需求影响因素动态异质性研究［J］．数理统计与管理，2018，37（6）：1073－1085．［LIN Yuxia，LIN Bishu，LIN Wenkai. Study on the dynamic heterogeneity of domestic tourism demand's

determinants—Bases on panel quantile regression [J], *Journal of Applied Statistics and Management*, 2018, 37 (6): 1073-1085.]

[12] IVANOV S, WEBSTER C. Measuring the impact of tourism on economic growth [J]. *Tourism Economics*, 2007, 13 (3): 379-388.

[13] DOGAN E, SEKER F, BULBUL S. Investigating the impacts of energy consumption, real GDP, tourism and trade on CO_2 emissions by accounting for cross-sectional dependence: A panel study of OECD countries [J]. *Current Issues in Tourism*, 2017, 20 (16): 1701-1719.

[14] 赵东喜．人民币汇率与中国入境旅游需求关系研究 [J]. 北京第二外国语学院学报, 2011 (9): 48-53. [ZHAO dongxi. The study on the relation between RMB exchange rate and China's inbound tourism demand [J], *Journal of Beijing International Studies University*, 2011 (9): 48-53.]

[15] TAJADDINI R. HASSAN F G, Cultural dimensions and outbound tourism [J]. *Annals of Tourism Research*, 2014 (49): 203-205.

[16] 王琪延, 侯鹏．节假日与休闲消费关系研究——兼论我国假日制度改革 [J]. 北京社会科学, 2012 (1): 15-21. [WANG Qiyan, HOU Peng. The research on relation between festivals and holidays and leisure consumption [J]. *Social Science of Beijing*, 2012 (1): 15-21]

[17] AL-MULALI U, FEREIDOUNI H G, MOHAMMED A H. The effect of tourism arrival on CO_2 emissions from transportation sector [J]. *Anatolia*, 2015, 26 (2): 230-243.

[18] QUINTAL V A, LEE J A, SOUTAR G N. Risk, uncertainty and the theory of planned behavior: A tourism example [J]. *Tourism management*, 2010, 31 (6): 797-805.

[19] DRAGOUNI M, FILIS G, GAVRIILIDIS K, et al. Sentiment, mood and outbound tourism demand [J]. *Annals of Tourism Research*, 2016, 60 (1): 80-96.

[20] SMERAL E. International tourism demand and the business cycle [J]. *Annals of Tourism Research*, 2012, 39 (1): 379-400.

[21] GUIZZARDI A, MAZZOCCHI M. Tourism demand for Italy and the business cycle [J]. *Tourism Management*, 2009, 31 (3): 367-377.

[22] GILLEN J, MOSTAFANEZHAD M. Geopolitical encounters of tourism: A conceptual approach [J]. *Annals of Tourism Research*, 2019 (75): 70-78.

[23] BAKER S R, BLOOM N, DAVIS S J. Measuring economic policy uncertainty [J]. *The Quarterly Journal of Economics*, 2016, 131 (4): 1593-1636.

[24] BEKIROS S, GUPTA R, PACCAGNINI A. Oil price forecast ability and e-

conomic uncertainty [J]. *Economics Letters*, 2015, 13 (2) 125 - 128.

[25] JONES A T, SACKLEY W H. An uncertain suggestion for gold-pricing models: The effect of economic policy uncertainty on gold prices [J]. *Journal of Economics and Finance*, 2016, 40 (2): 367 - 379.

[26] BALI T G, BROWN S J, TANG Y. Is economic uncertainty priced in the cross-section of stock returns? [J]. *Journal of Financial Economics*, 2017, 126 (3): 471 - 489.

[27] LEE K, JEON Y. Measuring Chinese consumers' perceived uncertainty [J]. *International Review of Economics & Finance*, 2020, 66 (C): 51 - 70.

[28] GULEN H, ION M. Policy uncertainty and corporate investment. *The Review of Financial Studies*. 2016, 29 (3): 523 - 564.

[29] 徐光伟，孙铮，刘星．经济政策不确定性对企业投资结构偏向的影响——基于中国 EPU 指数的经验证据 [J]. 管理评论，2020，32 (1): 246 - 261. [XU Guangwei, SUN Zheng, LIU Xing. The influences of economic policy uncertainty on the preference of enterprise investment structure: Evidence from China EPU index [J]. *Management Review*. 2020, 32 (1): 246 - 261.]

[30] 张夏，施炳展，汪亚楠．经济政策不确定性真的会阻碍中国出口贸易升级吗? [J]. 经济科学，2019 (2): 40 - 52. [ZHANG Xia, SHI Bingzhan, WANG Yanan. Will economic policy uncertainty really impede China's export trade upgrade? [J]. *Economic Science*, 2019 (2): 40 - 52.]

[31] 张莹，朱小明．经济政策不确定性对出口质量和价格的影响研究 [J]. 国际贸易问题，2018 (5): 12 - 25. [ZHANG Ying, ZHU Xiaoming. [Impact of economic policy uncertainty on export quality and price [J]. *Journal of International Trade*, 2018 (5): 12 - 25.]

[32] WU T-P, WU H-C. A multiple and partial wavelet analysis of the economic policy uncertainty and tourism nexus in BRIC [J]. *Current Issues in Tourism*, 2020, 23 (7): 906 - 916..

[33] AKADIRI S S, ALOLA A A, UZUNER G. Economic policy uncertainty and tourism: evidence from the heterogeneous panel [J]. *Current Issues in Tourism*, 2020, 23 (20): 2507 - 2514.

[34] SINGH R, DAS D, JANA R, et al. A wavelet analysis for exploring the relationship between economic policy uncertainty and tourist footfalls in the USA [J]. *Current Issues in Tourism*, 2019, 22 (15): 1789 - 1796.

[35] PAPATHEODOROU A, ROSSELLÓ, XIAO H. Global economic crisis and tourism: Consequences and perspectives [J]. *Journal of Travel Research*, 2010,

49 (1)：39－45.

[36] PARK C-Y，MERCADO JR R V. Determinants of financial stress in emerging market economies [J]. *Journal of Banking & Finance*，2014 (45)：199－224.

[37] PRIMICERI G E. Time varying structural vector autoregressions and monetary policy [J]. *Review of Economic Studies*，2005，72 (3)：821－852.

[38] 尹雷，赵亮．我国财政政策的制度属性识别——基于 TVP-VAR-SV 方法[J]. 财政研究，2016 (6)：57－65. [YIN Lei，ZHAO Liang. An identifying study of China's fiscal policy regime—Based on TVP-VAR-SV model [J]. *Public Finance Research*，2016 (6)：57－65.]

[39] 姜伟，李丹娜．信心，货币政策与中国经济波动关系的统计检验[J]. 统计与决策，2020，36 (1)：131－136. [JIANG Wei，LI Danna. A statistical test on relationship between confidence，monetary policy and China's economic fluctuations [J]. *Statistics & Decision*，2020，36 (1)：131－136.]

[40] 石自忠，王明利，胡向东．经济政策不确定性与中国畜产品价格波动 [J]. 中国农村经济，2016 (8)：42－55. [SHI Zizhong，WANG Mingli，HU Xiangdong. Economic policy uncertainty and China's livestock product price fluctuation [J]. *Chinese Rural Economy*，2016 (8)：42－55.]

[41] PENMAN S H. A synthesis of equity valuation techniques and the terminal value calculation for the dividend discount model [J]. *Review of accounting studies*，1998，2 (4)，303－323.

[42] JAWADI F，PRAT G. Equity prices and fundamentals：A DDM-APT mixed approach [J]. *Review of Quantitative Finance and Accounting*，2017，49 (3)：661－695.

[43] KOZAK M，CROTTS J C，LAW R. The impact of the perception of risk on international travelers [J]. *International Journal of Tourism Research*，2007，9 (4)：233－242.

[44] LINTNER J. Security prices，risk，and maximal gains from diversification [J]. *The Journal of Finance*，1965，20 (4)：587－615.

[45] SIMS C A. Macroeconomics and reality [J]. *Econometrica：Journal of the Econometric Society*，1980，48 (1)：1－48.

[46] NAKAJIMA J，KASUYA M，WATANABE T. Bayesian analysis of time-varying parameter vector autoregressive model for the Japanese economy and monetary policy [J]. *Journal of the Japanese and International Economies*，2011，25 (3)：225－245.

[47] BLOOM N. The impact of uncertainty shocks [J]. *Econometrica*，2009，77

(3)：623 - 685.

[48] DONADELLI M. Asian stock markets，US economic policy uncertainty and US macro-shocks [J]. *New Zealand Economic Papers*，2015，49 (2)：103 - 133.

[49] DEMIRALAY S，KILINCARSLAN E. The impact of geopolitical risks on travel and leisure stocks [J]. *Tourism Management*，2019，75 (1)：460 - 476.

[50] ZOPIATIS A，SAVVA C S，LAMBERTIDES N，et al. Tourism stocks in times of crisis：An econometric investigation of unexpected nonmacroeconomic factors [J]. *Journal of Travel Research*，2019，58 (3)：459 - 479.

[51] BLANCO E，REY-MAQUIEIRA J，LOZANO J. Economic incentives for tourism firms to undertake voluntary environmental management [J]. *Tourism Management*，2009，30 (1)：112 - 122.

[52] 苏建军，朱海艳．中国旅游投资水平的时空格局演变及驱动因素分析 [J]. 世界地理研究，2019，28 (4)：144 - 155. [SU Jianjun ZHU Haiyan，The spatio-temporal evolution of tourism investment level and its driving factors in China [J.] *World Regional Studies*，2019，28 (4)：144 - 155.]

(本文发表在《旅游学刊》2020 年 35 卷 12 期)

附录 3　中国省域文化消费的时空演变及影响因素

王琪延　曹　倩

内容摘要

研究目的：为了更深入地了解我国省域文化消费的发展现状、趋势、时空差异和演变以及影响因素。研究方法：运用 Getis-Ord Gi * 指数、传统和空间马尔科夫链分析法等探讨了 2000—2018 年我国省域文化消费的时空差异及其演变特征，再利用空间面板数据模型对文化消费的影响因素进行分析。研究结论：第一，从时间来看，文化消费的绝对差异增大，相对差异减少；从空间来看，省域文化消费差异悬殊，空间集聚程度增加。第二，各省域文化消费类型变化存在明显的俱乐部趋同现象，类型转移发生于相邻类型之间。第三，各省域文化消费类型受其邻域文化消费类型的影响，与高水平类型相邻的省域，其文化消费类型向上转移的概率较大，反之亦然。第四，收入水平、城镇化水平和供给水平对文化消费具有显著正影响。研究价值：根据研究结论提出针对性的建议，以期助益我国文化消费潜力的释放和省域文化消费差异的缩小，实现我国整体文化消费水平的提高。

关键词

文化消费　时空演变　Getis-Ord Gi * 指数　空间马尔科夫链　空间面板数据模型

一、引言

作为消费升级的重要方向，文化消费逐渐成为调整和优化经济结构、拉动经济增长的重要引擎。相关研究表明，当人均 GDP 在 5 000 美元时，文化消费将进入“井喷时代”[1]。2018 年我国人均 GDP 接近 1 万美元，理论上文化消费的“井喷时代”已经到来，然而事实并非如此。我国居民文化消费从 2000 年的 377.92 元增加到 2018 年的 2 225.7 元，年均增长率为 10.35%，而同期人均 GDP、居民可支配收入和总消费支出的年均增长率分别达到了 12.35%、11.91%和 11.33%，文化消费的增速明显低于以上三者的增速。在人均 GDP 同等水平下，我国的文化消费仅为发达国家的 30%[2]。

19 年来，国民人均文化消费占人均 GDP 和总消费支出的比重分别从 2000 年的 4.76%和 13.1%下降到 2018 年的 3.44%和 11.21%，平均消费倾向和边际消费倾向也分别从 2000 年的 10.16%和 11.11%下降到 2018 年的 7.88%和 4.18%。可以看出，文化消费逐年增加，其增长水平较高但并未达到井喷状态；它在国民经济中占有重要的地位，但其地位略有下降；国民的文化消费意愿不足，这些问题的内在原因有待进一步探讨。鉴于此，探讨我国文化消费的相关问题，对释放文化消费潜力、缩小省域文化消费差异、拉动经济增长、实现经济转型具有重要的研究意义。

二、文献综述

关于文化消费的内涵，美国经济学家凡勃伦（Veblen）将文化消费视为一种与地位和面子相关的“炫耀性消费”[3]。坎克林（Canclini）将文化消费定义为一系列将商品的象征价值凌驾于使用价值和交换价值之上的占有和使用过程[4]。西乌（Siu）等认为文化消费是一种体验式消费，是消费者通过身心的参与获取价值和乐趣的过程[5]。

关于文化消费的时空差异及演变，陈雷等发现我国城镇文化消费总体呈上升趋势且区域发展不平衡[6]。聂正彦等用文教娱消费支出表示文化消费，认为城镇居民文化消费增速赶不上总消费支出增长[7]。李蕊发现 2000—2011 年我国人均文化消费的地区差逐步扩大，其中地区差最大的是东部地区[8]。李惠芬等也以文教娱支出衡量文化消费，发现沿海城市和南方城镇居民人均文化消费水平高于内地城市和北方[9]。

关于文化消费的影响因素，亚伦（Aaron）等发现收入和文化消费有一定的正相关关系[10]。陈（Chan）也发现在高收入国家，受教育程度高、收入高、从事知名职业的人，平均而言比社会地位较低的人更热衷于文化消费[11]。陈（Chan）等还发现父母和被调查者的教育水平都会影响其音乐、视觉艺术等文化消费，前者的影响程度约为后者的三分之一[12]。雷潇雨等认为城镇化能够产生集聚效应，进而能够促进城市生产力发展，提高居民的收入和消费水平[13]。姜宁等将文化消费用人均文化娱乐服务消费支出来衡量，也发现城镇化水平是影响长三角地区文化消费的影响因素之一[14]。赵卫军等以人均文化娱乐消费支出来衡量文化消费，构建文化消费函数，利用误差修正模型，发现政府投入水平和文化产品供给水平与文化消费水平呈负相关关系[15]。向明以文教娱用品及服务来表示文化消费，使用基础和扩展的 AIDS 模型，发现文化产品的自身价格、其他商品与服务价格是影响我国农村居民文化消费的重要因素[16]。

学者们的研究具有重要的学术价值和实用价值。然而，他们的关注点主要在影响因素方面，对文化消费的时空差异研究较为简单，多数仅从数值和增速上来判断，而且对区域文化消费演变及相互影响机制缺乏深入研究。鉴于此，在对我国省域文化消费进行时空差异分析的基础上，我们重点探讨了省域文化消费的时空演变，最后分析了文化消费的影响因素，提出促进文化消费发展的针对性建议。

三、数据来源与研究方法

(一) 数据来源

根据文献综述，参考聂正彦、李惠芬等学者的研究[7,9]，用人均教育文化娱乐消费支出来衡量文化消费水平。由于2013年之前人均教育文化娱乐消费是分城乡统计的，因此通过两者计算出我国居民的文化消费，具体公式如下：

$$居民文化消费=\frac{城镇居民人均教育文化娱乐消费支出\times 城镇人口}{+农村居民人均教育文化娱乐消费支出\times 农村人口}/总人口 \quad (1)$$

其中，城乡居民人均教育文化娱乐消费支出和人口数来自《中国统计年鉴》(2001—2019年)。

(二) 研究方法

1. 基于标准差和变异系数分析文化消费的时间差异

时间差异分为绝对差异和相对差异。绝对差异是指一组数据偏离其平均值的绝对额；相对差异则表示一组数据偏离其平均值的相对额。标准差可以度量数据的绝对离散程度；变异系数能够消除数值大小与计算单位对标准差的影响，反映数据的相对离散程度[17]。因此，分别采用标准差和变异系数来衡量文化消费的绝对差异和相对差异，两者越大，表示文化消费的绝对差异或相对差异越大。具体公式如下：

$$sd=\sqrt{\sum_{t=1}^{n}(x_{it}-\bar{x}_t)^2/n-1} \quad (2)$$

$$cv=sd/\bar{x}_t \quad (3)$$

式(2)、(3)中，sd和cv分别表示标准差和变异系数，n表示省(市)的个数，x_{it}表示第i个省(市)第t年的文化消费，$\bar{x}_t$表示第t年全国平均文化消费。

2. 基于Getis-Ord Gi＊指数探讨文化消费的空间差异

Getis-Ord Gi＊指数通过分析子区域中的信息，判断其内部的空间异质性，识别区域热点区和冷点区[18]。该指数能够辨析文化消费的空间集聚特征，反映其动态变化的空间差异和聚集程度。具体公式为：

$$G_i^*(h)=\sum_{k=1}^{n}w_{ik}(h)x_k/\sum_{k=1}^{n}x_k \quad (4)$$

为了更好地比较和分析，对$G_i^*(h)$进行标准化处理，即$Z(G_i^*)=G_i^*-E(G_i^*)/\sqrt{var(G_i^*)}$。其中，$x_k$为样本值，$w_{ik}(h)$为空间权重矩阵，$E(G_i^*)$和$var(G_i^*)$分别为$G_i^*$的数学期望和方差。若$Z(G_i^*)>0$且显著，则该区域为热点区；若$Z(G_i^*)<0$

且显著，则该区域为冷点区。

3. 基于传统和空间马尔科夫链分析法剖析文化消费的时空演变特征

将全国31个省域按照相应年份的全国年人均文化消费均值划分为4个类型：年人均文化消费低于平均水平的50%、介于平均水平的50%～100%之间、介于平均水平的100%～150%之间、不低于平均水平的150%，分别对应为低水平区域（Ⅰ）、中低水平区域（Ⅱ）、中高水平区域（Ⅲ）、高水平区域（Ⅳ）。文化消费的时空演变特征是指随着时间和空间（省域）的变化，我国文化消费类型的特征演变。使用马尔科夫链分析法探讨我国文化消费的时空演变特征。马尔科夫链是一种离散的马尔科夫过程[19]。将t年各省域文化消费类型的概率分布表示为一个$1\times r$的状态概率向量，不同年份各省域文化消费类型之间的转移可以用一个$r\times r$的马尔科夫转移矩阵Z表示，如表1。

表1　马尔科夫转移概率矩阵（r=4）

$ti/ti+1$	1	2	3	4
1	p11	p12	p13	p14
2	p21	p22	p23	p24
3	p31	p32	p33	p34
4	p41	p42	p43	p44

表1中，p_{ij} 为某省域人均文化消费从t年i类型转移到$t+1$年j类型的概率。t年和$t+1$年的概率矩阵关系可以表示为：

$$R_{t+1} = Z\times A_t \tag{5}$$

式（5）中，A_t 为t年份r种类型的概率矩阵。

空间马尔科夫链分析法是在传统马尔科夫链分析法的基础上，考虑空间滞后效应形成的。它以上一年各省域文化消费类型为空间滞后条件，计算下一年文化消费类型的转移概率。

4. 基于空间面板数据模型探究文化消费的影响因素

考虑到文化消费具有明显的空间相关性，而且数据为多年份的省域面板数据，采用空间面板数据模型对文化消费进行影响因素分析。空间面板数据模型的一般形式如下：

$$y_{it} = \rho w_i^{\circ} y_t + x_{it}^{\circ}\beta + d_i^{\circ} X_i\delta + \mu_i + \gamma_t + \varepsilon_{it} \tag{6}$$

$$\varepsilon_{it} = \lambda m_i^{\circ}\varepsilon_t + v_{it} \tag{7}$$

其中，y_{it} 为被解释变量；$\rho w_i^{\circ} y_t$ 为空间滞后项；w_i° 为空间权重矩阵W的第i行；$x_{it}^{\circ}\beta$ 为解释变量项；$d_i^{\circ} X_i\delta$ 为解释变量的空间滞后项；d_i° 为相应空间权重矩阵D的第i行；m_i° 为扰动项空间权重矩阵M的第i行。μ_i 为区域i的空间效应；γ_t 为时间效应；ε_{it} 为第一个方程的扰动项；v_{it} 为第二个方程的扰动项。当$\lambda=0$且$\delta=0$，该模型为空间

滞后模型（SLM）；当 $\rho=0$ 且 $\delta=0$，该模型为空间误差模型（SEM）。SLM 模型和 SEM 模型是空间面板数据模型的两种基本模型，采用这两种模型对文化消费进行影响因素分析。

需要说明的是，在运用空间面板数据模型探究文化消费的影响因素之前，要进行文化消费的空间自相关检验。用 Moran's I 指数描述空间自相关，计算公式为：

$$I=\frac{n\sum_{i=1}^{n}\sum_{j\neq i}^{n}W_{ij}\cdot(z_i-\bar{z})\cdot(z_j-\bar{z})}{\sum_{i=1}^{n}(z_i-\bar{z})\cdot\sum_{i=1}^{n}\sum_{j\neq i}^{n}W_{ij}} \tag{8}$$

式中，W_{ij} 是邻接单元 i 和 j 的空间权重矩阵，n 是省域数量，$\bar{z}=\frac{1}{n}\sum_{i=1}^{n}z_i$，$z_i$ 和 z_j 分别表示单元 a 和 b 的属性值。

四、研究结果与分析

（一）文化消费的时间差异分析

2000—2018 年我国居民文化消费的时间差异如图 1 所示。结果显示，我国居民文化消费的标准差波动增加，变异系数逐渐下降。这表明，我国居民文化消费的绝对差异逐渐增大，而相对差异逐渐减少。

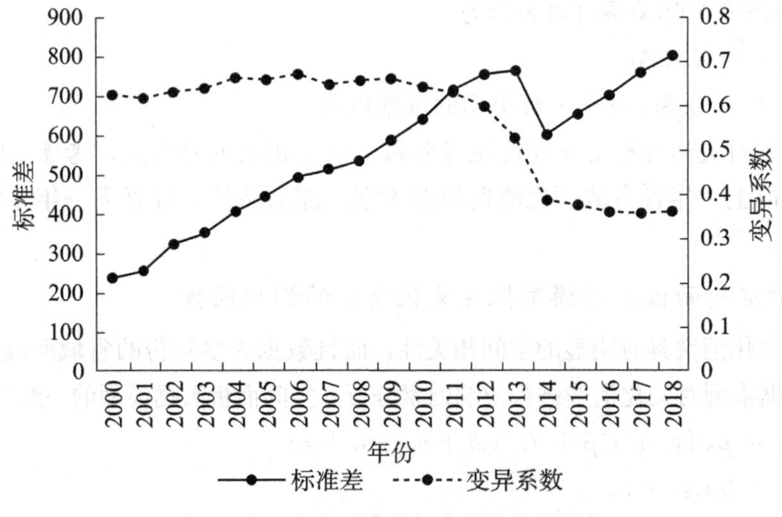

图 1　人均文化消费的标准差和变异系数

（二）文化消费的空间差异分析

使用 ArcMAP 10.5，运用 Getis-Ord Gi＊指数测算我国省域文化消费的空间集聚程度，识别空间上的热点区和冷点区。把 2000—2018 年划分为 2000—2010 年和 2011—2018 年两个阶段，分别代表 21 世纪初期和 10 年代，测算这两个时段年人均文化消费的冷热点区。结果显示：19 年来，冷热点地区范围呈增大趋势，表明文化消费的空间集聚程度增加。冷点地区从川渝地区逐渐扩大到新疆和青海地区，热点地区逐渐从长三角地区、长江中游部分地区等扩展到京津冀地区。

（三）文化消费的时空演变特征分析

为了对比分析，将整个研究期（2000—2018 年）分为 2000—2010 年和 2011—2018 年两个时间段。分别计算整个研究期和两个时间阶段我国省域文化消费类型的马尔科夫转移概率矩阵（表 2）和空间马尔可夫转移概率矩阵（表 3、表 4）。

据表 2 显示，我国省域文化消费类型转移表现如下三个特征。第一，我国省域文化消费类型存在低水平、中低水平、中高水平和高水平 4 个趋同俱乐部。对角线上的值表示各省域文化消费类型未发生改变的概率，非对角线上的值则相反。对角线上的值均大于非对角线上的值，表明各省域文化消费类型较稳定，具有较大的概率保持不变。对角线上的值在 0.577～1 之间，表明各省域文化消费类型不发生改变的概率至少为 57.7%；非对角线上的值最大为 0.423，表明各省域文化消费类型发生改变的概率最大为 42.3%。第二，我国各省域文化消费类型转移均发生于相邻类型之间，不存在跨越式发展的可能。非对角线上的不为 0 的值均分布在对角线两侧，这表明各省域文化消费类型只能在相邻类型之间转移。第三，我国各省域文化消费类型向上转移的概率远大于向下转移的概率。在研究期，低水平和中低水平类型向下转移的概率为 0，中高水平和高水平类型有较小的概率向下转移，其向上转移的概率大于向下转移的概率。

表 2 2000—2018 年我国省域文化消费类型的马尔科夫链转移矩阵

$t_i/(t_i+1)$	频数	Ⅰ (0，50%)	Ⅱ [50%，100%)	Ⅲ [100%，150%)	Ⅳ [150%，+∞)
2000—2018 年					
Ⅰ	192	0.865	0.135	0.000	0.000
Ⅱ	160	0.000	0.825	0.175	0.000
Ⅲ	98	0.000	0.000	0.704	0.296
Ⅳ	108	0.000	0.000	0.000	1.000
2000—2010 年					
Ⅰ	56	0.696	0.304	0.000	0.000
Ⅱ	164	0.000	0.884	0.116	0.000
Ⅲ	46	0.000	0.022	0.826	0.152
Ⅳ	44	0.000	0.000	0.000	1.000

续表

$t_i/(t_i+1)$	频数	Ⅰ(0，50%)	Ⅱ[50%，100%)	Ⅲ[100%，150%)	Ⅳ[150%，+∞)
2011—2018年					
Ⅰ	26	0.577	0.423	0.000	0.000
Ⅱ	108	0.000	0.787	0.213	0.000
Ⅲ	61	0.000	0.033	0.869	0.098
Ⅳ	22	0.000	0.000	0.000	1.000

我国省域文化消费类型的空间马尔科夫转移概率矩阵如表3和表4所示。对比表2、表3和表4，总结出以下三点特征。第一，若省域与高水平类型省域相邻，其文化消费类型向上转移的概率较大；若省域与低水平类型省域相邻，其文化消费类型向下转移概率较大。例如，2000—2018年，中低水平省域向上转移的概率为0.175（表2），若分别与从低到高四种类型省域相邻，其向中高水平转移的概率分别为0.048、0.104、0.464、0.600（表3），向上转移概率逐步增大。这说明我国省域文化消费类型的转移与邻域的文化消费类型密切相关。第二，不同类型省域受邻域类型的影响程度不同。如低水平省域向上转移的概率为0.135（表2），若与低水平省域相邻，则向上转移的概率降至0.095（表3），概率降低了0.04；而中低水平省域向上转移的概率为0.175（表2），若与低水平省域相邻，则向上转移的概率降至0.048（表3），概率降低了0.127。第三，2011—2018年各省域文化消费类型向上转移概率明显高于2000—2010年。例如，低水平省域分别与同类型省域、中低水平省域相邻，其向上转移的概率分别从2000—2010年的0.292和0.313增加到2011—2018年的0.400和0.429（表4）。可见，19年来，各省域的文化消费类型受邻域类型的影响程度增加。

表3　2000—2018年我国省域文化消费类型的空间马尔科夫链转移矩阵

空间滞后	$t_i/(t_i+1)$	频数	Ⅰ	Ⅱ	Ⅲ	Ⅳ
Ⅰ	Ⅰ	137	0.905	0.095	0.000	0.000
	Ⅱ	21	0.000	0.952	0.048	0.000
	Ⅲ	4	0.000	0.000	1.000	0.000
	Ⅳ	0	0.000	0.000	0.000	0.000
Ⅱ	Ⅰ	48	0.771	0.229	0.000	0.000
	Ⅱ	106	0.000	0.896	0.104	0.000
	Ⅲ	23	0.000	0.000	0.826	0.174
	Ⅳ	11	0.000	0.000	0.000	1.000
Ⅲ	Ⅰ	6	0.833	0.167	0.000	0.000
	Ⅱ	28	0.000	0.536	0.464	0.000

续表

空间滞后	$t_i/(t_i+1)$	频数	Ⅰ	Ⅱ	Ⅲ	Ⅳ
Ⅲ	Ⅲ	46	0.000	0.000	0.696	0.304
	Ⅳ	27	0.000	0.000	0.000	1.000
Ⅳ	Ⅰ	1	0.000	1.000	0.000	0.000
	Ⅱ	5	0.000	0.400	0.600	0.000
	Ⅲ	25	0.000	0.000	0.560	0.440
	Ⅳ	70	0.000	0.000	0.000	1.000

表4 2000—2010年、2011—2018年我国省域文化消费类型的空间马尔科夫链转移矩阵

空间滞后	$t_i/(t_i+1)$	2000—2010年					2011—2018年				
		频数	Ⅰ	Ⅱ	Ⅲ	Ⅳ	频数	Ⅰ	Ⅱ	Ⅲ	Ⅳ
Ⅰ	Ⅰ	24	0.708	0.292	0.000	0.000	10	0.600	0.400	0.000	0.000
	Ⅱ	13	0.000	1.000	0.000	0.000	3	0.000	1.000	0.000	0.000
	Ⅲ	0	0.000	0.000	0.000	0.000	0	0.000	0.000	0.000	0.000
	Ⅳ	0	0.000	0.000	0.000	0.000	0	0.000	0.000	0.000	0.000
Ⅱ	Ⅰ	32	0.688	0.313	0.000	0.000	14	0.571	0.429	0.000	0.000
	Ⅱ	112	0.000	0.893	0.107	0.000	78	0.000	0.846	0.154	0.000
	Ⅲ	18	0.000	0.000	0.889	0.111	13	0.000	0.077	0.923	0.000
	Ⅳ	11	0.000	0.000	0.000	1.000	4	0.000	0.000	0.000	1.000
Ⅲ	Ⅰ	0	0.000	0.000	0.000	0.000	2	0.500	0.500	0.000	0.000
	Ⅱ	30	0.000	0.800	0.200	0.000	27	0.000	0.593	0.407	0.000
	Ⅲ	23	0.000	0.043	0.826	0.130	47	0.000	0.021	0.851	0.128
	Ⅳ	13	0.000	0.000	0.000	1.000	12	0.000	0.000	0.000	1.000
Ⅳ	Ⅰ	0	0.000	0.000	0.000	0.000	0	0.000	0.000	0.000	0.000
	Ⅱ	9	0.000	0.889	0.111	0.000	0	0.000	0.000	0.000	0.000
	Ⅲ	5	0.000	0.000	0.600	0.400	1	0.000	0.000	1.000	0.000
	Ⅳ	20	0.000	0.000	0.000	1.000	6	0.000	0.000	0.000	1.000

(四) 文化消费的影响因素分析

基于前人的研究以及数据的可获取性，选择收入水平、城镇化水平、教育水平、政府投入水平、物价水平和供给水平为文化消费的影响因素，其衡量因素分别为人均可支配收入、城镇化率、人均受教育年限、地方财政文化体育与传媒支出、文化娱乐类居民消费价格指数和文体娱固定资产投资表示。表5给出了影响因素的描述性统计分析。其数据来源于《中国统计年鉴》（2001—2019年）和国家统计局网站，部分缺失值用插补法进行补全。其中人均受教育年限数据来源为《中国统计年鉴》中6岁及以上人口抽样数据，计算公式为：

$$\text{人均受教育年限}=\text{小学人口数}/\text{总人口数}*6+\text{初中人口数}/\text{总人口数}*9+(\text{普通高中人口数}+\text{中职人口数})/\text{总人口数}*12+\text{大专及以上人口数}/\text{总人口数}*16 \quad (9)$$

表5　影响因素的描述性统计分析

变量	观测数	平均值	中位数	标准差	最小值	最大值
人均可支配收入（元）	589	13 172.25	10 628.31	9 971.18	2 266.05	64 182.65
城镇化率（%）	589	49.71	48.04	15.41	18.93	89.61
人均受教育年限（年）	589	8.38	8.42	1.28	3	12.56
地方财政文化体育与传媒支出（万元）	589	48.14	32.38	46.55	1.39	321.84
文化娱乐类居民消费价格指数（上年=100）	589	101.64	101.1	2.90	91	137.50
文体娱固定资产投资（亿元）	589	111.92	52.64	158.25	0.95	1 031.50

建立模型之前，使用GeoDa对文化消费进行空间自相关检验，结果如表6所示。可以看出，2000—2018年，我国省域文化消费的Moran's I值均在5%或1%的显著水平下显著，省域文化消费存在显著的空间自相关性特征，可以构建文化消费的空间面板数据模型。

表6　我国省域文化消费的Moran's I值

年份	2000	2001	2002	2003	2004	2005	2006
Moran's I	0.261**	0.254**	0.271**	0.271**	0.274**	0.315***	0.330***
年份	2007	2008	2009	2010	2011	2012	
Moran's I	0.385***	0.399***	0.386***	0.399***	0.407***	0.398***	
年份	2013	2014	2015	2016	2017	2018	
Moran's I	0.350***	0.294***	0.302***	0.300***	0.293***	0.308***	

注：**、***分别表示统计值在5%和1%的显著水平下显著。

下一步，分别对SLM模型和SEM模型进行Hausman检验，选择使用随机效应还是固定效应模型。从检验结果得到，P值分别为0.954 9和0.000 4，前者不能拒绝原假设，后者拒绝原假设，分别选择随机效应模型和固定效应模型。根据上述选择的影响因素，建立以下空间面板数据模型，其中随机效应的SLM模型如下：

$$ln\,culture_{it}=\beta_0+\rho w_i^{\circ}\,ln\,culture_{i,t}+\beta_1 ln\,pcdi_{it}+\beta_2 urban_{it}+\beta_3 ln\,education_{it}$$

$$+\beta_4 ln\ finance_{it} + \beta_5 ln\ price_{it} + \beta_6 ln\ assets_{it} + \mu_i + \varepsilon_{it} \quad (10)$$

固定效应的 SEM 模型如下：

$$ln\,culture_{it} = \beta_1^* ln\ pcdi_{it} + \beta_2^* urban_{it} + \beta_3^* ln\,education_{it} + \beta_4^* ln\ finance_{it} + \beta_5^* ln\ price_{it} + \beta_6^* ln\ assets_{it} + \mu_i + \varepsilon_{it} \quad (11)$$

$$\varepsilon_{it} = \lambda m_i^{\circ} \varepsilon_t + v_{it} \quad (12)$$

为了消除量纲的影响，进行对数化处理。式（10）中，$ln\ culture_{it}$ 、$ln\ pcdi_{it}$ 、$ln\ education_{it}$ 、$ln\ finance_{it}$ 、$ln\ price_{it}$ 、$ln\ assets_{it}$ 分别表示第 i 个省（市）第 t 年文化消费、人均可支配收入、人均受教育年限、地方财政文化体育与传媒支出、文化娱乐类居民消费价格指数和文体娱固定资产投资的对数化数据；$urban_{it}$ 表示城镇化率；$\rho w_i^{\circ} ln\ culture_{it}$ 为文化消费的空间滞后项。

文化消费影响因素的回归结果如表 7 所示。根据 SLM 模型结果，人均可支配收入、城镇化率和文体娱固定资产投资对文化消费有显著正影响。人均可支配收入和文体娱固定资产投资每增加 1%，文化消费分别增加 0.322%和 0.021%；城镇化率每增加 1 个单位，文化消费增加 2.1%。人均受教育年限、文化娱乐类居民消费价格指数和地方财政文化体育与传媒支出对文化消费的影响在统计上不显著。空间滞后项系数 ρ 显著为正，说明我国省域文化消费存在显著的空间溢出效应，周边省域文化消费的增长有助于本地文化消费的增长。根据 SEM 模型结果，只有人均可支配收入和城镇化率对文化消费具有显著的拉动作用。空间误差项系数 λ 显著为正，也说明我国省域文化消费存在显著的空间相互作用。两个模型的 R^2 分别为 0.898 和 0.904，拟合效果较好。

表 7　文化消费影响因素的回归结果

	SLM 模型	SEM 模型
lnpcdi	0.322***	0.779***
urban	0.021***	0.017***
lneducation	−0.077	−0.246
lnfinance	−0.019	−0.037
lnprice	−0.293	−0.146
lnassets	0.021*	0.012
常数	1.596	—
ρ	0.391***	—
λ	—	0.609***
R^2	0.898	0.904
样本量	589	589

注：***、* 分别表示在 1%和 10%的显著水平下显著。

五、结论及建议

我们运用标准差、变异系数分析了我国省域文化消费的时间差异，发现文化消费时间差异呈增大趋势。利用 Getis-Ord Gi * 指数分析其空间差异，发现我国省域文化消费空间差异明显，空间集聚程度增加。运用传统和空间马尔科夫链分析法探讨了其时空演变，发现我国省域文化消费类型变化存在明显的俱乐部趋同现象；类型转移发生于相邻类型之间，不存在跨越式发展的可能；向上转移的概率大于向下转移的概率。与高水平类型相邻的省域，其文化消费类型向上转移的概率较大，与低水平类型相邻的省域，其文化消费类型向下转移的概率较大；不同类型省域受邻域类型的影响程度不同但影响程度逐渐增加。采用 Moran's I 对文化消费进行自相关分析，结果表明文化消费存在显著的空间自相关性特征；采用空间面板数据模型对文化消费的影响因素进行分析，发现收入水平、城镇化水平和供给水平对文化消费有显著的拉动作用。

针对以上结论，提出以下三点建议。第一，提高均等化程度，缩小区域差异。由上述分析可知，我国省域文化消费发展不均衡。因此，应加快文化产业发展，加强公共文化产品供给，合理配置文化资源，促进公共文化服务均等化，积极培育和大力促进文化消费，缩小区域文化消费差异。第二，加强文化中心省市领头羊作用。由上述分析可知，文化消费高水平类型省域对其邻域文化消费具有辐射和带动作用。鉴于此，在全国各个区域选择文化消费中心省市，以辐射和带动周边省域，以点带面，拉动全国文化消费水平。从全国来看，北京是全国文化中心城市；分区域来看，上海、广东等省市可以列为区域文化中心省市。第三，提高居民收入水平。大力发展经济，增加社会财富；提高最低工资标准，改善居民工资水平；建立完善住房、医疗和教育保障体系，释放居民的文化消费潜力。

参考文献

[1] 柳思维．现代消费经济学通论（第二版）［M］．北京：中国人民大学出版社，2014.

[2] 王琪延，王博．中国区域文化力发展指数 2018［M］．北京：中国人民大学出版社，2018.

[3]［美］凡勃伦著，蔡受百译．有闲阶级论—关于制度的经济研究［M］．北京：商务印书馆，2009.

[4] Canclini N. G. Los jóvenes no se ven como el futuro：iSerán EI presente?［J］．En Pensamiento lberoamericano，2008，(3).

[5] Siu N Y M，Zhang T J F，Ho C K Y，et al. Cultural consumption and con-

sumer well-being：implications from the self-determination theory ［C］ //Service Science and Innovation（ICSSI），2013 Fifth International Conference on. IEEE. 2013.

［6］陈雷，张莹．城镇文化消费的现状及影响因素分析［J］．西安财经学院学报，2013，26（01）：5-10.

［7］聂正彦，苗红川．我国城镇居民文化消费影响因素及其区域差异研究［J］．西北师大学报（社会科学版），2014，51（5）.

［8］李蕊．中国居民文化消费：地区差距、结构性差异及其改进［J］．财贸经济，2013（07）：95-104.

［9］李惠芬，付启元．城市文化消费比较研究［J］．南京社会科学，2013（04）：143-149.

［10］Aaron Reeves，Robert de Vries. Can cultural consumption increase future earnings? Exploring the economic returns to cultural capital ［J］. British Journal of Sociology，2019，70（1）.

［11］Chan T. W. Understanding cultural omnivores：Social and political attitudes ［D］. The British Journal of Sociology，2019，70（3）.

［12］Chan T. W.，Turner H. Where do cultural omnivores come from? The implications of educational mobility for cultural consumption ［J］. European Sociological Review，2017，33（4）.

［13］雷潇雨，龚六堂．城镇化对于居民消费率的影响：理论模型与实证分析［J］．经济研究，2014，49（6）.

［14］姜宁，赵邦茗．文化消费的影响因素研究——以长三角地区为例［J］．南京大学学报（哲学·人文科学·社会科学），2015（5）.

［15］赵卫军，张爱英，Muhammad Waqas Akbar. 中国文化消费影响因素分析和水平预测——基于误差修正与历史趋势外推模型［J］．经济问题，2018（7）.

［16］向明．中国农村居民文化消费研究［J］．农业技术经济，2015（7）.

［17］贾俊平．统计学——基于R（第二版）［M］．北京：中国人民大学出版社，2017.

［18］杨宇，刘毅，金凤君，董雯，李莉．塔里木河流域绿洲城镇发展与水土资源效益分析［J］．地理学报，2012（2）：157-168.

［19］盛骤，谢式千，潘承毅．概率论与数理统计（第四版）．北京：高等教育出版社，2008.

（本文发表在《调研世界》2020年第2期）

附录4　休闲与生活满意度研究

韦佳佳　王琪延

内容摘要： 本文基于中国人民大学休闲经济研究中心于2019年5月份进行的国家休假制度改革调查数据，重点从休闲时间、休闲活动、休闲消费三个方面探讨休闲与生活满意度之间的关系。通过构建有序Logit回归模型，发现这三者与生活满意度都呈正向相关。在人口变量中，收入与生活满意度呈正相关，已婚群体更容易感到生活满足，性别和年龄与生活满意度没有显著关系。研究有助于实证检验休闲与生活满意度之间的关系，为我国相关休闲政策的制定提供意见参考。

关键字： 休闲时间；休闲活动；休闲消费；生活满意度

中图分类号： C915　　　　文献标识码：A

一、引言

党的十九大报告指出："我国社会主要矛盾已经转化为人民日益增长的美好生活需要和不平衡不充分的发展之间的矛盾。"根据国家统计局数据显示，2018年全国国内生产总值达90.03万亿元，同比增长6.6%，人均GDP将近1万美元，同比增长11%；城镇化率为59.58%，总体呈稳步增长态势；第三产业增加值占GDP的52.16%，比上年提高0.56个百分点，高于第二产业占比11.51个百分点。社会经济稳步发展为休闲社会发展奠定了稳固的宏观经济基础，推动了居民休闲需求的持续深化。劳动生产率的提高，使劳动时间得以缩短，为休闲时间的增加提供了可能。根据《2018年全国时间利用调查报告》显示，与十年前相比，人均GDP增长约1倍，劳动时间减少了1.5%，即2018年全国居民平均劳动时间为4小时24分钟，比2008年减少了4分钟；平均休闲时间为3小时56分钟，比2008年增加了12分钟。居民收入和消费持续提升，2018年全国居民人均可支配收入28 228元，扣除物价上涨影响，实际增长6.5%；社会消费品零售额达到338 271亿元，同比增长8.9%，全年最终消费支出对GDP增长的贡献率达76.2%。随着居民收入的增多，休闲消费支出随之增加，

2018年人均教育文化娱乐支出为2 226元，同比增长6.7%，占人均消费支出的11.2%。因此，伴随休闲时间的增加、居民收入水平的提高，休闲逐渐成为人们日益增长的美好生活需要。

许多西方学者研究表明，休闲与生活满意度之间存在正向关系，适当的休闲能够给人们提供放松身心、满足各种追求的机会，从而提高生活满意度（贝利（Bailey）和费尔南多（Fernando），2012；克兰德尔（Crandall），1980；许（Heo）等，2012；拉吉卜（Ragheb）和塔特（Tate），1993；斯皮尔斯（Spiers）和沃克（Walker），2009）[1]-[5]。赖希（Reich）和绍特拉（Zautra）（1983）[6]认为休闲活动是根据人的内在需要，自愿选择参与的活动，它能提供更多的使人快乐的机会，从而提高幸福感。斯皮尔斯（Spiers）和沃克（Walker）[5]研究也表明，通过休闲活动能让人产生“畅”的感觉，从而带来持久的快乐。安德烈亚（Andreja）等（2011）[7]则通过对4 000多个样本的调查数据表明参与休闲活动能提升不同群体的主观幸福感。休闲消费是物品和时间结合产生效用的过程（郭鲁芳，2006）[8]，需要以休闲时间为前提。因此，充足的休闲消费中包含着休闲时间的消费和对休闲产品、服务的消费，这两者的消费会让人从休闲品和服务中获得享受，从而提升生活满意度（宋瑞，2014）[9]。

上述大部分研究是基于西方发达国家的实证研究，但是我国仍缺少这方面的研究，因此有必要考察休闲与生活满意度的正向相关关系在我国是否成立。基于中国人民大学休闲经济研究中心于2019年5月进行的国家休假制度改革调查数据，采用有序Logit回归模型，探讨休闲时间、休闲活动参与、休闲消费支出与生活满意度之间的关系。

二、研究设计

（一）模型假设

基于对前人研究的借鉴和本研究的构想，对休闲时间、休闲活动参与、休闲消费支出与生活满意度之间的关系做如下假设。

假设1：休闲时间对生活满意度具有正向作用。

假设2：休闲消费对生活满意度具有正向影响。

假设3：参与休闲活动对生活满意度具有正向影响。

（二）数据来源描述

数据来源是中国人民大学休闲经济研究中心2019年5月进行的国家休假制度改革调查数据。作者负责框架设计、问卷设计、调查督导和数据清理及分析，具体抽样过程由中国人民大学休闲经济研究中心成员协助完成。调查方法采用多阶段随机抽样，问卷为自填式结构型问卷，由被调查者亲自填写，均为真实意愿的表达，调查数据真实、客观、准确。最终获取有效问卷 1 010 份。调查问卷共分为四个部分，包括休假制度现状调查、休假制度满意度调查、休假制度期望调查以及人口统计变量信息的调查。样本结构如表 1 所示。

表 1　样本结构

变量		频率（%）
性别	男	46.5
	女	53.5
年龄	19 岁以下	3.6
	20～24 岁	18.5
	25～29 岁	23.8
	30～39 岁	30.7
	40～49 岁	12.9
	50～59 岁	4.9
	60 岁以上	5.7
学历	小学及以下	1.2
	初中	4.0
	高中	12.5
	专科	29.6
	大学	48.0
	研究生及以上	4.8
年收入	0～5 万元	16.6
	5 万～10 万元	37.2
	10 万～15 万元	24.4
	15 万～20 万元	9.9
	20 万～25 万元	5.5
	25 万元以上	6.4
工作状态	无业	13.0
	有业	87.0

（三）变量选择

1. 因变量

模型的因变量是居民生活满意度，其测量方法是由受访者对自己生活的满意程度做出总体性评价，调查问题为“您现在的整体生活满意度如何?”。生活满意度评价采取 7 分制，1 分表示非常不满意，7 分表示非常满意。

2. 自变量

（1）休闲时间。

在休闲时间方面，按照四分法对人们的生活时间进行划分，并将休闲时间界定为“一天中扣除用于工作及学习（包括通勤、通学）时间、生活必需时间、家务劳动时间所剩余的时间”。从调查问卷中选取了工作日休闲时间、过去一年带薪休假天数两个变量来衡量受访者的休闲时间。

（2）休闲活动。

在休闲活动方面，选取了调查问卷中的“您休假时的主要活动?”包括吃饭、睡觉、看电视，上网玩游戏，健身运动，探亲访友，旅游，学习研究，休息七项活动。

（3）休闲消费支出。

在休闲消费支出方面，从受访者在旅行游玩、体育活动、兴趣娱乐、学习研究、公益活动五个方面的花费进行衡量。

（4）人口变量。

人口变量的选取包括年龄、性别、婚姻状况、受教育程度、家庭年收入。其中，年龄变量为连续型变量；性别变量是虚拟变量，1＝女性，0＝男性；婚姻状况变量为虚拟变量，其中1＝在婚，0＝其他。受教育程度变量也是虚拟变量，其中1＝大学及以上，0=高中及高中以下；家庭年收入变量为连续型变量。

上述变量的具体赋值方法见表2所示。

表2 变量定义及描述

变量	均值	标准差	定义及分布
生活满意度	4.33	1.42	1＝非常不满意（5.4%）；2＝比较不满意（7.2%）；3＝不满意（14.2%）；4＝一般（22.8%）；5=一般满意（22.2%）；6=比较满意（17.7%）；7=非常满意（10.7%）
工作日休闲时间（小时）	4.30	3.92	平均休闲时间为4.30小时
过去一年带薪休假天数（天）	7.4	6.71	平均带薪休假天数为7.4天
主要休假活动是旅游吗	0.47	0.50	0=不是（53.0%）；1=是（47.0%）
主要休假活动是学习吗	0.29	0.45	0=不是（71.0%）；1=是（29.0%）
旅行游玩消费（万元）	1.11	2.05	平均花费为1.11万元
体育活动花费（万元）	0.32	0.93	平均花费为0.32万元
学习研究花费（万元）	0.54	1.78	平均花费为0.54万元
年龄（岁）	34.1	11.91	平均年龄34.1岁
性别	0.54	0.50	0=男性（46.5%）；1=女性（53.5%）
婚姻状况	0.45	0.50	0=已婚（55.0%）；1=未婚（45.0%）
个人年收入（万元）	12.22	11.45	平均个人年收入为12.22万元

(四) 分析方法

在生活满意度决定因素的研究方法上，主要有两种取向。一是将主观幸福感视为连续变量，进而采用OLS估计方法分析相关因素对生活满意度的影响。二是将生活满意度视为定序变量，进而采用有序Probit模型或Logit模型来分析相关因素对生活满意度的影响。生活满意度的衡量是让被访者在1～7之间打分，分数越高，生活满意度就越高，为有序变量，因此使用排序模型更加符合数据特征。有序Probit模型和Logit模型之间的区别主要在于假设的误差分布不同，有序Probit模型假设误差服从标准正态分布，而有序Logit模型假设误差服从逻辑分布。由于所采用的部分数据不满足标准正态分布的条件，故采用有序Logit模型进行实证分析。在有序Logit模型中，假设潜变量 y^* 为隐含的因变量，在文中代表无法观察到的对生活满意度的评价，假设 $y^* = X'\beta + \varepsilon$，观测到的生活满意度评价 y 为如下所示。

$$y = \begin{cases} 1, y^* \leqslant r_1 \\ 2, r_1 < y^* \leqslant r_2 \\ \cdots\cdots \\ J, r_{J-1} < y^* \leqslant r_J \end{cases}$$

上述式子中，$r_1 < r_2 < \cdots < r_J$ 为待估参数，称为切点（cut）；y 在取值分别为7、6、5、4、3、2、1，分别代表“非常满意”“很满意”“较满意”“一般”“较不满意”“很不满意”“非常不满意”。回归方程设定如下。

$$Y_i = \beta L_i + \gamma X_i + \varepsilon_i$$

其中，Y_i 是每个受访者对生活满意度的评价，L_i 表示休闲时间、休闲活动、休闲消费；β 为休闲变量的系数；X_i 表示人口变量；γ 为人口变量的系数；ε_i 为误差项。

(五) 模型估计及结果分析

根据研究设计，采用有序logit回归分析，计算结果见表3和表4。结果显示模型满足平行线假设，说明使用有序logit回归模型是合理的。

工作日休闲时间与生活满意度呈显著的正向关系，休闲时间越长，生活满意度就越高。工作日休闲时间变量的OR值为1.046，说明拥有较长休闲时间的群体生活满意度要高于休闲时间短群体。通过计算边际效应发现，能享受较长的休闲时间会使感到生活非常不满意的概率降低0.2%，感到生活非常满意的概率增加0.3%。但值得注意的是，虽然工作日休闲时间与生活满意度之间存在显著的正向关系，但是这一显著性并不是强显著。从过去一年带薪休假天数变量来看，这一变量与生活满意度之间也存在显著的正向关系。虽然带薪休假天数与累计工龄有关，但是拥有的带薪休假天数越多，生活满意程度也会越高。数据显示，拥有越多休假天数感到非常幸福的概率会增加0.2%，而感到非常不幸福的概率会降低0.1%。

不同的休闲活动与生活满意度是有所差异的。消极的休闲活动，如吃饭、睡觉、看电视活动对提高生活满意度没有显著影响，但是积极的休闲活动，如旅游、学习研究活动则与生活满意度呈显著正相关关系，即平时休闲活动以旅游、学习研究为主的群体感到生活满意的程度分别是其他群体的1.126、1.404倍。从边际效应来看，以旅游、学习研究为主要休假活动会让居民感到生活非常不满意的概率分别降低0.4%、1.1%，感到生活非常满意的概率增加0.7%、2.0%。

充足的休闲消费对生活满意度也有着积极影响。数据显示，旅行游玩花费、体育活动花费、学习研究花费高的群体感到生活满意的程度是花费低群体的1.074、1.243、1.177倍。用于旅行游玩、体育活动、学习研究活动花费较多会使人感到生活非常满意的概率增加0.5%、1.4%、0.8%，同时降低感到生活非常不幸福的概率达0.3%、0.8%、0.5%。

从人口变量看，收入与生活满意度有着显著的正向相关关系，收入越高会使人感到生活非常不满意的概率降低1.1%，生活比较满意程度增加0.6%。已婚群体更容易感到生活幸福，是其他类型群体的1.166倍。而性别和年龄变量与生活满意度之间则不存在显著的关系。

表3　Logit模型估计结果

生活满意度	Odds Ratio	P>z
工作日休闲时间	1.046	0.099
旅行游玩花费	1.074	0.043
体育活动花费	1.243	0.000
学习研究花费	1.177	0.009
旅游	1.126	0.008
学习	1.404	0.001
吃饭睡觉看电视	1.016	0.867
过去一年带薪休假天数	1.041	0.032
婚姻状况	1.166	0.076
性别	1.117	0.216
年龄	1.056	0.188
家庭年收入	0.996	0.016
cut1	−2.497	—
cut2	−1.434	—
cut3	−0.252	—
cut4	0.973	—

续表

生活满意度	Odds Ratio	P>z
cut5	2.228	—
cut6	3.512	—
平行线假设检验	2 209.472	0.303
卡方值	2 364.830	0.001
R方	0.101	

表4　边际效应估计

变量	非常不满意	比较不满意	不满意	一般	满意	比较满意	非常满意
工作日休闲时间	−0.002****	−0.002	−0.005	−0.002	0.004**	0.004	0.003*
旅行游玩花费	−0.003**	−0.004**	−0.007*	−0.004**	0.006***	0.007**	0.005***
体育活动花费	−0.008**	−0.012**	−0.022**	−0.012*	0.018**	0.021**	0.014**
学习研究花费	−0.005**	−0.007*	−0.013*	0.007	0.011***	0.013**	0.008**
旅游	−0.004**	−0.006**	−0.012**	−0.006**	0.010**	0.011**	0.007**
学习	−0.011**	−0.017**	−0.033****	−0.017	0.027**	0.031**	0.020***
吃饭睡觉看电视	−0.001	−0.001	−0.002	−0.001	0.001	0.001	0.001
过去一年带薪休假天数	−0.001***	−0.002**	−0.004*	−0.002**	0.003**	0.004**	0.002**
婚姻状况	−0.006**	−0.008*	−0.016**	−0.008**	0.013**	0.015***	0.010**
性别	−0.004	−0.006	−0.011	−0.006	0.009	0.011	0.007
年龄	−0.002	−0.003	−0.005	−0.003	0.005	0.005	0.003
家庭年收入	−0.011***	−0.005**	−0.001**	0.003**	0.002**	0.006**	0.009

注：***、**、*分别表示在1%、5%、10%的水平下显著。

三、讨论与建议

本文采用有序logit回归模型从休闲时间、休闲活动、休闲花费三个方面探讨了休闲与生活满意度之间的关系。分析结果发现，休闲时间、休闲活动、休闲花费都与生活满意度之间存在显著的正向相关关系。人口变量、家庭年收入也与生活满意度正向相关，但是受教育程度对生活满意度的影响则出现负相关，受教育程度高群体的生活满意程度相对要低于受教育程度低群体。已婚群体更容易感到生活幸福。性别和年龄变量与生活满意度之间没有显著差别。

(一) 讨论

许多研究表明，拥有休闲时间是个体感到生活幸福的必要条件（卡内曼（Kahneman)，2006；邦克（Bonke）等，2009）[10]-[11]，这支持了研究结论，即休闲时间对生活满意度存在积极影响。身处繁忙、快节奏大都市的人们更渴望休闲时间，越多的休闲时间能让人们卸下重担享受生活，从而感到快乐和幸福。但值得注意的是，虽然休闲时间与生活满意度之间存在显著的正向关系，但是系数的显著性并不是强显著，这就提醒我们不要过分夸大休闲时间对生活满意度的正向影响。因为过多的休闲时间有时候并不能转化为有效休闲，反而是变成无所事事的空闲时间，而空闲时间是一种强制性的纯时间消费，这种时间消费的边际效用为负，只有那些时间消费的边际效应为正的休闲时间，才是真正意义上的休闲时间，有效的休闲才能带来幸福感。邦克（Bonke）等人（2009）[11]也指出，幸福感是由休闲的数量和质量共同决定的，而休闲质量对于创造个人幸福感更为重要。因此，在重视休闲时间对居民幸福感的积极影响时，也要增强休闲能力提高休闲质量来获得更多的效用。除了休闲时间外，居民参与积极的休闲活动也会带来幸福感（希尔斯（Hills）和阿盖尔（Argyle），1998）[12]，这与研究结论一致。休闲消费是物品和时间结合产生效用的过程（郭鲁芳，2006），需要以休闲时间为前提。因此，充足的休闲消费中包含着休闲时间的消费和对休闲产品、服务的消费，这两者的消费会让人从休闲品和服务中获得享受，从而提升生活满意度（宋瑞，2014）。

收入与生活满意度呈现正相关关系，已婚群体生活满意度要高于未婚群体。这些结果与西方国家的相关研究结果类似（卡内曼（Kahneman），2006）[10]。但是也有研究表明（鲁特莫（Luttmer），2005）[13]，相对收入对生活满意度的影响要高于绝对收入的影响。而对于婚姻状况与生活满意度之间的关系，大多数学者都认为通过婚姻建立的亲密关系会让人感到快乐、幸福（伊斯特林（Easterlin），2004）[14]，这一观点支持研究结论。年龄与生活满意度之间不存在显著的关系，这一结论与以往的研究结论不一致。阿盖尔（Argyle）（2001）[15]研究表明，生活满意度会随着生命周期而增加，或者说至少不会随着年龄的增长而降低。伊斯特林（Easterlin）（2004）则研究发现，生命周期与生活满意度之间存在一个倒U型的关系。因此，在探讨年龄与生活满意度之间关系时需要考虑到不同的社会背景。

（二）建议

1. 落实带薪休假，增加居民休闲时间

虽然不能过分夸大休闲时间对生活满意度的影响，但是增加休闲时间在一定程度上能提升国民生活幸福感。目前，全国带薪休假落实率仅为50%，带薪休假天数为世界平均值的1/2。居民休闲时间的增加仍有很大空间[16]。第一，政府要加强宣传力度，转变国民对带薪休假的观念。带薪休假是一种权利，而不仅是一种福利。居民要有行使带薪休假权利的意识。第二，要转变政府作风，政府应在落实带薪休假方面起到带头引领作用。第三，转变经营者理念。经营者应该有给予职工一定自

由时间的意识。职工拥有充足的休闲时间，有利于他们为创新储备知识，促进企业的良性发展。第四，要设置约束机制。修订并完善《企业职工带薪年休假实施办法》《职工带薪年休假条例》。第五，执行层次。加强部门间的联动，落实监督制度，细化奖惩机制。

2. 提高居民休闲意识，提升居民休闲能力

根据文中分析，消极的休闲活动对生活满意度没有显著影响，而积极的休闲生活能有效提升生活幸福感。因此，提高居民休闲意识，提升居民休闲能力有助于居民更有意识从事积极的休闲活动，并从中获得满足。一方面，要对该群体进行宣传教育，转变其休闲意识。不要过分强调工作本位、工作优先而放弃休闲。合理的休闲能激发人的创造性，提高人的生产效率，间接促进人力资本的提高。另一方面，应该提高居民的休闲知识水平和技能。随着经济的发展，低端休闲品会逐渐被高端休闲品所取代，如果掌握的休闲知识和技能水平不高，即便有了休闲意识和休闲需求，也会因为休闲技能的匮乏，而不能转化为有效需求，休闲时间又被迫转变成无所事事的空闲时间，最终从事一些消极的休闲活动[17]。

3. 为居民提供量多质优的休闲品和服务，促进居民休闲消费

休闲消费有助于提升生活幸福感[18]。因此，有必要为居民提供量多质优的休闲品和服务，扩大居民休闲消费潜力。从结构上，大力发展有创意的、有文化的、有体验的、高品质的休闲产品，如房车、游艇、虚拟现实、动漫周边、康体养生、有特色的精品民宿等，满足人们日益多元化的休闲需求，而对于一些传统酒店、缺乏特色的旅游景区以及做工粗糙的旅游纪念品等一些供给过剩的产品，应该适度减少。从时间上，我国夜间休闲产品供给仍需补充，例如增加夜间演出、演出场次等体验类活动。此外，针对周末时间的休闲产品仍需丰富，增加休憩类、运动类、养生类、文化类等适合短时间闲暇的休闲产品供给。从服务上，应该追求精品意识、提高休闲产品服务质量，为消费者提供适时、细致周到的服务。在提高服务质量的同时，应更加注重服务的人性化，针对特殊群体如老年、残疾人应有相应的服务适应其需要。作为休闲企业，应增强对员工服务意识和专业技能的培训，提高服务水平。

4. 提高就业水平，增加居民收入

收入也是影响居民生活满意度的主要因素。因此提高就业水平，增加居民收入是提升居民幸福感的重要途径。一方面，随着我国经济发展进入新常态，经济增速在放缓，政府应引领经济发展新常态，推动结构调整和转型升级，出台一系列鼓励生产性和生活性服务业发展的政策，促进服务业发展，从而吸纳更多劳动力，为国民提供更多就业岗位，增加居民收入[19]。另一方面，推进大众创业万众创新，不断培育壮大就业主体，增加就业机会。再者，进一步发展教育事业，加快完善职业培训体系，提高劳动者素质和就业质量。

参考文献

[1] Bailey A W, Fernando I K. Routine and Project-Based Leisure, Happiness, and Meaning in Life [J]. Journal of Leisure Research, 2012, 44 (2).

[2] Rick Crandall R. Motivations for leisure [J]. Journal of Leisure Research, 1980, 12 (1) .

[3] Heo J, Lee Y, Kim B, Chun S. Contribution of relaxation on the Subjective Well Being of Older Adults [J]. Activities, Adaptation & Aging, 2012, 36 (1).

[4] Ragheb M, Tate R. A Behavioral Model of Leisure Participation, Based on Leisure Attitude, Motivation, and Satisfaction [J]. Leisure Studies, 1993, 12 (1).

[5] Spiers A, Walker G J. The Effects of Ethnicity and Leisure Satisfaction on Happiness, Peacefulness, and Quality of Life [J]. Leisure Sciences, 2009, 31 (1).

[6] Reich J W, Zautra A J. Demands and Desires in Daily Life: Some Influences on Well-being [J]. American journal of Community Psychology, 1983, 11 (1).

[7] Andreja B Z, Marina M, Iva S. Quality of Life and Leisure Activities: How do Leisure Activities Contribute to Subjective Well-Being? [J] Social Indicator Research, 2011, 102 (1).

[8] 郭鲁芳．时间约束与休闲消费 [J]. 数量经济技术经济研究，2006 (2).

[9] 宋瑞．时间、收入、休闲与生活满意度：基于结构方程模型的实证研究 [J]. 财贸经济，2014 (6).

[10] Kahneman D, Krueger A B. Developments in the Measurement of Subjective Well Being [J]. Journal of Economic Perspectives, 2006, 20 (1).

[11] Bonke J, Deding M, Lausten M. Time and money [J]. Journal of Happiness Studies, 2009, 10 (2).

[12] Hills P, Argyle M. Positive Moods Derived From Leisure and Their Relationship to Happiness and Personality [J]. Personality and Individual Differences, 1998, 25 (3).

[13] Luttmer E. Neighbors as Negatives: Relative Earnings and Well-being [J]. Quarterly Journal of Economics, 2005, 120 (3).

[14] Easterlin R A. The Economics of Happiness [J]. Daedalus, 2004, 133 (2).

[15] Argyle M. The Psychology of Happiness [M]. London: Routledge, 2001.

[16] 王琪延，韦佳佳．休假天数对旅游消费的影响研究 [J]. 浙江大学学报（人文社会科学版），2019，49 (2).

[17] 王琪延，韦佳佳．北京市居民休闲时间不平等研究 [J]. 北京社会科学，2017 (9).

[18] 王琪延，韦佳佳．收入、休闲时间对休闲消费的影响研究 [J]. 旅游学刊，2018，33 (10).

[19] 王琪延，韦佳佳．居民休闲消费不平等研究——以北京市为例 [J]. 经济理论与经济管理，2019 (5).

（本文第一稿发表在《调研世界》2020 年第 6 期）

附录5　典型国家或地区的乡村旅游发展模式及其启示

王琪延　何　淼

摘要：选取英国、法国、澳大利亚、日本、韩国以及我国台湾地区等乡村旅游较发达的典型国家或地区，分析其乡村旅游发展的模式。研究表明，英法澳政府主要采用"轻量级"工具维护乡村旅游发展环境和市场秩序，日韩和我国台湾地区则由政府（当局）主导推动乡村旅游发展。我国政府应根据乡村现实情况，做好支援扶持、制度配套、人才建设、市场开发等多项工作，推动乡村旅游提质升级。

关键词：乡村旅游　发展模式　国际经验

一、研究背景

近年来我国乡村发展已初见成效，但城乡发展仍不均衡，乡村旅游已成为城市带动乡村发展、实现乡村振兴的重要途径。自2015年起，中央一号文件已连续7年涉及"乡村旅游"，《促进乡村旅游发展提质升级行动方案（2018—2020年）》《中华人民共和国土地管理法》修正案等政策法规逐步为乡村旅游发展指明方向、破除障碍。然而，目前我国乡村旅游发展政策仍存在一些不足，疫情冲击下农户经营状况格外困难。

国内学者从多角度研究了其他国家的乡村旅游发展经验。国家发展改革委宏观院和农经司课题组（2016）研究了多国的农村一二三产业融合经验。王云才（2002）梳理了国外乡村旅游发展脉络。张蓓（2011）总结多国的农业旅游业态模式。从已有研究可以看出，英、法、澳乡村旅游发展模式成熟，知名度高；日、韩和中国台湾地区地处东亚，与我国大陆治理模式相似，旅游振兴乡村已见成效。对上述典型国家或地区的乡村旅游发展模式进行研究，可为我国大陆发展乡村旅游提供参考和启示。

二、典型国家或地区的乡村旅游发展模式

(一)英国：注重营造发展环境的自主发展模式

英国政府较少直接介入乡村旅游经营，主要与非政府组织配合，致力于为乡村旅游发展创造良好的环境。

在自然人文环境方面，英国政府完善相关立法，通过税收和补贴促进可持续发展，如征收能源税和大气变化税、为农业生态保护项目提供定向资金等；营商环境方面，政府提升公共服务水平，适当放松监管约束，保障乡村公共服务公平公开；市场环境方面，政府则致力于扩大境内外客源市场。

从主体分工来说，政府部门直接为乡村旅游发展提供资金和法律保障，并通过资助和外包，间接由下属机构和非政府组织完成事务性工作，如文化、媒体和体育部资助英国观光局，负责加强英国内外的旅游合作。民间自发形成非政府组织，如英国乡村保护协会、农场休假协会等，间接促进乡村旅游发展。正因如此，英国乡村旅游经营者有较强的自主性，形成了多样化的旅游业态，包括庄园游览、B&B旅馆、文化遗产观光等。

(二)法国："政府+协会+农户"的高品质发展模式

法国乡村旅游由政府顶层设计，农户实际运营，协会则起到承上启下的重要作用，共同走上高品质的发展道路。

政府一方面直接对乡村旅游进行扶持和监管，提供修缮补贴，减免旅馆餐饮税收，发布《质量宪章》、"旅游质量计划"等政策法规；另一方面通过协会贯彻政策理念，监督实施效果，如法国农业部资助管理农会常设委员会，由协会推动贯彻乡村旅游政策，制定实施行业规范，形成行业自律，向农户提供咨询、指导和培训。可见，法国行业协会是政府和农户之间的纽带，承担了传统"大政府"的部分职能，是法国乡村旅游的关键主体。

在政府和行业协会的双重引导下，乡村旅游品质得到了充分保障。据法国《乡村旅游管理条例》规定，协会成员的客栈主食材必须由当地生产加工、使用本地方法烹调，不得使用冷冻食品，保护了乡村旅游的地方特色；法规规定家庭旅馆的住宿面积、经营者与客人须购买相应保险，保障了乡村旅游的规范化经营。

(三)澳大利亚：市场导向的服务型发展模式

葡萄酒旅游已成为澳大利亚乡村旅游的王牌产品，故此处以葡萄酒旅游为重点，探讨其乡村旅游发展模式。澳大利亚乡村旅游以市场为核心导向，各主体基于市场调

查结果共同决策，以服务思维实现多主体利益最大化。

政府政策包括国家和联邦州两个层面，均与市场密切相关。国家政策如1997年的“澳大利亚葡萄酒旅游业发展战略”，对市场营销和推广、产品开发和培训等进行了宏观设计。联邦州政策主要基于2012年全国葡萄酒旅游市场调查，由各州自行规划，如南澳大利亚国际葡萄酒旅游战略、西澳大利亚“品味2020”战略等。

以“品味2020”战略为例，该计划由利益相关者小组共同制定，包括政府、行业组织、食品和葡萄酒行业专家和旅游业代表。战略充分体现服务思维，一方面服务游客，推出“美食小径”、土著文化体验游等体验性强的旅游产品，另一方面服务行业经营者，如适当放宽酒类和食品销售条件，为经营者适当提供便利。

（四）日本：自上而下的政府主导发展模式

日本政府在乡村旅游发展中占主导地位，各级政府分工明确，自上而下贯彻发展目标。行业协会和基层自治组织成为政府行动的补充。

日本政府深度参与乡村旅游发展，通过行政体系层层推进政策落实。中央层面，政府制定政策、计划和规划，明确发展方向，如《农山渔村六次产业化政策实施纲要》等；完善法律法规，如《农山渔村驻留型休闲活动促进法》等；提供资金支持，如设置国库补助金、提供财政融资斡旋服务等。都、道、府、县层面，地方政府落实中央政策，如制定区域规划、预算拨给等，具有较大的自主创新空间，如1979年大分县创新提出“一村一品”，带动形成“造村运动”，后亦为我国所借鉴。市町村层面，政府主要负责基层事务部署和具体项目实施，如休闲设施建设管理、区域美化整备、节庆活动督办等。

此外，行业协会和基层自治打通了从政府决策到农户行动的传导路径。一方面，行业协会为农户提供支持，如“农协观光”发放《农林渔家民宿开业经营指南》。另一方面，基层自治调动村民维护乡村旅游发展秩序。以白川乡为例，村民委员会民选制定《景观保护基准》，村民自发成立“村集落自然保护协会”，维护当地的乡村风貌特色。

（五）韩国：以村庄为单位的政府扶持模式

从韩国经验来看，以村庄为单位的扶持更能有效推动乡村旅游发展，同时应着重保障人力资源供给。

韩国乡村旅游发展早期采用过面向经营个体的扶持政策，但效果不理想，项目持续性不佳，甚至破坏了村庄特色。随后，韩国政府转向以村庄为单位的扶持计划，通过补贴、宣传、评比等方式激励村庄的个性化发展，如农林部的“关于绿色观光的中长期促进计划”，农业振兴厅的“传统主题村庄”项目，环境部的“自然生态优秀村庄”项目等。

鉴于韩国乡村青壮年进城务工现象普遍，乡村人力资源短缺问题突出，韩国政府首先建立了长期人才引进和培养机制，由中央政府、地方政府和村庄共同负担费用；其次，建立“乡村事务长”制度，专管乡村旅游项目开发运营，提升运营管理质量；最后，建立“一人一村”专家咨询体系，借助外聘专家解决发展难题。

（六）中国台湾地区：当局“审批+辅导”的分层次发展模式

审批和辅导是台湾休闲农业发展模式的两条主线。农委会对休闲农业经营者提供辅导，同时严格把关资格审批，实现质量和总量控制。

中国台湾地区休闲农业主要由“农委会”负责，“观光局”和“经建会”协同管理，下设休闲农业管理及辅导处。与法国类似，中国台湾地区对休闲农业也是扶持和管控为主，但侧重点不同。扶持主要指对农户的辅导，《休闲农场专案辅导实施作业规定》等规定了农委会的辅导职责。管控主要是对经营主体的审批，将主体分为“休闲农业区”“休闲农场”和“民宿”，分类制定标准规范。

中国台湾地区对经营主体的分层次处理是一个亮点。在土地细碎化的制约下，临近的小农园常陷入同质化竞争。对此，台湾当局1992年出台《休闲农业区设置管理办法》，区分“休闲农业区”与“休闲农场”，统筹休闲农业区的资源整合，形成区域化的休闲农业经营集群，转竞争为互补。

综上所述，英法澳三国在城乡差异、土地资源、客源市场等方面的条件较为优越，故政府采取“轻量级”政策，主要提供必要的资源和法规支持，营造规范的发展环境。相较之下，日韩和中国台湾地区乡村人口流失、土地细碎化等问题突出，亟须外力介入，政府成为推进乡村旅游发展的主导力量，推动实现乡村振兴。

三、对我国大陆乡村旅游政策的启示和建议

考虑到城镇化率不高、农民经济能力较弱、乡村基础设施水平不足的现状，我国大陆可主要参考日韩和我国台湾地区模式，强化政府在乡村旅游政策方面的主导作用，同时借鉴英法澳的政策细则加以完善。

（一）加大政府扶持力度

首先，应加强乡村基础设施建设，提高乡村公共服务水平。加强民生基础设施改造，提高自来水、电路、网路的稳定性；修整乡村旅游地与客源城市的连接道路，打通“最后一公里”；标准化增设旅游标识牌、休憩长椅、公厕、停车场等设施，便利游客出行；在客流高峰期设立24小时乡村医务所，保障游客安全。其次，应加强乡村旅游财税补贴，拓宽融资渠道。对起步阶段的农户，可协助申请金融机构贷款，提供信用担保、贴息补贴、税收减免等优惠；对有运营基础的经营者，可建立互惠共赢的投

融资机制，搭建投融资对接平台。

（二）加强对乡村旅游的规范管理

应加快制定乡村旅游质量管理细则，对民宿、餐饮等不同性质的产品服务分别制定规范；建立乡村民宿经营审批制度，发放“乡村民宿安全质量证书”，记录备案并定期审核；对高质量的乡村民宿进行星级评选，并提供公示宣传服务；向高质量产品发放奖励，鼓励民宿精品改造；设置乡村旅游投诉热线，建立投诉问答机制，对服务态度差、卫生条件不达标、食品安全不达标的违规经营者依法依规处罚。

（三）加快建立乡村自然人文资源保护制度

应尽快开展乡村自然人文资源梳理盘查工作，以县为单位，对辖区内乡村人文资源详细盘点记录，避免因乡村空心化和人口老龄化而流失；建立“乡村自然文化资源白名单”，确保乡村旅游开发过程中资源不受损害，对自然文化资源造成不可逆伤害者依法依规处罚。

（四）建立多层次的乡村旅游人才支持体系

首先，加大人才引进力度。建立长期稳定的乡村旅游人才引进制度，建立乡村旅游人才库，包括大学生村官、乡村旅游经营管理专业人才、旅游职业经理人等，提供下乡津贴和绩效激励。其次，加强人才培养。对农户提供辅导，推动农民的职业化，培养本地的乡村旅游带头人；建立人才间的经验交流平台，促进多方人才合作。最后，强化对外部人才的借力，鼓励高校与村庄展开结对合作，为村庄发展提供指导；建立“一人一村”专家咨询系统，由相关领域专家提供信息、技术、渠道帮扶。

（五）强化政府在乡村旅游营销的作用

政府应设法做大乡村旅游客源市场，向城市居民发放周边的乡村旅游消费券，培养乡村旅游消费习惯；应加强市场调查，深入了解客源特征，为产品开发提供指导；应将特色农副产品加工销售与乡村旅游相结合，形成一、二、三产业的联动效应；应利用好线上、线下媒体平台，在新媒体平台上运营区域品牌账号，实现精准营销。

参考文献

国家发展改革委宏观院和农经司课题组．推进我国农村一二三产业融合发展问题研究［J］．经济研究参考，2016（4）：3－28．

王云才．国际乡村旅游发展的政策经验与借鉴［J］．旅游学刊，2002（4）：45－50．

张蓓，万俊毅，文晓巍．国外农业旅游的模式比较与经验借鉴［J］．农业经济问题，2011（5）：100－105．

（本文发表在《中国物价》2021年第11期）

图书在版编目（CIP）数据

中国区域文化休闲发展指数．2022 / 王琪延，曹倩著．--北京：中国人民大学出版社，2024．5
（中国人民大学研究报告系列）
ISBN 978-7-300-31794-6

Ⅰ．①中… Ⅱ．①王… ②曹… Ⅲ．①闲暇社会学-研究报告-中国-2022 Ⅳ．①D669．3

中国国家版本馆 CIP 数据核字（2023）第 099968 号

中国人民大学研究报告系列
中国区域文化休闲发展指数（2022）
王琪延　曹　倩　著
Zhongguo Quyu Wenhua Xiuxian Fazhan Zhishu（2022）

出版发行	中国人民大学出版社		
社　　址	北京中关村大街 31 号	**邮政编码**	100080
电　　话	010-62511242（总编室）		010-62511770（质管部）
	010-82501766（邮购部）		010-62514148（门市部）
	010-62515195（发行公司）		010-62515275（盗版举报）
网　　址	http://www.crup.com.cn		
经　　销	新华书店		
印　　刷	固安县铭成印刷有限公司		
开　　本	787 mm×1092 mm　1/16	**版　　次**	2024 年 5 月第 1 版
印　　张	18.75	**印　　次**	2024 年 5 月第 1 次印刷
字　　数	375 000	**定　　价**	88.00 元